汉字与中国文化

张弓长 编著

西安交通大学出版社

内容提要

汉字,不仅是记录汉语的符号系统,而且凝结和蕴含了博大精深的文化信息。创造并承载了五千年文明的汉字,是中华文明的根。

汉字是表意文字,每个汉字都有其文化内涵。本书从文化的视角解读汉字、品味汉字。在讲解说明汉字的性质、结构、起源及形体演变的基础上,分析汉字的构造,解释汉字的形体构成、形义关系,阐释蕴含在汉字形体中的无限丰富和深邃的中华文化信息。

汉字,既是中华民族的珍品,也是人类文明的瑰宝。作为面向普及汉字文化的读物和外国留学生的教材,本书力求集知识性与趣味性于一体,希冀读者从根本上认识汉字,热爱汉字,并从中接受中华文化的熏陶。

图书在版编目(CIP)数据

汉字与中国文化 / 张弓长编著. — 西安:西安交通大学出版社,2021.7(2024.6 重印)
ISBN 978-7-5693-2169-2

Ⅰ. ①汉… Ⅱ. ①张… Ⅲ. ①汉字-对外汉语教学-教材 Ⅳ. ①H195.4

中国版本图书馆 CIP 数据核字(2021)第 081156 号

书　　名	汉字与中国文化 HANZI YU ZHONGGUO WENHUA
编　　著	张弓长
责任编辑	赵怀瀛
责任校对	王建洪
封面设计	任加盟
出版发行	西安交通大学出版社 (西安市兴庆南路1号　邮政编码 710048)
网　　址	http://www.xjtupress.com
电　　话	(029)82668357　82667874(发行中心) (029)82668315(总编办)
传　　真	(029)82668280
印　　刷	西安日报社印务中心
开　　本	787 mm×1092 mm　1/16　印张 19.875　字数 400 千字
版次印次	2021 年 7 月第 1 版　2024 年 6 月第 2 次印刷
书　　号	ISBN 978-7-5693-2169-2
定　　价	59.80 元

如发现印装质量问题,请与本社发行中心联系。

订购热线:(029)82665248　(029)82667874
投稿热线:(029)82668133
读者信箱:xj_rwjg@126.com

版权所有　侵权必究

一个汉字,就是一个故事

有多少汉字,就有多少人间的故事

从汉字出发,走进中华文化的殿堂深处

目 录

绪论　汉字：东方古国的神奇创造 ………………………………………… (1)

第一章　独具神韵的东方智慧——汉字的性质与特点 …………………… (8)
　第一节　文明的肇始——文字与汉字 ………………………………… (9)
　第二节　鲜明的个性特质——汉字性质与特点 ……………………… (13)
　延伸阅读 ………………………………………………………………… (24)

第二章　源远流长——汉字的起源与形体流变 …………………………… (26)
　第一节　东方文明的第一缕晨曦——汉字的起源 …………………… (27)
　第二节　五千年的足迹——汉字的形体流变 ………………………… (45)
　延伸阅读 ………………………………………………………………… (71)

第三章　东方意象的世界——汉字的构造与形义关系 …………………… (74)
　第一节　东方魔块的奥秘——汉字的构造 …………………………… (75)
　第二节　据义统形 形义统一——汉字的形义关系 ………………… (95)
　延伸阅读 ………………………………………………………………… (112)

第四章　百年危机与变局——汉字改革运动 ……………………………… (115)
　第一节　回眸百年——汉字改革的缘起 ……………………………… (116)
　第二节　百年文字拼音化运动——汉字改革历程 …………………… (119)
　第三节　简化字的推行 ………………………………………………… (126)

第五章　中国文化的"活化石"——汉字与中国文化的关系 …………… (135)
　第一节　汉字的双重功能 ……………………………………………… (136)
　第二节　汉字与文化 …………………………………………………… (137)

第三节　汉字部首的文化内涵例释 …………………………………… (142)
　　延伸阅读 ……………………………………………………………………… (149)

第六章　说不尽的东方意趣——汉字与文化娱乐 ……………………… (156)
　　第一节　汉字的文化娱乐功能 …………………………………………… (157)
　　第二节　汉字与古典诗歌 ………………………………………………… (161)
　　第三节　汉字与书法艺术 ………………………………………………… (171)
　　第四节　汉字与对联艺术 ………………………………………………… (176)
　　第五节　汉字与字谜 ……………………………………………………… (180)
　　第六节　民俗字 …………………………………………………………… (185)

第七章　神秘莫测的汉字——汉字文化崇拜 ……………………………… (192)
　　第一节　汉字崇拜及其产生根源 ………………………………………… (193)
　　第二节　封建帝王的汉字专制：武则天"造字" ………………………… (194)
　　第三节　古代避讳文化与汉字禁忌 ……………………………………… (196)
　　第四节　汉字与古代谶语 ………………………………………………… (200)
　　第五节　汉字的民间信仰 ………………………………………………… (202)

第八章　物我一体——汉字与中国传统思维方式 ………………………… (212)
　　第一节　汉字与中国人的思维特征 ……………………………………… (213)
　　第二节　汉字与整体思维 ………………………………………………… (215)
　　第三节　汉字与直观思维 ………………………………………………… (218)
　　第四节　汉字与意象思维 ………………………………………………… (220)
　　第五节　汉字与类比思维 ………………………………………………… (224)
　　第六节　汉字与辩证思维 ………………………………………………… (225)

第九章　万物有灵的神秘世界——汉字与原始崇拜 ……………………… (229)
　　第一节　敬仰与忌惮——汉字与自然图腾崇拜 ………………………… (230)
　　第二节　生生不息——汉字与生殖崇拜 ………………………………… (235)
　　第三节　祭台高筑——汉字与祭祀 ……………………………………… (237)

第十章　华夏心灵——汉字与古代思想观念 (240)
第一节　天地混沌　开天辟地——汉字与古代自然宇宙观 (241)
第二节　人间伦常——汉字与古代伦理观 (243)

第十一章　阴阳交替　尊卑分明——汉字与女性及婚嫁习俗 (247)
第一节　从尊崇到歧视——汉字与女性地位的浮沉 (248)
第二节　男权至上的印记——女部字与女性地位 (251)
第三节　之子于归——汉字与婚嫁习俗 (252)

第十二章　凿井而饮　耕田而食——汉字与衣食住行 (255)
第一节　渔猎、畜牧与农耕 (256)
第二节　衣着饰物 (260)
第三节　食为天　器为用 (265)
第四节　居有其所 (271)
第五节　行旅所依 (274)

第十三章　万折必东——汉字的国际传播 (276)
第一节　播惠四邻——"汉字文化圈" (277)
第二节　走向世界——汉字国际传播的现状 (285)
第三节　汉字的美好未来 (293)

附　录 (298)
简体字与繁体字对照表 (299)
怎样查字典辞书 (303)
"汉字全息资源应用系统"简介 (305)
数字化《说文解字》平台应用指南 (306)

后　记 (309)

» 绪论

汉字：东方古国的
神奇创造

一

语言,是人类与类人猿诀别的标志。文字,是记录语言的书写符号系统,是扩大语言在时间和空间上交际功能的文化工具。文字是社会发展到一定阶段的产物,文字的发明是人类文明史上具有划时代意义的重大事件。美国学者路易斯·亨利·摩尔根在其1877年出版的《古代社会》(Ancient Society)一书中认为,文明社会始于"标音字母的使用和文献记载的出现"[1]12。"文字的使用是文明伊始的一种最准确的标志,刻在石头上的象形文字也具有同等的意义。认真地说来,没有文字记载,就没有历史,也没有文明。"[1]35现代人类学家公认,文字的产生和使用是古代文化发生发展过程中的界碑,是区分野蛮社会与文明社会的一个重要标志,正如周有光所言:"语言使人类别于禽兽,文字使文明别于野蛮,教育使先进别于落后。"[2]也正因此,许多古代传说都与文字的创造有关。苏美尔神话《伊楠娜与恩基》讲述了乌鲁克的保护神伊楠娜(Inanna)前往埃利都(Eridu)从智慧神恩基(Enki)那里"骗取""文化财产",并运往乌鲁克的故事[3]。智慧神恩基所持有的一百多种文化财产中,包括了书写工艺(书写术)和刨木、制革、编席、锻金等手艺[4]。《淮南子·本经训》中有这样的记载:"昔者仓颉作书,而天雨粟、鬼夜哭。"仓颉创造出中国文字,上天向人类祝贺,而鬼神感到惊恐在夜晚哭泣。这一古老传说告诉我们,在先民眼里,汉字的"出世"是一件惊天地、泣鬼神的事情。

古埃及圣书文字、两河流域的苏美尔楔形文字、古印度印章文字和中国商朝甲骨文,是人类历史上最古老的四大自源文字。中美洲的玛雅文字,虽绝对时间偏晚,但也属人类早期文字。这些古老文字的创造,开启了人类最早的文明。可以说,历史上各大古代文明,都曾创造了自己的文字,但这些古老文字已成为飘逝的绝响,唯独东方文明古国的神秘文字——中国的汉字"长生不老",沿用至今。汉字是世界上最古老、最具生命力的文字,如德国语言学家库尔马司(Florian Coulmas)所说:"汉字系统是在所有现存语言中,为历史最长、从未中断过的文化传统服务的书写系统。它是人类无可置辩的最伟大、最具特色的一种文化的重要组成部分。汉字系统将过去和现在联系在一起,连续不断使用汉字的时间已超过三千年之久,这一点是世界上任何别的文字系统都未能做到的。"[5]

自1899年始,在河南安阳殷墟出土了数量达15万多片的甲骨,其上所刻的甲骨文单字已达4500余个,是中国迄今发现的最早的成熟汉字。它记载了距今3600多年前中国社会政治、经济、文化等各方面的资料,从此所有的知识、思想、经验、情感,通过文字一代代地流传下来。其实,汉字产生的时间更为久远。距今6000年前仰韶文化陶器(出土于西安半坡新石器时代遗址)上的刻符,距今4500—5000年的大汶口文化陶器(出土于山东莒县新石器时代遗址)上的近似文字的图符,虽一般被认为还非真正意义上的文字,却铭刻了先民们开始创造文字的艰难历程。

从诞生伊始,汉字作为中华文化最主要的载体,一直伴随着中华文化的发展,强有力地推动着文明的进程。汉字以顽强的生命力与中华民族一同穿越了厚重的历史,在这块东方土地上执着地书写了数千年,至今仍是世界上使用人数最多的文字。教育部和国家语委在北京发布的《中国语言文字事业发展报告(2017)》显示,识字人口使用规范汉字比例超过95%,68%的国民掌握了汉语拼音[6]。

二

世界上的文字虽多种多样,但总体而言,可分为表意和表音两大文字体系。汉字,是世界上唯一一种有着严密体系的表意文字。所谓表意文字,是一种图形符号,是只代表语素,而不代表音节的文字系统。全世界绝大部分的以象形为基础的文字都已成为遥远的历史,汉字却仍然与原初的象形性保持着联系,是现存唯一仍在使用的高度发达的表意文字体系。至今,从汉字字形仍能看出象形的痕迹,如"日"的形状像太阳,"月"的形状像月牙,"日"和"月"合一即是"明"。即使初学汉字的孩子,也能会意汉字形体所蕴含的意义,如"休",一个人倚靠着树,表示在休息。一位俄罗斯学者认为,中国文明在三个方面是独一无二的:①令人惊叹的不是来自图形的象形文字,几乎所有古文字都来源于图形文字,令人惊叹的是中国人将象形文字一直保持到今天。其他民族或早或晚都已经改用字母,而中国却没有发生这种变化。②中国保存了浩瀚的古代文献,大量古籍记录了五千年的历史。中国人对历史事件记录之详尽,是世界文化遗产中罕见的。③世界上的其他文明没有能够像中华文明那样崇敬祖先,这对精神生活产生巨大的影响[7]。

汉字也是世界上最复杂的文字之一。它不是一般意义上的图形字,而是以生命为根的象意文字,是中华民族独创的文化符号体系,是与西方语言文字迥然不同而内涵深邃的"文化魔方"。🗎、🗎(甲骨文)由🗎(人)、🗎(手拄棍杖)、🗎(毛发)构成,像一个长发稀疏、拄着拐杖的老人,此即"老"字,如🗎、🗎(金文),🗎(小篆)[8]。中国自古就有尊敬老人的文化传统,早在商周时期,每年秋季会举行授杖仪式,给老人授杖、赐粥。1976年出土于陕西扶风的西周青铜器"史墙盘"(公元前900年前后),是史官墙为祭祀先祖"微子"而铸的礼器,其上铭文中有一字展现了这样的"画面":一个孩子搀扶着一个拄着拐杖的老人。它就是代表着中国社会重要的伦理思想和基本道德规范的"孝"字。🗎、🗎(金文),是由🗎(老)和🗎(子)组成的一幅充满人间温情的画面,老人在上,小孩在下,表示儿孙搀扶老人。🗎(小篆),《说文解字》释为:"善事父母者。""孝"字的出现标志着文明的到来,先民用那时最贵重的金属,将这个字熔铸在了中华民族的精神殿堂[9]。至今,"百善孝为先"仍是中国人最为根深蒂固的文化观念。

"造成中华文化核心的是汉字,而且成为中国精神文明的旗帜。"[10]汉字承载了中国人崇敬祖先的所有文化精神活动,记载了中国先民所创造的五千年文明及其文化典籍。汉字孳乳的历程,清楚地标记了这一切。东汉许慎的《说文解字》共收字9353个,曹魏李登的《声类》共收字11520个,南朝梁顾野王的《玉篇》共收字22721个,唐朝颜真卿的《韵海镜源》共收字26911个,宋朝丁度等所著的《集韵》共收字53525个,清朝张玉书等所著的《康熙字典》收字47035个,于1990年出齐的《汉语大字典》收字最多,达56000多个。

"盖文字者,经艺之本,王政之始,前人所以垂后,后人所以识古。"[11]汉字是中国文明起源的重要标志,是一切华夏文明存在的基础。有了如星空般璀璨的汉字,才有了浩如烟海的五千年古代文化典籍。东汉蔡伦发明的植物纤维纸、北宋毕昇发明的活字印刷术,这些改变人类历史进程的伟大发明,使古老的中国成为世界上文化典籍最为宏富、浩繁的国家。诸子百家、诗词歌赋、经史子集等不朽经典,都依靠汉字书写而传播至今。中国文化有儒、道、佛三家。佛家典籍方面,任继愈主编的《中华大藏经》收四千二百余种,约二万三千余卷;道家典籍方面,《正统道藏》收一千四百七十六种,共五千三百零五卷;儒家典籍方面,分大全本与精华本,精华本五百种,大全本几万种。

源远流长的中国文化,最显著的标志是拥有超时空的文字记载。汉字流淌在中华民族的文化血脉中,承载了中华民族最深沉的精神诉求,至今仍是维系国家统一和民族团结之强大又无可替代的纽带。

三

汉字之美,美在形体,美在神韵,美在意境。汉字代表了中国文化的最高美感,与每一位中国人灵犀相通、血脉相连。汉字是音、形、义的完美统一,具有形态之美、音韵之美和意象之美。其形有图画之美,讲求造型线条布局;其声含音乐之美,严格于韵律平仄节奏;其义富含哲理思辨之美。

解析汉字的形体结构,才能领悟字中之妙。例如:"开(開)"字,𨷺(金文)由𨳇(門)和幵(开)构成,像双手将门栓抽出栓孔之形,是一幅形象生动的生活画面。開(小篆)、開(隶书)将幵(开)连写成开(开)。汉字的一笔一画中,"点"有坠石之势,"横"如肩挑昆仑,"撇"如剑锋出鞘,"竖"像一柱擎天,无不显现着汉字独具的形体之美。汉字之美,更在于超越线条的结构之美,如左右相呼、上下相应、穿插避让、勾连呼应、参差错落。因汉字这种独一无二的对称美、平衡美,才有了中国诗词,尤其是律诗、绝句平仄交替而有铿锵之美,字词对仗而有形式之美,句尾押韵而有和谐之美。也正因此,汉字不仅是文字,也是艺术,在那一横一竖、一撇一捺的笔画之间感受到的远不是线条之美,如鲁迅所言:"(汉字)具有三美:意美以感心,一也;音美以感耳,二也;形美以感目,三也。"[12]

汉字往往以简洁的线条表现细腻的观察和思维来完成对事物的指称。例如,长而上翘的鼻子是大象最具标志的外在特征,鹿的角、虎身的花斑是二者异于其他动物的明显形貌,还有以尾巴的上卷与下垂来区别犬与豕,以犄角的弯曲与否来区分牛与羊,都体现了先民细敏的心灵。不仅如此,汉字不只描摹外在形貌,而且表现对象的内在精神本质,超越具体对象有限之"形"而达到"离形得似"的境界。例如:"爱"本字为"恶",㤅(金文)由㣇(欠,一个人张着嘴巴,表示呵气或倾诉)和心(心)会意而成。小篆㤅(恶)将㣇(欠)写为㣇,或作爱(爱)加㐄(倒写的"止",意为行进)。隶变后,愛将㣇(欠)写成爫,心写成心。简化字写为爱(爱),心(心)形消失。㤅,像一个人张着嘴巴,一颗摇摇欲坠的心,表示疼惜、呵护、倾诉柔情。爱增加了倒写的"止",意为行进,表示因为疼惜彼此而奔波。隶书没有了微微张着嘴的人,但心还是被放在中间的位置。"爱",蕴含着人类对所有美好情感的幻想。

汉字不仅是记录语言的符号,还塑造了中国人的心性。汉字形体历经数千年的流变,"汉字七体"的字体类型,浸润着中国人的审美情趣和审美要求,体现了中国人的审美理想。甲骨文瘦劲锋利、质朴古拙,金文整齐遒丽、古朴厚重,小篆屈曲圆转、尚婉而通。隶定后,汉字被称之为方块字,笔画匀称均衡,无论横排竖排,都正中对称;集合成篇各自独立,又相互关联、彼此照应、整齐划一,通篇布局如同齐整的方阵。汉字强调和合、中正、匀称、均衡,体现了儒家美学观念的方方正正,这也正是中国人为人处世秉守的原则。例如:"正""直"二字,横平竖直的笔画线条似在告诉人们,做人要正直、端正。"德",德(甲骨文),其中彳(彳)为行走义,一说为"得",意为获取、获得,㥁,像直视的眼睛,意为正直不邪。"德"与行走有关,为登高、攀登义,或解为得之正直,获之坦荡;或作德(甲骨文)用行(行)代替彳(彳)。德(金文),或添加心(心)作德,强调"获之坦荡、问心无愧"的含义。"德"字告诉人们,做人应正而不邪,行君子之道,这是中国人的行为规范和道德标准。

汉字既是一种严谨优美的文字,又具有趣味性和娱乐性。猜字谜、对对联、民俗字、回文等民间娱乐形式,都是对汉字娱乐趣味功能的挖掘和利用。文人雅士更是擅长诸多趣味盎然的文字游戏,将汉字作为消闲助兴的工具,以表现怡情雅趣。例如,字谜"一口吃掉牛尾巴"(告)、"无限心头语,尽在情丝中"(戀),回文联的"客上天然居,居然天上客",茶壶壶身上的回文"可以清心也",缺字联的"二三四五(缺一)、六七八九(少十)(暗隐"缺衣少食")如此等等,妙趣无穷。

图0-1 贵州安顺市龙宫的龙字田,拓自唐代书法家怀素的草书书法,占地面积约8万余平方米,是世界最大的单体汉字,气势磅礴,震撼人心。当微风吹来,龙字随风摆动时,宛如一条活灵活现的巨龙从山林间呼啸而出。龙字田绝美龙字画卷已通过世界纪录认证机构(WRCA)的权威认证,被列入"世界最大的植物汉字景观"的世界纪录。

四

文字是思想交流的工具,是文化的载体,是一个民族延续传统与文化的主要手段。文字符号突破了有声语言的时空局限,"传于异地,流于异时"。汉字具有超时空的特性,今天依然是我们与历史对话的工具;汉字还具有超方言的功能,中国不同地域的人,听不懂彼此的方言,但书面阅读却毫无隔阂。

李泽厚指出:"中国文字和西方不一样,西方是文字跟着语言变,是语言中心主义的。""中国是文字统治着语言,而不是语言统治着文字,不是口头语言的文字书写,字起着决定性的作用。"[13]可以说,是汉字记录和见证了中国文化的传承和发展,同时汉字本身也是一种文化现象。汉字是中华文明之母,是中华民族的胎记和文化基石,没有汉字就没有源远流长、辉煌灿烂的中国文明。汉字造字法凝聚了中国先民对自然、人类社会和精神世界的认知和理解,蕴含着深厚的文化意蕴、独特的文化魅力和浓重的民族情结,是中国文化的活化石,是理解古代历史文化实相的文字密码。例如,🐷(甲骨文)、🏠、🏠(金文),这是"家"最初的写法,屋里养着一头大腹便便的猪。《说文解字》释为:"🏠,居也。从宀,豭省声。"段玉裁《说文解字注》中解释"家"是蓄养生猪的稳定居所。罗常培认为:"中国初民时代的'家'大概是上层住人,下层养猪。现在云南乡间的房子还有残余这种样式的。若照'礼失而求诸野'的古训来说,这又是语言学和社会学可以交互启发的一个明证。"[14]远古时先民们建造房子,都会先在土中打上木桩,铺上木板,上层供人居住,下层圈养家畜。这种腾空的建筑,能防水灾和野兽侵害。猪是温顺、繁殖力旺盛的动物,对古人来说,圈养的生猪,能提供食物安全感,因此,畜养生猪变成了定居生活的标志。至今,还有少数保留古风的客家人在居所内圈养生猪。

汉字负载着源远流长、一脉相传的中国文化,是博大精深的中国文化不可或缺的重要部分。

五

汉字包容万象,胸怀广大。汉字不仅创造了中国辉煌灿烂的学术、文学、艺术奇观,而且吸收容纳了所有进入中国的外来文化。无论是古代伴随丝绸之路而来的西域文化、佛教文化,还是近代传入中国的西方文化,汉字均以其特有的方式兼收并蓄。汉字凝聚着东方文明古国的古老智慧,又超越了民族、地域、国别的界限,在更大的区域为人类共享。它曾极大地影响了中国周边国家的文化发展,形成了以朝鲜、日本、越南等国和地域所构成的"汉字文化圈"。从秦朝开始,汉字逐渐进入了朝鲜、日本、越南等周边各国,这些国家历史上都以汉字记录各自的历史与文化。其中,日语语言文字完全脱胎于汉字,成为日文不可分割的一部分,并伴随着日本文明的发展一路使用至今。日语中的诸多汉字、汉字词,至今依然原封不动地保留着汉字传入时的原始含义,如日语中的"走"字指"跑","行"字则指"走",日语料理店的"丼"字,即汉字"井"的金文写法。时至今日,汉字在日语中的地位不减反增,且有日趋活跃之势。据人民网报道,日本信息处理推进机构(IPA)发布消息称已完成约6万个汉字的国际标准化工作,这些汉字可以进行数据处理。据此,此前分别属于多个标准的常用汉字之外的汉字,将可以使用统一编码进行处理,能够覆盖此前难以进行数据处理的人名用异体字,也将可以用于构建电子政务系统,并能大大提高使用效率及便利性。汉字在日本的地位由此可见一斑[15]。

近几十年来,随着国际交流的日益频繁,汉字伴随着中国影响力的提升进一步走向世界,正在成为全人类共同的文字符号。据教育部和国家语委发布的《中国语言文字事业发展报告(2017)》显示,国外学习汉语的人数已超过1亿。放眼未来,汉字必将成为世界通用文字之一。

汉字与创造它的民族一同穿越过五千年漫长的历史,与悠久绵延的中国文明一样,是人类文明史上气象独具、光彩夺目的奇葩,是中华文明在伟大实践中为人类留下的丰厚遗产。

第一章

独具神韵的东方智慧
——汉字的性质与特点

第一节 文明的肇始——文字与汉字

一、语言与文字

语言与文字属于两个不同的符号系统。语言系统的符号除声音符号外,还有记录声音符号的文字符号。文字与语言关系密切,相互影响。一方面,语言是第一性的,文字是第二性的。文字在有声语言的基础上产生和发展,受语言的制约,对语言有很大的从属性、依赖性,任何一种文字,都必须适应其所记录的语言特点;另一方面,文字具有一定的独立性、自主性,对语言会产生一定的影响。

文字是人类用语言符号进行视觉交际的系统,与语言单位的意义或声音有约定俗成的联系,可记载于纸、石、泥板或本子上[16]。具体而言,文字的定义有广义和狭义之分。狭义的文字是记录语言的符号,广义的文字是作为社会记录和交际工具用的与语言日益适应的书写符号体系。两种定义的分歧在于,文字是否为形、音、义的统一体。广义派不赞成文字有形、音、义三要素的观点,认为"图画文字"在甲骨文之前,是史前时期书面记录(提示)的交际工具。汉字字形所表达的意义与语言中的词义不能完全画等号,而且在造字之初文字是没有读音的,这时文字的作用是"提示性"的"记言"或"记事",带有社会性和客观性。狭义派把文字限定在记录语言的范围之内,认为"图画文字"没有记录语言中的词,不能准确地记事,至多只是起到提示的作用。既然汉字是表意文字,其字形必然传达出词义,而且一定有读音。本书采用狭义的文字定义,即文字是"人类用来记录和传播语言的书写符号系统"[17],是扩大语言在时间和空间上交际功能的文化工具。这一界定有以下要点:①文字是人类特有的现象。②文字的作用是记录和传播语言。这是文字的共性,也是文字区别于图画的本质特征。③文字是书写符号系统。"任何一种文字都代表有声语言,这是一切文字的共性。"[18]

世界上的文字多种多样,形成了不同的文字体系。传统上一般将文字分为图画文字、表意文字和表音文字三大类型。表音文字又分为"音节文字"和"字母-音素文字"或"字母文字"。按文字的结构形式及其记录语言的方式,一般分为拼音文字和非拼音文字两大类。拼音文字用一定的构字符号表示语言中的各个语音单位;非拼音文字的构字符号与语音联系不紧密,从字形结构上看不出与所记录词语的语音联系。

无论哪种类型的文字,就本质和功能而言,都是记录语言的符号系统,必须通过语言才能发挥作用,是语言最重要的辅助性交际工具。任何一种符号,都是一定形式和一定意义构成的统一体。语言是语音形式和意义内容的统一体,文字作为记录语言的符号,也由形式和内容两个部分组成。语言的形式是语音,文字的形式由书写单位(笔画或字母)构成;语言的意义是一定的语音形式表示的内容,文字的意义是所记录的语言(词或语素)。

除了记录语言这一本质功能外,文字还有许多重要的社会功能:促进思维的准确性和细密化,促进哲学和科学技术的发展;开辟了语言表达的新维度,使线性历时展开的语言能够平面共时展开,促进了文学艺术的发展;改变了人类社会知识的存储和传承的方式,促进人类文化的积累;促进社会规范的形成,使社会行为的正式性增加;帮助生成其他交际系统,是盲文、莫尔斯电码、旗语、聋哑人手语等其他交际系统产生的基础。

二、汉字与汉语

汉字,是指记录汉语的文字。汉字与汉语之间是相互依存的关系。一方面,汉语是第一性的,汉字是第二性的。没有汉语,汉字就没有产生的条件和存在的必要,汉语制约与推动着汉字的发展演变。作为汉语的载体,汉字的音和义是汉语语素音和义的反映,汉字的特点要适应汉语的特点而形成和存在。另一方面,汉字也影响了汉语的使用和发展[19]。

我们知道,表音的拼音文字适应了形态型语言语音、语法结构方面的特点。形态型语言依靠多变的音节组合来表示语法意义,语法结构上有显露的外在形式,通过形式或形态来显示语言成分之间的关系。与形态型语言完全不同,汉语属于语义型、分析型语言。在语音上,音节结构简单,词的语音形态信息含量少,汉字复杂的字形结构正适应汉语的这一特点。汉语语法隐含在语言内部,由语义本身来体现这种关系,词法、句法和语义信息通过语言环境和语言的内在关系来体现。可以说,汉字的表意性质迎合了汉语的表意性质和语用特点,汉字之所以沿用至今,除了民族心理、文化习惯、同音词数量较大等因素外,在很大程度上是汉语以上特点制约的结果。

有一种观点认为,世界文字的发展经历了象形、表意和表音三个阶段,汉字这种表意文字并未达到高级阶段。这一说法既不符合世界文字的发展事实,也缺乏科学依据。应该说,文字作为记录语言的符号系统,其本身并无高低优劣之分,只要与其所记录的语言相适应,即是好的文字系统。汉字数千年长盛不衰,根本原因在于它适应汉语的特点,具体表现在以下几个方面。

1. 汉字非常适合记录汉语语素

汉字与汉语语素均为单音节形式,一字一词(语素)的对应性,使汉语书面表意具有了很大的灵活性。例如,走、过、来三字,可表达"走,过来""走过来""走?过来""走……过来"等不同的意思。"下雨天留客天留我不留",可理解为"下雨,天留客;天留,我不留""下雨天,留客?天留,我不留""下雨天,留客天,留我不留?""下雨天,留客天,留?我不留!""下雨天,留客天,留我不?留"等不同的意思。断句不同,则意思不同。而"你给我不给"可表达以下意思:①你给我不给?(生气地质问)。②你给,我不给。(要求别人给,自己却坚决不给)。③你给？我不给？(提出两个反问)。④你给我不？给！(先威胁地反问,然后再次要求)。⑤你给我！不给？(先要求,然后反问)。⑥你给我？不给？(先猜疑地反问,然后反问证实别人的意思)。⑦你——给我不给？(既惊异又无奈,然后气愤地问)。

  需要指出的是,汉字和语素之间的关系也有复杂的一面。汉字中存在大量的多音字现象,有的汉字可能表示几个音义不同的语素,例如:"都"有"都是"与"首都"的不同,"乐"有"快乐"与"音乐"的不同,"曲"有"弯曲"与"歌曲"的不同,"干"有"干净"与"干活"的不同,"降"有"降落"与"投降"的不同,"站"有"站立"与"车站"的不同。又如以下例子。

  长:长(cháng)短、生长(zhǎng)
  教:教(jiào)育、教(jiāo)唱歌
  石:石(shí)碑、十石(dàn)
  觉:感觉(jué)、午觉(jiào)
  好:好(hǎo)人、喜好(hào)
  正:正(zhēng)月、正(zhèng)直
  应:应(yīng)该、反应(yìng)
  卷:卷(juǎn)心菜、试卷(juàn)
  分:分(fèn)外、分(fēn)数
  系:联系(xì)、系(jì)鞋带
  宿:宿(sù)舍、住了一宿(xiǔ)、星宿(xiù)
  差:差(chā)别、差(chà)不多、出差(chāi)、参差(cī)

汉字中还存在大量的多义字现象,有的汉字可能表示多个音同而义不同的词,这些字连续使用时,会造成阅读和理解上的困难。以下几例虽属刻意所为的极端情况,却很能反映这一现象。

  ①今天下雨,我骑车差点摔倒,好在我一把把把把住了！
  ②来到杨过曾经生活的地方,小龙女动情地说:"我也想过过过儿过过的生活。"
  ③用毒毒毒蛇,毒蛇会不会被毒毒死？
  ④校长:校服上除了校徽别别别的,让你们别别别的别别别的你非得别别的！

以上四例,将"把""过""毒""别"四个多义字所各自表示的不同语素集中于一句话中,因而阅读和理解起来较为困难。

  此外,还有几个汉字表示一个语素的情况。例如,用汉字转写的外来词葡萄、咖啡、沙发、镭射、俄罗斯、哈萨克斯坦等,以及一些联绵字窈窕、仿佛、伶俐、阑干、逍遥、玛瑙、踌躇等。

2. 汉字适应汉语的语法特点

汉语没有形态变化，语法意义、语法关系主要通过语序和虚词表示。汉字正适应汉语的这一特点。一个汉字独立表示一个词或语素，为语句通过词序和虚词表示不同的语法意义、语法关系提供了可能。例如，辣、不、怕三字，可组成"辣不怕""不怕辣""怕不辣"三个语法意义、语法关系各不相同的句子，表达微妙的语义差别。又如，钱、是、没、有、问题几个字（词、语素）可构成以下语法关系和语法意义各不相同的语法结构：钱是没有问题，问题是没有钱，有钱是没问题，没有钱是问题，问题是钱没有，钱没有是问题，钱有没有问题，是有钱没问题，是没钱有问题，是钱没有问题，有问题是没钱，没问题是有钱，没钱是有问题。

3. 有效区别同音词

汉语音节结构简单，声韵母拼合仅有400多个音节，声韵调拼合不过1200多个音节，因而汉语大量存在同音语素和同音词，极易混同。字形各异的汉字，可起到分化同音词的作用。可以说，能够有效区别同音词的功能，是汉字没有走上拼音文字道路的重要原因之一，也是不少人反对汉字拼音化的一个重要理由。赵元任曾编有一则故事《施氏食狮史》："石室诗士施氏，嗜狮，誓食十狮。氏时时适市视狮。十时，适十狮适市。是时，适施氏适市。氏视是十狮，恃矢势，使是十狮逝世。氏拾是十狮尸，适石室。石室湿，氏使侍拭石室。石室拭，氏始试食是十狮尸。食时，始识是十狮尸，实十石狮尸。试释是事。"近百字的故事声韵完全相同，清楚地体现了汉字区别同音词的功能。另有一则《季姬击鸡记》："季姬寂，集鸡，鸡即棘鸡。棘鸡饥叽，季姬及箕稷济鸡。鸡既济，跻姬笈，季姬忌，急咭鸡，鸡急，继圾几，季姬急，即籍箕击鸡，箕疾击几伎，伎即寂，鸡叽集几基，季姬急极屐击鸡，鸡既殛，季姬激，即记《季姬击鸡记》。"这一故事，全篇由"ji"一个音节组成，但汉字字形形态各异，极具视觉差异度。

下列几组读音完全相同而字形各异的汉字，也可表明汉字的这一作用。

jī：《新华字典》收录有96个字，如几、击、叽、讥、机、饥、圾、鸡、肌、基、畿、积、箕、犄、辑、畸、稽、羁、姬、跻、耆、屐、赍、芨、玑、矶、耆。

jí：《新华字典》收录有77个字，如亼、及、伋、彶、吉、汲、岌、级、恏、极、即、亟、郆、佶、急、笈、疾、集、戢、楫、辑、嫉、槭。

jǐ：《新华字典》收录有22个字，如几、己、卂、改、孒、纪、泲、虮、济、给、挤、脊、掎、戟。

jì：《新华字典》收录有108个字，如亼、计、旡、记、伎、纪、齐、系、忌、亝、际、芰、妓、技、剂、季、迹、垍、既、茍、荠、苟、济、洎、哜、觊、继、绩、悸、祭、偈、徛、寄、寂、暨、鲅、鲚、霁、冀。

第二节 鲜明的个性特质——汉字性质与特点

一、汉字的性质

汉字的性质,是学术界一直争论不休的问题。国内外学者有各种不同的观点,各执一端,众说纷纭,仅列举几种主要观点如下[20]。

1. 象形文字说

美国新教传教士卫三畏(塞缪尔·威尔斯·威廉,Samuel Wells Williams)1848年在《中国总论》(*The Middle Kingdom*)中最早提出这一说法。他认为,汉字与玛雅文、埃及文相似,都如同象形文字[21]。

20世纪初,孙诒让在《名原》中提出汉字发展的三个阶段,即初制必如今所传巴比伦、埃及古石刻文的"原始象形字",甲骨文那样简化省略的"省变象形字"和篆书那样有别于图画的"后定象形字"。至此,古汉字被称作"象形字"成为习惯的说法[22]。此外,赫伯特·乔治·威尔斯(Herbert George Wells,1866—1946)、云中、吴玉章等也认为汉字是象形文字。1940年吴玉章在《新文字与新文化运动》中提出:"中国的汉字注重形体,表示一个物件的词,就是这个物件的图形……每一件事情也按照事情的意义表示出来……这种就叫作象形文字的系统。"[23]

2. 表意文字说

瑞士语言学家费尔迪南·德·索绪尔(Ferdinand de Saussure)认为,世界上只有两种文字体系:一种为表音体系,有的是音节的,有的是字母的,即以言语中不能再缩减的要素为基础;另一种是表意体系,"这种体系一个词只用一个符号表示,而这个符号却与词赖以构成的声音无关。这个符号和整个词发生关系,因此也就间接地和它所表达的观念发生关系。这种体系的古典例子就是汉字"[24]。汉字通过它所记录的语言单位——词间接地与所表达的意义发生关系,所以索绪尔从表达功能角度将汉字定性为表意体系文字。

国内许多学者从汉字构形方面,即汉字形体结构与所记语素意义之间的内在联系论述汉字的表意性质,如王力指出:"汉字有字形、字音和字义。这三方面是互相联系的。但是汉字只是表意文字,不是表音文字,因为同音的字并不一定同形。"[25]王宁也认为:"汉字是表意文字,早期的汉字是因义而构形的,也就是说,汉字依据它所记录的汉语语素的意义来构形,所以词义和据词而造的字形在汉字里是统一的。这一点在小篆以前的古文字阶段表现得更为直接、明显。"[26]

梁东汉、司玉英也有相同的论述。梁东汉认为:"分类要看这些符号所表达的是怎样的一个语言单位,是表达整个的词,抑或是表达词的一个音节或音素。""符号表达个别的完整的词或者它的独立的部分的文字体系叫作表意文字体系。"[27]司玉英论及古今汉字表意性的不同:"汉字是表意体系的文字,包括词文字和语素文字。古代汉字是词文字,现代汉字是语素文字。"[28]

英国语言学家帕默尔也认为汉字是"表意文字"。与索绪尔不同,帕默尔所说的"表意文字"指字形直接表达事物或概念的意义,即汉字是不通过语言直接表示概念的文字,"在中国,一如在埃及,文字不过是一种程式化了的、简化了的图画系统。就是说,视觉符号直接表示概念,而不是通过口头的词再去表达概念。这就意味着,书面语言是独立于口头语言的各种变化之外的"[29]。与帕默尔观点相同的国内学者有袁晓园、申小龙、毕可生等人。

3. 表音文字说

主张此说的人认为,古代汉字从文字符号的来源而言是从象形符号发展而来,但就其发展阶段来说已脱离了表意文字阶段,而进入表音文字的阶段。汉字"并不是通过它的符号形体本身来表达概念,而是通过这些文字所代表的语音来表达概念。绝大多数古文字,其形体本身与所要表达的概念之间,并无任何直接的关系","从它所处的发展阶段来说,只能是表音文字,而不是什么表意文字(或象形文字)"[30]。

姚孝遂认为,应严格区分文字发展阶段与文字符号的构形原则这两种截然不同的概念。文字的发展阶段是就文字符号的功能和作用所到达的程度而论,文字的构形原则是从文字符号的来源而言。"就甲骨文字的整个体系来说,就它的发展阶段来说,就它的根本功能和作用来说,它的每一个符号都有固定的读音,完全是属于表音文字的体系,已经发展到了表音文字的阶段。其根本功能不是通过这些符号形象本身来表达概念的。把它说成是表意文字是错误的。"[31]

我们知道,没有什么文字不能"表音",从表达功能角度把汉字定性为"表音文字"虽有道理,但通过记录语言而表达语言的"音"和"意(义)"是所有文字的共性。这样论述汉字的性质,无助于区别汉字与世界其他文字体系的差别。

4. 表词文字说

美国语言学家布龙菲尔德(Leonard Bloomfield)依据汉字所记录的语言单位而将汉字确定为表词文字。从表面上看,词是用符号表现在文字里的语言单位,用一个符号代表口语里的词,这样的文字体系即是表意文字。但布龙菲尔德认为,表意文字"是一个很容易引起误会的名称。文字的重要特点恰恰就是,字并不是代表实际世界的特征'观念',而是代表写字人的语言的特征,所以不如叫作表词文字或言词文字"[32]。王伯熙表述得更为明确:"从文字符号所记录的语言单位这个方面来看,汉字应该属于表词文字,因为它的每个独立字符基本上都是音义结合体,即形、音、义的统一体,是词的书面符号。"[33]

5. 语素(或词素)文字说

赵元任最早提出汉字为词素文字,"在世界上通行的能写全部语言的文字当中,所用的单位最大的文字,不是写句、写短语的,是拿文字一个单位写一个词素,例如我们单独写一个'毒'的字形,来写'毒'这个词素……以上是讲用一个文字单位写一个词素,中国文字是一个典型的最重要的例子……它跟世界多数其他文字的不同,不是标义标音的不同,乃是所标的语言单位的尺寸不同"[34]。

我们知道,语言的单位可分为语音层和符号层。语音层可分音位(音素)和音节,符号层可分语素、词和句子三级。根据文字所记录语言单位的不同,一般把文字分为音素文字、音节文字和语素文字三大类。每个汉字对应的语言单位,大体上是一个语素,从文字单位与语言单位的对应关系看,汉字是语素文字。如潘钧所言:"给文字定性的唯一标准是文字所记录的语言单位的不同,'语素文字'是汉字唯一的本质属性,其他属性都是非本质的,是由'语素文字'这一本质属性决定的。"[35]

朱德熙、吕叔湘、李荣等也持这一观点,认为汉字是语素文字的唯一代表[36][37][38]。

6. 意音文字说

文字表达语言有三种基本方法,即表形、表意和表音。周有光认为:"综合运用表意兼表音两种表达方法的文字,可以称为'意音文字'。汉字就是意音文字之一种。""从甲骨文到现代汉字,文字的组织原则是相同的,也就是说,我们的文字在有记录的三千多年中间始终是意音制度的文字,古今的不同只是在形声字的数量和符号体式的变化上。"[39]

一种文字的性质,由这种文字所使用符号的性质所决定。裘锡圭根据构成汉字的字符特点,深入地分析了汉字性质。他认为,汉字在象形程度较高的早期阶段(大体上可以说是西周以前),基本上是使用意符和音符(严格说应该称为借音符)的一种文字体系。"后来随着字形和语音、字义等方面的变化,逐渐演变成为使用意符(主要是义符)、音符和记号的一种文字体系(隶书的形成可以看作这种演变完成的标志)。如果一定要为这两个阶段的汉字安上名称的话,前者似乎可以称为意符音符文字,或者像有些文字学者那样把它简称为意音文字,后者似乎可以称为意符音符记号文字。考虑到后一个阶段的汉字里的记号几乎都由意符和音符变来,以及大部分字仍然由意符、音符构成等情况,也可以称这个阶段的汉字为后期意符音符文字或后期意音文字。"[40]16

意音文字的说法,基于汉字 80% 以上都是形声字这一客观事实。但现代汉字中音符和字音完全相同的只有全部形声字的 20%,大部分形声字或者意符不表意,或者音符不表音,从现代汉字的角度看,这样的字不应再当作形声字。

依据汉字记录汉语的单位,还有主张汉字属于音节-语素文字的说法。"记录语素和音节"之所以是汉字的本质属性之一,是因为它与别的文字不同。就英文而论,一个英文单词记录的是一个词,而一个词不等于一个音节,也不等于一个语素,所以英文是真正的"表词文字"[41]。对此,裘锡圭认为:"语素-音节文字跟意符音符文字或意符音符记号文字,是从不同的角度给汉字起的两种名称。这两种名称可以并存。"[40]18

分析上述各种说法可以看出,由于立足点的不同,对汉字的属性认识就会不同。杨润陆认为应从三个不同角度定性汉字:从记录语言的方法看,汉字属于意音文字;从记录语言单位的大小看,古代汉字属于表词文字,现代汉字属于语素文字或语素音节文字;从记录语言的文字字符看,汉字属于意符音符记号文字[42]。

综上所述,汉字性质可以表述为:汉字是用表意构件兼及示音和记号构件组构单字以记录汉语语素和音节的平面方块型符号系统。

二、汉字的特点

汉字是世界文字之林中别具一格的文字体系,其特点表现在以下几个方面。

1. 始终如一的表意性

汉字的表意特质,是有别于其他文字的根本性质。汉字形体虽历经演变,但在几千年的发展历程中,汉字一直坚持着表意的特性,是世界上唯一一种有着严密构形系统的表意文字。古汉字字形与语言的词或语素的意义有着直接联系,人们能据形索义、据形求义。汉字特有的"六书"造字法,体现了汉字表意方式的直接性,无论是象形的具象直观,指事、会意的察而见意、比类合谊,还是形声的标类注音,都具有一定的直接表意性。例如:山,〓(甲骨文)、〓(金文),象形;鸟(鳥),〓(甲骨文)、〓(金文),象形;象,〓(甲骨文)、〓(金文),象形;虎,〓(甲骨文)、〓(金文),象形;刃,〓(甲骨文)、〓(小篆),指事;本,〓(金文)、〓(小篆),指事;从,〓(甲骨文)、〓(金文)、〓(小篆),会意;相,〓(甲骨文)、〓(金文)、〓(小篆),会意。

独特的表意性使汉字像一幅图画,一望即知其所指的事物和概念。如山、川、采、休、州、峰、盟、果、森、淼、焱等字,从古文字形即能明了意义所指。即使后起的汉字,甚至所谓的"网络造字",同样具有表意性的特点。例如:歪、侬、砼、腺、孬、夔、甭、烎(yín,光明,流行于网络中用来形容一个人斗志昂扬、热血沸腾,可表示"霸气""彪悍""制霸"等诸多义)等。

隶变后的汉字,字形表意的直观程度减弱,但是占汉字绝大多数的形声字形旁仍能表示字义的类属意义。如"言"作意符的字,大都与语言有关,例如:识、语、议、谈、评、论、谁、说、诗、词、诬、谢、许、诺、诵、该、试、让、读、访、讲、认、话、诚、课等。

2. 贯通古今的超时空性

拼音文字受语言绝对的制约,对语言的影响十分有限,其音、形、义与语言的音、义之间属于平面的线性联系,文字与语言存在于同一时空内。汉字是一套与汉语不完全相同的独立体系,有自身的产生和发展规律,汉字形义联系的稳固性与汉语音义之间的易变性,构成了永恒的差异。汉字的音、形、义与汉语的音、义之间属于立体的多维联系,汉语对汉字的制约是相对的,"建立在象形基础上的汉字,具有以形构意、以形表意和形声合义的特点,使汉字的表现力具有跨越地域和超时空的特点"[43]。在汉语影响汉字的同时,汉字对汉语也具有极大的反作用,有时汉字甚至具有代替和超越汉语的功能。

汉字超越时空限制,表现在两个方面:①古今一致性较强;②具有沟通方言的特殊作用。汉字虽已有数千年的历史,但是古今汉字结构方式、结构体系在本质上是一致的。古代典籍今人仍能阅读,汉字跨越了时间,成为今人与过去对话的重要工具。超空间的特性,使汉字具有沟通方言的作用,不同方言的人得以交际。中国地域广大,方言众多,各方言间语音差别巨大,不同方言区的人甚至无法顺畅沟通,但用汉字记录汉语,阅读上毫无障碍,书面上起到了沟通方言的作用。因此,汉字是世界文字史上具有超过时空恒久魅力的不朽文字。

饶宗颐指出:"我们看欧洲的文艺复兴,不同国族的人们以方音的缘故,各自发展自己的文字,造成一种双语混杂的杂种语言,终于使拉丁文架空而死亡。文字语言化的后果,其害有如此者;汉字不走语言化道路,所以至今屹立于世界,成为一大奇迹。"[10]中国各地方言比欧洲各国的语言差异更大,但由于汉字是"表意"文字,不同地区、不同民族的文化交流才得以畅行无阻。可以说,汉字是中华民族最深层、最根本的文化基因和最厚重的文化基石。五千年来,汉字作为一条统一的生命线,把言语不同、风俗习惯不同、血统不同的中国各民族的语言文化、精神文化、制度文化、器物文化联结在一起,形成了有着共同"汉字血统"的中华民族[44]。

3. 庞大的字族系统

汉字字数浩繁,繁简不一,形态各异,是一个庞大的文字体系。这一文字体系有其内在的规律,不仅每个字都可以溯源,而且字与字之间存在着直接或间接的联系,具体表现在[45]52-55:

(1)由母字与分化字构成的小系统。汉字在发展过程中,一个字分化为两个或多个字的现象较为普遍,可称为母字与分化字。例如:止—趾,莫—暮,昏—婚,要—腰,竟—境,共—恭、供,辟—僻、闢、避、擗,又—右、有、佑、侑。汉字的分化,是利用原有字形,提高每个字形的表词功能来进行用字分工的重要形式,分化字与母字之间保持着形、音、义方面的关联,形成了一个小的系统。

(2)汉字系统中字形的类化。汉字系统中具有直接表意性的字,据形系联、分类部居。许慎《说文解字》"以类相从",按部首分类部居的方法将9353个字归类置于540个部首之下。如"马"部正文收字115个,新附字5个,共120个字,如骄、驳、驰、骝、驽、骁、骉、骅、驷、骈、骎、骏、骧、骊、骐、驹、鸷、骡、雅、骢等,与马匹的毛色、年龄、大小、优劣、性别等相关。"水"部有泊、洋、浪、潮、液、流、酒、油、汃、涪、江、河、沱、渭、洼、湖、涓、滂等正文468个,重文22个,共计490字,都与水流有关。"以类相从"是汉字发展演变中客观存在的一个重要规律,《说文解字》中所有汉字按540个部首的"以类相从",是对汉字形体及其表意规律的认识和运用。也正因此,后世汉语辞书一直沿用《说文解字》据形系联、分类部居的方法。

汉字的字形结构充满变化。一个独体字既可单独成字,又可作为合体字的构件。以"山"为例,在"屾"中是会意字的构件,在"岸""屿"中是形声字的意符,在"汕"中是形声字的声符。同样的形体,组合时形体的数量或部位的变化,都可能构成不同的字。例如:木→林→森,木+加→架、柳;火→炎→炏→焱,日+火→炅、昳。形声字的形符,又可以做另一些字的声符,如金、木、土、心、山、石、足、羊、马等作为构件时,即可为意符,又可当声符。例如:

金:针、钏、钟、铜、铁、锡、铝、铅(意符)
　　钗(鈘)、钦、锦(声符)
木:松、杨、槐、杉、朽、柄、柱(意符)
　　沐、茉、炑、犾、蚞(声符)
土:地、坷、坝、场、垄、坏、坳(意符)
　　吐、钍、汢、杜、肚(声符)
心:念、忘、忍、悬、悠、慷、慨、恭(意符)
　　沁、芯、伈、鈊、呬(声符)

由上述汉字分化、类化以及字形结构的特点,可以看出,一个汉字字群往往在形、音、义方面有着多重的联系。庞杂的汉字体系内部既充满变化,又有自身的规律,自成一个庞大而严密的系统。

4. 超强的构词能力

与拼音文字相比,汉字在形体上虽复杂,但也是由有数的笔画构成,在字形结构上有一定的规律可循。"方块汉字的构形还常有理据可循,易于识辨字义,其记音标识可供辨识读音,因而方块字形具有密集性、信息含量大的特性。由于汉字是单音节符号,便于独立使用。汉字记录语言简洁明快而灵活,具有很强的构词能力。"[46]

汉字所承载的信息量远大于拼音文字,"更重要的是汉字信息熵最高,有限数量的方块字经过搭配,可以构成无限多的新词;而依靠拼音字母的英文,需要不断制造新的单词才能表达不断出现的新概念。因此,汉字常用的只有几千字,而英语的词汇量早已超过40万,在应对新概念大量涌现的科学发展中并无优势"[47]。可以说,因构词的灵活性而具有超强的构词能力,汉字是最节省的构词文字。

汉字记录汉语语词有两种形式:①一个字记写汉语的一个词,即一个字就是一个词;②两个字或多个字记写汉语的一个词。古汉语以单音节词为主,一字就是一词。现代汉语一个字代表一个词的仍有不少,如人、天、地、水、猪、马、牛、羊、搬、捂、踩、踢等,但现代汉语的词以双音节词为主,大多数情况下,一个字仅记写词的一个语素(可称为"词素字"),两个字组合表示一个词。例如,"观"字,基本义为看、察看。《周易·系辞下》:"仰则观象于天,俯则观法于地。"《左传·僖公二十三年》:"曹共公闻其骈胁,欲观其裸;浴,薄而观之。"文中的"观"均是一个词。而现代汉语中观看、观览、观察、观望、观战、观瞻、观众、观光、观赏等词中,"观"只是一个"词素字"。

汉字大多具有多种表词功能,构词力很强。大多数常用汉字既能做词字,也能做词素字和半词字,一字多能,且构词位置和组合方式灵活多样,往往一个字能构建出多个意义单位(词)。据北京语言大学编纂的《现代汉语频率词典》统计:4574 个不同的汉字可构成 31159 个词,在这些字中有二分之一的字具有全面的构词能力,可以单用,又可处在词内各个不同位置。其中构词能力在 100 个以上的字有 70 个。例如,"子"字构词 668 个,"不"字构词 500 个,"大"字构词 296 个,"心"字构词 287 个,"人"字构词 278 个[45]57。

认识到汉字构词力强的特点,能极大地帮助人们学习汉语。我们知道,初学汉字较为困难,但是掌握了一定数量的汉字后,能极大地促进对汉语词语的学习。因为,《现代汉语频率词典》中前 1000 个构词能力最强的汉字出现的字次总和,占全部语料的 90％以上;3000 个汉字,即可构建汉语 40000 个常用词汇。这告诉我们,学会了常用的汉字,等于学会了构词的语素,掌握了常用构词语素的形、音、义,汉语的词不过是这些常用字(语素)的组合而已。汉字能够灵活组词的功能,使学习者可以触类旁通,记忆量大大减少。例如,"电"作为语素词与别的汉字组成的词语有电池、电梯、电灯、邮电、电车、电力、电话、电脑、发电、通电、放电、断电、电器、电影、电机、火电、水电、风电、核电、电缆、电镀、电钮、阳电、电烫、电教、电路、电报、密电、喑电、联电、电感、电灌、电钟、电流、电阻、电压、电筒、电解、电离、回电、电讯、电光、电棒等。学了"电"字,便可较为容易地理解和记忆这些词语。而使用拼音文字的语言,人们在学习文字时非常容易,如英文只有 26 个字母,简单易学,但学习词的阶段则比较困难,因为每个词都有不同的拼写形体,记忆起来也并非易事。例如,英语里猪肉(pork)与猪(pig)和肉(meat)没有丝毫关系,猪肉、羊肉、牛肉(pork,mutton,beef)也无联系,公鸡是 cock,母鸡是 hen,小鸡是 chicken,各不相关。每有新事物出现,总伴随着英文新词,如有了火箭就产生了新词 rocket,有了计算机就得产生新词 computer,有了网络需造出 network,有了手机就得有 mobile phone,学习者的记忆量在不断增大。而汉语用旧的汉字进行新的组合就可表达新生事物,如"火箭"是火推动的箭,"计算机"是会计算的机器,"网络"是网状的东西,"手机"就是手持的移动电话机。

毋庸讳言,汉字也存在一些弱点和局限。最突出的问题是所谓的"三难",即难读、难写、难认。仅现代汉语常用、次常用汉字(3500 个)的习得,中国学生通常在整个基础教育阶段才能够完成。随着汉语国际教学在全世界的展开,汉字难学的问题愈显突出。对外国人来说,学习汉语最大的困难在于汉字,汉字是制约其汉语水平提高的最大阻碍。世界汉语教学学会副会长柯比得认为:"汉语教学今天面临的最大挑战,一方面是文化和语言教学的融合,另一方面是汉字的教学。如果不接受这两场挑战并马上寻找出路,汉语教学恐怕很难有向前发展的可能性。"[48]可以说,汉字的"三难"是汉语国际推广的"瓶颈"所在。就文字本身而言,汉字"三难"问题主要表现在以下几个方面。

(1)汉字数量庞大,字形结构复杂,难以识记。拼音的音素文字由于数量有限,如英文用拉丁字母仅26个,加上大写字母共52个,连同其他字符(如标点符号等),总量不超过100个。汉字字符则是一个庞大的系统。1988年公布的《现代汉语通用字表》有7000字,2013年国务院公布的《通用规范汉字表》中收字8105个,其中作为基础教育和文化普及的基本用字需要的一级字表常用字集收字3500个。为了适应汉语的特点,汉字以字形来区别和分化汉语的同音语素,这必然致使汉字系统拥有庞大而惊人的字数,如记录"li"这一音节语素的汉字就多达249个,笔画数少至2画(力),多达30画(鸍、鱺)。以字形区别和分化汉语的同音语素,还必然导致汉字结构复杂,笔画繁多。以7000个通用汉字为例,笔画在7画至15画的多达5000以上,有的汉字多达几十画,如:《汉语大字典》只收录了两个繁体龙字合并的"龘"字,读作dá,表示龙腾飞的样子;《汉语大词典》收录了四个繁体"龙"字合并的字,读作zhé,义为"唠唠叨叨,话多",共有64画,是汉字中笔画最多的字之一。又如龖、灪、齰、龤、齱、鸍、骉、蘷、钃、黤、韄、颥、馕、艦、飍、譾、龗、鬱、爨、靐、魊、馕、蘻、蕭、颥、癯、驫、毳、龘、麤、爔、爧、鱻、鱻、饢、鑱、鬱、籱、靈等,这些笔画繁多的汉字,无疑给学习者的识记和书写带来极大的困难。

此外,由于汉字以字形区别和分化汉语的同音语素,一笔一画都关涉意义,必然使汉字存在着大量字形相近的字,而笔画、字形的微小差异,都可能代表完全不同的意义,区分和辨别这些形体相近的字绝非易事,初学者极易混淆。例如:人、入、八、日、曰、治、治、旯、旮、汩、汨、土、士、风、凤、千、干、来、耒、毫、毫、余、佘、由、甲、未、末、丐、丏、眯、咪、洗、冼、逥、迴、拨、拔、钹、铍、薛、薜、赢、羸、崇、祟、毒、毐、王、玉、主、圭、住、佳、兔、兔、银、鈠、塵、鏖、氏、氐、衹、祇、祗、已、巳、巳、戊、戌、戍、戎等,差别只在毫末之间。又如以下例子。

采、采:采(cǎi),摘取的意思。采(biàn),古"辨"字,辨别之义。

垚、垚:垚(yáo),形容山高,多用于人名。垚(zhuàng),士部,"壮"的繁体字。

妹、妺:妹(mèi),多指比自己年纪小的女子。妺(mò),妺喜,传说中国夏王桀的妃子,用于人名。

币、帀:币(bì),从巾,敝声,表示与布帛有关,为古人用作礼物的丝织品,现指钱币。帀(zā),同匝,指环绕一周。

畲、畬:畲(shē),畲族,主要分布于福建、浙江的少数民族。畲,还有火耕地的意思,指粗放耕种的田地。畬(shē),指刀耕火种。古同"畲",也可以作为姓氏。

汆、氽:汆(cuān),一种烹饪方法,把食物放到沸水中煮一下,随即取出。氽(tǔn),漂浮,方言词。

壸、壶:壸(kǔn),古代宫中的道路,借指宫内。壶(hú),指陶瓷或金属制成的一种有把有嘴的器具,通常用来盛茶、酒等液体。

姬、姫:姬(jī),古代对妇女的美称,也指旧时以歌舞为业的女子,以及姓氏。姫(zhěn),谨慎的意思,右边"臣"字。

胄、冑：冑(zhòu)，"由"字下加"月"字组成，指的是帝王或者贵族的后裔。冑(zhòu)，是"由"字下加一个"冃"(mào)字组成，指古代兵士作战时所戴的帽子，即头盔。

裏、裹：裏(lǐ)，衣部，"里"的繁体字。裹(guǒ)，包、缠绕的意思。

至于字形相近、部首或偏旁不同而读音相同(近)或不同的字的数量则更为庞大，难以辨识，例如：吗、码、妈，秧、映、殃，扬、杨、汤、场、肠，袄、沃、跃、妖，池、弛、驰，清、情、晴，沙、砂、纱，妙、炒、钞，桥、骄、娇，消、梢、稍、悄，掩、淹、俺，饶、绕、浇、挠，烧、遥、摇、瑶、谣，寒、寨、赛、塞，赢、嬴、羸、赢、嬴、赢，顽、烦、领、顺、须、项、颈、顾、颐、颔、倾、颇等。

(2)汉字字形结构复杂而难写。拼音文字，是字母从左到右或从右到左的线形有序排列构成的字母群带。汉字字形呈立体结构方块形，与拼音文字的线性排列有着根本的区别，其结构单位是笔画和部件，结构单位的组合模式多种多样，并非按照统一的方向排列组合。其中，笔画组合有相离、相接、相交几种，部件组合有左右结构、上下结构、包围结构、框架结构等，并且很多字是几种方式的总和，结构更为复杂，因而构成了一种立体结构，如馨、爨、鼙、赢、懿、囊、赢、蠲、蠢、蘸、鏊、麝、爨、齉等字。这些字形结构复杂的汉字，学习者掌握其基本笔画和笔顺十分不易，对于习惯书写线性结构拼音文字的外国人更为困难。

(3)汉字无法与有声语言直接对应，因此很难准确清楚地显示读音而"难读"。虽然现代汉字90%以上由形声字构成，但音符远多于形符，据倪海曙的《现代汉字形声字字汇》所收全部正字(不包括繁体字和异体字)的统计结果：在全部形声字中，只有26.3%的形声字和组成它们的声旁声韵调全同，在全部声旁中，只有22.4%的声旁可以准确表音。学习者对形声字声旁的判断能力也明显低于对形旁的判断能力。由此可见，记忆汉字的读音难度之大。国学大师章太炎喜欢玩弄古字，给三个女儿起名用了十分生僻的字：章㸚(lǐ)、章叕(zhuó)、章㠭(zhǎn)。因名字用字生冷奇僻，少有人识，致使女儿到了婚配的年龄险些嫁不出去。另据海外网2018年11月29日报道，香港特别行政区一学生的父母在他出生时请人为他取名"禤靐龘(xuān bìng dá)"，这三个字共103画。其姓氏"禤"本身就很特别，名字中三个雷组成的"靐"，表示雷声，三个龙组成的"龘"有48画，是一般字典中笔画最多的字之一，表示龙飞起的样子，有飞黄腾达的寓意。因基本没有老师和同学会读，给该生造成非常大的困扰。从小学起，同学们就取笑他的名字，叫他"雷雷雷龙龙龙"。初中后，同学因为念不出他的名字，常叫他"呀"或"喂"。有时连老师都念错，使他成为全班的笑柄。最令他痛苦的是，每次考试光是写名字就要花很多时间，甚至常常写错[49]。诸如此类的事例很多。又如，根据《新京报》报道，家住海淀区的市民邵先生反映，因其名字中含有一个生僻字"瓛"，多年来银行存折、火车票、社保卡、驾照、医院门诊收费收据等处都无法正确显示全名，如今只要牵扯到电脑录入姓名或核实身份证上的姓名，均需耗费很长时间[50]。

事实上，无论笔画简少的字，还是笔画繁多的字，都存在难以识读的问题，例如：孑(jié)、又(jué)、也(niè、miē)、厶(sī、mǒu)、彳(chì)、宀(chù)、毛(tuō、zhé)、九

(wāng、yóu)、囗(wéi)、圯(yí)、圮(pǐ)、汜(sì)、仂(lè)、叻(lè)、丌(qí)、爿(pán)、殳(shū)、闩(shuān)、刈(yì)、爻(yáo)、仄(zè)、仉(zhǎng)、讦(jié)、邗(hán)、邝(kuàng)、庀(pǐ)、氕(piē)、卮(zhī)、仫(mù)、劢(mài)、邙(máng)、宄(guǐ)、艽(jiāo、qiú)、尻(kāo)、弁(biàn)等,字形上都无法标示读音。至于笔画繁多的字,有的字音不能依据偏旁去读,而需一个个识记,例如：蠢、鼙、饕、燹、馘、邋、饔、夥、攴、谶、黩、鼗、礴、醯、蘸、鬃、黥、曩、亹、鳜、馨、鬟、灢、蠡、醯、曫等。

2018年,有人创作了一首《生僻字》歌,其歌词如下：

我们中国的汉字,落笔成画留下五千年的历史,

让世界都认识,我们中国的汉字,一撇一捺都是故事。

跪举火把虔诚像道光,四方田地落谷成仓,古人象形声意辨恶良,

茕茕(qióng)孑(jié)立、沆(hàng)瀣(xiè)一气、踽踽(jǔ)独行、醍(tī)醐(hú)灌顶、绵绵瓜瓞(dié)、奉为圭(guī)臬(niè)、龙行龘龘(dá)、犄(jī)角旮(gā)旯(lá)、娉(pīng)婷袅(niǎo)娜(nuó)、涕(tī)泗(sì)滂(pāng)沱(tuó)、呶呶(náo)不休、不稂(làng)不莠(yǒu)、卬(áng)

咄(duō)嗟(jiē)喋(dié)蹀(xiè)耄(mào)耋(dié)饕(tāo)餮(tiè)

囹(líng)圄(yǔ)蕤(yīng)赘(yù)觊(jì)觎(yú)龃(jǔ)龉(yǔ)狖(yòu)轭(è)鹬(wú)轩、怙(hù)恶不悛(quān)、其靁(léi)虺虺(huī)、腌(ā)臜(zā)孑(jié)孓(jué)陟(zhì)罚臧(zāng)否(pǐ)、针砭(biān)时弊、鳞次栉(zhì)比、一张一翕(xī)。

我们中国的汉字,落笔成画留下五千年的历史,

让世界都认识,我们中国的汉字,一撇一捺都是故事。

现在全世界各地,到处有中国字,黄皮肤的人骄傲地把头抬起,

我们中国的汉字,一平一仄(zè)谱写成诗。

优美旋律自宫商角徵(zhǐ)羽,众人皆说成之于语故成语。

应当说,这首集合了"三难"汉字的歌曲所展现的汉字之"奇"不仅远非全部,而且极为有限。

参考文献

[1] 路易斯·亨利·摩尔根. 古代社会[M]. 杨东莼,马雍,马巨,译. 北京：中央编译出版社,2012.
[2] 邢福义. 文化语言学[M]. 武汉：湖北教育出版社,1990：122.
[3] 拱玉书,颜海英,葛英会. 苏美尔、埃及及中国古文字比较研究[M]. 北京：科学出版社,2009：9.
[4] 拱玉书. 日出东方——苏美尔文明探秘[M]. 昆明：云南人民出版社,2001：156.
[5] 汉字对东南亚文化的影响[J]. 资料通讯,1994(10)：33.
[6] 阚枫. 教育部：中国识字人口使用规范汉字比例超过95%[EB/OL]. [2017-07-18]. http://news.cnr.cn/native/gd/20170718/t20170718_523855887.shtml.

[7] 弗拉基米尔·波波夫[N]. 参考消息,2004-10-18.
[8] 本书所有汉字的古文字字形资料均引自在线《象形字典》和2019年1月12日上线的《汉字全息资源应用系统》以及汉典网 https://www.zdic.net.
[9] 汉字五千年第四集:华夏心灵[EB/OL]. [2011-05-25]. http://tv.cctv.com/2012/12/16/VIDE1355592768263630.shtml.
[10] 饶宗颐. 符号·初文与字母——汉字树[M]. 上海:上海书店出版社,2000:174.
[11] 许慎. 说文解字[M]. 北京:中华书局,1981:314.
[12] 鲁迅. 汉文学史纲要·自文字至文章[M]//鲁迅文集. 沈阳:万卷出版公司,2015:204.
[13] 美学与汉字文化的价值——王岳川对话李泽厚[J]. 中国书画,2013(9):76-81.
[14] 罗常培. 语言与文化[M]. 北京:北京出版社,2003:56.
[15] 许永新. 日本制定汉字编码国际标准将可以处理6万个汉字[EB/OL]. [2017-12-25]. http://japan.people.com.cn/n1/2017/1225/c35421-29727854.html.
[16] 不列颠百科全书(国际中文版)第18卷[M]. 北京:大百科全书出版社,2002:321.
[17] 语言学名词审定委员会. 语言学名词[M]. 北京:商务印书馆,2011:20.
[18] 梁东汉. 文字[M]. 上海:新知识出版社,1958.
[19] 王宁. 汉字学概要[M]. 北京:北京师范大学出版社,2001:5-6.
[20] 李运富,张素凤. 汉字性质综论[J]. 北京师范大学学报(社会科学版),2006(1):68-76.
[21] 卫三畏. 中国总论[M]. 陈俱,译. 上海:上海古籍出版社,2005.
[22] 孙诒让. 名原[M]. 济南:齐鲁书社,1986.
[23] 王会芬. 汉字性质代表性观点及我见[J]. 语文教学与研究,2006(12):86-87.
[24] 索绪尔. 普通语言学教程[M]. 高名凯,译. 北京:商务印书馆,1980:50-51.
[25] 王力. 正字法浅谈[M]//王力全集:第十九卷. 北京:中华书局,1980:9-31.
[26] 王宁. 汉字汉语基础[M]. 北京:科学出版社,1996:78.
[27] 梁东汉. 汉字的结构及其流变[M]. 上海:上海教育出版社,1959:56.
[28] 司玉英. 也谈表意文字与词文字、语素文字的关系——兼与郑振峰先生商榷[J]. 北华大学学报(社会科学版),2005(2):31-34.
[29] L.R.帕默尔. 语言学概论[M]. 北京:商务印书馆,1983:99.
[30] 姚孝遂. 古文字研究工作的现状及展望[A]. 中国古文字研究会,吉林大学古文字研究室. 古文字研究第一辑. 北京:中华书局,1979:19-20.
[31] 姚孝遂. 古汉字的形体结构及其发展阶段[A]. 中国古文字研究会,吉林大学古文字研究室. 古文字研究第四辑. 北京:中华书局,1980:11-12.
[32] 布龙菲尔德. 语言论[M]. 袁家骅,赵世开,甘世福,译. 北京:商务印书馆,1980:360.

[33]王伯熙.文字的分类和汉字的性质:兼与姚孝遂先生商榷[J].中国语文,1984(2).
[34]赵元任.语言问题[M].北京:商务印书馆,1980:141-144.
[35]潘钧.现代汉字问题研究[M].昆明:云南大学出版社,2004:3-43.
[36]朱德熙.汉语语法丛稿[M].上海:上海教育出版社,1990.
[37]吕叔湘.汉语文的特点和当前的语文问题[M]//语文近著.上海:上海教育出版社,1987:142.
[38]李荣.汉字的演变与汉字的将来[J].中国语文,1986(5).
[39]周有光.文字演进的一般规律[J].中国语文,1957(7).
[40]裘锡圭.文字学概要[M].北京:商务印书馆,1988.
[41]高名凯,石安石.语言学概论[M].北京:中华书局,1987:186-189.
[42]杨润陆.现代汉字学通论[M].北京:长城出版社,2000:3-8.
[43]王继洪.汉字文化学概论[M].上海:学林出版社,2006:3.
[44]王永民,全根先.汉字:文化自信的伟大基石[EB/OL].[2017-09-22].http://www.rmlt.com.cn/2017/0922/496972.shtml.
[45]何九盈,胡双宝,张猛.中国汉字文化大观[M].北京:北京大学出版社,1995.
[46]李秀琴.从中西文字体系看汉字文化与中国人的思维方式[J].中国哲学史,1998(4):22-28.
[47]汪品先.方块汉字前途之争[N].文汇报,2015-02-27.
[48]柯仙桃,刁春婷.多媒体技术的汉字学习三难问题与对策[J].文学教育,2018(3):84-85.
[49]香港夫妇为让孩子飞黄腾达取名"禤靐龘"[EB/OL].[2018-11-29].https://www.guancha.cn/politics/2018_11_29_481512.shtml.
[50]李馨.姓名含生僻字取钱买票麻烦[N/OL].[2015-03-21].http://www.bjnews.com.cn/news/2015/03/21/357238.html.

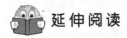
延伸阅读

汉字的魅力
袁 鹰

　　一个只有三岁多的孩子,看到一个汉字"明"字,就懂得"是太阳公公和月亮公公在一起",看到"雷""雪""霜"这些字,就问"为什么这些字都有雨呢",读到这儿,不由得笑出声来。你看他小小年纪,又是生活在讲日语的环境里,却能对中国语文(汉字)有这样清楚的反应和感受,真叫人高兴。恐怕中国以外任何一个国家的孩子,是不可能从他本民族母语中的"明"字(光明、明亮的意思)里引发出"太阳公公和月亮公公在一起"这样美妙而大胆的联想的。

　　这就是我们中国汉字的魅力,几乎是独一无二的魅力。

这个生动的例子,不是可以给那些带着孩子在国外又常常担心他们忘了中文的年轻父母们以启迪和借鉴吗?你们开始教孩子学方块字时,可能会让他们感到枯燥无味,感到头疼,又不容易记。但是,如果你们能够耐心地、细心地一个字一个字教下去,慢慢地培养起他们类似"太阳公公和月亮公公在一起"那样的兴趣,引起"为什么这些字都有雨"或者"为什么这些字都有水、都有草、都有山、都有……"这类追问,到那时,不管你们自己是否意识到,实际上你们已经带着孩子走进一个奇妙绚丽的大花园。尽管仅仅才跨进园门第一步,里面的天地大得很,简直无边无涯,但是他从此必定会一步步欢笑着、跳跃着奔向前去了。

从这儿迈开第一步,以后由幼年到少年,到青年、壮年,直到老年,他的一生都将同充满魅力的汉字做伴,依靠它浮游生活的海洋、知识的海洋和科技的海洋,依靠它去扬起人生和理想的风帆,走过几十年岁月的每一段征程。随着学业增长,他当然可能再去学会一门或两门外国语适应新时代的需要,如同许多在海外长大的孩子那样。但不论走到哪里,也不论将来攻读什么学科,钻研什么专业,他无论如何一定不会忘记而且越来越娴熟深谙自己的母语,那是毫无疑问的。毕竟,他的血管里流的是中国人的血啊!

中文汉字,是我们华夏民族几千年文化的瑰宝,也是我们终身的良师益友,每个人的精神家园。人生几十年,一切身外之物,衣服、房屋、书籍、用具、庭院,都将发生许多次变异。新陈代谢,过时的淘汰了,破损的废弃了,家用电器、电脑不多久就要换代,人们都习以为常,毫不为怪。天地万物,只有语言文字是永远存在的。我们的汉字集形体、声音和辞义三者于一体,它的独特魅力,是永远不可能改变,也是无可替代的。即使是汉语拼音,可以作为学习汉语的辅助工具,但是绝不可能代替汉字本身,因为它没有也不可能具有那种魅力。看到一个"míng"字,怎么会想到它是"太阳公公和月亮公公在一起"呢?

听到不少旅居海外的同胞谈过,走到某个偏僻的小城市,人地生疏,举目无亲,当一种异乡漂泊的失落感和孤寂感袭来时,突然看到一块小饭馆的中文店招,三个汉字,立刻就会像一团火,像一盏灯,像一声乡音,将你带到父母面前,使你抛却一切疲惫、孤独以至恐惧。我没有经历过这种体会,但我想不会是过分的夸张。

俄国大文豪屠格涅夫晚年侨居法国时写过一篇脍炙人口的散文诗,题目就叫《俄罗斯语言》,全文不长,译成中文也仅有一百零几个字:

"在疑惑不安的日子里,在痛苦地思念着我祖国命运的日子里,给我鼓舞和支持的,只有你啊,伟大的、有力的、真挚的、自由的俄罗斯语言!要是没有它——谁能看见故乡的一切,谁不悲痛欲绝呢?然而,这样一种语言如果不是属于一个伟大的民族,是不可置信的啊!"

我想:倘若借用这篇名文,只将"俄罗斯语言"一词改为"汉字"二字,该不会是对伟大作家的一种亵渎吧?

(袁鹰:原名田钟洛,1924年生,著名作家、诗人、儿童文学家)

第二章

源远流长
——汉字的起源与形体流变

第一节 东方文明的第一缕晨曦——汉字的起源

一、文字起源的一般历程

文字是人类社会发展到一定阶段的产物。文字正式产生以前必须有一批可以书写、传递的图画或符号,可以用来演变为字符,有了这些可称作"前文字现象"的材料为基础,才有创造文字的可能。因此,人类交际对突破有声语言时空限制的需求和对绘画、刻符能力的掌握,是文字产生的条件和基础[1]14。

世界各民族信息的记忆和传播都经过了从结绳、契刻到图画文字的历程。在文字产生以前,原始人类有过一段使用具有记号性质的实物帮助记忆的漫长时期。结绳和契刻,是世界各民族普遍采用的两种实物记事方法。例如,南美洲秘鲁的印第安人,能够利用绳子的颜色和结法精确地记录一些事情。

图 2-1 秘鲁印第安人的结绳记事

有些实物经约定后可作为固定意义的信号,如中国古代的虎符,它必须契合才有传递命令的作用。

结绳、契刻是原始的、非常简陋的、粗略的记事方法,只能帮助人们记忆有限的事情,不具备语言交流和记录的属性,因此不能演变成文字,更不是文字的产生。

大量的考古发现证明,图画的产生比文字早得多。后来,人类创造了图画的方法帮助记忆,表达思想,但图画与文字之间有本质区别。从图画到文字的演变,有一个非常重要的过渡阶段——图画文字。图画文字是用图画的形式来表达事物、传递信息,对方可以根据图画内容理解所包含的意义,已近似文字的作用。例如,下

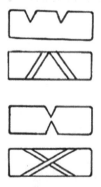

图 2-2 周家寨出土的仰韶文化时期遗址的骨契图形

图是著名的"奥基布娃的情书"。图中包含的只是一些简单的图形,左上角画的是一只熊,是女方氏族的图腾;左下角画的是一条泥鳅,是男方氏族的图腾;曲线表示应走的道路,帐篷表示男女约会的地点,帐篷里画一个人表示她在等他;帐篷右方画了三个大小不等的池塘,为帐篷的地理位置提供参照物。

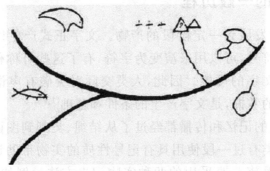

图2-3 北美印第安女子奥基布娃刻在赤杨树皮上的图画文字情书

在不同国度、不同时间独立产生的文字,不谋而合地具有共同的原始样貌——从图画到图画文字(文字画)。随着人类社会的发展,对于文字表达交流的需要不断增强,逐渐由这种图画文字向符号文字演变。汉字与埃及圣书字、古代苏美尔楔形文字、原始埃兰文字、克里特文字等最古老的文字一样,从图画中分离、转化而来,经历了从图画文字到表意文字的阶段。这表明人类文字起源有共同的规律,即"文字本于图画,最初的文字是可以读出来的图画,但图画却不一定都能读。后来,文字跟图画渐渐有了分歧,差别逐渐显著,文字不再是图画的,而是书写的"[2]55。图画文字,或称原始文字,是文字的雏形,并不是真正的文字。文字与图画的本质区别在于,整幅的图画表示一定的意思,没有固定的读音,也不能分解为词。而"文字是一种记录语言的符号,原始的标记符号必须脱离任意绘形、任意理解的阶段,产生了一批具有约定的意义、可以记录语言中的词,也就是有了固定读音的单字,并且可以开始进行字料的积累的时候,才能算已经产生了"[1]14。

图2-4 塔斯马尼亚总督给土著人的图画文字信

图画文字具有形义关系,包含某种意义,但其各体图形和符号的意义纯粹通过它的艺术形象来表达,并不能和语言的词语完全对应,而是超语言的。然而图画文字表记性的功能,以事物的形象代表事物本身的办法,对真正文字的产生具有启发、诱导的作用,因此,图画文字是孕育真文字的母体和源头。

图2-5 古埃及象形文字浮雕及与现代文字对照表

汉字的起源,是中国历史告别蒙昧步入文明时代的标志。据考古发现,至少在170万年前,中国大地上已生活着古人类,但是汉字的创造却晚得多。距今约3400年的殷商甲骨文,是目前能确认的最早的汉字。由于甲骨文已是一个成熟的文字体系,汉字在进入甲骨文之前,应还有一段相当长的历程。有人认为,汉字体系的正式产生是距今4000—4500年之间的龙山文化时期,也就是传说时代的尧舜至夏初时期[3]。

汉字的起源是一个漫长的发展过程。从作为记录历史事件的文字功能来看,中国早期文字经历了从"文字性符号""文字画"到作为记录语言的文字符号系统正式产生的过程。从出土的陶器刻画符号和图案与殷墟甲骨文形体的比较来看,中国早期文字性符号的起源,是距今7000—8000年的裴李岗、大溪文化时期。距今5000年之前的仰韶文化晚期是文字性符号的一个大发展时期,半坡遗址等地出土的彩陶上,刻画着许多重复出现的图画和简单的符号,共达五十多种。它们整齐规范,并且有一定的规律性,具备了简单文字的特征。文字学家和考古学家大都认为,这就是中国文字的萌芽。

仰韶文化遗址出土的彩陶与商周时期的青铜器上,有鱼、蛙、鸟、鹿等用于图饰或氏族族徽的图画,近似于图画文字。

青铜器上铸造铭文的最初格式是徽记,其作用是为标识器主。祭祀用鼎铭文族徽代表家族荣耀。

商代前期(公元前16世纪—前15世纪中叶),青铜器(以河南郑州二里冈文化的青铜器为代表)的铭文已有萌芽。郑州白家庄出土的一件铜罍,肩部饰有三个龟形图案,有学者认为是族徽文字。中国国家博物馆收藏的一件铜鬲上有"亘"字,是这一时期青铜器上较为罕见的铭文。商代晚期(公元前14世纪—前11世纪中叶),青

图2-6 1955年郑州白家庄2号墓出土的商兽面纹铜罍

图2-7 殷墟商代墓出土铜器上的族徽

铜器(以河南殷墟遗址、墓葬出土的青铜器为代表)的铭文有鲜明的时代特色:表示人体、动物、植物、器物的字,在字形上有较浓的象形意味;绝大多数笔画浑厚、首尾出锋,转折处多有波折;字体大小不统一,铭文布局不齐整,竖画成列,横画却不成排。商代晚期青铜器少数有较长铭文。关于族徽文字的出现,有不同的认识和推断。认为其出现时代较早者,多以出现在陶器上的刻划符号为据,将其起源追溯到史前时期;认为其出现时代较晚者,以铜器铭文的出现将起源推定在商代前期或中期。

图2-8 曾侯乙墓中器物和"曾"字族徽

甲骨文的出土以及大量陶器刻符的考古发现后,学界开始深入地探讨汉字起源问题。由于考古发掘的局限,汉字的源头仍众说纷纭,学术界的分歧主要集中在汉字起源的时间与渊源物两个方面。在汉字产生的时间问题上,主要有四种观点:三千多年说、四千多年说、六七千年说和八千年说。对于汉字起源渊源物问题,主要的观点有:①一元论,认为汉字起源于图画;②二元论,认为汉字起源于书契和指事象形两个系统;③三元论,认为汉字起源于三种记事方法,即物件记事、符号记事和图画记事[3]。

二、汉字起源的记载和传说

有关汉字的起源,古文献中有各种不同的记载,其内容主要涉及两个方面:一是对文字产生途径的诠释,包括文字始于结绳、文字起于八卦、文字源自刻契、文字来自河图洛书;二是对文字由何人创造、产生于何时的推断,包括史皇作图,沮诵、仓颉作书,伏羲画八卦造书契等[4]。从这些传说中,可以窥见原始文字发生的因由以及原始文字向成熟文字体系过渡的历史状况。

(一)前文字时期的传说

1. 八卦说

《周易·系辞下》中记有:"古者庖牺氏之王天下也,仰则观象于天,俯则观法于地,观鸟兽之文与地之宜,近取诸身,远取诸物,于是始作八卦,以通神明之德,以类万物之情。"这里记载了庖牺氏(伏羲氏)所作八卦的依据和目的,表明八卦源于物象的临摹,目的在于沟通神明的德行,比类天下万物的变化情形。庖牺氏仰观天象,俯察地理,观察鸟兽的形象和大地的脉理,近的取法自身,远的取于他物,由此创作了八卦,并用卦象观测推算天象,示人吉凶。

八卦,古代占卜的符号(用 ▬ ▬ 代表八卦中阴的符号,用 ▬▬▬ 代表八卦中阳的符号),用这样的阴爻与阳爻符号,三次重叠组成八种形式,称为八卦。

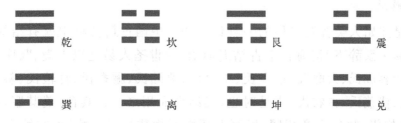

图 2-9 八卦的八种符号

八卦互相重叠搭配而有六十四卦,用来象征各种自然现象和人事现象。卦者,挂也,像是一幅图画挂在面前,故称其为卦。卦是宇宙间的现象,它用阴爻和阳爻的组合来阐述天地之间八种最原始的现象。宇宙间的万事万物,皆依这八种现象而变化,这就是八卦法则的起源。

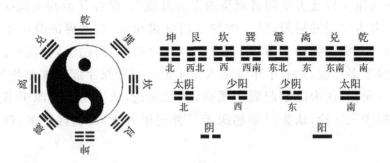

图 2-10 八卦示意图

八卦是古代占筮的一种符号,它通过某种法则进行演算,然后根据所得的卦象来占卜吉凶。有人认为"水"字(甲骨文、金文、小篆)与坎卦卦象相似,"水"字来源于坎卦。这是牵强的比附。与原始占卜有关的一些文字,采用了原始记数符号,如"爻"字甲骨文作(X,两根算筹相交错、组合);"教"字甲骨文作、金文作,表示用阴阳的组合(八卦)变化,推测世事的变化。这表明原始的八卦符号与数字符号有相同的来源,都来自用算筹记数的古老记数法。目前学界一般认为,八卦的卦爻与数有关,与汉字的起源无关,八卦与汉字是两种性质完全不同的符号系统,应将八卦排除在汉字源头之外。

许慎《说文解字·叙》中沿用《周易·系辞下》的记载,并论及汉字起源:"古者庖牺氏之王天下也,仰则观象于天,俯则观法于地,视鸟兽之文,舆地之宜,近取诸身,远取诸物,于是始作《易》、八卦,以垂宪象。及神农氏结绳为治,而统其事,庶业其繁,饰伪萌生。黄帝之史官仓颉,见鸟兽蹄迒之迹,知分理之可相别异也,初造书契。百工以乂,万品以察,盖取诸夬。'夬,扬于王庭。'言文者宣教明化于王者朝廷。君子所以施禄及下,居德则忌也。"许慎认为,八卦→结绳→书契,是汉字起源的过程。

2. 结绳说

结绳是原始人类普遍采用的一种记事法。中国古籍文献中就有结绳记事的记载,如《周易·系辞下》记有:"上古结绳而治,后世圣人易之以书契。"《庄子·胠箧》中有:"昔者容成氏、大庭氏、伯皇氏、中央氏、栗陆氏、骊畜氏、轩辕氏、赫胥氏、尊卢氏、祝融氏、伏羲氏、神农氏,当是时也,民结绳而用之。甘其食,美其服,乐其俗,安其居,邻国相望,鸡狗之音相闻,民至老死而不相往来。"许慎《说文解字·叙》中写道:"及神农氏结绳为治,而统其事,庶业其繁,饰伪萌生。"这些记载表明,上古很长一个时期曾使用结绳来记事。

关于结绳的方法,汉朝人郑玄在《周易注》中释曰:"古者无文字,结绳为约,事大,大结其绳;事小,小结其绳。"李鼎祚《周易集解》引《九家易》中也有:"古者无文字,其有约誓之事,事大,大其绳,事小,小其绳,结之多少,随物众寡,各执以相考,亦足以相治也。"这些文献记载，"只不过说有文字以前，人们为了帮助记忆，有过结绳而治的一个阶段，并未说明结绳与文字有若何因果关系"[5]。但结绳时代表明，远古人类已产生了创造文字的主观需要。先民记忆的延续时间和可负载的容量有限，记忆的事情需要外部的标志予以提示，约誓之事也需要有客观的凭据，这是远古人类创造文字的动因所在。

有的原始汉字直接导源于原始的记事方法。结绳符号可作为构字符号，原始结绳记事的方法与相关数字之间，有着一种天然的联系[6]。例如，中文数字中十、廿、卅、卌即由结绳记事的方法导引而来。"十"，∤（甲骨文）像一根用于纪事的垂悬绳子，∤（金文）或作∤、十，在绳上加指事符号●或一，表示结绳记事。"廿"，∪（甲骨文）像两根记事的绳子。一根绳子∤代表数目"十"，两根绳子∦代表两个"十"。∪（金文）将两根有绳结的绳子相连接，或作廿将绳结连成横线。"卅"，凵、凵为甲骨文，卅、卌为楚简。"卌"秦简牍作卌、卌。可见，十、廿、卅、卌在古文字中都像若干打结的绳，显示了原始的记数法。

从根本上说，结绳记事只能帮助记忆一些与数字或方位有关的简单概念，不能完整地记录事情和进行思想交流，不具备语言交流和记录的属性。因此，它只是文字产生前的一个孕育阶段，并不能演变成文字，更不是文字的产生。

3. 契刻说

契，通"栔"，所谓契刻，是用刀"在竹木上刻条痕来记数目，就是最原始的契"[2]47。《周易·系辞下》记载："上古结绳而治，后世圣人易之以书契，百官以治，万民以察，盖取诸夬。"唐代司马贞补《史记·三皇本纪》记有："造书契以代结绳之政。"可见，契刻是上古时期继结绳记事之后的记事方法。古代文献中有许多关于契刻的记载，如《尚书·序》中有："书者，文字。契者，刻木而书其侧，故曰'书契'也。""以书契约其事也。"汉代刘熙《释名·释书契》中释曰："契，刻也，刻识其数也。"这清楚地说明契就是刻，契刻的目的是帮助记忆数目。因订立契约关系时，数目最为重要，也是最容易引起争端的因素，人们就用契刻的方法，用一定的线条作符号将数目刻在竹片或木片上，作为债务的凭证，此即为"契"。《列子·说符》中有一则故事："宋人有游于道，得人遗契者。归而藏之，密数其齿。告邻人曰：'吾富可待矣！'"这一故事表明，契刻的目的是记载财物的数量或作为双方契约的记忆凭借和解释依据。后来，人们把契从中间分作两半，双方各执一半，以二者吻合为凭证。

饶宗颐指出："上古先民的契，不单是用骨片、木片保留，而且广泛地把契刻的技巧和刻数的习惯使用到陶器上面。"[7]3-4因此，契是原始记事方法的一种革新，它以刻画的形式开启了古代书契的先河。

一般认为，契刻符号具有帮助记忆或传递信息的作用，但并没有固定的读音和意义，所以它不是文字。有的学者认为，契刻与汉字的产生有较为密切的关系，书契

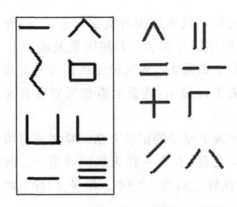

图 2-11 西安半坡遗址出土的陶器上的数字刻符

比八卦和结绳更具有引发文字产生的条件,契刻是最早的文字书写形式之一。古人将一些数字符号或象形符号刻划在陶器或竹木片上,有可能逐渐演化成类似青铜器上的族徽文字或是竹简木牍这类文书。当人们开始放弃结绳等用物件记事的方法而转向刻刻画画,文字的产生就具备了先决条件,否则文字永远不可能付诸笔端[8]。

汪宁生在《从原始记事到文字发明》一文中用大量民俗学的资料证明,原始先民广泛采用的实物记事法、符号记事法等各种原始记忆方法中早已蕴藏着诸如象形、指事、谐声替代等造字的原则和方式。这些原始记事方式与文字的产生并非完全不相干,至少可以证明,这些原始记事方法为创制汉字提供了一种经验、一种启示[6]。陈五云也认为:"原始记事方式(刻划记号、象形符号和图形族徽)用以传信和记事,这些方式(还包括结绳、八卦之类)为文字的发生提供了物质准备和心理基础。从物质上说,原始记事方式为文字体系的产生提供了由视觉感知的各种物质形式,从心理上说,原始记事方式有两个重要特点逐渐地为人们认识而有意识地加以利用,第一是替代,……第二是约定……"[9]

(二)汉字创造的传说

1.仓颉造字说

早在战国时代的文献中已有"仓颉造字"的传说记载,至秦汉时期仓颉(或苍颉)作书之说广为流传。《荀子·解蔽》《韩非子·五蠹》《世本·作篇》《吕氏春秋·君守》《淮南子·本经训》《论衡·骨相》《说文解字·叙》等典籍中均有记述。其中,有的记述颇为奇异,如王充《论衡·骨相》记载:"苍颉四目,为黄帝史。"仓颉"四目灵光"的非凡相貌,有对仓颉的神化和崇拜,也反映了古人对文字与视觉关系的认识。此外,还有"产而能书"(《淮南子·修务训》)、"昔者苍颉作书而天雨粟,鬼夜哭"(《淮南子·本经训》)等神奇记述。

关于仓颉其人,一般认为是黄帝史官。一说为远古帝王,或认为是一个部落名称或部落头领。史官之说较为可信,因为文字产生首先是政事往来之需,汉字的创制和使用应与文字关系密切的巫史有极大关系。仓颉作为史官的身份,才可能直接

图 2-12 仓颉像

涉及对字符加以规整的工作。《世本·作篇》记载:"黄帝之世,始立史官,苍颉、沮诵居其职矣。"据此可知,仓颉生活在黄帝时代,是黄帝的史官。另有一个叫沮诵的史官也参与了造字工作。

许慎整理前人传说,将仓颉记入汉字史中。《说文解字·叙》记载:"及神农氏,结绳为治,而统其事,庶业其繁,饰伪萌生。黄帝之史官仓颉,见鸟兽蹄迒之迹,知分理之可相别异也,初造书契,百工以乂,万品以察……"许慎认为,因为"庶业其繁",仓颉"初造书契",文字产生后才得以"百工以乂,万品以察"。《淮南子·泰族训》中也有:"苍颉之初作书,以辩治百官,领理万事,愚者得以不忘,智者得以志远。"上述这些记载,揭示了一个重要的历史现象:早期汉字的产生与其他物质文明的创造及技术的创新一样,是社会进化到一定阶段的产物。当实物记事无法记录和传递更多、更快的信息时,需要创制新的方式,先民们由"鸟兽蹄迒之迹"的启发而"依类象形""分理别异"创造了文字。由于社会生活和社会政治组织发展的需要,在古史传说时代出现了像仓颉那样的史官,收集整理原始文字性的符号或图形而创制了早期汉字,是完全可能的事情。

《荀子·解蔽》记载:"好书者众矣,而仓颉独传者,壹也。""壹"有多种理解:或释义为"专一",意思是说仓颉专心如一而成为众多好书者中最有成就之人;或解为"同一""统一",意为仓颉是汉字的整理者;或说在黄帝时代,有很多书写文字性符号的人,但只有仓颉所书流传下来;还有认为"壹"与"两"相对,"壹"指正道,即正确的规律,不受邪说的蒙蔽称"壹",仓颉是一个因集中使用文字而认识到文字规律,从而整理了文字的专家[1]21-22。

有关仓颉造字的方法,《韩非子·五蠹》中记有:"古者苍颉之作书也,自环者谓之私,背私谓之公,公私之相背也,乃苍颉固以知之矣。"《说文解字·叙》中论述得更为具体:"仓颉之初作书也,盖依类象形,故谓之文。其后形声相益,即谓之字。字者,言孳乳而浸多也。"许慎将最原始的象形字叫"文",由"文"孳生繁衍而生的称为

"字"。由"文"而孳乳"字"的衍生造字规律,在汉字发展史上具有划时代的意义。

我们知道,文字是原始人类在长期生产实践中逐渐形成的,不可能是某一个人的单独创造,正如鲁迅在《自文字至文章》一文中所言:"要之文字成就,所当绵历岁时,且由众手,全群共喻,乃得流行,谁为作者,殊难确指,归功一圣,亦凭臆之说也。"[10]应当说,在汉字起源阶段的晚期,历史上会有如"仓颉"之人整理、规范了原始汉字,他是新石器时代一位伟大的文字学家。至于汉字的创造者,一定如鲁迅在《门外文谈》一文中所说:"但在社会里,仓颉也不止一个,有的在刀柄上刻一点图,有的在门户上画一些画,心心相印,口口相传,文字就多起来,史官一采集,便可以敷衍记事了。中国文字的由来,恐怕也逃不出这例子的。"[11]

2. 图画说

《说文解字·叙》中有:"字者,言孳乳而浸多也。著于竹帛谓之书。书者,如也。"段玉裁《说文解字注》解释"如也"为"谓如其事物之状也",即是说文字像其代表事物的形状样子。中国自古就有"书画同源"一说,可见汉字与绘画的密切关系。宋代郑樵《六书略·象形第一》中说:"书与画同出……凡象形者,皆可画也,不可画则无其书矣……六书者也,皆象形之变也。"近代以来,文字学家普遍接受了这一观点,如唐兰认为:"文字本于图画,最初的文字是可以读出来的图画,但图画却不一定能读。"[2]62新石器时代陶器上动植物和人面纹的图画,能印证这一说法。象形字的古文字之形也是有力的证明,如日(甲骨文⊟、金文⊙)、月(甲骨文☽、金文☽)、子(甲骨文㞢、金文㞢)、虎(甲骨文、金文)等。民俗学的研究发现,也支持"图画说"。云南纳西族的象形文字东巴文,主要为传授、书写东巴经文所用,是一种原始的图画象形文字,被称为"活着的象形文字"。一般认为早期东巴文应属"图画字"("文字画""图画文字"),晚期东巴文为"象形文字"。据统计,东巴文约有1500个字符,大多是根据人们社会生活和自然景观描画的象形图文,诸如飞禽走兽、花草鱼虫和人的生活、姿势等,也有个别和象形距离较大的专用符号。

图 2-13 东巴文手稿,现藏于美国国会图书馆

需要强调的是,原始人的"图画"形式从原始图画变成一种"表意符号",并有了固定读音,与语言中的词相对接,才可能成为记录语言符号的文字。

三、汉字起源的考古探索

1963年,西安半坡考古发掘报告所公布的陶器刻划符号,引发了学术界对中国文字起源的研究。汉字的源头究竟起于何时何地?比甲骨文更早、更原始的汉字形式是什么模样?这些问题都有赖于考古界对地下发掘的遗迹、遗物的研究探索来回答。

伴随着现代考古工作对中国文明源头探索的深入,中国考古界先后发布了一系列较殷墟甲骨文更早、与文字起源有关的出土材料。这些史前材料大都属新石器时代中期到晚期前段的文字性符号与"文字画",按照其表现形式和内容的不同,可分为三类。

1. 刻划符号

刻划符号指以西安半坡、姜寨等遗址为代表的仰韶文化时期的几何形抽象陶器刻划符号,主要包括渭水、黄河流域的仰韶文化,以西安半坡(距今约6000年)和临潼姜寨遗址(距今6000—7000年)为代表,甘肃、青海等地的马家窑文化(距今5700多年),山东龙山镇城子崖的龙山文化(距今约4000年),以及江浙等地的良渚文化(距今4500—5300年)遗存物的陶器刻符。这些原始社会晚期的陶器刻符,不具有文字的性质,但与文字有密切关系,可看作文字的萌芽。

早在20世纪30年代在山东章丘城子崖的考古发掘中,出土了一些有刻划符号的龙山文化(距今约3800年)陶片。20世纪50年代发掘陕西西安半坡遗址时,出土了刻有符号的陶器和陶片113件、符号27种,在1963年出版的《西安半坡报告》中有翔实的记录[12]。类似于半坡的陶器符号,先后在同一文化类型的陕西长安五楼,合阳莘野村,宝鸡北首岭,铜川李家沟,临潼姜寨、零口、恒头和甘肃秦安王家阴洼、大地湾(仰韶层)等遗址都有发现,而且数量可观。据后来的统计,在姜寨遗址发现129件、符号38种,在李家沟发现23件、符号8种,在大地湾发现十多件,约10种符号。这些符号有着相当固定的刻划习惯,主要见于涂有黑色带纹陶钵的口沿上,而且一器只刻一个记号,陶符重复出现的频率较高,相同或相似的符号归并后达50多种。

从20世纪60年代到90年代,考古发掘了仰韶文化半坡类型之外的其他文化类型,如长江中游的大溪文化和屈家岭文化,长江下游的崧泽文化和良渚文化,淮河流域的安徽蚌埠双墩村新石器遗址,黄河下游的大汶口文化和山东龙山文化,黄河中游的裴李岗文化,渭水流域的老官台文化和甘肃秦安的前仰韶文化,黄河上游的半山、马厂文化等,都发现有陶器符号以及龟甲符号。这些陶器符号有的简单,有的则相当复杂,接近文字。晚于仰韶文化半坡类型的一些文化遗址,也都有类似的陶器符号。例如,青海乐都柳湾出土的马厂类型彩陶壶下腹部外面常有绘写的符号,据统计有 50 多种。龙山时代的河南偃师二里头文化(距今约 4000 年)为夏文化,该遗址出土的陶器上也发现有 20 多种刻符。在一座祭祀坑中发现了有刻符的兽骨,这些刻符的笔画形状,已有甲骨文的样貌。河南登封王城岗两处龙山文化晚期灰坑中出土的陶片,刻得异常复杂的符号很像文字。山西襄汾陶寺龙山文化陶寺类型晚期居址出土的一件陶扁壶,有毛笔朱书的一个"字"和其他两个符号。至于商代前期二里岗遗址(距今 3500 余年)陶器上面的符号,有的已很明显是近似甲骨文的文字。总体说来,从仰韶文化以来,陶器符号向甲骨文的文字样貌趋近[13]。

图 2-14　西安半坡遗址陶器上的刻划符号

图 2-15　姜寨遗址出土的陶片,神秘的刻划符号大多出现在器物的口沿上

上述考古遗址的发现,确立了中原地区仰韶文化→中原龙山文化→二里头文化→二里岗商文化的发展序列。如何看待这一历史演进过程中器物上的刻划符号,存在着三种不同的观点。

(1)具有文字性质的符号。20 世纪 70 年代郭沫若、于省吾等学者认为,半坡等新石器时代陶器上的刻划符号,年代"距今 6000 年左右",是中国最早的文字。郭沫若在 1959 年为西安半坡博物馆的题词中写道:"陶器破片上见有刻纹,其为文字殆无可疑。"[14] 后来,他又认为这些符号虽"意义未明","但无疑是具有文字性质的符号,如花押或者族徽之类","可以肯定地说就是中国文字的起

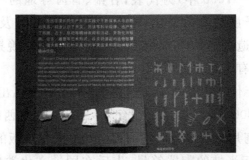

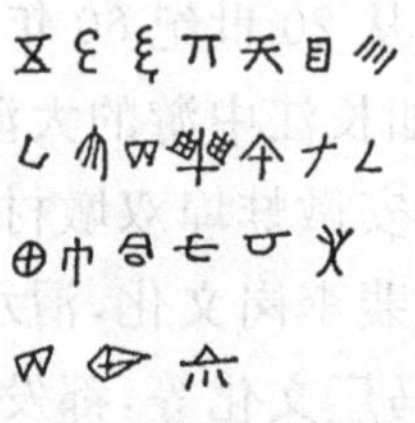

图 2-16　青海乐都柳湾陶文
(1974 年出土)

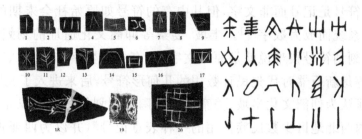

图 2-17　二里头遗址陶器上的刻划符号

源",并认为"中国文字的起源应当归纳为指事与象形两个系统,指事系统应当发生于象形系统之前"[15]。

于省吾释读了半坡遗址的一些陶器符号,如五、七、十、二十、示、玉、矛、艹、阜等字,认为这些符号陶文是文字起源阶段的简单文字[16]。李孝定也认为仰韶等文化的陶器符号与甲骨文字属于完全相同的系统,是中国早期较原始的文字,并提出可从史前陶器上的刻划符号来探索汉字的起源。比如临潼姜寨的一个符号就很像甲骨文的"岳"字,五、六、七、八、九等记数字属于假借,假借是借用已有的文字,代表无法造出本字的语言。半坡时代已有属于假借的记数字证明,在这以前汉字应已经历了相当长的一段发展历程[17]。

郑德坤、陈炜湛、陈昭容、王志俊、杨建芳、张光裕等学者也赞同此说。

(2) 有意义的符号或记号。有的学者认为,这些陶器刻划符号只是有意义的符号或记号,而非文字。高明将陶器刻划符号分为陶符与陶文,认为不仅仰韶、崧泽、良渚、龙山、马家窑等新石器时期晚期等文化遗址的刻符是陶符,而非陶文,而且河南偃师二里头商代早期遗址,郑州南关外、二里岗,上海马桥第四文化层等商代遗址,以及侯马东周遗址的陶符都不是文字,而只是随意的刻划符号[18]。

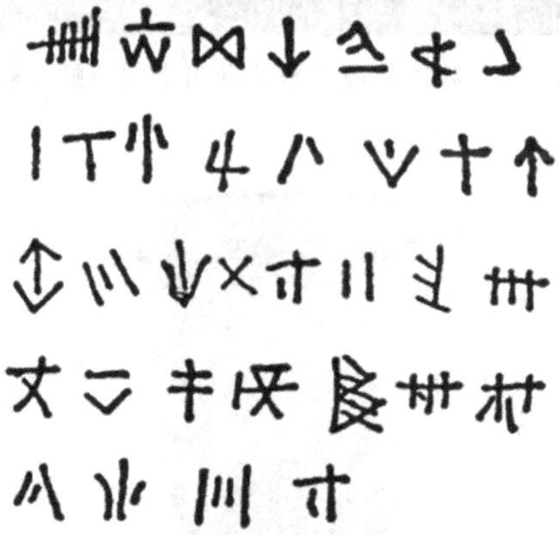

图 2-18　郑州二里岗陶符(1953 年出土) 　　图 2-19　上海马桥陶符

支持此说或与此说相近的有汪宁生、严文明以及美籍学者吉德玮等,他们认为文字产生的途径是图画或象形,而不是抽象的几何形符号[6][19][20]。裘锡圭认为仰韶

文化陶器刻划符号是记号而非文字,但其中有的符号如原始社会末期的一些记数符号就进入汉字系统而成为数字[21]。半坡、姜寨等仰韶文化遗址的刻划符号,那些很抽象的几何形刻划符号很难说就是原始文字,但有一些数字如一、二、三、四、五、六、七、八、九、十等是新石器时代先民计数用的几何形符号,后来进入了文字系统[22]。

(3)饶宗颐认为仰韶文化半坡、姜寨遗址的陶器刻划符号虽与汉字无关,但应是"古代中国境内西北地区少数民族使用的一种表意记号",并以为西亚古闪族与西戎通商,采用其陶符制成了其中一些的字母[7]119-134。

综上所述,一般认为上述刻划符号是先民有意识刻划的,代表一定的意义。从中国历史文化的具体发展过程来说,与汉字有密切关系,也很可能是中国古代文字原始形态之一,并且印证了古代结绳记事、契木为文等传说。

在半坡、姜寨等遗址出土的陶器上,还有一些图画、图案中的象形符号,如网、鱼、蛙、鹿等,应是原始文字性的符号,可称之为史前的文字画(或称图画文字)。后来的原始文字,实际上是在这种具有文字性符号的图案或图形基础上演变发展而来。

对西安半坡仰韶文化遗址中"人面鱼纹"图案的解释众说不一。有人认为"人面鱼纹"图案应是一幅表示氏族通婚关系的"文字画",其意是用一对鱼或两对鱼口口相吻来表示部族间的婚媾关系,中间大头鱼仔表示新生的后代,象征原始先民对繁育后代子孙的殷切希望。这种"文字画"在河南临汝阎村仰韶文化遗址中也有发现。阎村遗址的一个陶缸上画着一只白鹳鸟口衔一鱼,旁边画了一把石斧,此图被称为"鹳鱼石斧图"。

图 2-20 半坡"人面鱼纹"彩陶盆

图 2-21 陕西临潼姜寨遗址出土的鱼蛙纹彩陶盆

图 2-22 甘肃辛店陶文(1923 年出土)

图 2-23 河南临汝阎村仰韶文化遗址出土陶缸上的"鹳鱼石斧图"

商代晚期青铜器玄鸟妇壶上有"玄鸟妇"三字合书的铭文,表明此壶制作者系以玄鸟为图腾的妇人。据今人的研究,玄鸟是商王朝所崇拜的图腾。这可看作史前"文字画"在商代甲骨金文中的遗迹。

图 2-24 "玄鸟妇"铭文

2. 象形符号

象形符号是指以黄河下游山东莒县陵阳河、大朱村、诸城前寨等遗址为代表的大汶口文化(距今约 4500—6500 年)晚期陶尊口沿上象形性的陶器符号。其中,山东莒县陵阳河遗址出土陶器上的一般认为表示族名的象形符号与古文字已极为相似,是古汉字的前身,可看作原始文字。

图 2-25 大汶口文化晚期陶尊口沿上的刻划符号

大汶口文化分布在山东、江苏北部及河南东部一带,陶器符号出现于大汶口文化晚期。1959 年在山东宁阳堡头(即大汶口遗址)最早发现的一件灰陶背壶上有绘写的红色符号,后在山东莒县、诸城陆续发现一批灰陶尊都刻有符号一处或两处,有的还涂填红色,这些符号的位置和结构近似商代青铜器铭文,近来在安徽蒙城尉迟寺也有发现。至今这种符号已出现九种。

值得一提的是,与大汶口文化毗连的良渚文化也有类似的符号。良渚文化年代同大汶口文化中晚期相当,分布在江苏南部到浙江北部,其个别陶器有成串的刻划符号,并发现玉器符号11种,其中5种与大汶口文化陶器符号相同或近似。1987年,在江苏新沂花厅遗址发掘了一大批大汶口文化墓葬,其中出土不少良渚文化玉器。这说明两种文化的先民存在着交往,两者符号的相通标志着这些符号可能已有原始文字的性质。

多数学者认为这种象形性的图画陶器符号就是早期文字。这种说法,主要基于文字起源于图画的观点。唐兰于20世纪30年代明确提出中国文字起源于图画,并指出辛店时期陶瓷上的马、犬、鸟、车轮等图形就是早期的象形文字[23]77-81。后来,在大汶口文化陵阳河等遗址发现陶尊上的刻划陶文,唐兰认为这些陶文是早期文字,将5件陶尊上的刻划符号分别释为"炅""斤""戍"等字,并指出陵阳河陶文与同为大汶口文化区域的宁阳堡头朱绘陶符中的三个"炅"字,出于两地而笔画结构相同,表明这种文字已经规格化。据此,早期汉字产生距今应有6000年左右[24]。

饶宗颐、邵望平、李学勤、裘锡圭等学者也持这种观点[7]38-39[25][26][27]。裘锡圭后来改变了看法,认为新石器时代的陶器符号包括大汶口文化象形符号"很可能都不是文字"[28]。

图2-26　山东莒县陵阳河出土陶器上的斧形符号

图2-27　山东莒县陵阳河出土陶器上的"日火山"符号

3. 原始文字

原始文字是指以山东邹平丁公遗址(距今2000—5500年)为代表的龙山文化时期组词成句的陶器刻划符号。20世纪80年代,在邹平县丁公龙山文化遗址的陶器上发现了"丁公陶文",属山东龙山文化时期使用的文字。文字整齐地刻在一件泥质磨光灰陶大平底盆底部残片的器内面,计有5行11个字。刻文笔画流畅,独立成字,刻写有章法,排列规则,全文很可能是一个短句或辞章。"丁公陶文"已脱离符号和图画的阶段,有组织地组词成句,记录线性语言,表明这一时期已经产生了比较成熟的文字,并且用于记录和传递消息。这些文字比迄今发现的最早的甲骨文还要早800年[29]。因此,20世纪80年代这类陶文符号不断出土以后,尤其得到学术界关注。

第二章　源远流长——汉字的起源与形体流变

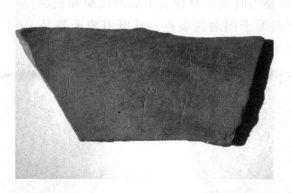

图 2-28　丁公遗址出土的陶文陶片

近些年来,随着考古探索的不断发现,出土了更早的器物和刻划符号。其中,最主要的有在河南贾湖裴李岗文化遗址发现的甲文和在安徽蚌埠双墩青莲岗文化遗址出土的陶器底部的刻划符号。

20 世纪 80 年代,在河南舞阳发现的属于新石器时代裴李岗文化的贾湖遗址,经碳-14 测定距今 7000—8000 年。遗址墓葬中出土了一些有契刻符号的兽骨和陶器,引起学术界极大关注。其中,一龟腹甲上刻有"目"字,一龟背甲碎片上刻有"九"字,其他还有"乙""甲""八""九""日""永"等符号,多与殷墟甲骨文中的写法相似。贾湖遗址契刻符号的时代,不仅比山东陵阳河等大汶口晚期遗址的时代早 2000 多年,而且其使用的材料也直接与后来殷墟甲骨文的材料相同。

图 2-29　河南贾湖遗址出土龟甲及石器上的刻符

2006 年,在淮河流域的安徽蚌埠双墩村新石器遗址出土了陶器、石器、骨角器、蚌器、红烧土块建筑遗存、动物骨骼以及螺蚌壳等大量遗物。据对出土器物碳-14 测定,遗址距今 6600—7300 年[30]。遗址出土的陶器底部 630 多件刻划符号提供了更多的新证据。如此数量多、内涵丰富、结构复杂的刻划符号,在目前国内外文化遗存中十分罕见,大都刻划在器底部位,内容相当广泛。这些陶符中动物类、实用器物、山丘、数字等图形是当时人们对现实生活的反映和描摹,应是有语义的文字性符号,也符合原始文字起源于图画的观点。从既有象形符号,又有会意符号的构形方法看,此地先民已开始有意识地创造文字性符号。

图2-30 双墩陶器鹿形刻划符号

图2-31 双墩陶器猪形刻划符号

因双墩遗址的发现,贾湖遗址龟甲契文尽管数量不多,但表明文字性符号开始产生已非孤立现象。可以说,贾湖遗址和双墩遗址的刻划符号,是中国文字起源的重要源头之一,其对中国乃至世界文字的起源研究都具有重要意义。

四、结论

汉字是否仅起源于原始记事图画,是学界的分歧所在。于此,存在一元论、二元论、三元论甚至多元论的不同观点。

(1)一元论的主要代表者有梁东汉、唐兰等。梁东汉认为:"图画是文字的唯一源泉。"[31]唐兰也主张"文字的起源是图画"[23]54。

(2)二元论的主张者最多,主要有刘大白、郭沫若等。刘大白认为,发明了刻划记号的方法后,更进一步才能发明图画的方法。先有记号,后有图画,文字是发生于记号和图画二源的[32]。郭沫若也指出:"指事先于象形也就是随意刻划先于图画。""中国文字的起源应当归纳为指事与象形两个系统,指事系统应当发生于象形系统之前"[15]。

唐兰后对汉字起源的渊源物问题做了新的改变和说明,认为最初的文字是书契,书是由图画来的,契是由记号来的[2]50。

(3)三元论观点以汪宁生为代表。他认为文字是由三类记事方法(物件记事、符号记事和图画记事)引导出来的,而不是仅仅起源于图画。物件记事即结绳记事,符号记事指的是八卦、契刻等非文字的刻划符号[6]。

纵观中国早期文字的起源,大致经历了三个阶段。

(1)中国文字酝酿、孕育时期的"文字画"和文字性符号阶段。这一时期开始于距今七八千年的裴李岗文化的贾湖遗址和青莲文化的双墩遗址,盛行于仰韶文化晚期与大汶口文化晚期。这些文字画或文字性刻符的记事方式,是刻划符号及图案图形,它们还不是正式的或成熟的汉字,但其中有些与后来汉字以形表意的形体结构一脉相承,且与商周甲骨文、金文的字形有前后继承关系,应是汉字形体结构的源头。

(2)中国文字正式诞生的阶段。中国早期文字正式诞生的时代,应是新石器晚期的龙山文化中后期。在龙山文化时期特别是中后期,已经出现了用来记录语言的组字成句的正式文字。从山东、江苏的龙山文化,苏南、浙北的良渚文化,晋南的陶寺文化遗址出土的资料看,这一时期不仅有组字成句的早期正式文字,还有早期文字与图画以及为图形加注表音文字的现象,在陶寺文化遗址还出土了朱书笔写的陶文,反映了这是一个早期文字正式形成的特殊时代。

(3)中国早期文字广泛使用并逐步成熟的阶段。夏商时代,中国早期文字被广泛使用并逐步成熟,至西周时代完全成熟。因为从文字所反映的是词、词组,还是句子等语言层位关系看,即使在殷墟甲骨文中还有反映"字符-句子文字""字符-词组文字"的现象,这种现象是文字画的残余现象,表明商代甲骨文还不是完全成熟的文字。西周金文中,文字画现象才完全消失。可见,汉字的发展经历了一个比较漫长的过程[3]。

贾湖在河南,双墩在安徽,半坡在陕西,乐都柳湾在青海,大汶口在山东,这些文化遗址分布于黄河和长江流域的不同地区。由此可知,汉字是各地文化不断交融作用的结果,绝非一地独自发展而成,它犹如万涓细水,最终汇聚成了浩浩汤汤的大江大河。

第二节　五千年的足迹——汉字的形体流变

一、汉字形体的演变过程

作为世界上唯一没有间断过的文字形式,汉字经历了漫长而复杂的发生和演变历程。在数千年的演变过程中,汉字构形由绘写式到符号化、部件化,笔画由随体诘屈到横平竖直,字形由参差不齐到大小划一,结构由随心所欲到讲究六书字理。汉字形体经历了早期的图画文字、甲骨文字、古文、大篆、小篆、隶书、楷书、行书、草书,以及印刷术发明后而有的各种印刷字体的演进历程。例如,"鱼""异""礼"字的字体演变过程如下。

甲骨文　　金文　　楚文字　　秦简牍　　秦小篆　　隶书　　　楷书

图2-32　"鱼"字的形体演变

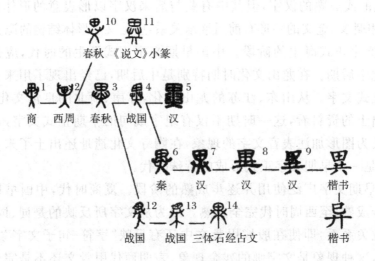

图 2-33 "异"字的形体演变

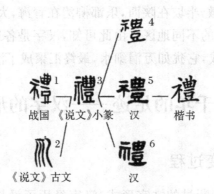

图 2-34 "礼"字的形体演变

概而言之,汉字形体主要经历了甲骨文→金文→篆书(大篆→小篆)→隶书→草书→楷书→行书等七种字体的演变,即所谓"汉字七体"。下面试举几例,来说明汉字的形体特点和演变过程。

火:⚊、⚊(甲骨文)像地面上的多股腾起的热焰⚊,或作⚊(甲骨文)→⚊、⚊(金文)→火(小篆)→夾(战国简)→火(隶书)→火(草书)→火(楷书)→火(行书)。在做上下结构汉字的偏旁时,"火"写成"四点底"⚊,如焦、煎、熬、煮、烈。

山:⚊(甲骨文)像⚊(地平线)上起伏连绵的⚊(群峰)→⚊、山(金文)→山(小篆)→山(隶书)→山(草书)→山(楷书)→山(行书)。

日:⚊、⚊、⚊(甲骨文)→⚊(金文)→⚊(楚简)→日(小篆)→日(隶书)→日(草书)→日(楷书)→日(行书)。

月：🌙、🌙(甲骨文)→🌙(金文)→🌙(小篆)→月(隶书)→月(草书)→月(楷书)→月(行书)。

肉：🍖、🍖(甲骨文)→🍖(金文)→🍖(小篆)→肉(隶书)→肉(草书)→肉(楷书)→肉(行书)。

尘：(甲骨文)→(籀文)→(小篆)→塵(隶书)→塵(草书)→塵(楷书)→塵(行书)→《汉字简化方案》另造尘(尘)。

二、汉字七体的流变历程

1. 掩埋在废墟中的"奇迹"——殷商甲骨文

甲骨文是商朝(约前14—前11世纪)后期刻在龟甲、兽骨之上的文字,最早称为契文,又叫甲骨刻辞、殷墟卜辞、龟甲文、龟甲兽骨文、殷墟文字等,它是迄今为止在中国发现的年代最早的成熟文字系统。甲骨,是用来占卜的材料。甲骨之甲,是指龟的腹甲和少数背甲;甲骨之骨,是牛及少数其他动物的骨骼,主要为肩胛骨。甲骨文,即刻在这两种占卜骨料上的文字。

甲骨文的内容,主要是殷王室的占卜记录,故又称"殷墟卜辞"。据郭沫若主编的《甲骨文合集》占卜的具体内容有卜法、方域、纳贡、官吏、鬼神崇拜、吉凶、梦幻、疾病、祭祀、建筑、军队、刑罚、监狱、农业、生育、天文、渔猎、畜牧、战争等。在早于商朝的新石器时代,已有骨卜的习俗,即用牛、羊、鹿或猪的肩胛骨,清理刮制后炙烧出裂纹,以这些裂纹为卜兆而审定凶吉。殷商统治者非常迷信,凡事大都要以占卜来判

图 2-35 王宾中丁·王往逐兕涂朱卜骨刻辞
（中国国家博物馆藏）

图 2-36 大型涂朱牛骨刻辞
（正面拓本）

断吉凶。商代继承了前人灼烧骨片并按照裂纹预测吉凶的做法,将有关疾病、梦境、狩猎、天时等一些疑问刻在龟板上,在甲骨背面凿出一些小坑,再用火灼烤小坑,使甲骨表面因受热而爆裂,产生裂纹——兆,占卜者根据这些裂缝纹络的形状和走向来判断所占之事的吉凶。在占卜过程中,占卜者把占卜的事由、吉凶、应验与否等情况契刻在甲骨上,"甲骨文"由此而成。一篇完整的卜辞,通常由以下几部分构成:①叙辞、前辞,表明占卜时间和贞问者;②命辞、贞辞,占卜具体内容;③占辞,商王视卜兆而推断所卜之事;④验辞,验证之辞[33]17。

图 2-37 祭祀狩猎涂朱牛骨刻辞正面(局部)

经过占卜应验之后,刻有卜辞的甲骨作为一种官方档案得以保存,因商朝灭亡、殷都变为废墟而被长久埋没于殷墟故地(今河南安阳)地下窖坑中。直到1899年,这埋藏于地下3000多年的奇迹才被发现。河南安阳西北小屯村村民,在耕作时偶尔发现了甲骨的碎片。这些甲骨被作为药材龙骨卖到药房,时任国子监祭酒的王懿荣得到一些上刻有奇特刻符的中药材——乌龟壳,他认定这称为龙骨的中药是殷商时代的一种文字材料。刘鹗于1903年拓印《铁云藏龟》一书,将甲骨文资料第一次公开出版。1977年在陕西岐山一带又发现了一些周原甲骨。

从1899年甲骨文出土迄今,已发掘甲骨约16万片,其中有的完整,有的是没有文字记载的碎块。《甲骨文合集》收录了其中约四分之一片数,总字数约70万。据最新研究,甲骨中的文字单位有4500多个,字形数有6000多,表明甲骨文已是一种非常成熟的系统文字。其中,经文字学家和考古学家分析研究,能够辨认的近2000字,释读一致的有1000多字。

图 2-38　1936 年 6 月 12 日,考古人员在定名为 H127 的灰坑中发现了达 3 吨多重的甲骨灰土柱,共清理出 17000 多片有字甲骨,其中完整的龟甲达 300 多片。这是殷墟发掘史上令人惊异的发现。今殷墟博物院甲骨窟穴展厅,即当年 H127 灰坑的复制翻版。图为 1936 年夏,H127 甲骨坑发掘出土及搬运情形。

总体而言,甲骨文字体具有较强的图画性,且尚未定型。一个字往往有繁有简,异构很多,偏旁部首的写法及位置也常不固定,字的长扁、大小、反正也略无定则,并常有几种不同的写法,如"逐"字有 等多种写法。有的字既可正写,也可反写,如"企"(、)、"雀"(、)。字体构造上,有些象形字只注重突出实物的特征,而笔画多少并不一致,如"鱼"字。

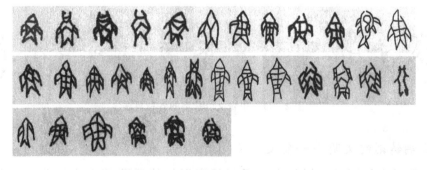

图 2-39　甲骨文"鱼"字的各种写法

殷商人用甲骨占卜的过程为:①杀龟或兽取骨。宰杀之前要举行对这些动物的祭祀活动。②加工甲骨。首先清理骨料,把甲骨上的血肉除净,再锯削磨平。若是龟甲应先锯开,后搓平高凸;若是兽肩胛骨,则要锯去臼突,刮磨平厚。③选料打磨之后钻槽。在甲的内面或兽骨的反面用刀具钻凿凹缺,使这部分骨料变薄。④从事占卜的人把自己的名字、占卜的日期、要问的问题都刻在甲骨上,然后用火炷烧甲骨上的凹缺。受热后,凹缺的另一面会显现一竖一横两条裂纹,即"兆"。⑤巫师依据这些裂纹的各种形状走向来判断吉凶,得出占卜的结果,事后还会刻上应验与否的结果,此即通常所说的卜辞。

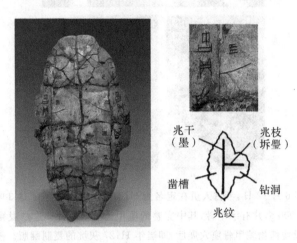

图2-40 龟腹甲正面卜辞及卜兆示意图

由于甲骨文是用青铜或硬玉制作的刀锥在坚硬的龟甲和兽骨(多为牛肩胛骨)上契刻而成,甲骨坚硬,刻画费力,因而甲骨文字形大小不一,笔道很细,笔画多为方折笔,瘦劲挺拔。从书法审美角度而言,甲骨文质朴、古雅、自然,结体古朴多姿又自然流畅,也注意笔道分布的匀称、平衡、疏密,讲求字的体势美。甲骨文没有完全摆脱象形的原始特征,字形线条具有形体模拟的多样性,既注意到作为文字的笔画安排,又不失却其素描式的写意神态。例如"虎"字,虽为文字之形,却有图画之神。

图2-41 甲骨文"虎"字的各种写法

2.青铜铸刻的文明——金文

青铜器是由红铜、锡、铅的合金质料经高温加热后范铸而成的器皿。金文是指殷商、周、春秋战国时期铸造或雕刻在青铜器皿上的文字。因古人称铜为"吉金",故将各种青铜器上的文字称为"金文"或"吉金文字";因金文主要铸刻在钟鼎上,故又称为"钟鼎文"。此外,还有"青铜器铭文""铜器铭文""铭文"和"彝器款识"之称。

作为代表当时最先进的金属冶炼、铸造技术的青铜,主要用在祭祀礼仪和战争上,正所谓"国之大事,在祀与戎"。商周两朝是青铜器的时代,所发现的青铜器均为礼仪用具、武器以及围绕二者的附属用具,由此形成了中国特色的青铜器文化。古代青铜器包括礼器、乐器、兵器、食器和日用器具(度量衡器、铸币、铜镜和金属印章等),其中,礼器以鼎为代表,乐器以钟为代表。青铜器应用的年代上自商代早期,下至秦灭六国,有1200多年。

图2-42　后母戊鼎(原称司母戊鼎),又称后母戊大方鼎、后母戊方鼎,为商王祖庚或祖甲为祭祀其母戊所制,是商周时期青铜文化的代表作。因鼎腹内壁上铸有"后母戊"三字得名,鼎呈长方形,口长110厘米、口宽79厘米,壁厚6厘米,连耳高133厘米,重达832.84公斤。1939年在河南安阳出土,现藏于中国国家博物馆。

迄今所见最早有铭文的青铜器,为商代中期以后之物,铭文都很简单,多刻有卜名、谥号、氏族名、器物名,文字书体近似于甲骨文。据商周金文数字化处理系统统计[34],早期青铜器铭文文字数量很少,在近5000个殷商青铜器中,铭文字数为一个字的青铜器达1700多个,两个字铭文的有1500多个,三个字铭文的有1100多个,四个字铭文的不到400个,五个字以上铭文的非常少。

周朝时进入青铜器全盛时期,青铜器成为纪念荣耀、祭祀祖先的神圣器物,也是记录赏赐文案的一个载体。铭文是西周青铜器的重要特征,记事功能的高度提升成为周代金文的特有风貌。在具体功用上,周代金文超出殷人所偏重的"事鬼神"范畴而向礼乐教化的广阔天地延伸,如训诰、册命、追孝、约剂、律令、诏令、乐律等复杂铭辞内容(如公元前八、九世纪的"散氏盘",载有当时二诸侯采邑疆界的条款),增加了铭文数量,以彝器上载文数量最多,出现了毛公鼎字数多达497个的铭文鸿篇巨制[33]25。

图2-43 散氏盘及其铭文(局部),现藏于中国宝鸡青铜器博物院

图2-44 毛公鼎及其铭文(局部),现藏于台北故宫博物院。毛公鼎铭文是一篇典型的西周册命铭文,追述周代文王、武王的丰功伟绩,叙述宣王委任毛公管理内外事务,并附告诫勉励之词。毛公将此事铸于鼎上,流传后世。此铭文是成熟的西周金文书法的典范。

青铜器上的文字多刻或铸在器物的外面,也有的铸于器物内壁,有的刻或铸在器物的盖、柄、足、颈之上。据商周金文数字化处理系统统计,青铜器铭文有133320篇,其中殷商金文共4889器,春秋金文共995器,战国金文共1257器。另外,还有殷或西周待考的600器,西周或春秋待考的29器,春秋或战国待考的11器。文献总字数124800个,使用的单字达5834个。铭文篇幅较甲骨文长且完整,字数少者数十字,多者数百字。例如,西周前期的大盂鼎铭文有291字,中山王方壶铭文有448字,清道光末年在陕西岐山出土的西周遗物毛公鼎,鼎腹内刻有铭文32行497字,是现存铭文字数最多的青铜器,其次是出土于河北平山县的战国时期的中山王鼎,载文469字。

西周早期铭文仍有一定数量的氏族徽号和庙号铭文,字体朴茂瑰丽,风格雄强凝重。铭文字形大小、长宽、方圆不等,字无定形,一字多写,合文、反书、倒书是普遍现象。西周中期铭文开始脱离商代和周早期的风貌,用笔上的肥美逐渐变为以线为主的中锋,象形和装饰意味也渐渐消失,方圆笔兼用,字形渐方,端庄匀称,章法谨

第二章 源远流长——汉字的起源与形体流变 53

图 2-45 不其青铜簋盖,为周宣王时期遗物,此器盖内铸铭文 13 行 152 字,记述猃狁侵犯周王朝西部边境,作器者不其受命抗击,获胜后得到赏赐。

图 2-46 何尊,为西周早期一个名叫何的西周宗室贵族所做的祭器。1963 年出土于陕西宝鸡贾村镇(今宝鸡市陈仓区),收藏于中国宝鸡青铜器博物院。尊高 38.8 厘米,口径 28.8 厘米,重 14.6 公斤。尊内底铸有铭文 12 行 122 字,其中"宅兹中国"为"中国"一词最早的文字记载。

严,通篇美观。至此,文字构形应有的成熟性已备于金文文字系统。比较西周早期青铜器"商卣"与西周中期青铜器"豊卣"的铭文,不难看出两个时期铭文字体的差别。

青铜器器物的造型、纹饰、铭文的有机结合,构成了青铜艺术特有的美。青铜器皿上的铭文,有刻有铸,铸多于刻。从工艺技术角度讲,铸比刻复杂,难度亦大。金文笔道肥粗,弯笔多,团块多,笔画厚重朴实,象形程度也较高,但字形结构比甲骨文大小匀称,规范齐整,例如:"象",𧰼 𧰼 𧰼 𧰼(甲骨文),𧰼 𧰼 𧰼 𧰼(金文)。

图 2-47 商卣铭文。西周早期的青铜器,铭文文字大小不一、造型奇特,带有浓重的象形意味。商卣,盛酒器皿。

图 2-48 豊卣铭文。豊卣,周穆王时期的一种盛酒器。铭文少数还保留着肥笔,但都变为圆钝,早期的棱角锋芒已不复可见,其余字形均用匀一的线条书写,很少出锋,线条式样及笔法趋于规范成熟。

3. 告别图画,走向线条符号——大篆

西周后期,汉字形体演变为大篆。大篆,又称为籀文、籀篆、籀书。《说文解字·叙》记载:"及宣王太史籀著大篆十五篇,与古文或异。"周宣王的太史籀创写了《大篆》十五篇,故《大篆》又称《史籀篇》,已佚失。今大篆散见于《说文解字》和后人收集的各种钟鼎彝器之中,其中以石鼓文最为著名。

大篆在古文基础上整理而来,与古文或同或异。大篆在春秋、战国期间通行于秦国,字体与秦篆相近,但构形多重叠。它的出现引发了汉字形体的两个变化:①线条化。早期粗细不匀的线条,变得均匀柔和,随实物画出的线条十分简练生动。

②规范化。已无象形图画的痕迹而变为线条组成的符号结构,字形结构趋向整齐,奠定了方块字的基础。

《史籀篇》魏晋后亡佚,许慎依据所见《史籀篇》残存九篇,将籀文223字收入《说文解字》。大篆的真迹,一般认为是"石鼓文"。唐初在天兴县陈仓(今陕西宝鸡)南之畤原出土了十个石墩,径约三尺,上小下大,顶圆底平,形状如鼓,故称石鼓。其上分别刻有秦献公十一年大篆四言诗一首,共十首,计718字(现存300多字),故称石鼓文。石鼓文外形略呈长方形,已看不到象形图画的痕迹,完全为线条组成的符号结构,线条饱满圆润,笔意凝重,字体方正均匀,舒展大方。

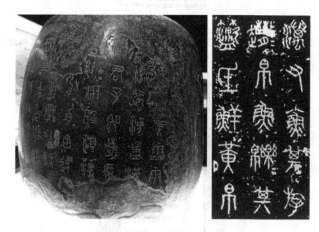

图2-49 石鼓及石鼓文,现存于北京故宫博物院

作为商周时代两大基本实物文字材料——甲骨文和青铜器铭文,有明确的应用范围限制。甲骨文用于沟通人神,青铜器铭文服务于王室权威。战国时,伴随贵族社会瓦解,原有礼法秩序、文字禁锢得以消除,文字的应用范围发生根本性变化。各级行政机构间的公文往来、法律条文颁行传播、赋税征收、贸易活动簿记,以及诸子著书立说等,都需要汉字的参与介入。至此,汉字真正具备了一般意义上的语言记录功能。

文字异形,是战国时期文字发展的又一显著特点。许慎在《说文解字·叙》中写道:"其后诸侯力政,不统于王。恶礼乐之害己,而皆去其典籍。分为七国,田畴异亩,车涂异轨,律令异法,衣冠异制,言语异声,文字异形。"周王室王权旁落、诸侯各霸一方的社会政治状况,是导致文字异形最主要的外部原因。诸侯为塑造自己权威,以制造或纵容本国文字的特异来凸显自己的王者地位,从而导致汉字形体的地域特征日趋明显。在春秋前期,文字异形尚处于酝酿阶段,至春秋中晚期及战国地域流派渐显明晰,文字字形表现出明显的分化。

战国时期(公元前475—前221年),周王室王权旁落,诸侯各霸一方,但就汉字发展而言,却是一个确凿的繁荣时期。这一时期汉字神圣的光环褪去,流布扩散至整个世俗社会各个领域。这一时期青铜器铭文、货币、玺印、陶器、砖瓦以及竹简、木牍、缣帛等各种书写载体材料被广泛应用。其中,先秦货币文是出现在先秦货币上的文字和符号,春秋时期已有铸刻铭文的空首布,战国货币上出现的文字较多,内容多为地名、货币单位、数字等;战国时代对印玺的使用已较为普遍,有官玺、私玺、吉语玺三种,古玺文指古玺上著录的文字。

图2-50 平阴都司徒鈢,战国时期燕国官印,现藏北京故宫博物院

图2-51 战国时期古玺

战国时期记载文字的材料还有书写于竹简、木牍、缣帛上的文字,简称简帛文字。在纸张发明前,竹木、缣帛较之其他书写材料具有明显的优势,可以较小的材料承载较多的文字数量,因此战国时期成为书写材料的主体。源于简帛的"册""卷""编"等书籍的单位、术语,一直沿用至今。

春秋战国时代(公元前770—前221年),是以竹简为书籍主要形式的黄金时代。百家争鸣局面出现,各种学术思想空前活跃,竹简成为各家著书立说的主要形式。典籍中有关使用竹简的记载很多,如孔子晚年读《周易》而"韦编三绝",是说因孔子反复阅读,致使编系竹简的熟牛皮绳磨断了多次。竹简用的是皮薄而节长的竹子,先将圆竹锯成一定的长度,再破为一定的宽度(考古发现的战国秦汉竹木简,大体上是长为20余厘米、宽为1厘米左右的细长条),经过削光整平、杀青工序后,即成为简片,再用丝绳、麻绳、细皮条等分上下两道编连简片,即可用来书写文字,或先写字,然后再按顺序编联成册。简策制度的起源可上溯到商代,商代甲骨文中已有"册"字,丨丨丨丨、丨丨丨丨(甲骨文)、丨丨丨丨、丨丨丨丨(金文),像一捆简片系两道绳子。"典"字,丨丨丨丨(甲骨文)、丨丨丨丨、丨丨丨丨(金文),表示"册"在几上。

1993年,在湖北荆门郭店一号楚墓 M_1 发掘出804枚竹简,为竹质墨迹。其中,有字简730枚,共计13000多个典型的楚国文字,具有楚系文字的特点,字体典雅、秀丽。2008年,清华大学入藏了一批战国时期的竹简,学界称之为"清华简"。清华简共2500枚(包括少数残断简),是迄今发现的数量最多的战国竹简。经碳十四测定证实,这批竹简为战国中晚期文物,文字为楚国文字,内容多为早期的经史类典籍。

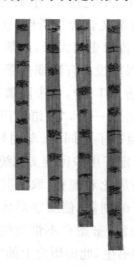

图2-52 清华简《系年》(局部)。2011年《清华大学藏战国竹简(贰)》出版,收入了一部已经失传2300多年的历史著作,被命名为《系年》。《系年》共有138支竹简,全篇共分为23章,记录了从西周初年到战国前期的历史。

牍,是与简策同时使用的文字记载形式,因多用木片制成,又称为"木牍";因其长度一般为一尺左右,故也称"尺牍"。与竹简不同的是,一片竹简虽只写一行文字,用绳子可以系连多片,可容纳较长的文章;木牍则是以一片(也称为"方")为单位,一片牍上可书写一百多字,也可两面书写。因此,一般较长的文章可以书写于简策上,而较短的文章则书写于牍上。

在春秋战国前,古代的丝织技术已有很久的历史。一些新石器时代的遗址中,已发现原始的丝织品和用石头、陶瓷制成的纺轮。安阳殷墟中发现有丝帛的残迹,甲骨文中已有丝、蚕、帛、桑等字,表明当时的丝织技术已很先进。丝帛除了主要用作上层社会的衣料外,也是书写的理想材料。春秋战国时代,上层社会也普遍用缣帛作为书写著作或公文的材料。所谓帛书,就是将文字、图像写绘于丝织品上的一种书籍形式。在纸张未发明时,帛书是与竹简同时使用的一种书籍形式。在先秦的一些著作中,往往竹简和帛书并提,说明帛在当时已是一种书写文字的主要材料。秦至西汉间,是帛书使用最多的时期。由于丝织技术的进步,为社会提供了更多的缣帛用于书写各种重要典籍、文书、信件。丝织品虽是当时最轻便的书写材料,但其价格昂贵,不如竹简使用得普遍,除了上层社会以外,普通人难以使用。1973年,在长沙马王堆西汉墓三号墓所发现的帛书最为有名,共有十多种,十二万多字,用黑墨书写于丝织品上,字体有小篆和隶书。在简策和帛书应用的时代,"篇"是竹简的单位,而"卷"则是帛书的单位。

4. 归于一统的字体——小篆

小篆,又称秦篆,与大篆对称,是在籀文基础上"省改"而成的字体,为秦代官方认定的标准字体。《说文解字·叙》中记述了"小篆"的创立过程:"秦始皇帝初兼天下,丞相李斯乃奏同之,罢其不与秦文合者。斯作《仓颉篇》,中车府令赵高作《爰历篇》,太史令胡毋敬作《博学篇》。皆取史籀大篆,或颇省改,所谓小篆者也。是时,秦烧灭经书,涤除旧典,大发吏卒,兴戍役。官狱职务繁,初有隶书,以趋约易。而古文由此绝矣。"秦始皇一统天下后(前221年),秦帝国疆域广而国事多,文书日繁,原有文字繁杂不便应用,而七国长期各据一方,"言语异声,文字异形"的局面亟待统一。于是,秦始皇接受李斯的建议,颁布了书同文、车同轨、统一度量衡的法令。"书同文"在汉字演变史上影响深远,奠定了中华民族文化统一的基础。

李斯对秦国原有的大篆进行简化和规整,取消其他六国的异体字,创制了统一的文字书写形式——小篆。小篆的创制,使汉字形体结构趋于定形和规范,是中国第一次系统的文字规范运动。为此,秦始皇不惜焚烧了六国异形文字书写的书籍,埋掉了460多位熟悉异形文字的书生,此即历史上的"焚书坑儒"事件。

小篆以秦刻石文字为代表。"泰山刻石",又名《封泰山碑》,为标准小篆,据说是李斯的手迹,为公元前219年秦始皇巡狩泰山时所立,刻石原文222字,历经沧桑,现仅残存十字:"臣去疾臣请矣臣"七字完整,"斯昧死"三字残缺。字体书法严谨浑厚、平稳端宁,字形公正匀称、修长宛转,线条屈曲圆转、方中寓圆、圆中有方,结构左右对称、横平竖直、外拙内巧、疏密适宜。

图 2-53 秦七刻石之泰山刻石(局部)

小篆的产生,在中国文字史上具有划时代的意义。较之大篆,小篆形体笔画均已省简,字形规整匀称,大小划一,笔画无粗细变化,实现了高度的规格化和标准化。作为书同文的标准字体,小篆淘汰了六国的异形文字,成为汉字发展史上上承商周

图 2-54 秦七刻石之绎山刻石(《绎山碑》)(局部)

古文字,下启汉魏隶书、楷书字体的一个中间环节。它维持了汉字形态的连续性,确保了汉字在前所未有的广大空间范围内和高度应用频率中顺利履行其交际职能,强化了汉字的生命活力。但是,小篆的字形毕竟与取象之物已有了较大差别,字形营构标准的这种转换,给汉字表词结构的理据带来负面影响[33]41。

图 2-55 新郪虎符。通长8.8厘米,重95克,模铸,伏虎形,铭文字数39字,现收藏于法国巴黎。

5. 古今汉字的分水岭——隶书

隶书,也称"隶字""左书"或"佐书",是一种为适应便捷书写的要求简化小篆而产生的字体。它始于战国时代,推广和应用在秦代,盛行于汉代。隶书的出现,在汉字演变过程中具有划时代的意义,它将汉字体形彻底从图画性中脱离出来,是汉字演变史上的一个转折点。通常将小篆及其之前的文字称为古文字,隶书以后的文字称为今文字。

小篆形体结构虽然优美,字体规范,但书写速度很慢,而秦帝国政务颇多,文书日繁,用小篆记录事务极为不便。为便于书写和镌刻,隶书这一比小篆省简、规范的新字体应运而生。隶书对小篆的"省简",可归纳为讹变、省变和形变三种。

讹变,即改变小篆原有的构形理据。例如:"贼"字,(小篆)本从戈、则声,(隶书)将(刀)变为(十);"甘"字,(小篆)本从口、含一,(隶书)将写作(廿);"牛"字,(小篆)本像牛角之形,(隶书)将(一对尖角形)简写为,字形失去牛头的形象;"更"字,🔲(小篆)本从攴、丙声,🔲(隶书)将"丙""攴"合并为"更";"兵"字,🔲(小篆)本从斤、从廾,🔲(隶书)将🔲简为🔲。

省变,指隶书省减了小篆构形。例如:"雷"字,🔲(小篆)本从雨、畾声;"雪"字,🔲(小篆),本从雨、彗声;"尘"字,🔲(小篆)会意鹿群奔跑引起的飞扬土灰,隶书省作🔲;"香"字,🔲(小篆)本从黍、从甘,🔲(隶书)将🔲(黍)简作🔲(禾),表示"香"来自五谷,将🔲(甘)写成🔲(日)。

形变,指改变小篆的线条形状。相较于小篆,隶书字体的特点在于,变小篆的圆为方(线条由圆转变为方折),改小篆的曲为直,变小篆无规则的线条为有规则的笔画,字形总体趋向横展扁平。

从出现到成熟,隶书有一段较长的演变过程。它有秦隶和汉隶之分:始于秦者,称秦隶;盛于汉者,称汉隶。秦隶是隶书的早期形式,汉隶则为隶书的成熟字体。

秦隶,最早流行于秦代民间下层人物中间,相传程邈在监狱中将其整理成一种新字体。程邈本为秦朝县之狱吏,因得罪秦始皇而被关入云阳狱中。他在狱中收集整理流行于隶人中的字体写法,损益小篆,作隶书三千字,上之始皇。始皇采纳用之,拜其为御史。秦代隶书近年不断有出土,大致有简牍和瓦文陶文两类。

①云梦睡虎地秦墓竹简。云梦睡虎地秦墓竹简又称睡虎地秦简、云梦秦简,指1975年在湖南云梦睡虎地秦墓中出土的竹简。墓主人为秦朝一位叫"喜"的基层官吏,竹简写于战国晚期及秦始皇时期,共1155枚,残片80枚,字数近4万,内文为墨书秦隶(又称秦古隶),属于战国末期在民间和低级官吏阶层兴起的"隶书"。从整体上看,介于篆隶之间,而隶书的因素已较为突出,反映了篆书向隶书转变阶段的情况。秦隶简化了篆书用笔的严谨性,行笔有方有圆,随意自然;文字书写横细竖粗,有波挑与掠笔,结体倾斜,转折兼施,作为隶书与篆书的重要区别的圆转与方折初见端倪,用笔出现明确的提按和运动的节奏感[35]。

图2-56 云梦睡虎地秦简,现藏于湖北省博物馆

②瓦文陶文。1977年在陕西凤翔县高庄出土8件有铭文的陶缶。1979年至1980年,在陕西临潼始皇陵畔赵背户村出土埋葬刑徒时记录用的板瓦残片18件。这些器物上的文字,基本体势为小篆,与云梦秦隶有相似之处,因刻制的缘故而看不出波磔。可见,隶书的应用在当时已有一定的普遍性。

汉代(公元前206—公元220年)隶书成为正规的字体,形成了一套由点、横、竖、撇、捺组成的笔画系统。比较而言,秦隶并未完全摆脱小篆的结构特点,汉隶发挥了毛笔的特点,出现了"蚕头燕尾"的波折之笔,书写轻松自如。通常所说的隶书,是指汉隶中的"八分"。所谓"八分"(八分书,也称分书或分隶),是秦隶之后带有明显波磔特征的隶书。汉隶字形多呈宽扁,横画长而竖画短,呈长方形状,讲究"蚕头燕尾""一波三折",姿致遒美,故书法界有"汉隶唐楷"之称。

图2-57 《曹全碑》(汉隶),全称《汉郃阳令曹全碑》,又名《曹景完碑》,系晋王敞等于东汉中平二年(公元185年)纪念曹全功绩而镌立。《曹全碑》是现有汉碑中保存汉代隶书字数较多的碑刻,以风格秀逸多姿和结体匀整著称于世,为汉隶的代表作之一。明万历初在陕西合阳出土。

从小篆到隶书,是汉字字体演变的一个重要转折点和古今分水岭。汉字字体从篆书演变为隶书的过程,文字学称之为"隶变"。隶变经历了相当漫长的历史过程,是汉字演变史上的一个里程碑,标志着古汉字演变成现代汉字的起点。隶变使汉字字形结构上发生了显著变化,它打破了汉字以象形为基础的构造方式,结束了以象形线条为标识的古文字阶段,开启了以笔画为标识的隶楷今文字阶段。至此,现代汉字笔画的基本格局已经形成,字形结构的基础业已奠定。

6.艺术化的汉字——草书

草书是为了书写的便捷由隶书演变而来的一种字体。因草创之意,谓之草书,其特点是结构简省、笔画连绵、纵任奔逸、赴速急就。草书又分为章草、今草、狂草三种。

草书本于章草。章草起于西汉,盛于东汉,因"章草兴于汉章帝"而得名。一说因其多用于奏章而得名。《说文解字·叙》记有"汉兴有草书",所指即章草。章草字体带有隶书的波磔,有章法可循,字字区别,不相纠连,又省变笔画,改变笔顺,增加牵丝映带,可看作是隶书的草体。它兼有隶书的渊雅静穆与草书的灵动活泼,气息古朴高远,极有审美价值。古代著名的章草有西汉史游的《急就章》、汉章帝的《千字文断简》、东汉张芝的《秋凉平善帖》、三国吴皇象的《急就章》、西晋索靖的《月仪帖》《出师颂》、西晋陆机的《平复帖》、东晋王羲之的《豹奴帖》、东晋王献之的《七月二日贴》、元赵孟頫的《急就章》《千字文》、武威出土的《武威医药简牍》、敦煌出土的《天汉三年十月牍》《可次殄灭诸反国简》《入十一月食秔一斛简》、居延肩水金关出土的《误死马驹册》等。

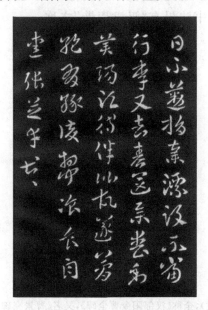

图 2-58　东汉张芝的《秋凉平善帖》(《八月帖》)

晋唐以后,出现了今草和狂草。今草是在章草基础上,结合楷书书法而来。它起于东汉末期,是对章草的革新,也称小草、独草。据史书记载,今草为东汉张芝所创,世称张芝为"草圣"。东晋是今草的发展高峰,晋王羲之、王献之父子擅长今草,其草书博采众长,风格妩媚飘逸。王羲之代表作有《丧乱贴》《初月帖》《十七帖》《得示》《行穰帖》等,是历代草书之绝品。王献之代表作有《中秋帖》《侍中帖》《奉别帖》《送梨帖》等。

今草不再含有隶意,取消了"波磔"等隶书的典型用笔特征,结体也因行楷的因素逐渐由章草的扁方结构变为长方结构;简化隶书固有笔画,更加连笔化,笔画连带,每字相呼应或相连;字或大或小,或长或扁,或圆或方,自由灵活,一气呵成。唐代张怀瓘《书断》中写道:"章草之书,字字区别,张芝变为今草,如流水速,拔茅连茹,上下牵连。或借上字之下而为下字之上,奇形离合,数意并包,若悬猿饮涧之状,神化自若,变态不穷",道明了张芝的今草与传统的章草的区别。

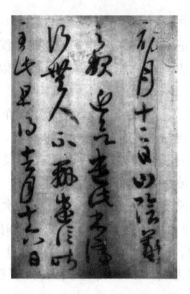

图 2-59　王羲之《初月帖》(今草)

狂草,也称大草、连绵草,在今草的基础上发展而来,出现于唐代,以张旭、怀素为代表。狂草打破了字字独立的界线,体势连绵,如龙飞凤舞,笔意奔放。其线条变化更为抽象,表现力更为强烈,情绪的表现也更加自如。张旭"每大醉,呼叫狂走乃下笔"书写的正是狂草,因此后世也称狂草为"醉草"。

草书是书者抒发胸臆及情怀的工具,是书者寄情于笔端的创造,极具韵律和艺术感染力。但草书自狂草起,人多不能识,失去了文字作为记载和传播信息的作用,成为完全脱离实用的艺术创作,其艺术价值远高于实用价值。

著名的狂草书法家还有黄庭坚、祝枝山、徐渭、王铎、傅山等人。张旭的《千字文》《肚痛》、怀素的《自叙帖》等,是现存狂草的珍品。

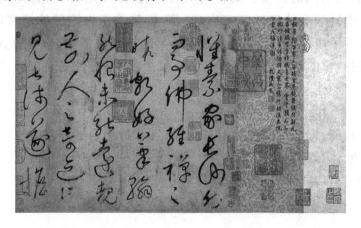

图 2-60　怀素《自叙帖》(草书)。全篇 702 字,洋洋洒洒,一气呵成,如龙蛇竞走,激电奔雷,为狂草的代表。

7. 字体之楷模——楷书

楷书，又称正楷、楷体、正书、真书、今隶（以区别于汉隶），是从隶书演变而来的一种字体。楷书始于汉末，唐以前称楷书为真书，后人以这种字体作为学习书法的楷模而改称为楷书。

楷书是为纠正草书的漫无标准和简省汉隶的波磔而形成的字体。与隶书相比，楷书字形由扁改方，笔画变挑法为勾撇，变波势为平直，显得方正、端庄和严谨。从三国时期钟繇作楷书起，楷书渐趋成熟，魏晋以后成为汉字的主要字体，一直通行至今。在中国人心目中，楷书被视为标准规范的字体。

关于楷书的首创者，众说不一，一般认为由东汉王次仲所创。现存实物中，有钟繇于东汉建安二十四年（219年）在得知蜀将关羽被杀时写的《贺捷表》（又名《戎路表》《戎辂表》）。钟繇推进了隶书向楷书的演变，对后世书法影响深远，被后世尊为"楷书鼻祖"，与王羲之并称为"钟王"。其《宣示表》《贺捷表》《荐季直表》为后人摹刻，但仍能体现钟书的风貌。

魏晋南北朝时期，楷书已经盛行，成为汉字的主要字体。晋代王羲之、王献之的楷书又有很大发展，吸取了篆书的圆转笔画，保留了隶书的方正平直，去掉了"蚕头燕尾"。王羲之楷书代表作有《黄庭经》《乐毅论》，王献之楷书代表有《洛神赋十三行》等。

唐朝时，楷书尤为盛行。唐代楷书彻底消除了隶书笔意，名家辈出，各成一体，蔚为大观。欧阳询（557—641年）的楷书，刚劲苍秀，意态精密，后人以其书于平正中见险绝，最便初学，号为"欧体"。他与虞世南、褚遂良、薛稷并称"初唐四家"，其楷书代表作有《九成宫醴泉铭》《皇甫诞碑》《化度寺碑》等。盛唐的颜真卿（709—784年），是唐朝新书体的创造者，其正楷集古来之大成，正大端庄，方正宽博，厚重雄健，符合儒家正统，为唐代书风的典范。其楷书代表作有《多宝塔碑》《东方画赞碑》《麻姑仙坛记》《郭家庙碑》《颜勤礼碑》《颜家庙碑》等，彰显着正大刚健的儒家风范和崇尚法度的盛唐雄风。中唐的柳公权（778—865年），遍阅近代书法，学习颜真卿，溶汇自己新意，自创独树一帜的"柳体"楷书。其书取匀衡瘦硬，追魏碑斩钉截铁之势，骨力遒劲，结体严紧，与颜体并称为"颜筋柳骨"，其传世碑刻有《金刚经刻石》《玄秘塔碑》《冯宿碑》等。

后世将颜真卿、柳公权、欧阳询与元代的赵孟頫称为楷书四大家，所书楷书被称作颜体、柳体、欧体和赵体。

汉字发展至唐代，诸体具备，自此以后，字体基本上没有新的突破。

图 2-61 《多宝塔碑》（局部），全称《大唐西京千福寺多宝佛塔感应碑》，颜真卿于天宝十一年（公元 752 年）所写，体现了其早期的书法风貌。此碑共 34 行，满行 66 字，内容主要记载了西京龙兴寺禅师楚金创建多宝塔之原委及修建经过。整体秀美刚劲、清爽宜人，用笔丰厚道美、腴润沉稳。现藏西安碑林博物馆。

8. 动静皆风云——行书

行书在楷书的基础上产生，是介于楷书与草书之间的一种字体。行书因书写简易，灵活贯通，自晋迄今，是使用最广、最为常用的一种字体。

张怀瓘《书断》中有："行书者，后汉刘德升所造也。既正书之小伪，务从简易，相间流行，故谓之行书。"这句话道出了行书的创造者和书体特点。行书没有楷书那样规范、拘谨，也不像草书那样纵放而难以识别。或者说，行书是楷书的草化或草书的楷化，楷法多于草法的为"行楷"（又称"真行""楷行"），草法多于楷法的称"行草"（又称"草行"）。

图 2-62 赵孟頫行书千字文

王羲之代表作《兰亭集序》被誉为"天下第一行书",为公元353年王羲之在绍兴兰渚山下以文会友时所写,也称《临河序》《禊帖》《三月三日兰亭诗序》等。传说其真迹殉葬昭陵,有摹本、临本传世,以"神龙本"为佳。

除上述字体外,需要补充介绍的是印刷字体。宋朝雕版印刷术和活字印刷术发明后,字体逐渐向适于印版镌刻的方向发展,产生了横平竖直、方方正正的印刷字体——宋体。

宋体字由楷书变化而来,产生于雕版印刷的北宋,定型于明朝。宋体有肥体和瘦体之分,无论肥瘦都是横细竖粗、方方正正、古朴端庄。几百年来,宋体字又衍生出长宋、扁宋、仿宋等多种变体。这些变体,都是适应雕版印刷和传统活字印刷的结果。近代西方印刷术传入后,在西文字体影响下,又出现了黑体、美术字体等多种新的字体。

在汉字五千年形体演变的历史长河中,不同历史时期所形成的各种字体都具有鲜明的艺术美感特征。甲骨文古拙瘦劲,金文端庄凝重,小篆圆转典雅,隶书静中有动,草书风驰电掣,楷书工整秀丽,行书舒展流动,可谓个性各异,风格多样,美不胜收。

三、汉字形体演变的规律

追溯汉字五千年形体流变的历程,有助于认识汉字流变的方向,掌握字形演变的规律。汉字形体的演变,体现了汉字体系的发展变化;汉字形体演变的规律,反映了汉字体系的发展规律。

1. 汉字形体演变的总趋势:由繁趋简

作为记录语言的一种交际工具,文字的演变有简化和繁化两种情形。交际活动中为便于理解,要求音义明确,文字有繁化的趋势;为便于书写,要求文字形体省略,而有简化的趋势。汉字形体的演变,一直受这两条规律的制约,这也是符号系统的共同要求[36]。汉字需强化字形间的区别度,来实现对汉语不同语素和词的记录,因而有形体繁化的趋势,这也是巩固汉字形义统一关系的需要。据义统形、形义统一是汉字构形原则,汉字在发展过程中形义关系会逐步淡化、消失,繁化可重建汉字的形义关系,而且适度繁化可增加汉字的平衡感、对称感,体现汉字的匀称美。汉字形体繁化的手段,主要有添加笔画、附加字符或偏旁、改异字形等,如吴公→蜈蚣、尚羊→徜徉。

上:二(甲骨文)、二(金文)→上(金文)、上(小篆),加指事符号|

下:二(甲骨文)、二(金文)→下(金文)、下(小篆),加指事符号|

云:⌒(甲骨文)、云(金文),乙(籀文)、云(小篆)→雲(隶书)、雲(楷书)

其:𠀠、𠀠(甲骨文)→其(金文)→其、箕(小篆)→箕

噪：🖼(金文)、🖼(小篆)→噪(楷书)

鬱：🖼(甲骨文)→🖼、🖼、🖼(金文)→🖼(小篆)→鬱(楷书)、欝、鬰、欎(异体字)

但从根本上说，作为记录语言的书写工具，"汉字字体演变的直接动力，实际上就是趋简图省事的愿望，这就决定了汉字字体的演变总趋势是由繁趋简"[37]。简化，是指为了追求书写的快捷而简省字的某些成分，使原结构繁复的字变得相对简单、易写易认的发展趋势与过程。纵观汉字形体几千年的演变过程，弃繁就简、避难趋易是发展演变的主流。汉字形体简化过程中有两次重大的变革：①秦始皇实行"书同文"政策，以小篆为标准规范字体。这是中国文字发展史上的第一次规范化运动，也是第一次由政府主持的文字简化运动。②隶变，是汉字又一次大规模的简化。

汉(漢)：🖼、🖼(金文)→🖼(古文)→🖼(小篆)→漢(楷书)→汉(简化字)

车(車)：🖼、🖼(甲骨文)→🖼、🖼(金文)→🖼(籀文)→車(小篆)→車(楷书繁体)→车(简化字)

鸟(鳥)：🖼、🖼(甲骨文)→🖼(金文)→🖼(小篆)→鳥(隶书)→鳥(楷书繁体)→鸟(简化字)

凤(鳳)：🖼、🖼、🖼(甲骨文)→🖼(金文)→🖼(小篆)→鳳(隶书)→鳳(楷书繁体)→凤(简化字)

上述几字的形体流变过程，清楚地反映了汉字由繁趋简的演变趋势。汉字由繁变简主要有以下方式。

(1)将形体复杂的图形文字线条化、符号化。描绘事物实体形状的象形字，其古文字形往往图画性强，至小篆、隶定的演变后，字形变为线条化、符号化。

年：🖼(甲骨文)，🖼、🖼(金文)，🖼(小篆)→年(隶书)→年(楷书)

书(書)：🖼、🖼(金文)，🖼(楚简)，🖼(小篆)→書、書(隶书)→書(楷书)→书(简化字)

马(馬)：🖼、🖼(甲骨文)，🖼(金文)，🖼(籀文)→馬(小篆)→馬(隶书)→馬(楷书繁体)→马(简化字)

鹿：🖼、🖼、🖼(甲骨文)，🖼(金文)→🖼(小篆)→鹿(隶书)→鹿(楷书)

丰(豐)：🖼、🖼(甲骨文)，🖼(金文)，🖼、🖼(小篆)→豐(隶书)→豐(楷书)→丰(简化字)

(2)保留体现文字本义的基本部分，删去装饰性的符号或重复形体。

集：🖼、🖼(甲骨文)，🖼、🖼(金文)，🖼、🖼(小篆)→集(隶书)→集(楷书)

车(車):〇〇、✧(甲骨文)、✧✧(金文),✧(籀文)→車(小篆)→車(隶书)、車(楷书)→车(简化字)

飞(飛):✧、✧(楚简),✧(小篆)→飛(隶书)→飛(楷书)→飞(简化字)

雷:✧✧(甲骨文),✧✧✧(金文)→✧(小篆)→雷(隶书)→雷(楷书),异体字作✧→雷(楷书)

(3)用形体简单的构件替换形体复杂的构件。例如,小篆中火部的字,隶变后有的写作"灬",如煎、熬、煮、烹、烈。小篆中辵部的字,隶变后"辵"简化为"辶",如:✧→过、✧→返、✧→运、✧→遵、✧→遣、✧→违等。小篆中左边从心的字,隶变简化为"忄",如:✧→怀、✧→恨、✧→悔、✧→恨等。此种简化方式,因笔画简化会引起结构的改变,如"巖"原为形声字,简化为会意字"岩";"淚"本从水、戾声,简化为会意字"泪"等。形声字中,还有以简单的声符替代复杂的声符来化繁为简,例如:襪→袜、襖→袄、燦→灿、礎→础、聰→聪等。

2.汉字的演变过程:由不规范到规范

文字符号的创造与改变必须经过三个阶段:个人使用、社会通行和权威规范。从个人使用到社会通行,是文字自行发展的阶段;从社会通行到权威规范,是人为规范的阶段。秦始皇推行"书同文",以小篆为标准规范文字,使每个字的笔画数固定下来,是汉字字形走向稳定化、定型化和规范化的重要一步。隶书字形渐成扁方形,形成新的笔形系统,汉字形体完成定型化。楷书确定了横、竖、撇、点、捺、挑、折为基本笔画,汉字的笔画数和笔顺得以固定,结构趋于稳定。

字形的定型化,是指汉字的形体和结构由不定型向定型方向发展的过程。在甲骨文、金文阶段,一个字写法多样,字体可繁可简,方向可左可右、可上可下,偏旁可以不同,位置也可以互相颠倒。"豕"字,甲骨文有30多种写法,如:✧✧✧✧✧✧✧✧等;金文写法亦有多种,如:✧✧✧等,小篆统一为豕。同一个字,线条可繁可简,差别很大,如"车",甲骨文写法多样,如:✧✧✧✧✧等,金文也有✧✧✧✧等繁简不一的多种写法。同一个字形体方向可左可右,如"人"甲骨文既作✧✧✧,又作✧✧✧,至金文✧✧✧方向才基本确定。偏旁构件的位置可以互相颠倒,如"逆",甲骨文有✧✧✧,又作✧✧✧,其中,✧像头朝下的人,表示人朝与自己相反的方向行进,✧("人")和✧("止")(或✧"彳")的方向可以相反。"书同文"后,汉字字形由多种多样而定型于一尊——小篆,实现了字形的定型化。字形的繁简确定,线条不能任意增减;字体的方向固定,不能任意掉转方向;偏旁的位置固定,不能任意改变偏旁的位置,如"豕"写作𧱏,"车"写作車,"人"写作𠆢,"逆"写作𧗟。又如"围(圍)",𠅏、𢀖、𡇢(甲骨文),𡊣、𡇢、𡈺(金文),画四只脚围绕一个城邑,表意度高,但书写不便;或作两脚,意义又不很明确。至圍(小篆)的权威规范和圍(隶书)的强化,形体定型为加"囗"作"围(圍)"。

交际工具的属性,决定了规范化是汉字形体演变的必然趋势。纵观汉字漫长的历史,规范化一直是形体演变的方向和过程。隶变在小篆定型化的基础上,通过合并、省略、省并等方式,汉字得以笔画减少、形体简化、结构稳固,日益趋向规范。

大量存在的异体字是一种繁化现象,不利于汉字的日常应用。1949 年以来,我国做了大量的汉字规范化工作。1955 年文化部和文改会联合发布了《第一批异体字整理表》,根据从简从俗的原则对异体字做了规范,后经过四次调整修订,共整理异体字 795 组,其中规范字 795 个,淘汰异体字 1025 个。2000 年颁布的《中华人民共和国国家通用语言文字法》规定,异体字为非规范汉字,除姓氏和某些特殊场合外,不再使用。2013 年国务院公布了《通用规范汉字表》,完成了现代汉字的规范化工作。

3. 汉字形体的演化方向和演化进程:结构的形声化

由以表意字为主体发展为以形声字为主体的结构类型,是汉字形体的演变方向和演化进程。早期汉字以非形声字为主体,传统六书中的象形、指事和会意三种结构方式,都属于表意字。据统计,甲骨文时期非形声字约占单字总数的 80%,形声字仅占 20% 左右。

文字要实现记录语言的功能,字形之间应有足够的区别度,但为了便于识记,字形又应有音义信息。汉字化解这一矛盾的方法,是添加偏旁和将非形声字转化为形声字,这也是汉字总数增加的主要原因[37]。例如,"亦"分化出"腋"、"益"分化出"溢"、"昏"分化出"婚"、"自"分化出"鼻"等。后起的会意字较少,多是简化字,如"竈"简化成"灶"等。

形声造字法的发明和表声字的迅速增多,使形声字在汉字中占有了绝对的优势。据统计,小篆时期形声字已占汉字总数的 87%,非形声字的总数减少到 13%。可以说,小篆时期的汉字系统基本上已是一个形声字系统。至于现代楷体汉字,形声字已达到汉字总数的 90% 以上。形声系统的形成和完善,是汉字构形系统成熟的重要标志,可以说,构形的形声字化代表了汉字系统不断趋于成熟的过程。

古老的汉字带着历史的印记,从陶符甲骨、篆隶楷宋一路走来,记录了中国文明五千年的历史进程。

汉字穿越了五千年时空,在中华民族的文化血脉中奔腾不息。

参考文献

[1] 王宁. 汉字学概要[M]. 北京:北京师范大学出版社,2001.

[2] 唐兰. 中国文字学[M]. 上海:上海古籍出版社,2001.

[3] 王晖. 中国文字起源时代研究[J]. 陕西师范大学学报(哲学社会科学版),2011,40(3):5-23.

[4] 葛英会. 古汉字与华夏文明[M]. 上海:上海古籍出版社,2010:12.

[5] 李孝定. 中国文字的原始与演变[J]. "中央研究院"历史语言研究所集刊,1974(4):343-395.

[6] 汪宁生. 从原始记事到文字发明[J]. 考古学报,1981(1):1-44,147-148.

[7] 饶宗颐. 符号·初文与字母——汉字树[M]. 上海:上海书店出版社,2000.

[8] 詹鄞鑫. 汉字说略[M]. 沈阳:辽宁教育出版社,1991.

[9] 陈五云. 汉字的起源和形成[J]. 上海师范大学学报(哲学社会科学版),1996(3):69-73.

[10] 鲁迅. 汉文学史纲要[M]. 南京:江苏文艺出版社,2008:3.

[11] 鲁迅. 门外文谈[M]//鲁迅全集:第6卷. 北京:人民文学出版社,2005:60.

[12] 中国科学院考古研究所,西安半坡博物馆. 西安半坡报告[M]. 北京:文物出版社,1963.

[13] 李学勤. 中国古代文明起源[M]. 上海:上海科学技术文献出版社,2012.

[14] 孙霄,谢政. 半坡拾零[M]. 西安:西北大学出版社,1988.

[15] 郭沫若. 古代文字之辩证的发展[J]. 考古学报,1972(1).

[16] 于省吾. 关于古文字研究的若干问题[J]. 文物,1973(2):32-35.

[17] 李孝定. 从几种史前和有关早期陶文的观察蠡测中国文字的起源[J]. 南洋大学学报,1969(3).

[18] 高明. 论陶符兼谈汉字的起源[J]. 北京大学学报(哲学社会科学版),1984(6):49-62.

[19] 严文明. 半坡类型陶器刻划符号的分类和解释[J]. 文物天地,1993(6):40-43.

[20] KEIGHTLEY D. The Origin of Writing in China:Scriptsand Cultural Contexts [M]// INNSENER M W. The Origin of Wring. University of Nebecba Press,1989.

[21] 裘锡圭. 汉字形成问题的初步探索[J]. 中国语文,1978(3).

[22] 裘锡圭. 文字学概要[M]. 北京:商务印书馆,1996:23-24.

[23] 唐兰. 古文字学导论[M]. 济南:齐鲁书社,1981.

[24] 唐兰. 从大汶口文化的陶器文字看我国最早文字的年代[A]//大汶口文化讨论文集. 济南:齐鲁书社,1979.

[25] 邵望平. 远古文明的火花——陶尊上的文字[J]. 文物,1978(9):74-76.

[26] 李学勤. 考古发现与中国文字的起源[A]//中国文化研究集刊. 上海:复旦大学

出版社,1985.

[27] 李学勤. 论良渚文化玉器符号[M]//湖南博物馆文集. 长沙:岳麓书社,1991.

[28] 裘锡圭. 究竟是不是文字——谈谈我国新石器时代使用的符号[J]. 文物天地,1993(2).

[29] 栾丰实,方辉,许宏. 山东邹平丁公遗址第四、五次发掘简报[J]. 考古,1993(4):295-299,385-386.

[30] 阚绪杭,周群. 安徽蚌埠双墩新石器时代遗址发掘[J]. 考古学报,2007(1):97-138.

[31] 梁东汉. 汉字的结构及其流变[M]. 上海:上海教育出版社,1959:31.

[32] 刘大白. 文字学概论[M]. 上海:上海开明书店,1933:64.

[33] 刘志基. 汉字——中国文化的元素[M]. 上海:华东师范大学出版社,2007.

[34] 刘志基,张再兴. 商周金文数字化处理系统[DB]. 南宁:广西金海湾电子音像出版社,广西教育出版社,2003.

[35] 睡虎地秦墓竹简小组. 睡虎地秦墓竹简[M]. 北京:文物出版社,2001.

[36] 李荣. 汉字演变的几个趋势[J]. 中国语文,1980(1):10

[37] 李梵. 汉字简史[M]. 北京:中国友谊出版公司,2005:70.

延伸阅读

汉字在"变"中发展

吴 岩

编者按:汉字是世界上最古老的文字之一,它不仅是用来记录语言的工具,还积淀并凝聚了丰富、深厚的中国文化,是中华民族五千年文明充满魅力而且最具生命力的载体。中国的传统典籍都是以汉字为唯一载体的,中华文化之根在汉字。它是世界上很奇妙的、很有趣味的,也是比较复杂的文字,有些汉字的形体结构,负载着深厚的文化内涵。近期,我们将陆续推出系列文章,旨在向读者深入介绍汉字的知识和汉字文化,展示中华汉字的独特魅力。

构造之"变"

六书,指汉字的六种构造条例,借助六书,可以将每一个汉字的由来了然于胸。实际上,古人并不是先有六书才造汉字。因为汉字在商朝时,已经发展得相当有系统,那时还没有关于六书的记载。它是后人对汉字分析后归纳出来的汉字类型。"六书"这个词最早见于《周礼·地官》,但当时书中只记述了"六书"这个名词,却没加以阐释。东汉学者许慎在《说文解字·叙》中给六书下了定义,即所谓象形、指事、会意、形声、转注、假借,这是历史上首次对六书定义的正式记载。后世对六书的解说,仍以许慎说为核心。有学者认为,象形、指事、会意、形声是关于汉字造字的方法,转注、假借是关于汉字使用的方法。许慎用六书的理论,分析了九千多个汉字的结构,写成了第一部字书《说文解字》,使六书的理论得到极大的发挥,成为两千年来研究汉字的准绳,对于后世的汉字学习和研究,有着很重要的影响。

当有了"六书"这一系统以后,人们再造新字时,似乎都以此为依据。在甲骨文、金文中,象形字占大多数。这是因为画出事物是一种最直接的造字方法。然而,当文字发展下去,要仔细分工的东西愈来愈多,就像"鲤""鲮""鲩""鳅"等事物,都是鱼类,难以用象形的造字方法,仔细把它们的特征和区别画出来。于是,形声字就成了最方便的方法,只要用形旁"鱼"就可以交代它们的类属,再用相近发音的声旁来区分这些字。也由于形声字在创造新文字方面十分有效率,甲骨文时代约有不到一半的字是形声字,可是到了小篆的时候,超过80%的字是形声字。

当然,六书的提法也不是学界所公认的,为了完善汉字结构理论,近现代文字学家试图突破两千年来六书理论的框架,进行了许多改造六书的尝试,唐兰、陈梦家、裘锡圭等人都曾提出"三书说",但影响仅限于学术界。所以"三书说"至今还无法取代"六书说"。现在多数人讲汉字结构时,仍然习惯沿用"六书说"。

字体之"变"

从甲骨文到现在的楷书,汉字字体的演变经历了甲骨文、金文、篆书、隶书、草书、楷书、行书等。"中药里的惊世发现"——甲骨文,"铸造出来的文字"——金文,"汉字的统一"——小篆,"监狱里造出的汉字"——隶书,"汉字字体的楷模"——楷书,"快速书写的字体"——草书、行书,每一次演变都使汉字不断趋于定型化、规范化。

甲骨文,作为我国已发现的古代文字中时代最早、体系较为完整的文字,它在汉字形成、演变的过程中有着里程碑式的意义,在此不再累言赘述。我们要关注的是在汉字字体的演变过程中同样重要的金、篆、隶、楷、草、行。例如,"铸造出来的文字"——金文,它是指铸刻在殷周青铜器上的文字,因古人把铜称为"金",用于这一类器具的青铜叫"吉金",所以铸刻在上面的文字就叫"金文",又称"钟鼎文"。它与甲骨文属于同一个体系,但笔画粗壮丰满,结构布局匀称,异体字大为减少。又如,"监狱里造出的汉字"——隶书,关于隶书有一个小故事:相传秦朝有一个叫程邈的徒隶,因为得罪了秦始皇,被关在监狱里。在狱中他整理了隶书三千字,此举得到秦始皇赏识,不仅赦了他的罪,还封他为御史。因为程邈是个徒隶,所以人们就把他整理的文字叫隶书。其实这也只是一则传说而已,因为任何一种代表性书体的产生,都不可能凭空出现,也不可能是朝夕间就可以完成的事情,只能是经过一段相当长时间的渐变,逐步成型;至于某个人的贡献,一般只是综合整理、集其大成。隶书如此,楷书、行书、草书等的产生过程,亦是如此。再如,"汉字字体的楷模"——楷书,汉朝末年,文字形体又由隶书演变成了现在使用的"楷书"。楷书就是可以作为楷模的字体。楷书笔画平直,字形方正,书写简便。作为我国古代四大发明之一的活字印刷术,就是以楷书作为印刷书籍的主要字体的。直至今天,楷书仍是汉字的标准字体。我们今天阅读的书籍报刊上所用的字体,大致还是同类风格的楷书变体。

汉字的演变是从象形的图画,到线条的符号和适应毛笔书写的笔画,以及便于雕刻的印刷字体。在中国文字中,各个历史时期所形成的各种字体,有着各自鲜明的文化特征,我们将在今后陆续进行专题性的介绍。

数量之"变"

由于记录汉语的需要和运用"六书"的方法造字,汉字的数量不断孳乳增加。汉字总共有多少,到目前为止,恐怕没人能够答得上来,只能根据古代字书和现代字典的记载来推测。现在发现的周秦时代的甲骨文、金文,单字总数不超过6000个,到东汉许慎编撰的我国历史上第一部字书——《说文解字》,则收字9353个。清代的《康熙字典》收字47000余个。随着时代的推移,字典中所收的字数越来越多。1990年徐仲舒主编的《汉语大字典》,收字54000多个。1994年冷玉龙等编的《中华字海》,收字数更是惊人,多达87019字。而已经通过专家鉴定的北京国安咨询设备公司的汉字字库,收入有出处的汉字91251个,据称是目前全国最全的字库。

随着社会的发展,为了表现新的事物,语言也在发展,9万余个汉字的背后是社会生活的不断进步。在语言文字本身的发展过程中,还不可避免地出现了大批的异体字和不规范字,如果学习和使用汉字真的需要掌握如此多个汉字的音形义的话,那汉字将是世界上没人愿意也没人能够学习和使用的文字了。幸好《中华字海》一类字书里收录的汉字绝大部分是"死字",也就是历史上存在过而今天的书面语里已经废置不用的字。历代常用的汉字只有几千个,其他大抵罕用或仅仅备查而已。

(选自《语言文字报》第476期)

第三章

东方意象的世界
——汉字的构造与形义关系

第一节 东方魔块的奥秘——汉字的构造

一、六书与汉字造字法

任何一种文字都是字形、字音、字义三要素的统一体。汉字有其内在的结构规则，分析汉字的形体结构，探究汉字的造字法则，能够深入地认知这一庞杂的文字系统。对汉字结构或构形方式的研究，是中国文字学研究的基本问题之一，如唐兰所言："中国文字学本来就是字形学，不应该包括训诂和音韵。一个字的音义虽然和字形有关系，但在本质上，它们是属于语言的，严格说起来，字义是语义的一部分，字音是语音的一部分，语义和语音是应该属于语言学的"，"我的文字学研究的对象，只限于形体。"[1]4-5

关于汉字的构造，古来有六书说。六书，是前人分析汉字结构所归纳出的六种构造汉字的法则。"六书"之名最早见于战国时期儒家学者编撰的《周礼·地官·保氏》："保氏掌谏王恶，而养国子以道，乃教之六艺：一曰五礼，二曰六乐，三曰五射，四曰五驭，五曰六书，六曰九数。""六书"这一名称的具体细目，始见于西汉古文经学家刘歆编著的《七略》。其后，对"六书"的名目和名目次序，有三家之说。

(1)东汉班固《汉书·艺文志》始列六书名目："古者八岁入小学，故周官保氏掌养国子，教之六书，谓象形、象事、象意、象声、转注、假借，造字之本也。"

(2)东汉郑玄《周礼注》引郑众《周礼解诂》列六书名目为："六书者，象形、会意、转注、处事、假借、谐声也。"

(3)东汉许慎《说文解字·叙》释六书："周礼八岁入小学，保氏教国子，先以六书。一曰指事。指事者，视而可识，察而见意，上下是也。二曰象形。象形者，画成其物，随体诘诎，日月是也。三曰形声。形声者，以事为名，取譬相成，江河是也。四曰会意。会意者，比类合谊，以见指㧑，武信是也。五曰转注。转注者，建类一首，同意相受，考老是也。六曰假借。假借者，本无其字，依声托事，令长是也。"

上述三家提出的六书说，是最早阐释汉字构造原理的理论体系。历代学者视六书为汉字之根本，可以尽括一切文字。三家的六书说，名目和次序有所不同，后世学者大都采用许慎的名称、班固的次序。

清代戴震及其弟子提出"四体二用"之说，认为象形、指事、会意、形声四种（即所谓"四体"）为造字之法，转注、假借两种（即所谓"二用"）并非造字的方法，而是用字法。段玉裁在注解《说文解字·叙》中"保氏教国子，先以六书"一句时写道："戴先生曰：'指事、象形、形声、会意四者，字之体也；转注、假借二者，字之用也。'圣人复起，不易斯言矣。"近代章黄学派亦沿用这一观点。

近代以来，文字研究者逐步认识到六书说存在的局限，开始突破传统六书说的束缚，创立新的汉字构造理论。唐兰在《古文字学导论》中提出以三书说取代六书说。唐兰在《中国文字学》中明确"三书说"：一、象形文字；二、象意文字；三、形声文字。"象形、象意、形声足以范围一切中国文字,不归于形,必归于意,不归于意,必归于声。"[1]61 陈梦家在《殷墟卜辞综述》的"文字"章中,提出新的三书说,即象形、假借和形声[2]。裘锡圭在《文字学概要》中也提出了三书说,即表意字、假借字和形声字[3]。可以说,对汉字结构的研究逐步深入,对结构理论的研究进入了一个新的阶段。

中国文字研究之所以重视对汉字形体结构规律的探究,根本的原因在于汉字是表意体系的文字,字形和字义有着密切的关系。先民"近取诸身,远取诸物",通过细致的观察以及生活经验,创造了具象直观、形象易解的文字。也正因此,据形索义,分析汉字的形体结构,是深入认知汉字的前提和基础。

远在春秋战国时期,人们已认识到这一点,并学会了据形释义,如《韩非子·五蠹》中有:"自环者谓之私,背私者谓之公。"《左传》中对文字结构也有多处解释,如"夫文止戈为武"(《左传·宣公十二年》),"故文反正为乏"(《左传·宣公十五年》)。中国古代第一部文字学著作《说文解字》,即是系统地分析汉字字形、说解字义和辨识声读的字书。例如,《说文解字》释"齿":"口龂骨也。象口齿之形,止声,凡齿之属皆从齿";释"碧":"石之青美者,从玉石白声";释走部中的"趣":"疾也,从走、取声"。以上都兼顾汉字的形、音、义[4]。

只有从分析汉字字形入手,才能准确地阐释一个字的意义。例如,"去"字,《说文解字》释为:"󰀀,人相违也。从大、凵声。凡去之属皆从去。"许慎解为形声字,似有不妥。"去"字形演变过程为:󰀀、󰀀(甲骨文)、󰀀、󰀀(金文)、󰀀(古玺文)、󰀀(小篆),为从"󰀀"(正面的人形)、从󰀀(口)或󰀀(凵)(古文字中"口"与"凵"混用),像一人走出门口、洞口,表示离开义,应为会意字。

二、许慎与《说文解字》

东汉经学家许慎所著的《说文解字》是我国语言学史上第一部分析字形、说解字义、辨识声读的字典。可以说,《说文解字》是汉字字典的鼻祖,许慎是汉字学的奠基人。

许慎(约58—149年),字叔重,汝南郡召陵(今河南郾城)人,曾任太尉南阁祭酒等职。他性情淳笃,少博学经籍,人称"五经无双许叔重"。《说文解字》始作于汉和帝永元十二年(100年),完成于汉安帝建光元年(121年),历时22年。书成,许慎病重,其子许冲将书进献给皇帝。

许慎撰写《说文解字》的初衷,在于析字训诂,贯通经义,为王政统治服务。在《说文解字·叙》中,他

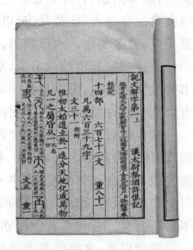

图3-1 《说文解字》现代印刷本

针对今文经学家对篆书字形的随意乱解问题,指出今文诸生"诡更正文""乡壁虚造",是"人用己私,是非无正,巧说邪辞,使天下学者疑",故应从文字的角度探索圣王之政,"盖文字者,经艺之本,王政之始,前人所以垂后,后人所以识古"。许冲在《上〈说文解字〉表》中写道:"臣父故太尉南阁祭酒慎,本从受古学。盖圣人不空作,皆有依据。今五经之道,昭炳光明,而文字者,其本所由生,自《周礼》《汉律》,皆当学六书,贯通其意。恐巧说邪辞,使学者疑,慎博问通人,考之于逵,作《说文解字》。"再次申述许慎的目的在于发扬"五经之道",辟"巧说邪辞",以提高古文经学的地位。

就文字学而论,《说文解字》是中国最早的一部按照部首编排、从汉字形体解释字义的字典。这部巨著为汉字理论体系奠基,开创了部首分类的先河,影响了后来大多数字典的整合、编写方式。自古以来,《说文解字》一直是众多专家学者的重点研究对象,至今仍有非凡的学术价值和应用价值。

许慎将汉字的发展分为"文"与"字"两个阶段。"文"是"依类象形"的简单图画符号,是由一个符号构成的字,又称"独体字",它是汉字形体的根源、声音的根源、字义的根源。象形、指事字均为文,如鱼、马、水、火、木、人、羊、牛、鹿、上、下、刃等。"字"是在"文"的基础上"形声相益"衍生扩充的复杂符号,如鲂、鮀、驾、驰、汉、汤、烨、烧、桦、柚、伦、仙、群、羚、牧、牢、特、麋、麂等。从图画到文字,是一个飞跃的质变;从象形的"文"向表意的"字"的衍变,是汉字不断发展成熟的标志。

《说文解字》集汉代文字之大成,收录汉字9353个,重文(即异体字)1163个,正字及重文共10516个,按"分别部居"(按540个部首归类、分类排列)、"据形系联"(根据字形相近来安排次序),成为有系统的部首编字法。理解汉字发展的源流,应从许慎《说文解字》入手,而《说文解字》中最基础的540个部首,也即540个最具代表性的汉字。

《说文解字》以小篆作为字头,与小篆不同的古文和籀文则作为重文,这是正例。有时为了立部的需要,把古文作为字头,把篆文列为重文,这是变例。据统计,《说文解字》重文中指明古文的有500字,指明籀文的有219字。所谓重文(即异体字),包括古文、籀文、篆文、秦刻石、或体、俗体、奇字、通人掌握的字、秘书中的字,共九类。

《说文解字》章节部首的顺序按照字形或者字义的联系来进行排列。其释字方式为:①列出小篆写法。②释义。解释字的本义,再说明六书分类,如"像某之形"是象形,"从某从某""从某某"为会意,"从某某声"是形声,"从某某亦声"是亦声,指事有时会直接写明。540个部首字,在最后注明"凡某之属皆从某"。③解释字形与字义或字音之间的关系。如果古文和籀文不同,则将其写法随后列出,如以下例子。

大:"𠘫,天大,地大,人亦大。故大象人形。古文亣。凡大之属皆从大。"

明:"𝌀,照也。从月、从囧。凡朙之属皆从朙。明,古文朙从日。"

河:"𣲡,水。出燉煌塞外昆仑山,发原注海。从水、可声。"

页(頁)："𩑋,头也。从𦣻、从儿。古文䭫首如此。凡页之属皆从页。𦣻者,䭫首字也。"

许慎《说文解字》一书的价值和意义,主要体现在:①第一部研究汉字的著作,创造了字典式的体例。《说文解字》"分别部居,不相杂厕"的编制方法,一直是字典编纂的主要体例。②创制了部首。部首具有表形与表意的双重功能,部首分类为文字学研究提供了重要的材料来源。③保存了大量的小篆字体并以之释字,同时保存古文、籀文的原来面貌。以小篆编排的意义在于:一方面在字形上由金文简化改造而来,保留了很多金文的字形特点;另一方面,隶书由小篆转化而生,在笔法上吸收了小篆的一些构形特征。可以说,小篆上承甲金文字,下传隶楷,是连接古今文字的桥梁。④独创了"六书"理论来解析小篆字形结构,阐明了汉字造字的规律。许慎确定了"六书"的定义,并首次从字形入手探究字的本义和先民造字的原则。⑤保存了有关古代历史、文献、社会文化、经济的原始资料。如许冲《上〈说文解字〉表》中介绍这部书时所言:"天地鬼神、山川草木、鸟兽昆虫、杂物奇怪、王制礼仪、世间人事,莫不毕载。"也正因此,《说文解字》是研究古文字、阅读古代典籍、探讨古代文化必不可少的桥梁和钥匙。

三、"六书"例释

所谓"六书",即象形、指事、会意、形声、转注、假借,是周代晚期到汉代人们分析汉字构形总结出来的六种造字方法。据统计,《说文解字》收录的9353字中,象形字占4.4%,指事字占0.9%,会意字占7.3%,形声字占87.3%。

"文字是社会历史发展到一定阶段的产物,创造文字的并不是某一个人,不可能事先订好条例再着手造字。六书只是后人根据汉字的实际情况,加以客观分析所得出的结论。"[5]也就是说,先有汉字,后有六书。但有了"六书"造字法之后,人们再造新字时,可以依据"六书"的原理来造新字。例如,化学元素"锂""钛""锆""氢"等字即采用形声造字法,"凹""凸"为象形,"畑""奀""甭""孬"为会意。

(一) 象形

许慎《说文解字·叙》定义"象形"为:"象形者,画成其物,随体诘诎,日月是也。"诘,曲折;诎,通"屈","弯曲"义。诘诎,为"屈曲、屈折"义。许慎认为,按照物体的轮廓或具有特征的部分,用弯曲的线条把它画出来,就是象形字。简言之,象形是一种用线条或笔画描画实物形状和特征的造字方法,例如,人、大、子、日、月、山、川、水、火、云、雨、夕、电、气、韭、果、象、鼠、羽、毛、女、首、尾、口、目、自、耳、身、手、衣、田、井、车、壶、行、艸(草)、木、禾、竹、龙、牛、羊、贝、龟、瓜、爪、巾、网、曰、刀、勺、舟、州、眉、虎、高、夕、犬、门、户、马、鸟、乌、燕、隹、鱼、斤、页、矢、止(趾)等字。

从图画文字演化而来的象形,是一种比较原始的造字法。象形字既不受笔画的限制,也无点画的姿态,与图画很相似。但象形与图画有本质的区别,"象形字不是图画,它记录语言当中的词,有固定的读音和意义,这是它与图画之间的根本区别"[6]。先民创造象形字并不是像画画一样地描绘该事物,而是抓住事物的本质特点,描画事物的轮廓或骨架,表现事物的特征。其要点有二:①像实物之形;②摹写出客观事物的形体或特征。

日:⊖(甲骨文)、⊙(金文),像太阳之形。

月:☽(甲骨文)、☽(金文),像月缺之形。月亮有圆缺变化,月满时短,月缺时长,故古人以残缺的圆形☽代表月亮。

人:𠆢(甲骨文)、𠂉(金文)、𠄌(小篆),像垂臂直立的人。字形描绘人的侧立身形,上端是头,有伸展的臂,中间是身子,下端是腿,强调人劳作侧立之形。

女:𡥉(甲骨文)、𠨯(金文)、𠨰(小篆),字形像一个上身直立、屈膝跪坐𠃜、两臂交叉胸前𠃛的人,表现了女子娴静的特征。有的头部位置有指事符号𠃋,表示发簪。

大:𠆢(甲骨文)、大(金文)、大(小篆),像一个张开双臂双腿、正面直立的成年人,表示"大人"之义。比较𢀖(子)一个挥动两臂、两腿包裹在襁褓中的幼儿。

目:⊂⊃(甲骨文)、⊂⊃(金文),像人的眼睛之形。目(小篆),将⊂⊃(目)写为"竖目"。

州:巛(甲骨文)、巛(金文),在巛(川)的中间加一个小三角或小圆圈〇,表示河川中央的小洲。《国风·周南·关雎》一诗中有"关关雎鸠,在河之洲。窈窕淑女,君子好逑"。这里的"洲",即水中陆地。巛为其小篆。

有的象形字,不是摹画事物外形的全部,而只描绘事物具有特征意义的局部来表现事物。例如:"牛"字,𠂉(甲骨文)、𠂉(金文)、牛(小篆),像牛的头部特征,突出牛头部向两侧伸出的一对尖角⊔。"羊"字,𠂉、𠂉(甲骨文)、羊、𠂉(金文)、羊(小篆),突出羊两角弯曲⌒的特征。有的字突出事物局部特征的差异来区别不同的事物。例如:"犬"字,𠂉(甲骨文)、𠂉、𠂉(金文)、犬(小篆),像腹瘦尾长的狗之形;或作𠂉(甲骨文)与𠂉(豕)相近,但突出"犬"尾巴上卷的特征,以别于"豕"的尾巴下垂。这些字都是用最简练的线条表现事物的特征,体现了先民的聪明智慧。

象形字从不同角度可分为不同的类别。从取象的角度看,象形字可分为:①仰视(如日、月、云、雨);②俯视(如田、川、井、舟);③正视(如山、木、口、自);④侧视(如人、女、鸟、象)等。从字形结构的特点看,象形字可分为以下几种。

1. 全体象形

例如:人(甲骨文𠆢、金文𠂉、小篆𠄌)、大(甲骨文𠆢、金文大、小篆大)、子(甲骨文𢀖、金文〖图〗、小篆〖图〗)、目(甲骨文〖图〗、〖图〗,金文〖图〗,小篆〖图〗)、自(甲骨文〖图〗、〖图〗像人的鼻子,有鼻梁、鼻翼,金文〖图〗、〖图〗,小篆〖图〗)、首(甲骨文〖图〗、〖图〗画出了有发〖图〗、有耳、有眼、有嘴的人头部〖图〗形象,金文〖图〗、〖图〗像鹿类的头部,小篆〖图〗)、山(甲骨文〖图〗,金文〖图〗、〖图〗,小篆〖图〗)、川(甲骨文〖图〗、〖图〗、〖图〗,像弯曲的河道〖图〗中流动的水,金文〖图〗,小篆〖图〗)、户(甲骨文〖图〗像一块有转轴的木板,是〖图〗的一半,小篆〖图〗)、门(甲骨文〖图〗、〖图〗像在房屋入口〖图〗并列安装两"户"〖图〗、〖图〗,金文〖图〗,小篆〖图〗)、壶(甲骨文〖图〗、〖图〗,像〖图〗加盖〖图〗器皿,金文〖图〗,小篆〖图〗)、马(甲骨文〖图〗、金文〖图〗、小篆〖图〗)、燕(甲骨文〖图〗、小篆〖图〗)、鸟(甲骨文〖图〗、〖图〗、〖图〗像长尾的鸟之形,金文〖图〗,小篆〖图〗)等。

2. 局部象形

典型代表如牛、羊等字。

3. 复体象形(连体象形)

例如:果(甲骨文〖图〗像树〖图〗上结的籽实〖图〗,金文〖图〗,小篆〖图〗)、身(甲骨文〖图〗、〖图〗、〖图〗、〖图〗像妇女腹部隆起、怀胎孕子之形貌,金文〖图〗,小篆〖图〗)、眉(甲骨文〖图〗、〖图〗、〖图〗在眼睛〖图〗上方画一道折皱线〖图〗,表示眼睛上方可伸展可皱缩的眉毛,金文〖图〗、〖图〗,小篆〖图〗)、尾(甲骨文〖图〗表示人体臀部有毛的部位,小篆〖图〗)等。

象形造字法有明显的局限性。客观事物万万千千,不可能按每一事物的特征都造一个象形字。有的客观事物因形体相近,用象形的方法难以区别;表意抽象的概念、情感和思想,象形无形貌可摹画;象形字都是独体字,有的字线条繁多,书写麻烦,形体无法统一,例如:龟(甲骨文〖图〗、〖图〗、〖图〗)、龙(甲骨文〖图〗、〖图〗、〖图〗、〖图〗,金文〖图〗、〖图〗、〖图〗、〖图〗、〖图〗,小篆〖图〗)。因此,象形字起源最早,但数量却为数不多。据统计,《说文解字》里象形字仅364个。此后,在汉字衍生过程中,除伞、凹、凸等少数字外,也很少有象形字出现。

(二)指事

指事是在象形字的基础上加一个简单符号或用纯粹的符号,来指明或象征某种事物、某种意义的造字法。许慎《说文解字·叙》中定义为:"指事者,视而可识,察而见意,上下是也。"指事字以象形为基础,其主要构件通常是一个象形字,看到字形一般就能识其大体,即"视而可识"。但指事字不是直接由事物的形象来表现,而是通过特定符号去标识提示,这些符号是不成字的抽象标记,需要仔细观察、思考才可明确其意义所指,即"察而见意"。常见的指事字有一、二、三、中、亦、本、末、未、寸、刃、上、下、甘、朱、曰、凶等。例如:"上""下"两字,是在主体"一"的上方或下方画上标示符号来表示相应的意思。"上",━、二(甲骨文),二(金文),底端一线较长,表示地平线;上端的一线较短,表示位置在上。"上"的小篆为上。"下",━、二(甲骨文),二(金文),短线在下,表示位置在下。

图3-2 半坡陶器刻符与甲骨文对照
黑框里是半坡陶文符号,其余是《甲骨文编》里的字形

指事与结绳、契刻等原始记事方法有关联,故许慎将其列为"六书"之首。文字学界对指事与象形的先后问题,有不同看法。一般认为,二者取向不同,思维方式有异,都是早期创造"文"(独体字)的方法。指事字可分以下两类。

1. 纯符号性指事字

这是由纯粹抽象符号构成的指事字,如一、二、三、亖等数目字,以及"上""下"等字。

一:━(甲骨文)、━(金文)、━(小篆),抽象符号━源于记事刻符,代表最为简单的起源。古人认为"道生一,一生二,二生三,三生万物"。

四:亖(甲骨文)、亖、四(金文)、二(二)再加二(二),强调亖(四)与二(二)的倍数关系。其小篆为四。

2. 象征性指事字

这是在象形字的基础上添加象征性符号而构成的指事字,如亦、寸、刃、本、末、朱、甘等。

刃:㓥(甲骨文)、刃(小篆),在㇏(刀)上方加指事符号丨作标示,表示刀锋所在。

本:本(金文)、本(小篆),其中木(木)像一棵树,上部是枝,下部是根,在木(树)的根部加三点指事符号而为本,标记树根。本(籀文)在木(木)下方加◊◊◊,表示树的根系。本(小篆)用一横指示根部。

末：★(金文)在★(木)的上端加一横指事符号,表示树梢。★(小篆)将短横写为长横。

朱：★、★(甲骨文)、★(金文)、★(小篆),在★(木)树干加指事符号━,表示树木的主干位置所在。《说文解字》释为:"★,赤心木。松柏属。从木,一在其中。"意为指示符号━表示这个树心是红色的,即松柏类的红心木。"朱"由红心木的本义,引申为红色,如朱砂、朱红、朱门等。

亦：★(甲骨文)、★(金文)、★(小篆),在★(人)的两臂下方各加一点指事符号★,表示人的两腋。

甘：★(甲骨文)、★(金文)、★(小篆),在★(口)中加指事符号━,表示用口腔、舌头品尝甜味,"甜"字由此演化而来。

六书之中,指事字数目最少,但它的出现是汉字摆脱具象迈向抽象的重要一步。

(三)会意

许慎《说文解字·叙》中定义"会意":"会意者,比类合谊,以见指㧑,武信是也。""比",甲骨文像两个人靠在一起,本义"并""合";"类"表示不同类属事物的字(字类);"谊"同"义";"㧑"同"挥","指㧑",指意义的指向。所谓会意,就是将两个或两个以上的形体(即形符或意符)比合起来构成新字的形体,把它们的意义融合起来构成新字意义的造字法。"凡是会合两个以上意符来表示一个与这些意符本身的意义都不相同的意义的字,我们都看作会意字。"[7]

会意是用独体字创造合体字的方法。会意字由两个或两个以上的独体字根据意义之间的关系合成一个字,表示一个新的意义。常见的会意字有武、信、明、启、鸣、及、逐、牧、相、男、从、比、析、杲、采、困、林、森、磊、炎、焱、焚、取、双、付、伍、休、戒、朝、莫、朝、牧、解、家、陟、伐、寇、冠等。

采：★(甲骨文)、★(金文)、★(小篆),由★(手)和★(果树)会意而成,表示用手去摘取树上的果实。

武：★(甲骨文)、★★(金文)、★(小篆),由★(戈,兵器)与★(止,脚)组合而成,表示人持武器奔走,本义征伐、动武,与"文"相对。《尚书·武成》中有"偃武修文"。《说文解字》释为:★,楚庄王曰:"夫武,定功戢兵。故止戈为武。"许慎取春秋后流传的"止戈为武",把"止"解成阻止、制止,认为制止战争即勇武,这是哲学思想上的阐释。其实"止"字,★、★(甲骨文)、★(金文)、★(小篆),像脚趾头张开的脚掌形状,本义为"脚"。

信：★、★(金文)、★、★(籀文)、★(小篆),由★(人)、★(口)或★(言)组成,表示开口许诺,言语真实、诚实之义。"一诺千金""言必信,行必果""一言既出,驷马难追"等语词,是人言为信这种观念的产物。

莫:"暮"的本字。🔲(甲骨文)由🔲(林莽)和🔲(日)合成,表示🔲(太阳)隐没在🔲(丛林)之中。或作🔲(甲骨文),将🔲(林)写为🔲(草)。🔲为其金文,🔲为其小篆。如《说文解字》所释:"日且冥也。从日,在茻中。"古人称日升而天地分明为"旦",称日落而天地不分为"莫"(暮)。

兴(興):🔲(甲骨文)由🔲(两双手)、🔲(多柄夯具)、🔲(口)构成,表示两个人伸出双手举起一个多柄的夯地工具和着号子同力夯地。🔲(金文)、🔲(小篆)将🔲(夯具)和🔲(口)合写成🔲(同)。

会意造字法较为灵活,因观察角度的变化,或组合方式的不同,会产生不同的比合结果。同一个独体字,组合方式的不同,可构成不同的字,表示完全不同的意义。例如:🔲(人)与🔲(人)→从(甲骨文🔲、金文🔲、小篆🔲)、比(甲骨文🔲、金文🔲、小篆🔲)、北(甲骨文🔲、金文🔲、小篆🔲)。从许慎《说文解字》对此三字的解说中,可清楚地看到这一点:"🔲,相听也。从二人。凡从之属皆从从。""🔲,密也。二人为从,反从为比。凡比之属皆从比。𣬅,古文比。""🔲,🔲也。从二人相背。凡北之属皆从北。"许慎始终以"从二人"解说三字的字形,并将三字相互比较。

按照不同角度和标准,会意字可分为不同的种类。从产生的时间先后,会意字可分为:①比形会意字。通过构字偏旁的形象来会意,如"启"(甲骨文🔲)表示用🔲(又)开🔲(户)。②合字会意字。组合两个或两个以上的字来表示一个新义,如尖、尘(塵)、劣、男、妇(婦)、吠、鸣、岩、炎、焱、林、森等字。比形会意的构成部分是具体的物象,含有直观性;合字会意由抽象的文字组成,需要通过大脑思维借助文字的意义而理解其意。

从构字部件的同与异,会意字可分为以下两种。

(1)同体会意字(又称同文会意字)。同体会意字是由两个或两个以上相同偏旁(或独体字)构成的会意字,例如㳘、淼、燚、炎、焱、燚、林、森、晶、轰、双、友、多、哥、从、比、北、步、卉、品、犇、爻、蟲、赫、棘、众、磊等。

友:🔲(甲骨文)、🔲🔲(金文)、🔲(小篆),其中🔲(又)、🔲(又),两手相合,表示握手结交。

木(甲骨文🔲、金文🔲、小篆🔲)→林(甲骨文🔲、金文🔲、小篆🔲,🔲(木)与🔲(木)组合,表示树林)→森(甲骨文🔲、🔲,小篆🔲,并列三个🔲,表示森林)。

日(甲骨文🔲、🔲、🔲、金文🔲,小篆🔲)→昌(金文🔲、🔲、🔲,小篆🔲)→晶(甲骨文🔲,小篆🔲、🔲、🔲)。

(2)异体会意字(又称异文会意字)。异体会意字是由两个或两个以上不同偏旁(或独体字)构成的会意字。

休:✦(甲骨文)、✦(金文)、✦(小篆),由✦(人)与✦(木)组成,像一✦(人)在✦(木)下,表示人在树下歇息,如《说文解字》所释:"✦,息止也。从人依木。庥,休或从广。"

益:✦(甲骨文)、✦(金文)、✦(小篆),由✦(盛器)和✦(水)构成,表示✦(水)从✦(盛器)的开口处溢出。

旦:✦、✦(甲骨文),✦(金文),✦(小篆),由✦(日)与代表地平线或海平线的方形口(或●、一)合成,表示天亮。《说文解字》释为:"✦,明也。从日见一上。一,地也。凡旦之属皆从旦。"

相:✦、✦(甲骨文),✦(金文),✦(小篆),由✦(木)与✦(目)相合而成,表示仔细看,如《说文解字》所释:"✦,省视也。从目、从木。《易》曰:'地可观者,莫可观于木。'《诗》曰:'相鼠有皮'。"一说表示在高树上远眺。

步:✦、✦(甲骨文),由✦(行)和或✦、✦(分别为两个"止")会意而成,表示在大路上行走。✦(金文)、✦(小篆)。《说文解字》释为:"✦,行也。从止✦相背。凡步之属皆从步。"

涉:甲骨文为✦、✦,由✦(步)与✦(川、河)组成,表示徒步淌水过河。金文为✦,小篆为✦。

陟:甲骨文为✦,金文为✦,小篆为✦,由✦(步)与✦(阜)组成,表示在山路上行走。

降:甲骨文为✦,金文为✦,篆文为✦,由✦(阜)与✦(倒写的"步")构成,如《说文解字》所释:"✦,下也。从阜、夅声。"

按照构字的部件数目,会意字可分为以下三种。

(1)两体会意字。两体会意字是由两个相同或相异的偏旁(独体字)组合而成的会意字。

只(隻):✦(甲骨文)、✦(金文)、✦(小篆),由✦(隹)与✦(又)组成,表示手抓住一只鸟。

双(雙):✦(小篆)由两✦(隹)与✦(又)组成,《说文解字》:"✦,隹二枚也。从雔,又持之。"

及：▯(甲骨文)、▯、▯(金文)、▯(小篆)，▯(人)与▯(又)组合，表示▯(手)抓住前面的▯(人)。

看：▯(小篆)由▯(手)与▯(目)组合，表示举手遮光远眺。

兵：▯(甲骨文)、▯(金文)、▯(小篆)，由▯(廾)与▯(斤)构成，两手持斧，表示兵器。

析：▯(甲骨文)、▯(金文)、▯(小篆)，由▯(木)与▯(斤)组合，表示以斧破木。

苗：▯(小篆)由▯(草)与▯(田)组合，表示田里的作物。

得：▯、▯(金文)、▯、▯(小篆)，▯(手)和▯(贝)会意而成，以手持贝，表示有所得。

有：▯(金文)、▯(小篆)，以手持肉，表示拥有。

戒：▯(甲骨文)、▯(金文)、▯(小篆)，由▯(戈)与▯(廾)构成，两手持戈，表戒备义。

伐：▯(甲骨文)、▯(金文)、▯(小篆)，由▯(人)与▯(戈)相合，像以▯(戈)击打▯(人)头部，如《说文解字》所释："▯，击也。从人持戈。一曰败也。"

(2)三体会意字。同体会意的字，有的以三个相同的独体字组合而成，如三木为森、三火为焱、三日为晶、三水为淼、三口为品、三车为轟(轟)等。异体的三体会意字数量较多，例如：从▯(廾)持▯(杵)临▯(臼)的"舂"(甲骨文▯、▯，金文▯，小篆▯，表示双手持杵在石臼中捣插)；从▯(示)以▯(手)持▯(肉)的"祭"(甲骨文▯、▯，金文▯，小篆▯，表示手持鲜肉向神祈祷)；从▯或▯(两手)，▯(水)临▯、▯、▯(皿)的"盥"(甲骨文▯、金文▯、小篆▯，如《说文解字》所释："▯，澡手也。从臼水，临皿。《春秋传》曰：'奉匜沃盥。'")；"寇"，▯(金文)、▯(小篆)，由▯(宀)、▯(元)、▯(攴)三个独体字组成，在室内持棍子击打人头部，表示盗寇义；"冠"▯(小篆)，由▯(帽)、▯(元)、▯(寸)三个部件构成，表示手持帽子戴于头上，古代男子成年(20岁)礼，手持帽子戴在男子头上，称冠礼。

(3)多体会意字。例如："寒"，▯、▯(甲骨文)，由▯(身)、▯(茻)、▯(爿、床)构成，为三体会意字。▯(人)睡在▯(草蓐)的▯上，表示天气寒冷义。▯、▯(金文)，▯(小篆)，由▯(宀)、▯(茻)、▯(人)、▯(夕)、▯(仌"即"冰")五个部件组成，表示结冰天气的夜晚，睡在草蓐中，如《说文解字》所释："▯，冻也。从人在宀下，以茻荐覆之，下有火。""爨",▣(籀文)上边是表示灶台的"冖",下边是双手(廾)捧"木"烧"火"的情景。▣(小篆)上边增加了双手持甑类食物容器之情形,是一幅双手捧柴塞进灶洞煮饭的画图,本义为烧火做饭。《说文解字》释"▣":"齐谓之炊爨。臼象持甑,冂为灶口,廾推林内火。凡爨之属皆从爨。𤆖,籀文爨省。"

有些会意字的构形,人们的理解普遍存在错误,如日常生活言语交际中,为了区别同音字会有这样的对话:

甲:您贵姓?

乙:免贵,姓章。

甲:立早章,还是弓长张?

这里"张"字,▣(小篆)由▣(弓)和▣(长)组合,表示拉开弓弦,准备射箭,《说文解字》释为:"▣,施弓弦也。从弓、长声。"可见,"弓长张"的称法是正确的。而"立早章"则是错误的。"章"字有两解:一说出自《说文解字》:"▣,乐竟为一章。从音、从十。十,数之终也。"十在十个数字里面是终结,代表事物的终结。音和十表示一段音乐的终结,这段音乐称为"一章"。"章"作为会意字的两部分不是"立"和"早",而是"音"和"十"。另一说解为"刻章",▣▣▣(金文),▣(小篆),由▣(辛)和▣(木、石横截面)组成,表示用▣(刻刀)在▣上刻划图文(姓名、称号等),沾上红色印泥,突显个人的姓名或身份。汉语中"印章"常连用,"印"表示章的按压用法,"章"表示突显姓名、身份的红色印子。无论哪种解释,"章"字都不能说成"立早章"。

会意这种突破象形、指事的局限而产生的造字法,具有明显的优势。它既能表示抽象的概念和意义,又具有很强的造字功能。至今,简化汉字和方言字中仍有用会意创造的字,如灶、国、甭、嫑、尘、孬等。据统计,《说文解字》中有1167个会意字,远多于象形字、指事字。一些较为复杂的动作、抽象的名词,用会意造字法即可迎刃而解,如戍、盥、典、集、解、寒、爨等字。

粥:▣(小篆)为从米、从鬲的会意字,表示"米"在"鬲"中煮,两边看起来像"弓"字的部分,表示搅拌的动作。

酒:▣▣(甲骨文),▣(金文),▣(小篆),字形以酿酒的酒坛▣(酉)或加上液体▣(水)来表示酒。

解:▣(甲骨文)、▣(金文),▣为双手抓持义,▣为角,▣为牛,表示▣(双手)从▣(牛)的头上剖取▣(牛角)之义。▣(小篆)省去▣(两手),另加▣(刀),表示用"刀"把"牛"与"角"分开,如《说文解字》所释:"▣,判也。从刀判牛角。一曰解廌,兽也。"

鸣：▨（甲骨文）、▨（金文）、▨（小篆），由▨（口）和▨（鸟）的组合来表示鸟的鸣叫声。

会意字由比类合义而构成，组成会意字的"类"独立出来都是独体字，可自由运用。这与在独体字的基础上添加标志性符号的指事有着清楚的区别。可以说，会意造字法体现了造字思维和造字法的发展，标志着汉字从表形走向表意，奠定了汉字作为表意体系文字的方法论基础。

（四）形声

形声，又称"谐声"，许慎《说文解字·叙》定义为："形声者，以事为名，取譬相成，江河是也。"形声字是由形旁（表意符号）和声旁（表音符号）组合成字的造字法。它以事类作为字的形旁，"江""河"属水，所以两字以水为形旁；比况该事物的名称（即语音）作为声旁，"江""河"语音与"工""可"同，故以工、可为其声旁。

形旁（又称形符、意符、义符），一般并不显示字的具体意义，只表示字义的类属或范畴；声旁（又称声符、音符），表示声音的属性，代表字的相同或相近发音。例如："忍"，"心"为形旁，表示"忍"属于心理活动；声旁是"刃"，表示"忍"的读音。"樱"，形旁是"木"，表示它是一种树木；声旁是"婴"，表示读音与"婴"字同。"和"，"口"是形旁，表示"和"是口的行为；"禾"是声旁，表示读音。"秧"，由表意的"禾"和表音的"央"构成，表示植物幼苗。

洪、流、汉、汀、氾、池、汗、济、汲、汩、沉、没、沦、涓、浦、汤这些字形旁是"水"，本义都与水有关，但具体意义各不相同，表明形旁只表示字的意义类属或范畴，而不表示具体意义；声符所标志的读音是造字时代的读音，而非现在的读音。而且，即使在造字时代，声符的读音和本字的读音也只是"譬近"，表示字的相同或相近发音，而并非完全相同。例如，"篮"形旁是"竹"，表示是竹制物品，声旁是"监"，表示发音与"监"相近。"齿"，下部是形旁，像牙齿的形状，上部"止"为声旁，表示这个字的相近读音。

形声脱离了图像式的造字方法，突破了象形不能表示抽象概念的局限，它有两大优点：①具有表声成分；②造字方法简单方便，大大提高了造字的效率。形声字虽然仍属于表意性质的文字，但已突破了汉字形体的束缚，沟通了方块汉字与语音的联系，是汉字从表意迈向音、意兼顾的一个重大发展。因为"任何事物都可以根据它的特性归入一定的门类，要找到代表它们的类属的义符并不难；任何事物也都有一个约定俗成的叫法，要找到与它音同或音近的字作声符也是容易做到的。这样的一种造字法，不但可产性强，而且有义符可以帮助人们认识字义，有声符可以帮助人们了解字音，确有很大的优越性"[8]。例如，依据"木"形符，各种树名的字已造了一半，另一半只需用音同或音近的字来标记树名的读音，即可造出松、柏、杨、柳、槐、桃、樱、杉、楠、柑、柿、枸、枫、杜、枋、枞、柚、桉等字。同样，只需改变形符就可将语言中的同音词区分开来，例如：cai（才、材、财）、qing（青、请、清、情、晴、箐、蜻、氰）、qiang（跄、抢、枪、呛、炝、玱）。

"鱼"是整个鱼类的总称,鱼的种类成千上万,形状也大同小异,象形难以从字形上画出各自的特征来区别,用形声造字法则是最方便的方法。用形旁"鱼"表示它们的类属,再加上与其口语发音相同或相近的声旁来区分其读音,即可造出一个个新字来指称各种鱼。据统计,《说文解字》中部首为鱼的汉字共有136字,大多为形声字,例如:鮎、鲀、鲂、鲃、鲆、鲈、鲊、鲌、鲐、鲒、鲔、鲖、鲨、鲏、鲜、鳞、鳗、稣、鲸、鲤、鲟、鲍、鳄、鲫、鲚、鲠、鲢、鲦、鲨、鲭、鲬、鲮、鲰、鲲、鲷、鲶、鲴、鳔、鳊、鳁、鳃、鳄、鳆、鲧、鳊、鳌、鳁、鳐、鳒、鳔、鳖、鳘、鳚、鳜、鳝、鳞、鳟、鳌、鳟、鳍、鳏、鳕、鱿、鲉、鲙、鳝、鳅、鲳、鲥、鲶、鲥等。

形声造字法因具有强大的孳乳新字的能力,成为汉字发展的主流。据统计,《说文解字》收录的9353个汉字中,形声字有7679个,约占总数的87.3%;宋代《通志·六书略》收字24235个,其中形声字21343个,约占总数的88%;《康熙字典》收字47035个,其中形声字42300个,约占总数的90%;现代汉字中形声字的比例达90%以上。直到现代,用形声还不断地造出新字,如元素周期表中锎、铜、锗、镭、钛、氢、镍、锂等字。

从不同角度,形声字可有不同分类。根据产生的途径,形声字可分为以下几个方面。

1. 在原有汉字形体上添加字符

(1)加注声符。表意字是汉字早期阶段的主要结构方式,在表音化的大趋势下,以原字为形符,加注声符而构成形声字。例如:齿(齒),▨(甲骨文),▨、▨(金文),▨(小篆),其中▨、▨(止)为所加声符。宝(寶),▨、▨(甲骨文),▨(金文),▨(小篆),从金文始加▨(缶)声符。虹,▨(甲骨文),▨(金文),▨(小篆),"工"为所加声符。凤(鳳),▨、▨(甲骨文),▨(金文),▨(小篆),其中▨、▨(凡)为所加声符。星,▨(甲骨文),▨(金文),▨、▨(小篆),▨、▨(生)为所加声符。

(2)增加形符。在象形、会意字的基础上添加形符,以原字为声符形成形声字。例如:"背",本字"北",▨(甲骨文),▨(金文),▨、▨(小篆),自小篆始添加意符▨(肉)另造形声字"背"。鸡(雞、鷄),▨(甲骨文)、▨(金文),自▨(小篆)后加形符▨(隹),后形符改为"鸟"。"溢",本字"益",▨(甲骨文),▨(小篆)添加意符▨(水)而为形声字"溢"。"暮",本字"莫",▨、▨(甲骨文),▨(金文),▨、▨(小篆),自小篆始添加意符"日"而为形声字"暮"。"祭",▨、▨(甲骨文),▨(金文),▨(小篆),有的甲骨文加▨(示),金文后都加意符"示",强化表义功能,突出向神祈祷的含义。"娶",本字"取",▨(甲骨文)、▨(金文)、▨(小篆),后加形符▨(女)为"娶"。"懈",▨(金文)、▨(小篆)加形符▨(心)为形声字"懈"。

2. 改换原有汉字的字符

(1) 改换声符。用一声符字替代表意字的偏旁，从而构成形声字。例如："羞"，[甲骨文]、[金文]，是 [羊] 与 [又] 构成的会意字，表示祭祀时人手持羊进献。[小篆] 将 [又] 变为 [丑]，成为从羊、丑声的形声字。"囿" [甲骨文]，为 [口] (口，篱栅) 和 [木] 组成的会意字，表示种植花草蔬菜的园子。[金文] 改 [木] 为 [有]，变为形符 [口] (口) 与声符 [有] (有) 的形声字。[圆] 为其小篆。"何" [甲骨文]，由 [伸手的人] 和 [戈戟] 会意而成，表示士卒肩扛戈戟。[金文] 将 [口] 与 [戈] 构成的 [可]，写成 [可] (可)，"戈"形消失。[小篆] 变为形符 "人" 和声符 "可" 合成的形声字。

有的改换原有形声字的声符，以适应语音的变化。例如：袴→裤 (改声符 "夸" 为 "库")、護→护 (从言、蒦声变为从扌、户声)、態→态 (从心、能声变为从心、太声) 等。

(2) 改变形符。典型的例子如赴→讣、振→赈、咏→詠 (异体字，从口与从言的区别)、说→悦 (喜悦本作 "说"，后为区分说话的 "说"，改换偏旁而为 "悦")。

3. 形符和声符直接结合

以所要表示概念的意义类属为形旁，再加上与所表概念语音相同或相近的字，组成一字。这种方法从理论上说可以无限制地产生新字，标志着形声字已发展到完全成熟的阶段。

从形旁与声旁的结构方式，形声字可分为以下几种。

(1) 左形右声：江、河、清、松、城、渔、狸、情、描、帽、纺、例、绸、梧、桐、快、慢。

(2) 右形左声：颈、功、领、救、战、郊、放、鸭、瓢、歌、削、鹉、雌、鸠、鸽、胡、期。

(3) 上形下声：草、藻、雾、露、箕、管、花、岗、笠、窥、景、箱、爸、芳、崖、宵、字。

(4) 下形上声：烈、忘、警、恭、剪、堡、帛、贷、盒、架、慈、斧、贡、膏、凳、赏、婆、娑、案、臂。

(5) 外形内声：圆、阁、病、赶、厅、近、固、阀、匾、裹、衷、圃、闺。

(6) 内形外声：闻、闷、辨、辩、问、凤。

(7) 形在一角：裁、载、栽、腾、佞、颖。

(8) 声在一角：旗、葩、疴、痤、醛、渠。

由于形声字形旁与声旁结构方式多样复杂，没有一定的标志和固定的位置，会造成声旁与形旁难以辨识。例如：救、牧二字，右边是攵 (攴) 字，"救"从攴、求声，是形声字，"牧"则是会意字。陡、陟二字，都属 "阝 (阜)"部，"陡"是从阜、走声的形声字，"陟"则为会意字。沐、狋、炑、蚞、休、咮这组字，右边都是 "木"，但只有前五字是以 "木"为声符的形声字，后二字为会意字，不能读作 "木"。

形声字的形符本是象形符号，因汉字的形体演变，有的形声字形符与原本象形的形貌及其类属意义并无关系。例如："犭"字，(甲骨文)，(金文)，同"犬"，用作偏旁。偏旁有"犭"的字，如狼、狈、狐、狮、猕猴、猴、猩猩、狒狒、狍(鹿一类的动物)、犸(长毛象)等，除"狼""狈"原用于指称猎犬、娇小的狗，其他的字所指与犬并不相关。"虫"字，(甲骨文)，(金文)，(小篆)，像头尖身长的爬行动物之形。故指称各种昆虫的字，如蝴、蝉、蝶、蜘、蜂、蚊、蛛、蚁、蜻、蝌、蛾、蝈、蝗、蜈、螂等字均以"虫"为形符，但蝙蝠、虾、螃、蟹、蛟、蟒等也以"虫"为形符，则与这几个动物的类属或范畴相去甚远。

从现代汉字来看，由于社会的发展，各类事物和人的认识的变化，形声字形旁的类属意义因词义的变化而失去，表意作用趋于缩小。例如，形旁"车"构成的 30 多个常用字中，仅有一半的字能够直接准确地反映字义类属意义，其余的字已与类属义关系不大，如软、轻、较、轩、轼、辈、辍、辑、输、辖、轲等。

由于语音的变化，许多形声字声符的读音和字音不合，声符的表音作用也趋于缩小。据统计，《现代汉语词典》8604 个单字中形声字有 8093 个，约占 94%。声旁表音不准的异音字(如"衙")有 1166 个，占 14.4%；声旁本字读音和声旁读音不一致的异音符(如"册")有 77 个，占 7%；多音符有 378 个，占 38.7%。这些异音字、异音符、多音符的产生与存在，引发了现代汉字表音不准的问题。另据统计，《新华字典》中 6000 多个形声字的表音率为：①声符读音与字音声、韵、调完全一致的有 400 多字，不足形声字的 1/10；②声符读音与字音声、韵一致的有 3000 多字，不足全部形声字的 1/2；③声符读音与字音同声或同韵的有 1700 多字，约占全部形声字的 1/4；④声符读音与字音完全不符的有 1300 多字，约占全部形声字的 1/6。

因上述原因，造成形声字使用中的一些问题。比如，中国俗语"秀才识字认半边"，说的是因 90% 以上的汉字是形声字，据其一半的声符，就能认知这个字的读音，但实际上这样常会闹出笑话。例如：题、持、特、待、泼、拨、治、颠、排、蛇这组字若按半边读都是错误的。钏、洲、氚、玔、圳这组字前四个以"川"为声符，但"圳"却并非如此。以"台"作声符的治、笞、始、冶、怡、贻、枲等字，都不读作 tái。

形声字还有"省形"和"省声"两种结构模式。为了减少字的笔画和字形结构的匀称、美观而形成的这两种现象，会导致一些形声字的形旁或声旁不成一个字，或成为另一个字。所谓"省形"，是省去形声字形旁的一部分，如"耆"字，《说文解字》释为："老也，从老省，旨声。"意为"耆"是一个形声字，本是"从老、旨声"，因"老"所占空间太大，字形看起来不匀称，所以省去"老"字的"匕"旁，但该字仍以"老"为形旁。所谓"省声"，即省去形声字声旁的一部分，如"恬"字，《说文解字》释为："安也。从心，甜省声。"意为"恬"是一个形声字，本"从心、甜声"，因"甜"所占空间太大，字形不匀称，故省去"甜"字的"甘"旁，但仍以"甜"为声。

(五)转注

许慎的《说文解字》这样定义"转注"："转注者，建类一首，同意相受，考老是也。"

第三章 东方意象的世界——汉字的构造与形义关系

所谓"建类一首",是指同一个部首;"同意相受",是指几个部首相同的同义字可以互相解释。如"老""考"二字,《说文解字》释曰:"㚖,考也。七十曰老。从人、毛、匕,言须发变白也。凡老之属皆从老。""㝵,老也。从老省、丂声。"[9]许慎认为"老""考"二字即是一对转注字,都属"老部"(所谓建类一首),二字释义为"老,考也""考,老也"(所谓同意相受)。

"老""考"二字,许慎解释似有不妥。"老"字,许慎认为是从人、毛、匕的会意字,实际上"老",㝵、㚖(甲骨文),㝵、㚖(金文),像老人扶杖之状,应为象形字;"考"字,许慎认为是从老省、丂声的形声字,实际上"考",㝵、㚖(甲骨文),㝵、㚖(金文),是从老、从亥的会意字,其中㝵为㝵(长发)和㝵(柱杖的老人),㝵(亥,即"咳"),表示呼吸紧促、经常咳嗽的老人;一说为㝵(长发㝵的老人㝵)和㝵(手拄㝵棍杖㝵)的组合,表示拄杖的长发老人。

由于许慎的转注定义中"类""首"有难解之处,且《说文解字》中未指出转注之字例,转注成为六书中争议最大的一种,后世对转注之含义众说纷纭,莫衷一是,至今仍无定论。关于转注,主要有形转说、声转说、义转说、文字组合说。清代有的学者继承宋元明时期的声转说或义转说;有的学者提出新的观点,如互训说、引申说、义转音近说、省文说、多义字加注偏旁说等。裘锡圭在《文字学概要》中,列举转注的不同说法有九种之多[7]100。

从体用的角度看,对于转注的解释分为两大派,即造字法说与用字法说。

造字法说的"转注",又有不同的解说。一种观点认为,转注是古人造"同义字"的方法,即用同义字辗转相注的方法造字。"同意相受"是统一字首的具体方法,即授予一个同义词,用一个同义词相注释,作为它的义符。"转注"二字,"转"是运的意思,"注"是灌的意思,"转注"就是根字把它负载音义的形体转运灌注到新字内,由此而产生的新字与根字之间声音相近、意义相通、部首相同,即许慎所说的"建类一首,同意相受"。用这种造字法造出的字都是同源字或同义字,结构上都是形声结构,其构造方式主要有两种:①在根字(或其省形)的基础上,加上区别意义范畴的偏旁。如"支"有"分支"义,加"木"为"枝",加"月"(肉)则为"肢",虽意义的范畴不同,但都含有"分支"义。②在根字(或其省形)的基础上,加上分化或音转后的声符(由于是根字的分化或音转,故此声符和根字声音相近,即和根字同一声类)。如"老"字,音转为"kǎo(丂)",就在"耂"("老"省形)下注以"丂"声(或者说在"丂"的上面注一个同义的"耂"),转成一新字"考"。"耂(老)"对于"丂(考)"即"同意相受"(即同意相注)。"耂(老)""丂(考)"的基本义都是"年纪大",为同义词,也是转注字。由于转注造字法是"以一个根字为基础,在取其意并取其形的情况下兼就其声,所以它造出的字和其他造字法造出的字比较起来,更具有系统性,更能体现汉字形、音、义的联系,更易学易记,往往掌握了一个字,就会很容易地掌握与此相关的一串字"[10]。由此可见,转注是造字法,而且是一种非常科学的造字法。另一种观点认为,转注是为了适应语音的发展变化或方言的语音分歧而产生的一种造字法。地域的隔阂导致语音不同,对同样的事物会有不同的称呼。一个词读音变化了,或者各地方音不同,为了在字形上反映这种变化与不同,给本字加注或改换声符,这就是转注。例如,"老"表示年纪大,由于时间和地域的不同,又有用"kǎo"这个音表示老的意思,于是又造出与"老"字部首相同、读音相近和意义相同的"考"字。颠、顶(本义都是头顶),窍、空(本义都是孔)也是如此。

转注字有相同的部首(或部件)和意义,读音上有音转关系,因此,形似、义同、音近是转注的条件。

还有一说认为,转注是对已有的成字加注更换转注字符而成,用以重新记写成字所记载的某一意义的新字[11][12][13]。

很多学者认为转注不是造字法,而只是一种用字法。清代学者戴震、段玉裁是这种观点的主要代表。他们提出"四体二用"说,认为六书中象形、指事、会意、形声是造字法,转注、假借是用字法。作为"用字法"的转注,清代各学者的解释也各不相同,主要有"形转""音转""义转"三说。也有人总结为四家:"①以同部为转注;②以互训、同训为转注;③以同源词为转注;④以引申为转注。"[14]

江声认为,所谓"建类一首"是指《说文解字》部首,"考"和"老"同属老部。《说文解字》每一部首下都有"凡某之属皆从某"(如"凡木之属皆从木"),此即为"同意相受"。

戴震认为,转注就是互训(转相为注,互相为训),即意义上相同或相近的字互相训释。如《说文解字》于"考"字下训之曰"老也",于"老"字下训之曰"考也",就是转注。

朱骏声在《说文通训定声》中对许慎"转注"的定义进行了批判,并重新定义为"体不改造,引义相受,令长是也"。不但修改了转注的定义,而且更换了转注的例字,将"假借"例字"令""长"用作"转注"的例字。朱骏声认为,当古人从某一本义引申出另一意义时,不另造一字,就是转注。"令""长"不是假借,而是引申,所以举为转注的例字[15]。

(六)假借

许慎《说文解字·叙》中定义"假借":"假借者,本无其字,依声托事,令长是也。"段玉裁《说文解字注》解为:"托者,寄也。谓依傍同声而寄于此,则凡事物之无者,皆得有所寄而有字。""汉人谓县令曰令长。县万户以上为令,减万户为长。令之本义发号也,长之本义久远也。县令县长本无字,而由发号、久远之义引申辗转而为之。是谓假借。"即是说,语言中某些词有音无字,借用已有的读音相同或相近的字来表示,这种用现成汉字作为表音符号来记录无字新词或新词义的方法即假借。例如:原为小麦义的"来"借作来往的"来";"难"原为鸟名,假借为"艰难"之难;皮衣义的

"求"(后作"裘")借为请求的"求";"其身正,不令而行;其身不正,虽令不从"(《论语·子路》),这里"令"是本义"(发)号令"的意思,后假借为县令的"令"。

对于"假借"也有"造字法"与"用字法"的认识分歧。主张假借为造字法的学者认为,在形声字大量使用以前,假借是一种产量巨大的造字法。因为,文字是记录语言的符号,所谓造字,无非是给语言里的词找一个书写符号,假借实现了这一点。尤其是为只有语法意义的虚词造字,其他造字法无法应对,而假借已有的同音字来表示新词的意义,便十分简易地解决了问题。可以说,假借是一种以不造字为造字的方法。甲骨文中假借已得以应用,如甲骨卜辞"其自北来雨"五个字中,除了"雨"是象形字之外,其余四个都是假借字。

主张假借是用字法的学者认为,根据假借的原则并没有产生出新字,只是借用一个已有的同音或近音字来记录无字新词。从字形构造看,所谓的假借字实际上是象形字、指事字、会意字和形声字。例如:自、长、我、它、而、其是象形字,亦为指事字,北、何、莫、益是会意字,汝、权是形声字。

常见的假借字很多,举例如下。

自:（甲骨文）,（金文）,（小篆）,像人鼻子之形,如《说文解字》所释:",鼻也。象鼻形。凡自之属皆从自。"因人们指称自己时习惯手指自己的鼻部,故"自"假借为第一人称代词,又假借为介词,表示"自从"。"自"的"鼻子"本义消失后,另加声符"畀"而成形声字"鼻"。

长(長):（甲骨文）,（金文）,（小篆）,像一个头发疏散（或拄着拐杖）的老年（人）的样子。《说文解字》释为:",久远也。从兀、从匕。兀者,高远意也。久则变化。亾声。者,倒亾也。凡长之属皆从长。,古文长。,亦古文长。"甲骨文、金文"老人长发"的字形与许慎"久远"的释义,有两种理解:①古代中国人认为须发是父母所赐,不能随意剪去,所以年龄越大,须发越长。"长"字的本义应是"长发老人"或"长发","久远"是"长"的引申义。②"长"本义"久远"。甲骨文、金文画一长发老人之形,是先民造字"近取诸身"的方法,即取自己的身体以及周围环境来反映客观事物的方式。"长"字,是以人的长发来表现长久、长远的概念,由"长远"到"县长"的官职称谓是假借。

亦:（甲骨文）、（金文）、（小篆）,字形在（人）的两臂下方各加一点指事符号,表示人的两腋,如《说文解字》所释:",人之臂亦也。从大,象两亦之形。凡亦之属皆从亦。"后假借为副词("也"义)。"亦"的"两腋"本义消失后,有的（金文）加（肉）另造"夜"代替,表示人体的部位。"夜"的本义消失后,又加形符"月"(肉)另造"腋"。

而:（甲骨文）,（金文）,（小篆）,像下巴（、）下的（长须),如《说文解字》所释:"📷,颊毛也,象毛之形。《周礼》曰:'作其鳞之而。'凡而之属皆从而。"后假借为第二人称代词,同"尔",又假借为连词。有的 📷(小篆)添加 📷(彡),另造"耏"。

何:📷、📷(甲骨文),📷(金文),📷(小篆),由 📷(伸手的人)和 📷(戈)构成的会意字,表示士卒肩扛戈戟。后假借为疑问代词,如"内省不疚,夫何忧何惧"(《论语·颜渊》)。

北:📷(甲骨文)、📷(金文)、📷(小篆),像一个 📷(朝左的人)和一个 📷(朝右的人),即两个朝向相反的人,表示背离义。后假借为表示方位的北向、北方义。"北"的"相背"本义消失后,另加"月"(肉)造"背"代替。

西:📷、📷(甲骨文),📷、📷(金文),📷(籀文),📷(小篆),像鸟巢之形。《说文解字》释为:"📷,鸟在巢上。象形。日在西方而鸟栖,故因以为东西之西。凡西之属皆从西。栖,西或从木妻。卤,古文西。卤,籀文西。"后假借为东西南北的"西"。"西"本义消失后,加"木"字旁另造"栖"指鸟巢。

止:📷、📷(甲骨文),📷(金文),📷(小篆),像脚趾头张开的脚掌形状,本义为脚趾。后"止"假借为副词("仅、只"义)。"止"的"脚趾"本义消失后,加"足"另造"趾"。

易:📷、📷(甲骨文),📷、📷(金文),📷(小篆),像将有抓柄的 📷(器皿)中的液体,倒入 📷 没有抓柄的 📷(器皿)中。"易"字有多解:①本义为给予,引申为赐予。"易"为截取"匜"的一部分而成,易、匜古音相通,匜为注水器,故有"给予"义。②"易"是"赐"的本字。③《说文解字》释为:"📷,蜥易,蝘蜓,守宫也,象形。"以"易"的本义为蜥蜴,此解有误。"易"后假借为难易之易。

孰:📷(甲骨文)、📷(金文)、📷(小篆),由 📷(祭祖的庙宇)和 📷(丮)会意而成,表示在祖庙献祭熟肉。"孰"本义"祭祀的熟肉",如"宰夫胹熊蹯不孰,杀之,置诸畚,使妇人载以过朝"(《左传·成公二年》)。金文加 📷(女)表示用女童献祭。小篆以 📷(羊)代 📷(女),表示用羊献祭。后假借为疑问代词,表示"哪个"或"什么"的意思,如《论语·先进》:"赤也为之小,孰能为之大?""孰"用于假借义后,加形符"火"另造"熟"。

我:📷、📷(甲骨文),📷、📷(金文),📷(小篆),像一种有利齿的武器。《说文解字》释为:"📷,施身自谓也。或说我,顷顿也。从戈、从 📷。📷,或说古垂字。一曰古杀字。凡我之属皆从我。"许慎依据小篆字形结构认为是"从戈从 📷"的会意字,然却释"我"为代词,表明汉代"我"的假借义已广泛应用。

汝:📷、📷(甲骨文),📷(金文),📷(小篆),由 📷(川)和 📷(女)会意而成,表示河边浣洗的女子。后"汝"假借为第二人称代词。

尔(爾)：⿱(甲骨文)、⿱ ⿱(金文)、⿱(小篆)，像⿱(多箭)齐发的弓弩，假借为第二人称代词、指事代词、语气词等。"尔"本义消失后，再加"弓"另造"弥"。

它：⿱、⿱、⿱(甲骨文)、⿱、⿱、⿱(金文)、⿱(小篆)，像头尖⿱身长⿱的蛇之形。后假借为第三人称代词，如"它山之石，可以为错"(《诗经·小雅·鹤鸣》)。

其：⿱、⿱(甲骨文)、⿱(金文)、⿱(小篆)，像用竹篾编织的容具，即"箕"的本字。《说文解字》释为："⿱，簸也。从竹、⿱，象形，下其丌也。⿱，古文箕省。其，籀文箕。"后假借为第三人称代词和指示代词。"其"本义消失后，再加"竹"而有"箕"。

然：⿱、⿱(金文)、⿱(小篆)，由⿱(肉)、⿱(犬)、⿱(火)会意而成，表示烧烤猎物。后假借为形容词("是、对"义)、连词(表示但是、然而)和代词(表示如此、这样、那样)。"然"本义消失后，加"火"另造形声字"燃"。

权(權)：⿱(金文)、⿱(小篆)，由⿱(木)与⿱(藿)组成，《说文解字》释为："⿱，黄华木。从木、藿声。一曰反常。"后假借为秤锤、政权、权力等义。

莫：⿱、⿱(甲骨文)、⿱(金文)、⿱(小篆)，由⿱或⿱与⿱(日)构成的会意字，像⿱(日)隐没在⿱(林莽)或⿱(草丛)之中。后假借为否定代词"没有谁、没有什么"和否定副词"不""无"。"莫"本义消失后，隶书再加"日"另造"暮"代替。

一个字被假借后，会出现本义与假借义并存的情形，给文字使用带来不便。为了区别本义与假借义而为本义另造一个新字，此即所谓古今字，例如：北—背、益—溢、止—趾、其—箕、何—荷、孰—熟、然—燃、亦—腋、莫—暮、自—鼻等。

综上所述，"六书"造字法为我们打开了汉字结构的奥秘，透过"六书"可以窥见中国先民独特的思维方式和智慧天聪。正是凭借独特的心智，中国先民创造了东方古国的神奇文字，开启了东方文明之光。自此，汉字连同中国文化一道在中国广袤的土地上薪火相传，如一条大河奔流不息，流淌至今。

第二节 据义统形 形义统一——汉字的形义关系

一、字形与字义

表意文字与表音文字，是世界上两种主要的文字类型。

表音文字记录语言完全着眼于语音，文字的字形与语音直接关联。文字符号所记录的"音"，有的是从语音组织中离析出来的最小单位，为"音素文字"，如英文字母A、B、C、D等；有的记录语音的最小自然片段，为"音节文字"，如日文的假名字母。表音文字在字音上，用字母表示语言里的音素或音节，因形见声特点明显。在字形上,由若干个源于某种象形符号,抽象、变形之后的字母构成,文字呈线状,字形结构简便,运用字母拼合之后排成序列,并以词为书写单位,一个词的书写形式基本反映词的读音;在字义上,文字作为传递信息的视觉符号,扮演着有声语言声觉符号之角色,受语言的绝对制约。因语音、语义之间的任意性关系,文字音、义之间形成了一种硬性的规定,无理据可言,如索绪尔所说:"语言和文字是两种不同的符号系统,后者唯一存在的理由在于表现前者。"[16]表音文字在形、音、义方面同语言达成统一,如下所示。

语言:音→义

文字:形→音→义

表音文字记录语言的程序是:先通过文字符号表现语音,再依赖语音表示语义。从理论上说,文字音、形、义之间可构成音形、音义、形义三种关系,但表音文字视觉能指与语音能指基本等价,与所指没有直接的联系,音、形合二为一成为一个整体。实际上,表音文字音、形、义关系,只能构成音形、音义两种排列组合。语言从音到义,文字从形到音,再到义,语言和文字获取语义信息只能通过语音这条单型管道。

"汉字是表意文字,最早的汉字是按照字义来绘形的,所以,字义和字形往往发生直接联系。"[17]以汉字为代表的表意文字,传递或获取语义信息并不通过语音中介,而是通过字形来表现语义。具体而言,汉字中的象形、指事、会意字属纯粹表意性质的文字,构成后来汉字表意的根基。在表示语词中的音节符号时,汉字不是由专职表音字母作为记录符号,而是以本身具备音、形、义于一体的表意语素来充当。因此,表意文字往往并不记录语音信息,而是传递语义信息。

二、汉字形与义的关系

汉字的形义关系是由汉字的表意性质决定的。汉字记录汉语采用的是记录语义的方式,根据语义来构造字形,托词义于字形,以构形体现词义来实现,因而具有以形构意、以形表意和形声合义的特点。

汉字形义之间稳固关系的建立,离不开形体特征提供的条件和可能。在字音上,一个汉字代表汉语中的一个音节,汉字视觉能指与语音能指不等价,文字与语音不直接发生联系,不直接或不单纯表示语音。在字形上,汉字字形结构复杂,先由点、线生成笔画,笔画构成部件,部件组成汉字。一个书写单位为一个汉字,一个汉字一般记录一个语素。在字义上,二维平面的方块字形体更适应承载丰富的语义信息,文字符号与传递信息之间有一定的联系,具有明显的分析性。多数汉字具有因形见义的特点,因为字形与信息之间存在一种逻辑关系,通过这种方式,汉字获得了表意的功能。因此,大多数汉字,特别是早期汉字的构形与词义或语素义之间具有高度的一致性,词义是汉字构形的主要依据,字的构形是以体现词义为目的。也正因此,"人们历来研究汉字多从汉字本身形体结构的特点出发,从汉字的音形义三个角度入手,即从汉字的本身入手,进行有关语言文字学范畴的研究"[18]。在形声造字法出现后,汉字的构形在体现词义的同时,也力图体现所记语音。

由上可见,汉字的形音义是互相联系的。汉字特殊的记录语言方式,决定了其形、音、义之间关系的复杂性,如下所示。

汉语:音→义

汉字:

$$\begin{matrix} & 形 & \\ 音 & \leftrightarrow & 义 \end{matrix}$$

汉字采用表意方式记录汉语,综合使用音符、意符,使汉字形、音、义之间构成了立体的建构。汉语从音到义,汉字记录汉语有以下几种途径:①直接从形到义;②从形到音,从音到义;③直接从音到义[17]。不同于拼音文字形、音、义之间的线性关系,汉字的构成有三种类型:①象形、指事、会意字为基本类型,属纯表意字范畴。②假借字属于纯表音字范畴(专表音节)。据吉林大学古文字研究所的统计,甲骨文中使用频率最高的是假借字,占整个文字的90%以上。假借字的大量出现,表明当时汉字发展已出现了表音化的萌芽[19]。③形声字综合使用意符、音符、半记号、记号,属于意音文字范畴。形声字没有增加新字符,其声符由原有表意的字符充当。形声字的声符能够反映一定的语音信息,意符能够反映一定的语义信息,在一定程度上弥补了前两种性质文字的缺陷。

因上述三种类型的存在,汉字在文字性质上呈现出多元化特点。由于形声字占90%以上的比例,代表了汉字的主流,汉字从纯粹的表意性文字发展为同时兼表音、表意的文字。因此,汉字从其所使用符号的作用来定性,是意音文字;从其所表示语言结构的层次来定性,是语素-音节文字[20]。

由于汉字字形不断演变,字形与字义的关系也有所变化,在古汉字阶段与现代汉字阶段表现出不同的特点。

古代汉字的形体一般都能显示所表示的意义——具体的意义或"类别"意义。在图画文字阶段,汉字来源于对事物的临摹,形体像其所代表之物形,字形与意义的关系简单、直观,字形基本反映字的本义。在古文字阶段,象形程度较高,通过形符(以形体表意的字符)来表意,具有直观的表意性。象形字、指事字直接以形表意,如日、月、天、人、山、水、鱼、鸟、木、本、末等。会意字通过合形会意,如武、信、休、寇、即、既、北、得、弃等。形声字在象形字、指事字、会意字的基础上,由两个文或字组合而成,一些形声字的字义与形符的意义基本相同,如江、船、爹、爸等。

现代汉字从字形上一般看不出意义的信息,即使象形字也失去了原本事物的形貌或特征。

又:彐(甲骨文),彐(金文),彐(小篆),像手之形。自又(隶书)变形,手形已消失。

纟(糸):彔、彔(甲骨文),彔(金文),帛(小篆),8像单股卷曲的蚕丝,丷、个为两端的结头。今"纟"已无蚕丝形。

儿(兒)：⿰(甲骨文)，⿰、⿰(金文)，⿰(小篆)，由⿺(像长出两颗门牙的嘴巴，一说像婴幼儿颅骨未合的囟门)与⿰(人)构成，表示幼儿。今"儿"口形或囟门之形消失。

页(頁)：⿰(甲骨文)，⿰(金文)，⿰(小篆)，由⿱(首)和⿰(人)构成，表示人的头部。自⿰(隶书)始，人头部形貌消失。

寒：⿰、⿰(金文)，⿰(小篆)，由⿱(宀)、⿰(茻)、⿰(人)，金文、小篆另加⿰(夕)、⿰(仌"即"冰")五个独体字会意而成，表示人夜晚在房屋里铺草以御寒。隶变后"人、草、冰、夕"的原形貌已全然无存。

有的形符，隶变后形体因构字部位的不同而分化。例如，"心"(甲骨文⿰、金文⿰、小篆⿰)像心的形状。中国先民以为人的精神活动是心脏的属性和机能，故将心作为思维器官，所谓"心之官则思"。《说文解字》中"心"部字达263个。小篆中"心"作为构字部首在任何位置其字形不变，隶变后分化为三：处于左旁的"心"变为"忄"(愉、快、惆、怅、怜、悯、恤)，其他偏旁写作"心"(思、想、忠、忍、忘、怨、愁、患)或"⺗"(恭、忝、慕)，三者之形差异很大。"火"隶变分化为"火"(灯、灿、炒、烘、烤、烙、炮、焚、炭、瓮)和"灬"(热、烈、焦、煎、熬、熟、照)。"水"隶变分化为"水"(泵、泉、浆)和"氵"(流、漠、沧、沉、洪、池、汤、汉)。

汉字造字之初与文字形体直接相关的意义，称为字的本义，其后辗转引申的意义称为引申义，词义假借寄托称为假借义。汉语的发展变化会造成字的本义消失，引申或假借出新的意义，造成字形与意义的联系中断。例如："我"字，⿰、⿰(甲骨文)，⿰(金文)像兵器形，假借为第一人称代词后，本义消失。"特"字，⿰(金文)、⿰(小篆)，本指公牛，如《说文解字》所释："⿰，朴特，牛父也。从牛、寺声。"此义已消失。

现代汉字的字形虽已有很大的改变，但总体仍遵循着传统汉字据义构形的方式。据费锦昌、孙曼均、施正宇等的统计分析，现代汉字的形符在一定程度上仍体现着它所要表达的字义与词义[21][22][23]。

隶变后，汉字形体的象形程度降低，通过意符来表意。一些会意字即由意符的意义之和而表意，如尘、尖、歪、忐、忑、楞、甭、孬、歪、掰等。形声字由意符与音符合成，意符只是表示事物的类属、范畴，将同类的事物聚合在一起，形成一个明显的字族，显示此族字的系统性和血缘关系。如《说文解字》中"足"部有85个字，其意义与足(膝盖以下部分)有关：有的是足的动作，如跃、跑、蹦、跳、蹲、践、踏；有的是足的部位，如趾、跟、踝；有的是足行的样子，如跄、跌、跛、蹇、蹒跚。此外，足所涉及的"路(道也)""跦(马行貌)"等字也以"足"为意符。

现代汉字的形义关系不再表现为字形与本义的关系,而是字形与现代常用义的关系。例如,有一则故事:北魏孝文帝元宏给儿子们分别取名恂、恪、愉、怿、怀、悦、恌,大臣崔光给儿子分别取名励、勖、勔、劼。孝文帝说:"我的儿子名字偏旁都有心,你的儿子名旁都有力。"崔光答道:"这就是所谓君子劳心,而小人劳力的意思。"故事中,崔光正是据形释义,恰切巧妙地解释了君臣儿子名字用字的寓意。又如,"马"本是象形字,现在形体已不象形而成为记号,但其所表示的"马"一词的意义始终未变,在驹、骏、驷、驮、骊、驭、驰、驯、骑等形声字中作为意符,表示与"马"有关的意思。由此,凡以"马"为左偏旁的字,其所代表的词义大都与马有关。据对 3500 个现代汉语常用字中的 2522 个形声字形符的测查,结果表明现代形声字有效表义率为 83%。可见,现代汉字的形义联系仍较为紧密,也证实了古今汉字基本性质的一致性。人们在理解字义时,往往倾向于选择熟悉的简单事物来帮助记忆,从字面上建立最直接的联系。例如,看到"氵"而知与水有关,看见"木"而知与树木有关,见到"王"知与玉石相关。

三、汉字部首与字义

许慎《说文解字》首创了汉字部首分类法,根据小篆的字形特点归类汉字,把具有相同表意形旁的字归为一类,称之为"部",各部第一个字(部首字)也是每部字所共有的形旁,放在一部的开头作为一部之首,故名部首。

大多数部首就是各部字的部件和偏旁,但部首不同于部件和偏旁。部首着眼于一类字形义关系的共通性,揭示同一部首的字与部首字所表示事物或行为的关联性。部件和偏旁,是就汉字字形结构的分析而言。所谓偏旁,狭义上是指合体字中左右两旁的结构单位,广义上是指合体字中左或右、上或下、内或外各个部分。部件是构成合体字的最小笔画结构单位,大于笔画,小于复合偏旁,它在存在形式上是一个独立的书写单位,在功能上并不一定具有音义。部件是构成合体字的最小笔画结构单位,偏旁却不都是合体字的最小笔画结构单位。例如:"逼"有两偏旁"辶、畐",四个部件"辶、一、口、田";"据"有两偏旁"扌、居",三个部件"扌、尸、古"。

《说文解字》将 9353 个字分 540 部收录,是依据字形来决定的。每一部的开头,许慎解释部首字的义与形后,标明"凡某之属皆从某",指所有与这个部首相关的字,都采用部首字作偏旁。也就是说,凡是以这个部首字为形旁的字,字义都和这个部首字的意义有关。例如,"示"部的字,都与鬼神、祭祀、祸福等类属义有关,"口"部的字都与口的器官、动作行为有关,"人"部的字与人的品性、关系、行为等有关,"心"部的字与人的心理活动有关,"木"部的字与木本植物有关,"艹"部的字与花草有关,"禾"部的字与农作物有关,"虫"部的字与爬行动物有关,"鸟""隹"部的字与禽鸟有关,"鱼"部的字与水生动物有关。540 部的排列顺序,也大致是据形系联,如第八篇从"人"部开始,因类而及与人有密切关联的许多部,字形也极为相似或相近。也有事物连类而及的,如第十一篇从"水"部开始,因"水"而及"仌""雨""云""鱼"诸部。

分析《说文解字》部首，有助于寻求和分辨字义。部首表示的虽只是各部字的类别意义，但类别意义可帮助了解字（词）的具体意义。一个字依据其所属的部首即可知所指的概念范畴，再联系它的读音便可明确其具体意义。部首还可帮助确定和区别一个字（词）的本义、引申义、假借义等多种意义。例如，《说文解字》牛部共收字45个，按照许慎的释义，除"牢"（䍞，闲，养牛马圈也。从牛，冬省）、"牡"（牡，畜父也。从牛、土声）、"牝"（牝，畜母也。从牛、匕声。《易》曰："畜牝牛，吉"）等字外，牛部字释义范围多围绕"牛"本身，涵盖了牛的性别、年龄、毛色、体型、性格、用途等多个方面。考察羊、马、豕、犬等以家畜名为部首的字，字形排列及释义方法均与"牛"部字相同，其含义均单指羊、马、豕或犬类家畜。

需补充说明的是，《说文解字》牛部中有一些字的释义不仅表示牛，也包括了羊、马、豕等家畜。"牢"字，䍞（甲骨文）、䍞（金文）、䍞（小篆），由 ⌒（围栏）和 牛（牛）构成，像牛被关在围栏里。"牢"还有多种字形，两个构件一个为"⌒"，另一个为"羊"或"马"。也就是说，"牢"字为祭祀专用牛用字，古时圈养的祭祀专用牛、羊、马，原本各有专用字表示，后用"牢"泛指圈养的专用于祭祀的牲畜。故《说文解字》释"牢"："䍞，闲，养牛马圈也。"徐中舒也释"牢"："为圈栏养畜之形""古代放牧牛马羊群于山野中，平时并不驱赶回家，仅在需用时于驻地旁树立木桩，绕以绳索，驱赶牛羊于绳栏内收养。解放前四川阿坝地区大金县一带豢养之牛羊，仍以树立木桩绕绳索作形为牢，与甲骨文字形完全相同。"[24]

"牡""牝"二字，在甲骨文时期分别专指雄性牛和雌性牛，表示其他雄性和雌性动物含义的字形，均由构件"土""匕"与其他构件组合形成新的字形。古人重视动物的驯养繁殖，对动物的性别敏感，定义也相当准确，如雄性动物中种猪作 豕、种牛为 牡、种羊作 羋、种马为 馬 等。其中，牡（种牛），牡（金文）、牡（小篆），即今"牡"。"牝"字亦然。《说文解字》却释"牡"："牡，畜父也。从牛、土声。"释"牝"："牝，畜母也。从牛、匕声。"

为何以祭祀专用牛的"牢"代指羊、马等，用雄性牛和雌性牛的专用字泛指所有动物的性别？这是因汉语词义由具体走向抽象、由综合走向分析，构件由独立走向归并，以及牛的文化意义（"牛，大牲也"，在所有家畜中处于最高地位）等原因，汉字系统最终选择扩大"牢""牡""牝"为表示所有兽类的性别，作为表示抽象概括家畜性别词义的字，淘汰了其他字形[25]。

随着汉字数量的不断增加和形体的演变，形体类似的部首被合并，某些部首的统摄功能增强，归于该部的字不断变多，从而导致部首的数量不断减少；一些部首的表形与表意功能被削弱，部首不能完全代表该部所有字的形符，也不能充当该部所有字的意符。因此，字典辞书部首历经了由表意部首向形体部首的演变，部首数量不断减少并最终定型。教育部、国家语委 2009 年发布了《汉字部首表》,规定主部首 201 个,附形部首 99 个,汉字部首得以规范。

此外,隶变后的汉字在形体上的演变程度不断减小,音近字不断增多,部首在区分汉字中的作用越来越大,人们在指称单字时往往带上部首名目。由此,部首具有了检索和区分汉字的功能。

《说文解字》540 个部首也存在一些问题,整个体系并不十分科学。具体表现在:

①其"始—终亥"的部首顺序,并未严格按照笔画的繁简来分部编排。

②部首重复混杂。如"玉"和"珏"分列二部,从字义上看"二玉相合为一珏","珏"字是由两个"玉"字组合而成,应归为同一部。"口""吅""哭"分列为三部,"木""林"分列为二部等都明显有误。

③根据小篆的字形进行部首编排,也会有讹误。许多形体相似的构件被类化,被定型为部首偏旁。如"艹(艸)"部字的来源并不单一,有些甚至与"草"相去甚远,都被归入"艹(艸)"部。

尽管《说文解字》的部首存在缺陷,但仍对后世影响巨大。一些字书辞典,如《字林》《玉篇》《字通》《字汇》《康熙字典》《辞海》《辞源》等,都借鉴了《说文解字》部首体系。

四、汉字部首释例

以下例举《说文解字》中的几个部首,具体说明汉字部首与字义的关系。

1. 贝(貝)部

《说文解字》释"贝":"贝,海介虫也。居陆名猋,在水名蜬。象形。古者货贝而宝龟,周而有泉,至秦废贝行钱。凡贝之属皆从贝。"贝、贝(甲骨文)、贝、贝、贝、贝(金文),贝(小篆),字形像贝壳的外形。商周时代,牲畜、粮食、布帛、珠、玉、金、银、铜、贝等都起过货币的作用,而铜和贝最为流行。贝壳因美观、经久、难得(古中原远离湖海水域),成为商品交换的主要媒介物,后发展为原始货币。《说文解字》贝部共收字 59 个,重文 3 个,新附字 9 个,多与财货、贸易、商贾、礼赘等有关,可分为以下几类。财货饰品类:贿、财、货、赐(guì)、资、䞓(wàn)、贡、䝙(yīng);财货性状类:赈、贤、贪、贬、贫、贰;商贾贸易类:贸、商、贾、贩、赎、买(買)、赢、赖、贮(zhù)、费、贱、贵、购;物价赋税类:赋、賨(cóng)、赀(zī);赊贷类:负、贷、贷(dài)、赊、贳(shì)、赘、质(質)、责、赁;贺赐赏罚类:赂、贺、贡、赞、赍、赗、赠、赑(bì)、赣、赍、赏、赐、宾(賓);贿赂类:赇;其他:觃、䞞(shǔ)、贯、賵(fēng)、赌、贴、贻、赛、赙。贝部字的大量使用,表明商品交换活动在人们生活中已普遍存在[26]。

财(財):《说文解字》释"财":"财,人所宝也。从贝、才声。"一说由贝(貝)和才(才)会意而成,本义为财宝。

货(貨)：❀(金文)，由 ⺈(化)、貝(貝)合成。《说文解字》："貨，财也。从贝、化声。""货"非一般财物，特指进入交换流通者(即商品)。一旦进入流通领域，性质与价值便有变化，"化"声为形声兼会意。西汉末王莽罢大小钱，改作货布，"货"又有货币之称。

资(資)：《说文解字》："資，货也。从贝、次声。"資(小篆)由 次(次)和 貝(贝)构成，表示出行用的钱财。

贪(貪)：含(甲骨文)、貪(金文)，由 亼(口)和 貝(贝)组成，表示求得无厌，爱财。《说文解字》："貪，欲物也。从贝、今声。"

贸(貿)：貿(金文)，从 卯(卯)、从 貝(贝)，表示以钱贝货币为中介流通货物。《说文解字》："貿，易财也。从贝、卯声。"

贾(賈)：《说文解字》释为："賈，贾市也。从贝、襾声。一曰坐卖售也。"賈(小篆)，由 襾(襾，"宁"的变形，即"貯")和 貝(贝)组成，表示囤积货物以赢利，与"通财鬻货曰商"(《汉书·食货志》)不同，故有"行商坐贾"之说，通常合称为"商贾"。

贩(販)：《说文解字》释为："販，买贱卖贵者。从贝、反声。"販(小篆)，由 貝(贝)和 反(反)组成，表示贱买倒卖，以谋利润。徐锴《说文解字系传》："善贩者，旱则资舟，水则聚车，人弃我取，与常情反也。"古代称小商人为贩夫。

赢(贏)：贏(金文)由 贏(像舟形)和 貝(贝)组成，表示舟上装着海贝。《说文解字》释为："贏，有余、贾利也。从贝、贏声。"段玉裁《说文解字注》："贾有余利也。"即今所言"赢利"。

费(費)：費(金文)由 弗(弗)、貝(贝)、刀(刀)三个独体字合成，表示解开系扎的贝壳，购物开销。《说文解字》："費，财用也。从贝、弗声。"

贱(賤)：《说文解字》："賤，贾少也。从贝、戋声。"賤(小篆)，由 貝(贝)和 戋(戋)组成，表示价格低。

贵(貴)：贵、贵(甲骨文)由 臼(双手)和 土(土)构成，像 臼 捧着 土(土)。貴(金文)以 貝(贝)代替 土(土)，表示昂贵义。《说文解字》："貴，物不贱也。从贝、臾声。臾，古文蕢。"

贫(貧)：分(籀文)从 宀(宀)、从 分(分)。貧(小篆)为 分(分)和 貝(贝)的会意，表示缺少财物。《说文解字》："貧，财分少也。从贝、从分，分亦声。分，古文从宀、分。"

富：富(金文)，从 宀(宀)、从 畐(酒坛)，表示富足。富(小篆)将 畐(酒坛)作 畐(畐)。《说文解字》："富，备也。一曰厚也。从宀、畐声。"

穷(窮):▨(金文),由▨(穴)和▨(躬)组成,表示人在穴中身体被迫弯屈、不自由。《说文解字》释为:"▨,极也。从穴、躬声。"

达(達):▨、▨(甲骨文)、▨(金文),从彳(亻)、从▨(大),表示人来人往,四通无阻。《说文解字》释为:"▨,行不相遇也。从辵、羍声。《诗》曰:'挑兮达兮。'达,达或从大。或曰迭。"

上述贫、富、穷、达四字,贫与富相对,穷与达相对。从字形看,"贫"为形声兼会意字,"贝"表示钱财,财越分越少,故"贫"指缺乏财物,不得温饱,如"不患寡而患不均,不患贫而患不安"(《论语·季氏》)。"穷"古文字形是人在洞穴中弓着身体,表示到了极限,不得伸展,故"穷"引申为仕途阻塞不通,不得志,不得显达,如"易,穷则变,变则通,通则久"(《周易·系辞下》),此处"穷"为穷尽、极限义。《孟子·尽心章句上》:"故士穷不失义,达不离道。穷不失义,故士得己焉;达不离道,故民不失望焉。古之人,得志,泽加于民;不得志,修身见于世。穷则独善其身,达则兼善天下。"这里"穷"与"达"相对,指仕途不通。

2. 禾部

部首"禾"字,《说文解字》释为:"▨,嘉谷也。二月始生,八月而熟,得时之中,故谓之禾。禾,木也。木王而生,金王而死。从木,从▨省。▨象其穗。凡禾之属皆从禾。""禾",▨、▨(甲骨文),▨(金文),▨(小篆),▨(木)代表植物,植物末梢上像垂穗的庄稼。甲骨文、金文之形可印证许慎的解说。《说文解字》禾部共收字87个,重文13个,新附字2个,皆为农事和农业方面的字,对农作物的分类、命名及禾苗生长状貌的描述相当丰富,分为谷类作物(如禾、穀、穆)、黍类作物(如秬)、稷类作物、稻类作物、禾苗生长状貌(如秀、秒、颖、穧、稠、稀、移、秅)、农耕过程及技术(种、秄、稗、穮、稰、穫、稛、积、穧、秩、稳)、度量单位(稱、科、程)、租税制度(租、税)、时令(秋、季、稔)等[27]。

稻:稻谷的总称。稻为一年生草本植物,分水稻和旱稻,通常指水稻。子实为谷子,去壳后称大米,分为糯稻、粳稻、籼稻。《说文解字》释"稻":"稌也。"段玉裁《说文解字注》:"今俗既谓黏者、不黏者、未去糠曰稻。"▨、▨(甲骨文),▨(用簸箕▨扬糠▨),▨(春米的石槽),表示将谷子春捣后,用簸箕扬糠。▨、▨、▨、▨为金文写法,▨为小篆写法。

秀:▨(小篆)表示谷类作物抽穗扬花灌浆。谷物抽穗称"秀",不结穗为"秃"。此义见于《说文解字》释"稼":"禾之秀实为稼,茎节为禾。"《说文解字》释为:"▨,上讳。汉光武帝名也。"解为人名,非"秀"本义。

获（穫）：[小篆]由[禾]（禾）和[蒦]（蒦）构成。《说文解字》释"穫"："刈谷也。"《诗经·七月》有"十月获稻"，表示收获的意思。区别："獲"与"穫"，原为不同的两个字，简化字写作"获"。"蒦"是"獲"的本字，甲骨文作[隻]（隻），由[隹]（隹）和[又]（又）会意而成，像人[又]（手）持[隹]（隹），表示猎获鸟雀。[蒦]（金文）加[入]，表示鸟雀突出的眼毛，[獲]（小篆）加[犭]（犬）另造"獲"。

秒：[小篆]由[禾]（禾）和[少]（少）组成，表示禾谷的芒刺，如《说文解字》所释："[秒]，禾芒也。从禾、少声。"

颖：[小篆]由[頃]（頃）和[禾]（禾）组成，表示禾穗的末端，如《说文解字》所释："[颖]，禾末也。从禾、顷声。《诗》曰：'禾颖穟穟。'"

稷：[小篆]，由[禾]（禾）和[畟]（畟）组成，其中[畟]，由[田]（田）、[八]（"人"的变形）、[夂]（夂，倒写的"止"）组成，表示农夫在水田里脚后退着插秧。《说文解字》释为："[稷]，齌也。五谷之长。从禾、畟声。[稷]，古文稷省。"稷为谷物名称，是古代重要的粮食作物。典籍记载所指不一，一说为粟，即小米，一说为高粱。

3. 艹（艸）部

"屮"，[甲骨文]（甲骨文）、[金文]（金文）、[小篆]（小篆），像刚破土萌发出的嫩芽。《说文解字》："[屮]，艸木初生也。象丨出形，有枝茎也。古文或以为艸字。读若彻。凡屮之属皆从屮。"许慎据"屮"字的小篆字形，推断出"屮"是草木初生之形。两"屮"为艸（表示各种草木），三"屮"为芔（《说文解字》："[芔]，艸之总名也。从艸、屮"），四"屮"为茻（《说文解字》："[茻]，众艸也。从四屮。凡茻之属皆从茻。读与冈同"）。

部首"艹（艸）"，《说文解字》释为："[艸]，百芔也。从二屮。凡艸之属皆从艸。""艹（艸）"俗称"草"字头，简化字将"[艸]"变为"艹"，由原四笔简化为三画的偏旁部首"艹"。"艸"部字数量众多，《说文解字》共收445字，小篆构形中均有"艸"这一构件，字义大都与草木相关，是对草木植物的属性和类别进行指称和区分，例如，蔬、萌、苍、茁、落、芒、苇、茎、茅、蓝、莠、荐、蓬、蔡等。

有些字实际上并非属草木类，但在字形上也间接地与"艸"产生联系，如"茻"部的莫、莽。表示日落黄昏的"暮"，本字是"莫"，[甲骨文]、[甲骨文]（甲骨文）。《说文解字》："[莫]，日且冥也，从日在茻中。"徐中舒认为："甲骨文从茻，字形多有繁简增省，或从隹，像鸟归林以会日暮之意。释义：一、日且冥也，日将落之时也。"[24]61 另有人解为："甲骨文的莫字作日已隐没入林中之意。透过林隙的光线已甚微弱。'莫'后来被借用为否定词，故又加日而成'暮'字。"[28] [莫]演变过程中，"茻"先是变成了"艸"，再变为"艹"。

从"艹"和"日"构件,能还原出这个非草木类字曾与草木的联系。"莽",䕪、䒿(甲骨文)、䒻(金文),表示"含犬之林"。《说文解字》:"䒻,南昌谓犬善逐菟艸中为莽。从犬、从茻,茻亦声。"徐中舒认为:"从林从犬,林或作森。甲骨文从艸、林、茻、森每可通,故此字当释莽,像犬在林莽中形。"[24]64 "莽"甲骨文字形描绘了殷商先民的社会生活场景,即在纵犬逐兔或观察林中疯跑的莽犬。这幅生活场景所表达的内容与草木植物有着密切关联,但"莽"字却是一个非草木类的字。

由于汉字形体的演变和构形的简化,一些古文字构件被异化为"艹"。有些字从字义上看与"艹"的草木属性没有什么联系,"艹"仅作为书写构件和检索部首。例如:"万(萬)",𱌩(甲骨文),像尖头○、大螯、有尾的蝎子之形。为金文写法。远古时期中原一带蝎子数量庞大,故借蝎子代表巨大的数目。(小篆)将蝎子的双螯形象写为,萬(隶书)将写成(艸),后楷体作"艹"。《说文解字》:",虫也。从厹,象形。"段玉裁《说文解字注》:"谓虫名也,假借为十千数名,而十千无正字,遂久假不归,学者昧其本义矣。唐人十千作万,故《广韵》'万'与'萬'别……与虫部蠆同,象形。"[29] "万(萬)"这类归在"艹"部首下的字不断增多,人们习惯以"草字头"来称呼部首"艹",进而指称和辨识这类字。这种演变为汉字的书写记忆提供了方便,便于文字的普及和学习,但也导致一些字本义湮没,甚至造成对一些字的错解。

4. 支部

"支",(甲骨文)、(金文)、(籀文)、(小篆),由(杖、棍)和(又)会意而成,表示持杖击打。《说文解字》释为:",小击也。从又、卜声。凡支之属皆从支。"《说文解字》支部共收字77个,加上教部2个,共79个字,其字义大都与"支"相关[30][31]。

启(啟):、(甲骨文)用手敲击门之形,表示敲门。(金文)、(小篆),添加"口",从敲门义引申出以口启发、教育之义,由原从户从又变为表意又表音的会意兼形声字[32]257。《说文解字》释为:",教也。从支、启声。《论语》曰:'不愤不启。'"

败(敗):《说文解字》:",毁也。从支、贝。败、贼皆从贝,会意。,籀文败从賏。""败"的古文字形可印证许慎之解。败,、(甲骨文)、(金文)、(小篆),由(贝)或(鼎)、(賏)与(支)会意而成,手持棍敲击贝(或鼎、賏),表示毁坏宝贝,本义为毁坏。

寇:《说文解字》:",暴也。从支、从完。"(金文)为从(宀)、从(元)、从(支)的会意字,"宀"代表房屋,"支"为手持器械击打,"元"为人的头颅,三者组合表示在室内杖击人,本义为强暴、劫夺。金文字形印证许慎之解[32]259。

牧：✦（甲骨文）、✦（金文）、✦（小篆），由✦（手）、✦（棍或鞭）、✦（牛）合成，为牧人手持皮鞭或木棍赶牛状，本义指放牧或放牧人[32]264。《说文解字》释"牧"："✦，养牛人也。从攴、从牛。《诗》曰：'牧人乃梦。'"

教：《说文解字》释为："✦，上所施下所效也。从攴、从孝。凡教之属皆从教。✦，古文教。✦，亦古文教。"✦（甲骨文）为✦（爻）、✦（子）和✦（攴）的会意，表示教育孩子学习，本义是教育。或用✦（心）代✦（攴），强调"教"者引导、启发蒙童的心智[32]264。✦为金文写法，✦、✦为籀文写法，✦为小篆写法。

整：✦（小篆）由✦（束）、✦（攴）、✦（正）会意而成。《说文解字》释为："✦，齐也。从攴、从束、从正，正亦声。"正、整古今字，本义是以手整理捆束[33]1867。

政：《说文解字》释为："✦，正也。从攴、从正，正亦声。"✦（甲骨文）、✦（金文）、✦（小篆），由✦（正）与✦（攴）构成，表示武力征服。"正"是"政"字的初文，古以"正"为"政"，后加"攴"分化出"政"字，本义征伐[32]250。

鼓：《说文解字》："✦，击鼓也。从攴、从壴，壴亦声。"古文字"壴"为"鼓"的本字。壴，✦、✦、✦（甲骨文），✦、✦（金文），✦（小篆），形旁攴为手持器械击打状，形旁兼声旁"壴"是鼓之象形，本义敲鼓[32]260。

敏：《说文解字》释为："✦，疾也。从攴、每声。"✦、✦（甲骨文），✦、✦（金文），从✦（每）、从✦（又），表示女性手巧敏捷之义，"每"又表声，为会意兼形声字[33]1270。

效：《说文解字》："✦，象也。从攴、交声。"✦（甲骨文）、✦（金文），从攴、从交，"交"像人模仿之形，又表声，为会意兼形声字[33]1111。

攸：《说文解字》："✦，行水也。从攴、从人，水省。✦，秦刻石绎山文攸字如此。"《说文解字注》解："戴侗曰：唐本作'水行攸攸也'，其中从。按当作'行水攸攸也'。行水顺其性则安流攸攸而入于海。"许慎释"攸"为流水，依段玉裁《说文解字注》当为水流平缓的样子。然考"攸"甲骨文、金文字形，许慎等解说有误。✦（甲骨文）、✦（金文），由✦（人）、✦（卜、杖）、✦（又）合成，为从攴、从人的会意字，像手持直棒、带杈棒或带柄击打人状，本义为击打[32]258。

5. 犬部

狗是最早为人类驯化的动物之一，也是与人类关系最为密切的动物之一。早在两万年前的中石器时代，狗已成为人类的伙伴，至一万年前的新石器时代，猪、羊、牛、马等动物才陆续被驯养。由于犬在狩猎和畜牧业中扮演着重要的角色，汉语中拥有繁多的犬类动物名称。《说文解字》："犬,狗之有县蹏者也。象形。孔子曰:'视犬之字如画狗也。'凡犬之属皆从犬。"犬足五指,有一指不着地,谓之悬蹄。狗小无悬蹄,犬大有之,因此犬表示大狗。《说文解字》犬部字共有83个,大多与犬有关,偶与其他兽及其行为有关。从语义角度看,犬部字可分为:①犬类动物的名称,如犬、狗、獀、狡、獦、猃、猈、狦、獒、獒、猛、犺、狋、狂、狄、猗、献。②犬类动物的性状特征,包括犬的声音、状貌、行为动作、习性等方面,如猩、猥、狠、㹠、臭、獳、犮、猋、獨、犷、状、狟、狒、猷、猛、獬、狃、狎、类、默、猝、戾、独、狯、奖、獧、倏、獘、犯、猜、狱等。③与犬类动物相关的狩猎类词语,如臭、猎、獠、狩、获等。狩、猎二字以犬字作为意符,反映出犬在狩猎中的地位和重要性。④非犬却从犬的兽名,如狻、玃、犹、狙、猴、狼、狛、獌、獭、猵等。用犬为部首命名其他动物,可见犬在造字中的重要性[34][35]。

独(獨):獨(小篆)由形旁犬(犬)和声旁蜀(蜀)构成,《说文解字》释为:"犬相得而斗也。从犬、蜀声。羊为群,犬为独也。一曰北嚻山有独狢兽,如虎,白身,豕鬛,尾如马。"

狠:狠(小篆),由形符犬(犬)和声符艮(艮)构成,《说文解字》释为:"吠斗声。从犬、艮声。"

默:默(金文)由粂(黑)和犬(犬)构成,《说文解字》释为:"默,犬暂逐人也。从犬、黑声。"

狡:狡(金文)由形旁犬(犬)和声旁交(交)组成,表示四肢交替、奔行灵活的少壮狗,如《说文解字》所释:"狡,少狗也。从犬、交声。匈奴地有狡犬,巨口而黑身。"

猝:猝(小篆)由形旁犬(犬)和声旁卒(卒)组成,表示狗突然窜出,如《说文解字》所释:"猝,犬从艸暴出逐人也。从犬、卒声。"

通过上述部首例释,可以看出,汉字的象形属性常浓缩在偏旁部首中,认识和学习汉字部首有助于了解汉字的源流,也是认识中国文化的重要途径。

五、曲解汉字形义的问题

以意构形、以形表意,是汉字结构的基本特征。汉字构形上笔画偏旁的微小差异,音义便大相径庭,例如:"未、末""日、曰""泪、沮""盲、肓""灸、炙""己、已、巳""士、土、干""田、甲、由、申""辦、辨、辫、辩"等。也正因此,以解析字形来阐释字义,是中国人惯常的一种说解方式和文化习惯。汉字的形义关系,为这种说解方式提供了条件和可能。

门(門):門(甲骨文)字形像在房屋入口廾并列安装两户(户),或作門(甲骨文)省去上框廾。門为金文写法,門为小篆写法。

闩(閂)：由"门"和"一"（插门的横木）会意而成，表示门闩。《康熙字典》释为："数还切，音口。门横关也。"

闻(聞)：⿰（甲骨文）像一人举一手放在⿱（耳）旁，表示举掌在耳边。⿰（金文）突出⿱（耳）形象。⿰（小篆）表示在门里听门外的动静。《说文解字》："聞，知闻也。从耳、门声。"

闪(閃)：⿰（小篆）为门（門）和⿱（人）的会意，表示门缝中的窥探者。《说文解字》："閃，阚头门中也。从人在门中。"

闯(闖)：⿰（小篆）由门（門）和⿱（马）组成，《说文解字》："闖，马出门皃。从马在门中。"

阔(闊)：⿰（小篆）由门（門）和⿱（活）合成，表示房屋宽敞，活动自由。《说文解字》："闊，疏也。从门、⿱声。"中国古典文学名著《三国演义》第七十二回"诸葛亮智取汉中 曹阿瞒兵退斜谷"中，曹操在门上写一"活"字，表达不满意园门太阔绰（"门"与"活"相合为"阔"）。在酥盒上写"一合酥"三字，杨修便与众分食讫（拆分竖写的"一合"便是"一人一口"）。

绝大多数汉字以偏旁拼合而成，而偏旁一般为独体字，具有独立的音义。这种特性，决定了大多数汉字可以拆分或拼合。在中国人的观念意识中，文字结构是一种意义的载体，依据汉字的形，相术者可用来卜筮运程吉凶，民间曲艺可以之组织包袱，民间娱乐可以之组织字谜游戏。例如，相声《情义谱》片段：

甲：说句俗话，我跟您好有一比吖，好比王先生碰见玉先生，差一点儿。

乙：那我跟您好比马先生碰见冯先生，差两点儿。

甲：你这也很俗，大家伙都知道，那我跟您好比王先生碰见汪先生，差三点儿。

乙：那我就是能先生碰见熊先生，差四点儿。

甲：那我就是王先生碰见汪太太！差五点儿！

乙：五点儿？汪太太，这是四点儿吖？！

甲：你会数数儿么！汪太太是五点儿！

乙：喔，那我就是王先生碰见王麻子！数不清多少点。

拆分和拼合汉字，可造成奇特的表达效果，又给人以字趣的愉悦感。例如，人民艺术家老舍，本名舒庆春，字舍予，取自"舒"姓的拆分；武侠小说作家查良镛，笔名金庸，取自"镛"字的拆分。人名张弓长、雷雨田等也是如此。鲁迅杂文集《且介亭》，取"租"字右边"且"、"界"字下部"介"，隐喻自己当时所处的半租界环境。

在中国人眼里，汉字不仅能记载思想和语言，还蕴含着人生的哲理与警示，品味汉字可从中领悟做人的道理。近些年，随着中国经济的崛起和国力的增强，中国人对汉字的态度和认识亦随之改变，汉字的价值及其丰厚的文化内涵被重新认识。但

由于汉字知识和文化素养所限,违背汉字结构原理,望文生义地曲解汉字形义的现象屡见不鲜。例如:

"人"字,一撇象征男人,体现着阳刚之气;一捺代表女人,体现着阴柔之美。

"钱"的结构,用明人郑喧的话说:"金旁着戈,真杀人之物,而人不自悟也。"君子爱财,当取之有道。取之无道则贪,迟早会有被"杀"的一日。

"愧",这个字形象极了——心中有了鬼,必然就有愧。可见,做人要坦坦荡荡,时刻无愧于心。

上述对"人""钱""愧"的说解,都不符合原字的字形结构,是缺乏理据的"望文生义"。如下图所示的对"赢"的解释。

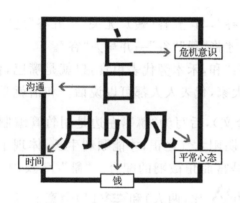

图3-3 对"赢"的现代解释

《说文解字》释"赢(贏)":"贏,有余、贾利也。从贝,贏声。"显然,"赢"是意符"贝"、声符"贏"构成的形声字,表示盈余、获利义。图3-3的拆分解释纯属牵强附会的曲解。

图3-4所阐发的人生哲理颇为深刻,但对"俗""仙"二字的拆分解释却是错误的。仙(僊),僊(小篆)由𠆢(人)和䙴(即"䙴")构成,䙴既是形旁,又是声旁,表示远离,如《说文解字》所释:"僊,长生仙去。从人、从䙴,䙴亦声。"后"僊"改换声符简化为"仙"。显然,仙(僊)与"山"本无关涉。

某报刊上如此曲解"俗、雅"二字:"俗"字是一个人一个谷,人吃五谷,就是俗。谁能脱俗?除非不食人间烟火。大家其实都是俗人,不要想脱俗。"雅"字是一个牙一个佳。

图3-4 对"俗""仙"的现代解释

要想雅,就要先吃饱了,所以雅从俗中来。要想成为一个雅士,就先做好一个俗人——大俗才是雅。相声艺人郭德纲解释"雅俗":牙佳为雅,嘴里说出来的,吃饱了没事,坐那儿叨叨叨说出来的,这是雅;人谷为俗,吃喝拉撒这是俗,你可以不要雅的东西,但这俗你离不开,人吃五谷杂粮不能免俗。

其实,"雅"是以"隹"(短尾的鸟)为意符,"牙"为声符的形声字,本义指乌鸦。《说文解字》:"雅,楚乌也。一名鷽。一名卑居。秦谓之雅。从隹、牙声。"后假借为古代的一种乐器,此即雅乐的由来,又引申为正统、高尚、美好等义。"隹"与"佳"二字音、形、义都不同,不能混淆。"俗"字也并非"人+谷",更非人吃五谷就是"俗"。其正确解释应为:从人、谷声的形声字,本义为"习惯",引申为"大众化的"。"谷"字,(甲骨文)本义为"山谷",与"五谷(穀)"无关。"五谷"之"谷",(小篆)即"穀",意为"百穀"。汉字简化才将"穀""谷"一并写为"谷"。

有人解"和谐"二字:"和,禾木旁代表粮食,口就是嘴巴,代表人人有饭吃;谐,言字旁就是说话,皆就是大家,代表人人都可以说话。和谐就是人人有饭吃,人人能说话。"事实上,"和"(金文),后写为"龢",左边是用竹管编制的笙一类的乐器,右边是禾苗的禾。禾苗需得阴阳六气之正,才能顺利生长,体现了自然的和谐;而乐器最重要的是要音声相和,是宫商角徵羽的配合。"龢"字,反映了古人综合全面的和谐观。"谐"字,(金文)由(比,两人)和(曰)会意而成,表示异口同声。小篆添加(言)作。

"忍"字,(金文)、(小篆),由(刃)和(心)组成,表示心痛如割。今人解为心上插一刀刃也能忍,以之颂美中国人善于忍耐的文化精神,认为忍是独一无二的国粹,忍为高。心上是刀刃,心连刀刃都能忍还有什么不能忍?这样的格言警句不少,如"退一步,海阔天空""忍得一时之气,免得百日之忧"等[36]。虽所言中国人的文化性格无误,但"忍"的拆解却实为今人的错解。《说文解字》释"忍":"能也。从心、刃声。"与刀刃的意义没有关系。有人甚至解释"婚"的造字本义是"男女爱到昏天黑地就可以结婚了",完全扭曲了"婚"中所包含的民俗文化。

上述现象,是对汉字和传统文化的误读和曲解。应该说,这种强解、滥解汉字文化的做法,不仅无助于汉字和中国文化的弘扬,反而是对汉字的一种伤害。

参考文献

[1]唐兰.中国文字学[M].上海:上海古籍出版社,2005.
[2]张先坦."三书说"比较说略[J].贵州师范大学学报(社会科学版),2005(2):108-113.
[3]裘锡圭.文字学概要[M].北京:商务印书馆,2007:3.
[4]许慎.说文解字[M].北京:中华书局,2007:13,35,44.
[5]王力.古代汉语[M].北京:中华书局,1999:162.

[6] 高明. 中国古文字通论[M]. 北京:北京大学出版社,1996:47.
[7] 裘锡圭. 文字学概要[M]. 北京:商务印书馆,1988.
[8] 张桂光. 汉字学简论[M]. 广州:广东高等教育出版社,2004:65.
[9] 吴启主. 现代汉语[M]. 海口:南海出版公司,2005:100.
[10] 暴希明. 六书转注散论[J]. 甘肃社会科学,2008(5):151-153.
[11] 汪济民. 试论转注假借是造字之本[J]. 江西社会科学,1983(5):104-107.
[12] 暴希明,王润野. 浅论古人的造字智慧[J]. 殷都学刊,2013,34(2):89-92.
[13] 周凯罗,姜喆. 浅析转注造字[J]. 青年文学家,2010(19):165.
[14] 杨五铭. 文字学[M]. 长沙:湖南人民出版社,1986:90.
[15] 陆宗达. 说文解字通论[M]. 北京:北京出版社,1981:161.
[16] 索绪尔. 普通语言学教程[M]. 高明凯,译. 北京:商务印书馆,1980:47.
[17] 陆宗达,王宁. 训诂方法论[M]. 北京:中国社会科学出版社 1981:31.
[18] 王继洪. 汉字文化学概论[M]. 上海:学林出版社,2006:3.
[19] 中国古文字研究会,吉林大学古文字研究室. 古文字研究工作的现状及展望[A]//古文字研究(第1辑). 北京:中华书局,1979.
[20] 周有光. 文字演进的一般规律[J]. 中国语文,1957(7).
[21] 费锦昌,孙曼均. 形声字形旁表义度浅探[A]//汉字学术问题讨论会论文集. 北京:语文出版社,1988.
[22] 施正宇. 现代汉字形声字形符表义功能分析[J]. 语言文字应用,1992(4):76-83.
[23] 施正宇. 现代形声字形符意义的分析[J]. 语言教学与研究,1994(4):83-102.
[24] 徐中舒. 甲骨文字典[Z]. 成都:四川辞书出版社,2006.
[25] 程艳. 从《说文解字》牛部字解析汉字形体演变方式[J]. 汉字文化,2013(4):51-54.
[26] 米万锁.《说文解字》"贝"部字的文化意蕴[J]. 语文研究,1997(4):38-40.
[27] 万莉,胡星.《说文解字》禾部字的文化阐释[J]. 临沧师范高等专科学校学报,2009,18(1):80-82.
[28] 许进雄. 中国古代社会:文字与人类学的透视[M]. 北京:中国人民大学出版社,2010:587.
[29] 段玉裁. 说文解字注[M]. 上海:上海古籍出版社,1988:739.
[30] 顾晓雅.《说文解字》支部字研究[J]. 大众文艺,2019(6):192-194.
[31] 陈鑫鑫,王栋.《说文解字》"支"部字的形义分析及其文化阐释[J]. 皖西学院学报,2018,34(4):110-114.
[32] 李学勤. 字源[M]. 天津:天津古籍出版社,2012.
[33] 谷衍奎. 汉字源流字典[Z]. 北京:华夏出版社,2003.
[34] 洪帅.《说文解字》犬部字初探[J]. 神州,2013(17):178.
[35] 段蕴恒.《说文解字》犬部字及其文化内涵[J]. 文学界(理论版),2012(8):229-230,232.

[36]何大齐.万有汉字:《说文解字》部首解读[M].北京:生活·读书·新知三联书店,2018.

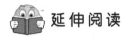 延伸阅读

方块字
夏丏尊 叶圣陶

星期三下午接连是两堂国文课,王先生讲解选文采取学生自动的方式,自己只处于指导的地位。先叫一个学生朗读一节,再令别一个学生解释。一节一节地读去讲去,遇有可以发挥的地方,他随时提出问题,叫学生们自由回答,或指名叫某一个学生回答,最后又自己加以补充。课堂的空气非常活泼紧张。

乐华与大文坐在最后的一排,他们已把《秋夜》与《登泰山记》好好地预习过了,什么都回答得出,因为怕过于在人前夸耀自己,只是默默地坐在那里静听同学们的讲读和先生的补充,遇到全课堂无人能回答时,才起来说话。在这两堂课中,乐华与大文各得到两三次开口的机会,王先生都赞许说"讲得不错",全堂的同学时时把眼光注射到他们身上。

在乐华与大文看来,同学们的讲解有的似是而非,有的简直错误得可笑。最可注意的是王先生的补充了,乐华把王先生所补充的话择要记录在笔记册上。他所记的如下。

重复法——一株是枣树,还有一株也是枣树。

——我即刻听出这声音就在我嘴里,我也即刻被这笑声所驱逐,回进自己的房。灯火的带子也即刻被我旋高了。

拟人法——她在冷的夜气中,瑟缩地做梦……

——鬼闪眼的天空越加非常之蓝,不安了,仿佛想离去人间,避开枣树,只将月亮剩下……

——苍山负雪。半山居雾若带然。

《秋夜》——写景。状物。想象分子多。文字奇崛。

《登泰山记》——写景。记行。朴实的记载。文字简洁。

大文也有所记,两人彼此交换了看,把重要的互相补充,彼此所记的条就多了。

王先生教授时,很注意于文言与白话的比较,他说:"诸君第一次读文言文,一定会感到许多困难。但是不要怕,普通的文言文并不难。文言和白话的区别只有两点,一是用字的多少,一是关系词的不同。例如,《登泰山记》是文言,开端的'泰山之阳,汶水西流',如果用白话来说,就是'泰山的南面,汶水向西流着',白话的字数比文言多了几个。在文言中,一个'阳'字可作'南面'解,'西流'二字可作'向西流着'解,在白话文中却不行。又如'之'字,在白话用'的',这是关系词的不同。诸君初学文言,须就这两点上好好注意。"

随后王先生就从《登泰山记》中摘出句子来,自己用白话翻译几句给学生听,再一一叫学生翻译。在这时,乐华知道了许多文言文白话用字上的区别,知道"者"就是"的","皆"就是"都","其"就是"他的","也"就是"是","若"就是"像"等等。

一篇《登泰山记》由全体学生用白话一句句翻译过以后,王先生又突然提出一个问题来:

"《登泰山记》中说,'苍山负雪,明烛天南',这'烛'字是什么意思?"

"这是蜡烛的'烛'。"一个学生起来说。

"蜡烛?"王先生摇着头,"谁能改用别的话来解释?"

"方才听先生讲过,'烛'是'照'的意义。"另一个说。

"是的,我曾这样说,'烛'字作'照'的意义解。但是为什么作这样解释呢?有人能说吗?"

全课堂的眼光都集注于乐华和大文两人。大文用臂弯推动乐华,意思是叫他回答。

"因为烛会发光,所以可作'照'字解——这是爸爸教我的。"同学们太注意乐华了,使他很不好意思,他便把责任推到自己的父亲身上去。

"对了,'烛'字本来是名词,在这里用作动词了。诸君在高小里已经知道词的分类,你们入学试验的时候,我曾出过关于文法的题目,大家都还答得不错,词的种类和性质,想来大家已明白了。谁来说一遍看!"

"名词、代名词、动词、形容词、副词、连词、介词、助词,还有感叹词。"一个学生很熟地背出文法上品词的名称来。

"不错,有这许多词。"王先生随便在黑板上写一个"梦"字,问道:"'梦'字是什么词?"

"是名词。"一个学生回答。

王先生又把《秋夜》里的"她在冷的夜气中,瑟缩地做梦,梦见春的到来,梦见秋的到来,梦见瘦的诗人将眼泪擦在她最末的花瓣上"几句话写在黑板上,问道:"不错,做梦的'梦'字是名词。下面梦见的'梦'字是不是名词呢?"

"不是,不是。"许多学生回答。可是没有人能说出那些"梦"字的性质来。

"那些'梦'字和'见'字联结,成为动词了,"王先生说,"还有我们称一个人睡着了说话叫'说梦话',这'说梦话'的'梦'是什么词呢?"

"是形容词。"大文回答。

先生又在黑板的另一角上写了一个"居"字,问:"这是什么词?"

"普通属动词。"一个学生回答。

"那么《登泰山记》中'半山居雾若带然'的'居'字呢?是不是动词?"先生问。

"刚才先生说,居雾是'停着的雾'的意思,那么这'居'字对于'雾'字是形容词了。"坐在大文前面的一个学生回答。那个学生叫朱志青,是和乐华、大文同一自修室的,乐华、大文在同级中最先认识的就是他。

"不错,是形容词。"王先生说到这里,下课钟响了,杂乱的脚步声从左右课堂里发出,先生用手示意,一边说道:"且慢走,还有几句很要紧的话——我国文字是方方的一个个的,你们小时候不是认过方块字吗?我国文字没有语尾的变化,真是方块字。什么字什么性质,没有一定,因所处的地位而不同。像方才所举的几个字,都是因为地位而性质变易的。这情形在读文字的时候,要随时留意,尤其是文言文。因为文言文用字比白话文简约,一个字弄不明白,解释就会发生错误的。"

运动场上虽已到处是快活的人声,王先生的课堂里却还没有鞋子在地板上拖动的声音,直到王先生向学生点头下讲台为止。

乐华对于王先生所说的"方块字"三个字很感到趣味,他不但记起了幼时母亲写给他的红色的小纸片,还得到种种文字上的丰富的暗示。与大文回去的时候,走过一家茶店门口,见招牌上写着"天乐居"三个大字,署名的地方是"知足居士书",又见茶店隔壁的一户人家的墙门头顶有"居之安"三个字凿在砖上,就指着向大文说:"方才王先生说过'居'字,恰好这里就有三个'居'字呢。让我们来辨别辨别看。"

"天乐居的'居'是名司,居士的'居'是形容词,居之安的'居'是动词啰。"大文说得毫无错误。

"想不到一个字有这许多的变化。我们在高小时只知道名词动词等的名目,现在又进了一步了。"

两人一边走,一边注意路上所见到的字,不论招牌、里巷名称,以及广告、标语,无一不留心到,你问我答,直到中途分别才止。

(本文出自夏丏尊、叶圣陶先生作于1934年《文心》一书,选自夏丏尊,叶圣陶.文心[M].北京:生活·读书·新知三联书店,2008)

第四章

百年危机与变局
——汉字改革运动

第一节 回眸百年——汉字改革的缘起

一、汉字认识的历时变化

自古及今,中国人对汉字的认识和评价历经了三个阶段[1]。

1. 汉字崇拜阶段

"昔者仓颉作书,而天雨粟,鬼夜哭"(《淮南子·本经训》),"仓颉四目,为黄帝史"(王充《论衡·骨相》),在先民眼里汉字具有神奇的功能,汉字的创造是一件惊天动地的事情,创造汉字的人有着神奇的禀赋。至今,在陕西白水县、山东东阿县和寿光县、河南开封、江苏南京、浙江杭州等地还有仓颉的庙宇或墓地。宋代叶梦得的《石林燕语》中,有京都文官秋季集体祭祀文字之神仓颉的记述。对仓颉的崇拜,是汉字崇拜的开端。"文字者,经艺之本,王政之始,前人所以垂后,后人所以识古。"(《说文解字·叙》)中国人历史上一直如此看待文字的社会功用,由此汉字具有了神圣的色彩。

汉代经学成为显学,在经学今古文之争中,古文经学家利用汉字因义构形的特点,把分析汉字形、音、义作为解读儒家经典的津梁,使文字学取得了与儒家经学相应的地位。由此,对汉字的崇敬逐渐变成一种统治文化的观念。这种上层文化观念影响了民众的观念和心理,形成了"敬惜字纸"的民俗。有字的废纸不可随意丢弃践踏、糊窗封坛或与其他废物混杂,须专门收集,在祭祀造字之神仓颉后焚烧成灰(称为"字灰"),并将字灰送至大江大海(称为"送字灰"或"送字纸")。据考证,宋代已有敬惜字纸的文化风气,此民俗一直延存至今。例如,《申报》1873 年 12 月 3 日刊载一则消息:两江总督李宗羲通令各纸坊铺,不准将草纸等加盖字号戳记,更不许将废书旧账改造还魂纸,以免亵渎。

"汉字神圣,一点一画无非天经地义。"[2]20 因汉字属于天意,自然享有尊严的地位,神圣不可侵犯。《史记·万石张叔列传》记有,汉武帝时郎中令石建因奏章中"馬"字下面少写了一笔而惊惧万分。至于历代因避讳而有意缺笔、改字的避讳制度更是森严。汉字崇拜的背后暗含着两个因素——垄断与复古,这是汉字与王权结合的表现。

敬畏汉字,甚至与宗教信仰相关联。佛家修行法语的密咒真言、道家驱邪化煞的神符,都是借特殊文字符号传递宗教真谛。《西游记》第六十六回"诸神遭毒手 弥勒缚妖魔"中,唐僧师徒遭遇小雷音寺黄眉怪,取经受阻,弥勒佛祖出面搭救,为了让孙悟空引得妖怪到瓜田来,"弥勒笑道:'你伸手来。'行者即舒左手递将过去,弥勒将右手食指蘸着口中神水,在行者掌上写了一个'禁'字,教他捏着拳头,见妖精当面放手,他就跟来"。故事里的文字具有如此神魔之力,汉字的崇拜心理可见一斑。

2. 否定汉字阶段

近代中国国势衰微,西方文化传入,拼音文字和东洋西洋的坚船利炮一起摆在中国人的面前。一些"睁眼看世界"的有识之士认为,中国落后的罪魁祸首是汉字,自此"汉字落后论"成为主流的观点,汉字改革运动在清末的救亡图存运动中兴起。"五四"前后,不少激进的政治家和新文化领袖感到开启民智之急迫,开始倡导拼音新文字,甚至提出"废除汉字"的主张。在这种思潮的影响下,切音字运动、注音字母运动、拉丁化新文字运动等一系列的汉字改革运动轮番开展。

20世纪80年代,在信息革命的浪潮下,汉字的计算机输入成为一大难题,"汉字落后论"再次抬头,用拼音文字代替汉字的呼声又起。有人认为,文字印刷的机械时代西文打字机的轻巧便捷,已凸显汉字机械打字机的笨拙低效;信息化时代的到来,汉字面临的危机更加深重,就像一个行将就木的衰老病人。曾有人断言:历史将证明,电子计算机是方块汉字的掘墓人,也是汉语拼音文字的助产士。

3. 重新认识汉字的阶段

20世纪80年代以来,随着中国经济的快速发展和国力的不断提升,特别是汉字信息处理技术取得的重要成就,表明古老的汉字完全能够适应人类科技革命的步伐,由此中国人的民族自尊意识、文化的自我认同感日益增强,开始重新认识和评价汉字。

以王选领导研发的汉字激光照排系统和王永民发明的五笔字型为代表的高效"形码"汉字输入技术解决了汉字进入计算机的难题,不仅在中国大陆普遍应用,并推广到了中国香港、台湾地区及美国、加拿大等许多国家。高分辨率字形技术的发明、汉字输入法的解决、手写输入的实用化,使古老的汉字在电脑和网络上通行无阻,呈现出无限生机。据统计,现有一千多种汉字输入法,无论从速度还是准确率上看,汉字的计算机输入丝毫不逊色于拼音文字。实践表明,主张汉字拉丁化的人们所说的那些障碍、困难都已解决。由此,人们重新确立了汉字的价值和地位,这是思想认识上的重大转变。

二、汉字之"罪"

中国在鸦片战争的落败,特别是中日甲午海战的惨败,促使有识之士反思中国落后之因。他们的思想由最初"器则取诸西国,道则备自当躬",以中学为体、西学为用转变为"用西洋之本,谋华民之生"。在这种思想背景下,清末汉字改革运动得以兴起,当时接受了西学的知识分子普遍认为,中国教育之所以不发达,国民素质之所以低下,根本原因在于汉字繁难,从而对西方拼音文字表现出满腔的热情和崇拜。

最早对汉字发难的是西方传教士。他们认为"使用繁难的汉字是20世纪最有趣的时代错误""必须用罗马字拼音代替汉字"[3]。黑格尔曾言:"(中国的)文字很不完善""他们的文字对于科学的发展,便是一个大障碍。"[4]清末以来,这也成为接受西方文化的中国知识分子的普遍观点。卢戆章认为:"中国字或者是当今普天之下之字之至难者。"[5]林辂存说:"我国文字,最为繁重艰深……中国字学,原取象形,最为繁难。"[6]陈虬也认为:"字又着实难识得很……而且笔墨忒多,通扯起来每字总有八九笔,多者四五十笔不等。"[7]沈凤楼说:"中国文字极烦,学亦甚艰,自束发受书,非十稔不能握管撰文。"[8]梁启超在1896年为沈全的《盛世元音》作序时,引用黄遵宪《日本国志》中所说:"中国文字多有一字而兼数音,则审音也难;有一音而具数字,则择字也难;有一字而具数十撇画,则识字也又难。"[9]

1918年钱玄同发表《中国今后的文字问题》一文,提出"废孔学,尤不可不废汉文;欲驱逐一般人之幼稚的、野蛮的、顽固的思想,又不可不先废汉文"。1923年在《汉字革命》一文中,他列举了汉字的种种不便,其要有二:一是难识、难写,妨碍教育的普及、知识的传播;二是和现代世界文化的格不相入。文中提出"汉字革命"的口号,主张"废除汉字""把中国的新文字定名为'国语罗马字'"[10]59-84。钱玄同还断言:"欲使中国不亡,欲使中国民族为二十世纪文明之民族,必以废孔学、灭道教为根本之解决,而废记载孔门学说及道教妖言之汉文,尤为根本解决之解决。"[11]166-167 1934年鲁迅在《关于新文字》一文中说:"方块汉字真是愚民政策的利器,不但劳苦大众没有学习和学会的可能,就是有钱有势的特权阶级,费时一二十年,终于学不会的也多得很。……所以,汉字也是中国劳苦大众身上的一个结核,病菌都潜伏在里面,倘不首先除去它,结果只有自己死。"[12]

三、废除汉字主张的提出

近代以来,一大批渴望国家富强的有识之士认为,中国落后根源在于教育落后,而教育落后的重要原因在于汉字的封闭与落后。因而,主张废除汉字,改用拼音文字。

1. 19—20世纪之交的切音字运动

代表人物卢戆章和王照认为,中国与西方的差距不仅在机器和技术,更在于民智早开和教育普及。西方与日本使用的拼音文字或假名文字易学易用,而汉字存在笔画繁、读音乱的弊端,不利于教育普及。因此,必须改革汉字,用"字话一律""笔画简易"的拼音文字来取代汉字[13]。

清末谭嗣同、吴稚晖、何凤华等人已提出尽改汉字为拼音文字。如谭嗣同在《仁学》中指出:"由语言文字,万有不齐,越国即不相通,愚贱尤难遍晓。更若中国之象形字,尤为之梗也。故尽改象形字为谐声,各用土语,互译其意,朝授而夕解,彼作而此述,则地球之学,可合而为一。"[14]明确提出用拼音文字取代汉字。

2. 20世纪初的汉字存废之争

1908年吴稚晖发表《评前行君之"中国新语凡例"》一文,主张应废除汉文汉语,改用"万国新语"(即Esperanto,世界语)。章炳麟发表万言长文《驳中国用万国新语说》,对汉字的优劣和废除问题展开论争,至新文化运动时期,汉字革命已成为新文化先驱们的共识。胡适、陈独秀、蔡元培、钱玄同、鲁迅、瞿秋白、黎锦熙等人都主张废除汉字,改用拼音文字。

3. 20世纪20年代后的新文字运动

新文字运动带有对封建文化和教育进行批判的精神,是新文化运动的有机组成部分。"五四运动"先驱胡适、钱玄同、陈独秀、鲁迅等人,都认为汉字是中国落后的"罪魁祸首"。钱玄同在《中国今后之文字问题》《汉字改革》文中提出"废除汉字"的口号,认为汉字不革命,则教育决不能普及,国语决不能统一,国语的文学决不能充分发展,世界公有的新道理、新学问、新知识决不能很便利、很自由地用国语写出。

1929年10月,瞿秋白拟出"中国拉丁化的字母",其目的在于创造一套更适合广大民众、有实用价值的拼音方案。鲁迅也提出"汉字和大众"的问题,认为汉字和大众是势不两立的。

今天来看,近代中国的落后,显然不能归罪于汉字。主张废除汉字的人,其动机无可非议,却存在明显的偏颇和问题——"将汉字与语言本属两个不同领域的问题掺合在一起,将客观性学术性很强的文字问题与社会变革的政治问题掺合在一起,将历史悠久的汉字与保守落后的旧社会制度等同起来,将拼音文字与西方的先进科技等同起来。"[15]243 立足今天,如何冷静、客观地评价文字拼音化的倡导者?王宁的观点可谓中肯恰切:"汉字问题在20世纪初这一中国历史转折时期产生激烈的争论,是势在必然又十分合理的。一批站在新文化运动前沿的知识分子,对自己所受封建教育进行了深刻反思,勇敢地向自己最熟悉、最擅长的文言反戈一击,这样做必然会受到崇尚汉字的强大传统势力反对,他们需要有很大勇气,这种勇于抗争的爱国精神值得钦敬。偏激与急躁会导致对科学的偏离,但是,那种出于善良愿望的矫枉过正,是我们应当怀着敬意来理解的。"[16]

第二节 百年文字拼音化运动——汉字改革历程

一、拼音化运动的历程回顾

一百多年来,汉字改革一直在试图走拼音化的道路。1892年卢戆章制定的"中国第一快切音新字"正式拉开了清末切音字运动的序幕,也开启了持续百年的汉语拼音化运动。汉语拼音化运动主要经历了切音字运动、世界语运动、国语罗马字运动、拉丁化新文字运动和1949年后的汉字改革五个历史阶段。

汉语拼音化运动的实质是一次以创制汉语拼音文字、满足教育普及需要为出发点的文字改革运动。这场持续百年的运动,反映了人们对国家富强的迫切渴望和寻求强国之路的爱国情怀。但是,前四个阶段把汉字视为国家贫弱的根源则过于片面,将教育普及、智民强国的希望完全寄托于施行拼音文字,也夸大了拼音文字的优越性。

1. 切音字运动

切音字运动的主张者认为，教育普及是智民强国的必由之径，其关键在于文字是否简便、能否实现言文合一，"文字之易难，智愚强弱之所由分也"[17]9。西方国家以及近邻日本"莫不以切音为富强之源"[17]10，汉字繁难为中国国势贫弱的根源。因此，切音字运动提出"今日欲救中国，非教育普及不可；欲教育普及，非有易识之字不可；欲为易识之字，非用拼音之法不可"[17]80。应效法西方及日本的拼音文字，创制简便易学的汉语拼音新字以促进教育普及，求得智民强国之效。

基督教较早在福建传播，福州和厦门是最早被列入开放口岸的城市，汉字拼音化运动即始于这里。西方传教士用罗马拼音文字把《圣经》译成各地方言，《圣经》的厦门话译本曾销售4万多部。这使中国的有识之士认识到，对民众进行扫盲教育，拼音字母不失为一种理想工具，由此群起而创制中国的切音字方案。

福建同安人卢戆章是中国拼音文字运动的先驱者。他既会厦门话，又懂英文，应英国传教士马约翰的邀请参加了《华英字典》的翻译工作。在西文和教会罗马字的启发下，苦心钻研中国切音字[2]21-22。1892年，他在厦门出版拼音字母的《一目了然初阶（中国切音新字厦腔）》，揭开了切音字运动的序幕。书中拟定了以拉丁字母为基础的"中国第一快切音新字"（"切音"即"拼音"，也叫"合声"），并在厦门鼓浪屿招集船工、小贩开班教学。他的方案借鉴西方拼音文字的便捷，又继承了中国传统的反切，采用拉丁字母笔形，制定了55个字母，合成一套音标，采用"两字合切即成音"，声韵双拼，韵母在左，声母在右，另加鼻音符号和声调符号。这是第一个由中国人自创的拼音文字方案，卢戆章也成为清末汉语拼音运动中采用拉丁字母的第一人。1899年卢戆章采用日本假名系符号，后又改用"汉字偏旁的简单笔画"作字母，制定出以拼写京音为主的《中国切音新字》。1906年经修改补充，书名改为《中国字母北京切音教科书》，第一次明确提出以北京音为标准音的"国语"概念。1913年后卢戆章修改厦门切音字母，改名"国语字母"，以《中国新字》为名出版，这是他的第三个汉语拼音方案[13][18]。

2. 世界语运动

新世纪派学人提出了文字进化论的观点，认为："象形表意之字，不若合声之字为良。……象形表意之字，必代之以合声之字。"[19]文字进化论为后来主张拼音化的学者所接受，并成为汉语拼音化运动的一个重要理论支柱。

1908年，吴稚晖在巴黎中国留学生主办的无政府主义刊物《新世纪》第四号上发表《评前行君之"中国新语凡例"》一文，认为汉字不是繁难，而是"野蛮之文字"，提出中国应完全废除汉文、汉语，改用"万国新语"。所谓"万国新语"，即世界语（Esperanto），是犹太人波兰籍眼科医生拉扎鲁·路德维克·柴门霍夫博士（Ludwig Lazarus Zamenhof）为推动世界语言的统一于1887年创制的一种以拉丁文法为基础的人造语言。

吴稚晖是第一个提倡连语言都要"西化"的人。作为清末民初文化上激进的革命主义者,他将万国新语视作近代中国吸收西方"新文明""新理学"的最便利、最有效的"器物",是通向世界现代文明的一条捷径。在文中,吴稚晖阐述了废弃汉文而采用万国新语的理由,并对万国新语在国内的推行提出了设想和具体的规划。

吴稚晖的主张引发了20世纪初中国思想界一次不小的争论。章炳麟在《民报》上发表万言长文《驳中国用万国新语说》,就汉字的优劣和是否能够废除的问题与吴稚晖展开论争,其论点有三:①汉字繁难,无表音机制,难与语音沟通,对普及教育很有妨碍,需要制定一套标音符号来辅助扫盲和初等教育。章炳麟"取古文籀篆径省之形"制定出36声母、22韵母的切音方案。这一方案中的15个字母成为后来的注音字母。②汉字适合于汉语,并与中国历史文化有难以分割的关系。汉字与拼音文字比较,特点各异,优劣互补,是不能废除的。③在强调便于扫盲教育与初等教育时,必须考虑到高等教育与高深的文化历史学习。对后者来说,汉字的功能是无法取代的[20]。

客观地说,吴稚晖的"汉字野蛮论"缺乏对汉字性质的客观认识,其废除汉字甚至废除汉语、改用万国新语的主张也明显脱离现实,显得过于激进,过于理想化。

3. 国语罗马字运动

20世纪20年代前后,受到欧风美雨洗礼的中国知识分子凭借对拼音文字的熟稔,发起国语罗马字运动,主张采用罗马字母制定拼音文字以取代汉字。国语罗马字运动是汉字改革史上的重要阶段,所制定的国语罗马字是一套相对科学、严谨的拼音文字体系,后成为当时国内各中文字典内注音和人名、地名等的标准译音符号。

1913年北洋政府教育部召开读音统一会,确立了国音标准,并采用注音字母(即注音符号)作为汉字标音的工具。但一些主张改革文字的知识分子认为,注音字母是脱胎于固有汉字的文字辅助工具,这种独体汉字的字母形式违背世界文字的主流发展趋势,与其造世界未有之新字,不如采用世界通行之字母,即全面采用罗马字来拼写汉语,由此发起了"国语罗马字运动"。新文化运动的领袖陈独秀、胡适、蔡元培、钱玄同、刘半农等人,都是"国语罗马字运动"的主要支持者和参与者,后被称为"国罗派"。

1916年"读音统一会"成员黎锦熙发起成立"中华国语研究会",主张首先明确国音标准,再确立注音符号方案。1918年,钱玄同、赵元任、周辨明、林语堂、许锡五等学者各自创造了一套罗马字拼音方案,发表于《国语月刊》,接受各方面意见,最具代表性的首推赵元任的国语罗马字。

1920年发生了关于京音和国音的大争论,史称"京国之争"。张士一出版《国语统一问题》一书,主张从根本上改造注音字母,以京音为国音,引发了国音和京音之争。"国罗派"介入"京国之争",支持京音作为新国音。1925年9月"国罗派"发起"数人会",刘半农、钱玄同、黎锦熙、赵元任、林语堂、汪怡一同研究制定"国语罗马字拼音法式"。1926年"国语统一筹备会"通过"国语罗马字拼音法式",并提请北洋政府教育部公布。1928年9月,"国语罗马字拼音法式"作为"国音字母第二式"("国音字母第一式"为1918年公布的"注音字母"),由当时的大学院(即教育部)公布所谓

"新国音",完成了从民间方案向官方标准的升级转变。这是第一个由官方颁布的、中国人自己制定的罗马字汉语拼音方案。

相比老国音,新国音(京音)的音素大为减少。1932 年 5 月国民政府教育部又公布了《国音常用字汇》,正式确定北京音为全国的标准音。国语罗马字成为官方方案后,"国罗派"虽然积极宣传和推行国语罗马字,但结果却不尽如人意,国语罗马字自始至终未走出精英圈子。1937 年抗战全面爆发,在内忧外患的社会背景下,这一方案几乎销声匿迹[21]。

声母表

表中列出国语罗马字、国际音标与注音字母。

		双唇音		唇齿音		舌尖前音		舌尖中音		舌尖后音		舌面前音		舌根音	
		清音	浊音	清音	浊音	清音	浊音	清音	浊音	清音	浊音	清音	浊音	清音	浊音
鼻音			m [m] ㄇ						n [n] ㄋ				(gn) [ɲ] ㄬ		(ng) [ŋ] ㄫ
塞音	不送气	b [p] ㄅ						d [t] ㄉ						g [k] ㄍ	
	送气	p [pʻ] ㄆ						t [tʻ] ㄊ						k [kʻ] ㄎ	
塞擦音	不送气					tz [ts] ㄗ				j [tʂ] ㄓ		j(i) [tɕ] ㄐ			
	送气					ts [tsʻ] ㄘ				ch [tʂʻ] ㄔ		ch(i) [tɕʻ] ㄑ			
擦音				f [f] ㄈ	(v) [v] ㄪ	s [s] ㄙ				sh [ʂ] ㄕ	r [ʐ] ㄖ	sh(i) [ɕ] ㄒ		h [x] ㄏ	
边音									l [l] ㄌ						

v (ㄪ)、ng (ㄫ)、gn (ㄬ) 三个声母在新国音颁布后不再使用。

韵母表

表中列出韵母各声调的拼写变化。

注音	阴平	阳平	上声	去声	注音	阴平	阳平	上声	去声	注音	阴平	阳平	上声	去声	注音	阴平	阳平	上声	去声
ㄭ	y	yr	yy	yh	ㄧ	i	yi (yi)	ii (yii)	ih (yih)	ㄨ	u	wu	uu (wu)	uh (wu)	ㄩ	iu	yu	eu (yeu)	iuh (yuh)
ㄚ	a	ar	aa	ah	ㄧㄚ	ia	ya	ea (yea)	iah (yah)	ㄨㄚ	ua	wa	oa (woa)	uah (wah)					
ㄛ	o	or	oo	oh	ㄧㄛ	io	yo	eo (yeo)	ioh (yoh)	ㄨㄛ	uo	wo	uoo (woo)	uoh (woh)					
ㄜ	e	er	ee	eh	ㄧㄝ	ie	ye	iee (yee)	ieh (yeh)						ㄩㄝ	iue	yue	eue (yeue)	iueh (yueh)
ㄞ	ai	air	ae	ay	ㄧㄞ	iai	yai	eai (yeai)	iay (yay)	ㄨㄞ	uai	wai	oai (woai)	uay (way)					
ㄟ	ei	eir	ee	ey						ㄨㄟ	uei	wei	oei (woei)	uey (wey)					
ㄠ	au	aur	ao	aw	ㄧㄠ	iau	yau	eau (yeau)	iaw (yaw)										

图 4-1 国语罗马字拼音方案

国语罗马字运动的推行者认为,切音字运动未能彻底否定汉字,切音新字以及注音字母在字母选择上还采用汉字笔画式字母,提出"采用罗马字是采用拼音文字最自然的一个办法"[22]。

国语罗马字运动将汉字视为专门记录封建文化的野蛮符号而加以批判,存在明显的问题。它以文化的先进与否作为判定文字先进与否的标准,混同了文化的性质与文字的性质。实际上,汉字作为载体和工具既可以记录传统旧文化,也可以用于宣扬新文化。

4. 拉丁化新文字运动

拉丁化新文字,简称"新文字"、"拉丁化"、"北拉"(北方话拉丁化新文字)、"中国话写法拉丁化"、"中文拉丁化",是指从20世纪30年代初到1958年汉语拼音方案公布前在民众中推行的汉语拼音文字方案,是汉语拼音的前身。与此前威妥玛-翟理斯式拼音方案、国语罗马字拼音方案不同,拉丁化新文字不是单独的拼音方案,而是多个方案的总称。前二者是由西洋来华汉学家、国内语言学家等精英阶层所设计,而拉丁化新文字是由左翼知识分子发起,并吸引社会大众参与设计的拼音方案[23]。拉丁化新文字运动,在中国文字改革运动中起过重要作用,是汉字拼音化运动史上浓墨重彩的篇章。

最早的拉丁化新文字,是1931年创制于苏联的一套中文拉丁化方案。1929年在苏联的瞿秋白认为,国语罗马字脱离现实,是读书人在书房里制定的方案。在苏联汉学家郭质生的帮助下,瞿秋白拟订出"中国拉丁式字母草案",最终定名为"中国拉丁化的字母",后由在苏联的吴玉章、林伯渠制定为中国北方话拉丁化新文字方案。1931年9月,中国文字拉丁化第一次代表大会在海参崴召开,确定了拉丁化新文字的方案,确立了汉语拼音文字必须走向现代化、国际化、大众化、方言化的总体原则。

与以北平话为标准音的国语罗马字不同,拉丁化新文字不标声调,废除四声,不以某一地区的语音为标准,字母设计上尽量覆盖中国所有方言,各个方言可以自拼自写。在当时政局未定、方言歧异的中国,拉丁化新文字自然易为人们认同和接受。

晚清开启民智的切音字是知识者高高在上的启蒙工具,以钱玄同等人为代表发起的废除汉字的国语罗马字运动多出于反对传统文化的需要,拉丁化新文字运动则是大众语运动在文字方面上的延伸和实践。拉丁化新文字的提倡者认为,文字背后隐藏着阶级差异、文化霸权,汉字几千年来只为封建贵族服务,而不是为人民群众服务,"中国大众所需要的新文字,是拼音的新文字,是没有四声符号麻烦的新文字,是解脱一地方方言独裁的新文字"[24]。因此,他们以"大众"的名义或诉诸大众的立场,主张创制真正通俗化、劳动大众化的文字。

字母表

字母		读音		字母		读音	
大写	小写	注音符号	汉字	大写	小写	注音符号	汉字
A	a	ㄚ	啊	Ng	ng	ㄫ	
B	b	ㄅ	伯	O	o	ㄛ	哦
C	c	ㄘ	雌	P	p	ㄆ	泼
Ch	ch	ㄔ	痴	R	r	ㄦ	儿
D	d	ㄉ	得	Rh	rh	ㄖ	日
E	e	ㄜ	鹅	S	s	ㄙ	思
F	f	ㄈ	佛	Sh	sh	ㄕ	诗
G	g	ㄍ	革	T	t	ㄊ	特
I	i	ㄧ	衣	U	u	ㄨ	乌
J	j	ㄧ	衣	W	w	ㄨ	乌
K	k	ㄎ	克	X	x	ㄏ	赫
L	l	ㄌ	勒	Y	y	ㄩ	迂
M	m	ㄇ	墨	Z	z	ㄗ	资
N	n	ㄋ	纳	Zh	zh	ㄓ	知

声韵母表

声母(22)	b	ㄅ(伯)	p	ㄆ(泼)	m	ㄇ(墨)	f	ㄈ(佛)
	d	ㄉ(得)	t	ㄊ(特)	n	ㄋ(纳)	l	ㄌ(勒)
	g	ㄍ(革)	k	ㄎ(克)	(ng)	ㄫ	x	ㄏ(赫)
	zh	ㄓ(知)	ch	ㄔ(痴)	sh	ㄕ(诗)	rh	ㄖ(日)
	z	ㄗ(资)	c	ㄘ(雌)	s	ㄙ(思)	r	ㄦ(儿)
			j	ㄧ(衣)	w	ㄨ(乌)		
单韵母(6)			i	ㄧ(衣)	u	ㄨ(乌)	y	ㄩ(迂)
	a	ㄚ(啊)	ia	ㄧㄚ(鸦)	ua	ㄨㄚ(挖)		
	e	ㄜ(鹅)						
	o	ㄛ(哦)			uo	ㄨㄛ(我)	yo	ㄩㄛ(药)
复韵母(14)	ai	ㄞ(爱)			uai	ㄨㄞ(歪)		
	ao	ㄠ(奥)	iao	ㄧㄠ(要)				
			ie	ㄧㄝ(耶)			ye	ㄩㄝ(月)
	ei	ㄟ(欸)			ui	ㄨㄟ(威)		
	ou	ㄡ(欧)	iu	ㄧㄡ(又)				
带声韵母(15)	an	ㄢ(安)	ian	ㄧㄢ(烟)	uan	ㄨㄢ(弯)	yan	ㄩㄢ(渊)
	ang	ㄤ(盎)	iang	ㄧㄤ(央)	uang	ㄨㄤ(汪)		
	en	ㄣ(恩)	in	ㄧㄣ(因)	un	ㄨㄣ(温)	yn	ㄩㄣ(晕)
	eng	ㄥ(鞥)	ing	ㄧㄥ(英)	ung	ㄨㄥ(翁)	yng	ㄩㄥ(雍)
变音	g、k、x一列声母在i、y		gi	ㄐㄧ(几)			gy	ㄐㄩ(居)
	两行韵母前面变度ㄐ		ki	ㄑㄧ(欺)			ky	ㄑㄩ(区)
	(几)、ㄑ(欺)、ㄒ(希)		xi	ㄒㄧ(希)			xy	ㄒㄩ(虚)

图 4-2　北方话拉丁化新文字方案

1933 年,世界语学家方善境在世界语机关刊物《新阶段》看到萧三的《中国语书法之拉丁化》后,将它翻译为中文,才引起了国内文化界的注意。同年 10 月,方善境发表《中国语书法拉丁化问题》,呼吁大力推行新文字。

上海是拉丁化新文字运动的中心。1934 年上海文化界开始了大众语论战。文字改革家叶籁士在《大众语、土语、拉丁化》一文中指出:"'土话文字'(用方言写成的拼音文字)是消灭文盲的利器",是大众语发展的重要阶段,倡导把各地方言区都拉丁化。叶籁士等人在上海成立中文拉丁化研究会,推动拉丁化新文字的传播工作,出版了介绍新文字的小册子《中国话写法拉丁化——理论·原则·方案》。同年 11 月,上海世界语协会会刊《言语科学》发表方善境的《宁波话拉丁化草案》,证明新文字可以实现大众化和方言化。

在大众语和拉丁化新文字运动中,鲁迅陆续发表《汉字与拉丁化》《门外文谈》《关于新文字》《中国语文的新生》《论新文字》等文支持拉丁化新文字。1934 年在《中国语文的新生》文中谈到,新文字是扫盲的利器,"但我们中国,识字的却大概只占全人口的十分之二,能作文的当然还要少……待到拉丁化的提议出现,这才抓住了解决问题的紧要关键"[25]115。对于拉丁化新文字,鲁迅表现出非同寻常的喜爱和维护,因为"只要认识 28 个字母,学一点拼法和写法,除懒虫和低能外就谁都能写得出,看得懂了。而且它还有一个好处,就是写得快"[25]103[26]。1935 年 3 月,茅盾也发表《关于新文字》,阐述了拥护新文字的立场。1935 年 12 月,陶行知在上海发起成立中国新文字研究会。从 1934 年到 1937 年,拉丁化新文字先后设计出了宁波话、上海话(后称江南话)、苏州话、无锡话、温州话、福州话、厦门话、客家话、广州话、潮州话、广西话、湖北话、四川话等 13 种方言方案。

大量民间研究团体的出现,是拉丁化新文字运动迅猛发展的另一表现。据语言学家倪海曙统计:拉丁化中国字被提出以后,先后在上海、北平、天津、太原、开封、西安、重庆、昆明、汉口、长沙、南京、扬州、苏州、无锡、宁波、贵州独山、广东普宁、河南沁阳、河南卢氏和国外的曼谷、东京、巴黎、柏林等地成立新文字研究会、新文字推行社、新文字促进会等团体。从1934年到1937年,三年中各地所成立的文字拉丁化团体,有成立年月可查考的至少有70个以上。1937年至1938年,倪海曙等人在上海40所难民收容所、3万难民中进行扫盲实验,取得了显著成绩。在解放区,人们借助北拉扫盲也效果明显。与国语罗马字相比,拉丁化新文字显示出极强的生命力。

1949年8月,吴玉章致信毛泽东主席,提出为了有效地扫除文盲,需要迅速进行文字改革。同年10月,中国文字改革协会正式成立,1951年政务院文化教育委员会下设中国文字改革研究委员会。至1955年,全国各地和海外华侨共633人寄来了655个汉语拼音文字方案。1955年10月,中国文字改革委员会拼音方案委员会提交全国文字改革会议《汉语拼音文字(拉丁字母式)方案草案初稿》。1958年,正式颁布《汉语拼音方案》[27]。

叶籁士晚年这样总结新文字运动:"拉丁化新文字是解放前中国历史上推行最广、影响最为深远的一次文字改革运动……它跟当时的救亡运动紧密结合,深入到工人、农民、部队、难民以及海外华侨之中,并且得到许多进步的、爱国的人士,如蔡元培、张一麐、鲁迅等人的极其热情的支持……它是一次极为有益的探索,它的经验,包括它的不足,都值得今天的我们记取。"[28]

1986年,全国语言文字工作会议重申了周恩来1958年关于拼音化问题"现在还不忙作出结论"的提法,学界开始重新反思汉字的优越性,否定以往把汉字改革生硬地纳入社会改革、政治革命轨道的错误思想和做法。1986年1月,国家教委和国家语委在北京召开了全国语言文字工作会议。会议纪要指出:"在今后相当长的时期,汉字仍然是国家的法定文字,还要继续发挥其作用。"1986年12月,陈原在汉字问题学术讨论会开幕式上指出:"汉字这种书写系统是同汉语这种语言系统相适应而生存发展的,有人认为,应当承认汉字系统和我们这个民族的思维模式、文化模式是在互相适应的过程中起作用的。虽然汉字书写系统从很久时候开始就已经或多或少脱离了口语,但它确实为民族团结,为文化积累,为信息传播,为思想交流起过重大作用,有过不可磨灭的功绩。"[29]5自此,拼音化运动逐渐淡出中国语文现代化的工作范畴。

三、百年改革之评说

自19世纪末始,从"汉字落后"到"废除汉字",汉字一直是否定的对象,走拼音文字的道路,似乎已成定论。但百年改革的实践表明:所有的拼音文字,都难以胜任记录汉语的职能,汉字虽有难认、难写、难记的不足,却是最适合记录汉语的文字。2004年,王蒙在文化高峰论坛上所作的《为了汉字文化的伟大复兴》演讲中提出:"我们应当明确地放弃汉字拉丁化的目标",代表了近年来主流的观点[30]。"一种拼音文字若想取代汉字来记录汉语,至少需要达到这样几个基本目标:第一,区分汉语同音语素,尤其是区分单音节同音语素的效果要超过汉字;第二,脱离汉字不影响其记录汉语;第三,字母数量少、形体简便、拼写规则易学;第四,可以很好地转写古代文献。"

瑞典汉学家高本汉认为:"中国人不废除自己的特点文字而采用我们的拼音文字,并非出于任何愚蠢或顽固的保守性。中国的文字和中国的语言情形非常适合,所以它是必不可少的。"[31]对于汉字与汉语的彼此"适合",胡明扬作了具体阐释:"汉字是一种语素文字,不同的形体代表汉语中不同的语素和相应的语音,汉字的组合代表了汉语语素的组合,就这样形成一个有效的书面符号系统。"[32]

法国汉学家汪德迈(Lén Vandermeersch)则从另一视角为汉字"正名"。1986年,他在《新汉文化圈》(*Le nouveau monde Sinisé*)一书中,从几个使用汉字的国家和地区近年经济发展突飞猛进或正在进行经济改革的现象,断言所谓汉字文化传统对现代化过程不是如一向所说的巨大的"障碍",而是"具有巨大的动力"[33]。

综上所述,汉语拼音化运动前四个阶段始终与政治运动、思想论争联系在一起。从最初的汉字繁难论到汉字野蛮论、汉字落后论以及汉字封建论,汉字被视为国家贫弱的根源、封建文化的象征、阶级统治和压迫的工具而一直遭到否定、批判。汉语拼音化运动前四个阶段始终未将汉字作为客观对象深入地研究,对汉字的性质、演变规律、与汉语的适切关系等问题都缺乏理性的分析,四个阶段文字改革主张的背后,是对政治、文化变革的迫切渴望,并将拼音化视为实现政治期望的必然途径。

第三节 简化字的推行

一、《汉字简化方案》的制定和实施

汉字简化,是文字改革运动的一部分。早在20世纪初,已有简化汉字的主张和尝试。最早提出汉字简化的是教育家陆费逵,1909年他在《普通教育当采用俗体字》一文中,呼吁把俗体字用于普通教育。1922年,钱玄同在国语统一筹备会上提出《减省现行汉字的笔画案》,主张将通行于平民社会的简体字正式应用于政治、教育、文艺,以及一切学术领域。1928年,胡怀琛的《简易字说》出版。1930年当时的中央研究院史语所出版《宋元以来俗字表》,收录了宋元明清所用的6000多个简化字。1934年,徐则敏在《论语》半月刊发表《550俗字表》。1935年,钱玄同主编《简体字谱》,共收录324个简体字。1935年,陈望道联合上海的文字改革工作者组织了"手头字推行会",确定第一批手头字(即简体字)300个。1936年,容庚出版《简体字典》,收字4445个;陈光尧出版《常用简字表》,共收字3150个,约一半来自草书,一半来自俗体字。1937年,北平研究所字体研究会发表《简体字表》第一表。1935年,南京国民政府教育部采用钱玄同《简体字谱》的一部分,公布了《第一批简体字表》,包括简体字324字,但因时局因素于1936年通令收回该字表,宣布简体字"暂缓推行",此次推行简体字工作夭折。

1949年后的汉字简化,由有组织的群众运动转变为一种国家行为。1949年至今七十多年来,我国对文字改革工作高度重视,并付诸了积极的实践。新中国成立之初,毛泽东主席提出汉字必须改革,要走世界文字共同的拼音化道路。由此,一度沉寂的文字改革工作在新的政治环境下重新得以恢复。

七十多年来,新中国对汉字有两个重大贡献:《汉语拼音方案》的制定、实施和简化字的推行。制定《汉语拼音方案》成为汉字生存发展的重要基石。《汉语拼音方案》自1958年颁布至今六十多年来,取得了丰硕的成果。在国内,它是识读汉字、消灭文盲和学习普通话的重要工具;在国际上,它是汉字拉丁化的转写标准,成为外国人学习汉语的重要辅助手段和对外交流的文化桥梁[27]。

简化字,是汉字改革运动的重要成果。1954年12月,中国文字改革委员会通过修正后的《汉字简化方案(初稿)》。1955年10月,全国文字改革会议通过《汉字简化方案修正草案》和《第一批异体字整理表草案》。其中,《汉字简化方案修正草案》将简化字由512个增加到515个,简化偏旁由56个减少为54个。简化字有两种类型,即个体简化和类推简化。例如,"寶"简化为"宝"是个体简化,"糹"简化为"纟"是类推简化,根据偏旁类推简化的原则,"絲、綿、紗、綢、緞"简化为"丝、绵、纱、绸、缎"。1956年1月,国务院通过《汉字简化方案》和《关于公布〈汉字简化方案〉的决议》,简化字成为中国内地的规范汉字,从此中国内地进入简化字时代。

1958年1月,周恩来总理在政协全国委员会会议上作《当前文字改革的任务》的报告,阐述了文字改革的三大任务:简化汉字,推广普通话,制定和推行《汉语拼音方案》。关于推行简化字,他讲道:"(简化字)受到广大群众的欢迎,大家称便,特别是对初学文字的儿童和成人的确做了一件很大的好事。河南一位老师向小学生介绍简字,说'豐收'的'豐'字今后可以简写成三横一竖的'丰'字,孩子们高兴得鼓掌欢呼。天津一个工人说,'盡、邊、辦'这三字学了半年了,总记不住,这回简化成'尽、边、办',一下就记住了。""我们应该从六亿人口出发来考虑文字改革的问题,而不是从个人的习惯和一时的方便来看这个问题。""我们站在广大人民的立场上,首先应该把汉字简化这项工作肯定下来。"[34]

1964年5月,中国文字改革委员会编辑出版了《简化字总表》,共分三表,第一表是352个不作偏旁使用的简化字,第二表是132个可作简化偏旁的简化字,第三表是由第二表类推的1754个字,共2236个字。

1975年,中国文字改革委员会公布《第二次汉字简化方案(草案)》(称为"二简字")。1978年3月,教育部发出《关于学校试用简化字的通知》,全国统编的中小学各科教材自1978年秋季起一律试用《第二次汉字简化方案(草案)》第一表的简化字。"二简字"存在明显的问题:①大量简化汉字的笔画,加大了汉字的相似度;②精简了汉字的数量,一个汉字承载的意义过多,造成人们的记忆负担;③大量采用同音简化致使语义表述不清,如将"副、傅、腐"三字简化为"付","副经理"写作"付经理"易被错解为经理姓"付"。因此,1986年9月国务院发出通知,决定停止使用《第二次汉字简化方案（草案）》[35]。

1984年底，中国文字改革委员会召开文字改革工作座谈会。会议认为，在新的形势下，在今后一个相当长的历史时期内，汉字将在中国语文生活中继续发挥重要的作用。1986年1月，全国语言文字工作会议提出在今后相当长的时期，汉字作为国家的法定文字还要继续发挥它的作用，现行的《汉语拼音方案》不是代替汉字的拼音文字，而是帮助学习汉语、汉字和推广普通话的注音工具，并用于汉字不便使用或不能使用的方面[36]。1986年重新发表《简化字总表》，调整后有简化字2235个。这是中国内地推行的全部简化字。

联合国从2008年开始，废止中文繁体字，将简化字定为唯一的官方文字。这个决定统一了国际组织使用汉字的标准，减少了国际文件使用简、繁体汉字的困惑，有利于汉字为更多的非汉语人群的学习和推广。现今，简化字已是全球汉字应用的主流，是世界汉字的正体字。

二、推行简化字的成效

周有光认为："一种文化工具，只要易学便用，适合时代需要，它本身就会自动传播，不胫而走。"[37]正是由于易学便用，六十多年来"简化汉字的推行，无论在儿童教育、扫除文盲和一般人的书写等方面都有很大的利益，因此受到广大群众特别是少年儿童的热烈欢迎"[38]。具体而言，推行简化字的成效表现在以下几个方面。

1.促进了扫除文盲工作

《汉字简化方案》从1956年2月到1959年7月分四批正式在全社会推行，为全国范围的扫除文盲工作做出了不可磨灭的贡献，是汉字改革中最为成功的试验。新中国成立初期，为了提高全民的文化水平，工厂、街道、农村到处都组建扫盲班，形成了识字和学文化的热潮。但对大批不识字的成年人来说，繁体字笔画多，难写难认，简化字的推行极大地改变了这一局面，为全社会的扫盲和全民文化水平的提高做出了很大的贡献。据1934年的统计，全国不识字的民众达3.4亿余人，占总人口的80%。1964年在进行第二次人口普查的同时，也对国民的文化素质进行了调查，结果显示：13岁以上人口的文盲率，已经由新中国成立初期的80%下降到了32%，至2010年已降为4.08%。短短几十年内文盲率如此之快地下降，足见简化字在新中国成立初期对普及教育的贡献。2004年，中国语言文字使用情况的调查结果表明，全国有95.25%的人平时主要写简化字，只有0.92%的人平时主要写繁体字，3.84%的人两种字都写；在15~44岁的人当中，有97%以上的人只写简化字。这些数据表明，简化字以其易学便用的优势，已在各阶层的民众中扎下了根，繁体字退出了社会一般使用的领域，汉字已进入简化字时代。

2.降低了汉字的繁难程度

《简化字总表》的推行，汉字结构系统产生了一些变化，繁难程度明显降低。主要表现为：①汉字笔画数大幅减少，方便了汉字的识记和书写。据统计，2235个简化汉字笔画总数是23025画，平均每字10.3画；被代替的2261个繁体字，笔画总数是36236画，平均每字16画。繁简相比，平均每字减少5.7画，减少了1/3。如果写2000个简化字，合计可少写10000画，按平均每字10画计，等于少写1000字。②减少了通用汉字的字数。汉字简化时采用同音代替（如以"才"代替"纔"、"冲"代替"衝"、"丑"代替"醜"、"后"代替"後"、"谷"代替"穀"、"斗"代替"鬥"、"几"代替"幾"、"价"代替"價"等）和合并简化（如"无""無"合并为"无"、"征""徵"合并为"征"、"钟""锺""鐘"合并为"钟"、"获""穫"合并为"获"、"台""臺""檯""颱"合并为"台"、"系""係""繫"合并为"系"等）的办法，共减少102个繁体字。③提高了阅读的辨识清晰度。如简化字发、弥、乱、灶、龟、郁较繁体字發、髮、彌、瀰、亂、竈、龜、鬱，笔画清楚，辨识明显容易。

3. 适应了华人社会和汉语教学的需要，形成了国际化的传播和影响

近年来，随着中国经济迅速发展，国力的不断增强，简化字和汉语拼音的使用范围越来越广。港澳台地区及海外华人逐渐接受并使用简化字，华文报纸也开始使用简化字，这既反映了大众就简去繁的心理，也是文化跟随经济社会的必然规律。

简化字已是汉字的主体，也成为传播中华文化的主体。"繁体字原本通行世界各国，但很多国家都已见风转舵。例如新西兰近年即将高中会考的中文试卷，由过去提供繁体和简体两种中文字，改为只提供简体字；加拿大的不列颠哥伦比亚省教育厅早先制订的中文课程纲要，已希望教师先教简体字，适当时机再教繁体字。各国华人社区，随着内地移民人数渐多，简体字的招牌也愈来愈多。这样的趋势足以说明，简体字空间愈来愈大。"[39]

在美国，汉语学校和大学的汉语课绝大多数使用简化字。纽约市政府发布的中文公告，过去用繁体字，现在一律用简化字。美国近十年来兴起学中文的热潮，华盛顿特区不少公立中小学都已把中文增列为外语选修课程之一，简体字逐渐成为中文教学主流，已形成一股难以抵挡的趋势。在加拿大，原来教广东话、台山话和繁体字的学校，也开设普通话课、简化字和汉语拼音班。

三、汉字繁简之争

自1909年陆费逵呼吁"普通教育应当采用俗字"至今，对于简化字的功过是非一直争论不休。20世纪90年代以来，"繁简之争"再次成为社会争议的热点，恢复繁体字的呼声屡见不鲜。"繁简之争"问题看似简单，实际上十分复杂。"这个问题涉及如何看待中国传统文化、怎样促进文化交流以及实现信息现代化等众多方面。""对繁体字推崇的背后，固然反映出人们对传统文化的重新认同，但其中暗含着不适合新时代的因素，那就是盲目复古。"[40]

繁简之争的焦点，是繁体字文化积淀和传承的功能与简化字的现实功能和现代

传统之间的矛盾冲突。繁简之争的核心,实质上是文化观念之争,反映的是汉字易认与易写之间的张力,关系到文字的审美和实用功能之争[41]。论争的主要问题有:①推行简化字与继承古代文化遗产;②识字教学与学习繁体字;③恢复繁体字的问题。

拥繁反简者认为,繁体字字形历史悠久,富含深意,不应随便删减,其主要理由如下:

(1)繁体字是中国文化的根,知晓繁体字就是知晓汉字的由来,知晓中国文化的由来。谈及简化字"把'皇后'的'后'与'以后'的'后'弄成一个字所带来的遗憾",季羡林认为:"读古文必须读繁体字""汉字简化及拼音化是歧途,祖先用了几千年都没感到不方便,为何到我们手里就抛弃了?追求效率不是简化字的理由。"[42]中国文化典籍都用繁体字写成,从典籍的最早版本中能获得更多的信息。

汉代隶变后一直作为书面交流工具的繁体字,凝聚了社会生活的场景,是中华文化的形象显示。例如,"書"定格了人们书写的情景,上部"聿"表示一只手拿着毛笔,下面是简或纸,表示写字。"鬥"字,描画了两个人搏斗的场景。简化字"书""斗",失去了文化内涵,造成了文化的隔断。此外,繁体字还能保持书法美观性。

(2)繁体字具有表意、表音的优势。繁体字保留了汉字造字之初的形义关系,从字形即可知字义的大概,如"塵(尘)"字,蠱(小篆)上为三头鹿,下面一个土,表示鹿群奔走扬起尘土的意思。简化字变为"小"与"土",破坏了原有的形义关系,削弱了表意性,有损汉字的艺术美和规律性。有些繁体字形的表意作用遭到破坏或削弱,如繁体的"頭"字,既表音又表义,形符"頁"表示与头部有关,"豆"为声符表示读音,简化为"头",字形与字义、读音都无关系。"臺"表示高台、"檯"表示桌子、"颱"表示台风、"台"则用作敬辞,因为同音简化为"台",丧失了原有的含义。又如,从手从帚的会意字"掃"简化成"扫",从食羊声的"養"简化成"养",而"买""卖"二字繁体所从的"貝","产"字繁体所从的"生",在简化字都看不到[43]。

在众多同音字中,简化字以笔画较少的字代替其他字,会刻意割裂字形和字义的联系,表意性必然弱化,而表意的不足必然导致汉字理据性的缺失,一定程度上会造成人们的记忆负担。因为,并非笔画简单便易记,就表意而言,字形和字义越细化,可能越容易理解字义,如"豐"字,字形上表示容器里盛满粮食,很容易联想到丰收,简化为"丰"则难有这样的联想。

从表音方面看,繁体字的表音功能也较简体字有优势。有些简化字破坏了原形声字的表意和表音作用,如"动(動)"字,"重"表示读音,由于音变,虽读音已不同,但韵母仍一致,简化字"动"完全与读音无关。又如,从艸、闌声的"蘭"字简化为"兰",从旨、尚声的"嘗"字简化为"尝",从鸟、凡声的"鳳"字简化为"凤",从示、齐省声的"齋"字简化为"斋"等。有些简化破坏或削弱了形声结构繁体字声旁的表音作用。前一种情况,如顾(顧)、爷(爺)、际(際)、层(層)、导(導)、邓(鄧)、标(標)、鸡(鷄)、触

（觸）等字；后一种情况，如灯（燈）、邻（鄰）、淀（澱）、灿（燦）、吨（噸）、岭（嶺）、础（礎）、拥（擁）、价（價）、袄（襖）等字[43]。

就繁简字的转化而言，简化字可能造成用字混乱。"一简对多繁"的简化字在繁简字转换的过程中，会产生很多问题。例如：简化的"丑"字，除"地支第二位"的意义，还有原"醜"所表示的"丑陋"的意义，在转换时会出现"子醜寅卯"的错误写法。"發"和"髮"简化为"发"后，街道上出现了"發廊""美發厅"的招牌，其实"头髮"的"髮"与"出發"的"發"原是两个除读音相同外完全不相干的字。此外，姜（姜、薑）、后（后、後）、历（曆、歷）、面（面、麵）、须（须、鬚）等字，在繁简转化时也会出现问题。例如：

①（简）轮到他发言时，他先将了将胸前的长须，以他特有的语言风格……
（繁）輪到他發言時，他先將了將胸前的長鬚，以他特有的語言風格……
②（简）刘唐左耳畔发际间有一片红记，生出几绺红头发，故人送绰号"赤发鬼"。
（繁）劉唐左耳畔髮際間有一片紅記，生出幾綹紅頭髮，故人送綽號"赤髮鬼"。

例①因为"长须"不像"胡须"那样是一个固定的词语，所以出现了转换错位，本该转换成"鬚"，却转换成"须"。例②三个简化的"发"字，对应的繁体字都是"髮"。转换后，只有第二个是正确的。第一个和第三个都转换成另一个繁体字"發"。原因在于，"头发"是固定词语，"发际"和"赤发"是临时搭配，Word软件不能辨认而出现转换错位的情况。

有的字在一定的词语中简化，而在另一类词语中则不简化，也会造成用字混乱。例如："乾"在表示"没有水分，干燥"时简化作"干"，但在"乾坤""乾隆""乾卦"时则不必简化。"瞭解"中的"瞭"简化作"了"，但在"瞭望"中却没有简化[44]。

《汉字简化方案》中，很多形声字被简化成独体字，其表音功能自然受到影响。如"辦"字，简化为"办"，声旁被简去，"薑"被并入"姜"姓的"姜"，既看不出形旁，也看不出声旁[45]。

此外，有学者认为，简体字破坏了传统中文字的美感。一些汉字简化后丧失了表意的形象性，部件、笔画变得简单，书写难免单调，腾挪变化减少，削弱了艺术性。

支持简化字的学者认为，汉字简化是历史潮流的必然趋势。周有光指出："文字理应删繁就简""汉字是个无底洞，简化汉字只能减不能增。"[46]王宁也认为："简化汉字的确有些不尽人意之处，但是，它已经成为普及层面古代文化传承和现代文化记载的工具，必须保持稳定。"[16]14亿中国人已熟悉简化字六十多年，如果回到繁体字时代"是开历史的倒车"。尽管电脑解决了传播的问题，但简单、易学、易记的简化字可能更便于国人学习并为外国人接受。这些学者主要有以下理由。

（1）汉字发展变化的总趋势是由繁至简，由难至易。数千年来汉字的简化从未停止过，人们书写追求减省、快捷的心理，决定了正体字与俗体字从来都形影不离，从简从俗是汉字发展的规律。

早在甲骨文时期，许多字就有繁体与简体的分别，如"车"字就有二十多种写法，有繁有简,繁简相差很大。在古文字演变为隶书的过程中,为了书写的方便,汉字字形大为简化,结构发生巨变。隶书到楷书是进一步的简化,出现了大量的简化字。楷书之后,字体处于稳定状态,字形却在不断简化。现行的很多简化字,源于古代通行已久的简体字(包括异体字、俗体字等)。据统计,现行的简化字80%是由古代传承而来,其中在先秦两汉时就有的占到30%。例如,简化的"汉"字来自汉代的草书,简化的"书"字,汉代的居延简和敦煌简里已广泛使用。现存书法家王羲之的手书中,已有扬、为、时、富、张、丧、谢、东、资、怅、来、纪、经、万、栖、将、询、随、问、说、谛、静等22个简化字。可见,简化字在历史上早已流行,现行的简化字只是这些"俗体字"的定型化、规范化,并加以推广而已。

(2)简化字在普及教育方面更具优势。汉字的基本功用是传播信息,简化字作为易学好用、方便快捷的工具,有助于当时文盲众多的工农大众和广大学龄儿童学习汉字,提高文化水平。例如:"一隻憂鬱烏龜尋覓幾羣骯髒變態齜齒鱷鱉,幾羣骯髒變態齜齒鱷鱉圍殿壹隻憂鬱烏龜"(一只忧郁乌龟寻觅几群肮脏变态龇齿鳄鳖,几群肮脏变态龇齿鳄鳖围殴一只忧郁乌龟)。显而易见,这行文字的繁体字笔画繁多,显然不如简化字方便书写。

此外,简化字也不会影响文化的传承。不论是作为文化载体,还是作为表达工具,繁体字到简化字的演变,只是载体和工具状貌的变化,并不会构成对文明内涵的损害与削减。

(3)简化字在现代社会更具优越性。从目前汉字使用状况来看,简化字在中国内地通行六十多年,已成为汉字的主体,并影响到港澳台等使用繁体字的地区,在华人社会交流中具有不可替代的作用。它更适应快节奏的现代生活,有利于快捷多变的信息交流[47]。

"简化字与繁体字孰优孰劣,这个问题要辩证地看,简化字书写方便,识别的信息相对少一些;繁体字信息量大,但书写繁难易错。"[48]在我们看来,繁体字、简化字都归属于汉字体系,都根植于中华文化传统,所不同的只是对部分文字进行了整理和简化。文字是承载意义的一套符号系统,中国传统文化和现代文明成果,无论用简化字还是繁体字记述都不影响其本身的意义和价值。尽管部分繁体字相比简化字确实"去古未远",但从便利书写和高效传播的角度看,简化字才是适宜的选择。因此,从信息处理、文化交流以及语言文字规范化、标准化来说,汉字的形体应保持稳定,正在使用中的简化字也要保持稳定。"复繁"与"进一步简化汉字"的主张,都不符合实际需要。

参考文献

[1] 何九盈,胡双宝,张猛.汉字文化学简论[M]//中国汉字文化大观.北京:北京大学出版社,1995:5-6.

[2] 倪海曙.清末汉语拼音运动编年史[M].上海:上海人民出版社,1959.

[3] 周有光. 语文风云[M]. 北京:文字改革出版社,1980:2.
[4] 黑格尔. 历史哲学[M]. 上海:上海三联书店,1956:177.
[5] 卢戆章. 中国第一快切音新字原序[M]//一目了然初阶(中国切音新字厦腔). 北京:文字改革出版社,1956:2.
[6] 林辂存. 上都察院书[M]//清末文字改革文集. 北京:文字改革出版社,1958:17-18.
[7] 陈虬. 新字瓯文学堂开学演说[M]//新字瓯文七音译. 北京:文字改革出版社,1958:10-11.
[8] 沈凤楼. 江宁简字半日学堂师范班开学演说文[M]//清末文字改革文集. 北京:文字改革出版社,1958:53.
[9] 梁启超. 沈氏音书序[M]//清末文字改革文集. 北京:文字改革出版社,1958:7.
[10] 钱玄同文集:第三卷[M]. 北京:中国人民大学出版社,1999.
[11] 钱玄同. 中国今后之文字问题[M]//钱玄同文集:第三卷. 中国人民大学出版社,1999.
[12] 鲁迅. 关于新文字[M]//鲁迅全集:第6卷,北京:人民文学出版社,1959:126.
[13] 卢戆章:汉语拼音文字首倡者[N]. 语言文字报,2014-11-09.
[14] 谭嗣同. 仁学:第二卷[M]. 北京:中华书局,1962:62.
[15] 苏新春. 汉字文化引论[M]. 南宁:广西教育出版社,1996.
[16] 王宁. 20—21世纪汉字问题[N]. 北京师范大学校报,2009-05-20.
[17] 清末文字改革文集[M]. 北京:文字改革出版社,1957.
[18] 苏新春. 对百年"汉字改革潮"中几个理论问题的思考[J]. 江西师范大学学报,1996(1):17-21,28.
[19] 李石曾. 进化与革命[N]. 新世纪,1907-11-02(20).
[20] 王宁. 从汉字改革史看汉字规范和"简繁之争"[J]. 云南师范大学学报(哲学社会科学版),2010,42(6):1-6.
[21] 高艳利. 留学生与国语罗马字运动[J]. 徐州师范大学学报(哲学社会科学版),2009,35(2):14-18.
[22] 林语堂. 国语罗马字拼音与科学方法[M]//林语堂名著全集:第19卷. 长春:东北师范大学出版社,1994:341.
[23] 徐春伟. 汉语拼音60年|拉丁化新文字,人人争做仓颉的激情年代[EB/OL]. [2020-11-20]. https://www.thepaper.cn/newsDetail_forward_2027439.
[24] 陶行知. 我们对于推行新文字的意见[J]. 文学丛报,1936(7).
[25] 鲁迅全集:第6卷[M]. 上海:光华书店,1948.
[26] 汪卫东,王川霞. 鲁迅与汉字改革:兼及当下的汉字文化热[J]. 鲁迅研究月刊,2016(4):23-28.
[27] 徐春伟. 汉语拼音60年|拉丁化新文字,人人争做仓颉的激情年代[EB/OL]. [2020-11-20]. https://www.thepaper.cn/newsDetail_forward_2027439.

[28] 倪海曙. 拉丁化新文字运动的始末和编年纪事[M]. 北京: 知识出版社, 1987.
[29] 陈原. 把汉字问题的研究推向新的高度: 在"汉字问题学术讨论会"开幕式上的讲话[A]//中国社会科学院语言文字应用研究所. 汉字问题学术讨论会论文集. 北京: 语文出版社, 1988.
[30] 汉字是中华民族的先进文化: "为了汉字文化的伟大复兴学术研讨会"综述[J]. 汉字文化, 2005(2): 3-5.
[31] 高本汉. 中国语和中国文[M]. 张世禄, 译. 上海: 商务印书馆, 1933.
[32] 胡明扬. 汉语拼音方案和汉语拼音文字[M]//陆俭明, 苏培成. 语文现代化与汉语拼音方案. 北京: 语文出版社, 2004: 166-167.
[33] 汪德迈. 新汉文化圈[M]. 陈彦, 译. 南昌: 江西人民出版社, 1993.
[34] 周恩来. 当前文字改革的任务(1958年1月10日在政协全国委员会举行的报告会上的报告)[J]. 文字改革, 1958(2): 3-8.
[35] 周有光. 文字改革的新阶段[J]. 文字改革, 1985(5): 3-9.
[36]《当代中国》丛书编委会. 当代中国的文字改革[M]. 北京: 当代中国出版社, 1995.
[37] 苏培成. "先生之风, 山高水长": 我的老师周有光[N]. 光明日报, 2014-07-27.
[38] 吴玉章. 关于当前文字改革工作和汉语拼音方案的报告(在一九五八年二月三日在第一届全国人民代表大会第五次会议上作的报告)[N]. 人民日报, 1958-02-14.
[39] 佚名. 繁简之争: 国力就是实力[N]. 联合报, 2006-03-24.
[40] 王宁. 2009年在"简化字与繁体字"为主题的第五次国学研究论坛上的发言//何民捷. 文化观察: 汉字该繁还是简?[N]. 人民日报, 2009-04-09.
[41] 康岩. 汉字繁简之争[N]. 人民日报, 2019-12-28.
[42] 老愚. 季羡林老人谈国学[N]. 书法报, 2009-02-25.
[43] 裘锡圭. 从纯文字学角度看简化字[J]. 语文建设, 1991(2): 20-22.
[44] 解文艳. 浅谈现行简化字中的几个问题[J]. 安徽教育学院学报, 2006(1): 97-100.
[45] 邱理萌. 汉字理据度分析[C]. 第六次汉字书同文学术研讨会论文集, 2013: 100-116.
[46] 周有光. 汉字简化是大势所趋, 删繁就简, 简化汉字只能减不能增[EB/OL]. [2010-01-21]. http://news.sina.com.cn/o/2010-01-21/035016965945s.shtml.
[47] 丁艳, 陈颖聪. 梅须逊雪三分白, 雪却输梅一段香: 浅谈繁体字与简化字[J]. 安徽文学, 2010(1): 221-222.
[48] 何民捷. 汉字该繁还是简?[N]. 人民日报, 2013-07-23.

第五章

中国文化的"活化石"
——汉字与中国文化的关系

第一节　汉字的双重功能

人类文字的表音和表意两大体系中，表音体系文字记录词的语音形式，字形与语音的联系较为直接，而与语义或者概念保持着距离，"这些视觉符号只在它们指示语音符号时才有意义"[1]103。有效地记录语言，是表音文字的唯一功能。表意体系文字表示词的意义，"只用一个与词的声音无关的符号来表示一个词，由于字符与整个词关联，因此字符就间接地与它所表达的概念关联"[2]405。

作为典型的表意体系文字，汉字在表意的过程中自觉地对事象进行分析，根据事象的特点和意义要素的组合设计字的结构。因此，汉字可以不依赖语音，而由字形直接表示意义，是一种"程序化了的、简化了的图画系统"[1]67。

汉字的表达功能在于有效地传达概念而非有效地记录语言，与表音体系文字有着完全不同的价值。"欧洲文字因其'拼音'而与概念保持着距离，汉字因其'表意'而与概念直接联系。……它不是通过口语词去表示概念，而是由视觉符号直接表示概念。"[2]405-406也就是说，汉字根据它所记录的词（语素）的意义而构形，构形时需要选择一种形象或形象的组合，将其生成字符来描述所记录的意义。"这个选择形象生成字符的做法称作取象，取象所表达出的构字意图称作构意。构意和取象都要受到造字者和用字者文化环境和文化心理的影响。因而，汉字的原始构形理据中必然带有一定的历史文化信息。"[3]

这种独特的构形方式，决定了汉字的功能和价值不只在于语言交际。"表音文字主要在一种向度上呈现其自身的意义，汉字却可以在两种不同的向度上实现它的价值。因此，表音文字与汉字永远不可能在同等程度上取代对方。汉字将永远向世界、向人类呈现着某些表音文字不能呈现的东西。""汉字至少还可以在另一种向度上体现自身的价值。除了具有作为记录语言的符号系统的价值功能外，它还可以充当古代某些文化信息的生动提示或指向。"[4]我们可以凭借汉字本体结构系统和汉字发生系统透视蕴含其中的文化信息。例如："初"，《说文解字》释为："初，始也。从刀、从衣。裁衣之始也。"造字者以"用刀裁衣"的构意或造意来表示"开端""开始"义。"男"字，男（甲骨文）、男（金文）、男（小篆）为"田"和"力"的会意，"力"的字形像一种原始的耕地农具，表明在造"男"字时，中国已进入农业社会。而同为象形文字的古埃及文字，"男"像一个男子单膝跪地引弓射箭之形，说明当时的埃及仍在田猎时代。汉字和古埃及文字各自植根于自己的文化土壤，因而必然打上各自民族文化的烙印[5]。

汉字的构意一经使用群体公认，形成所谓的造字理据，成为一种可分析的客体，与字形较稳定地结合在一起，便是汉字表意性质的体现。因此，中国先民在以"近取诸身，远取诸物"的方法创造汉字的过程中，其认知方法、思维方式、价值观念、生活方式、风俗习惯、心理状态和审美情趣等文化特征也蕴藏在了汉字构形里。也正因为如此,从文化学的角度看,每一个汉字如同一个活化石,袒呈着中国文化历史演进的轨迹,如陈寅恪所言:"凡解释一字即是作一部文化史。"[6]

综上所述,汉字除具有所有文字的共同功能外,还有其特殊的功能和意义:①表现一般的概念意义,即通过视觉符号直接表示概念;②构形之中蕴含着丰富的文化信息。汉字是特定的社会文化心理的体现,既有来自政治、道德、宗教、艺术等多种文化外在因素的影响,又受到人们的行为方式、价值取向、思维模式、认识方式等深层文化心理的制约。也就是说,汉字本身也是一种文化和历史现象,具有特殊的文化传承功能。实用的交际功能及其文化艺术价值、审美价值,都是汉字不可割裂的一部分,正如饶宗颐所言:"造成中华文化核心的是汉字,而且成为中国精神文明的旗帜","我们看欧洲的文艺复兴,不同国族的人们以方音的缘故,各自发展自己的文字,造成一种双语混杂的杂种语言,终于使拉丁文架空而死亡。文字语言化的后果,其害有如此者;汉字不走语言化道路,所以至今屹立于世界,成为一大奇迹。"[7]174

第二节 汉字与文化

一、汉字文化

"文化"一词,通常有广义和狭义的解释。狭义的文化又称人文文化,是某一社会集体(民族或阶层)在长期历史发展中经传承累积而自然凝聚的人文精神及其物质体现的总体体系。广义的文化则指人类在文明起源的过程中所创造的一切物质的(如生产工具、礼仪用器、生活器具、粮食、家畜、车船、村落、城邑等)、精神的(如文字、艺术、宗教、刑律、历法等)人文成果[8]。就结构而言,文化可分为物态文化、制度文化、行为文化和心态文化四个层次。物态文化是一种可见的显性文化,而制度文化、行为文化和心态文化属于隐性文化。

美国语言学家萨丕尔(Edward Sapir)认为:"语言的背后是有东西的。而且语言不能离开文化而存在,所谓文化就是社会遗传下来的习惯和信仰的总和,由它可以决定我们的生活组织。"[9]汉字历经数千年的演变,字体已经失去原有的象形特征,但一直顽强地保留了以形表意的基本特征。因此,汉字形体内部隐含着丰富的古代文化信息,与中华文化的众多元素相互融通,神合意随。由于汉字与中国文化在内在精神上的融通性和一致性,"一个汉字的结构,常常内涵着一个远古的故事,折射出若干古代社会的文化信息"[10]。我们可通过分析汉字的构形理据,洞悉所承载的文化意义和历史信息,得知当时的社会背景和人们的生活情态。如饶宗颐所说:"汉字已是中国文化的肌理骨干,可以说是整个汉文化构成的因子,我们必须对汉文字有充分的理解,然后方可探骊得珠地掌握到汉文化深层结构的认识。"[7]1汉字如同中华文化的活化石,传递着来自古代社会的音讯,记录着中华文化发展演化的历史轨迹。汉字是中华民族文化的根,无论显性文化还是隐性文化均蕴藏其中,这是汉字和汉字文化具有旺盛而恒久生命力的重要原因。

汉字与中国文化,这一命题包含两个层面的内涵:①汉字本身就是一种文化事项。汉字与中国文化的关系,是指汉字作为一种文化与其他文化项的直接或间接的关系。②汉字这一文化载体与文化内容的关系。作为记录汉语的表意文字系统,汉字以词汇意义所指对象作为其构形理据,在构造个体字符和创建字符系统时,要将汉语词汇的意义转化为可视性的符号。由于语言意义与历史文化的不可分割性,汉字在记录汉语意义的同时,必然负载了历史文化的相关内容,表述种种文化现象,成为文化的载体。具体而言,对汉字与中国文化的研究有以下内涵:①通过探讨汉字系统的发生、发展、演变的过程,考察汉字与社会、经济、政治、教育等方面的关系;②从汉字的流行地域出发,通过探讨汉字的流传、应用、兴废、改造等情况,考察汉字与当地社会、经济、政治、教育等方面的关系;③从汉字的性质和功能出发,考察汉字与有关的语言、思维、心理以及文学等方面的关系;④从汉字的存在方式出发,考察汉字与有关的科学发明、生产技术以及书写技巧、艺术创作等方面的关系[11]。概而言之,汉字与文化包括两方面内容:一方面,从文化的角度研究汉字,阐明作为一个符号系统、信息系统的汉字自身所具有的文化意义;另一方面,对汉字在构形中所携带的文化信息进行分析,探讨汉字与中国文化的关系。简言之,即从汉字入手研究中国文化,从文化学的角度研究汉字[12]。

二、从文化看汉字

从宏观上说,汉字是整个中国文化的一部分,中国文化的发展变化影响着汉字的发展变化。"文字既不是披在文化身上的外衣,也不是可以脱离文化体系的自在之物。文字是文化的产物,又服务于文化,促进文化的发展,它自身又是文化的一个部分。"[13]中国文化是汉字赖以产生和发展的大背景,汉字是中国文化大系统中的一个要素,是中国文化的结晶。古代中国人的生产生活方式、思维方式和思想价值观念,决定了汉字独特的形体结构及发展演变规律;汉字又像一面镜子,映现着中国文化的万千气象。

汉字是先民基于造字时代的社会环境、文化背景所创造,先民不可能脱离其所处的社会环境来造字。例如, (甲骨文)、 (金文)、 (小篆),字形像侧面站立的人,突出了人弯腰垂臂的劳作形象。人是由类人猿进化而来的能制造并使用工具进行劳动的高等动物,直立行走是人类出现的标志之一,因此先民造"人"字时强调手、脚和直立的身体。又如, (甲骨文)、 (金文)、 (小篆),古时以贝壳为货币,造字时与财产有关的字就用"贝"作意符,故从"贝"的字多与钱财宝物或贸易商品有关,如赃、贡、赏、赌、费、贫、赠、贵、购、货、贱、贩、账、财、贾、贷、贬、贪、资、贯、赚、赊、贿、贻、贮、赂、赐、贼、赔、贸、赘、脱等。

汉字在最深层次上所突显的是与文化传统不可分割的联系。中国人特有的文化心理特征，造就了早期汉字构形的具体性、形象性。可以说，每一个汉字的构形，都反映了造字者看待事象的一种样式，即对事象内在逻辑的一种理解。汉字由独体的"文"孳乳出合体的"字"，是一个由"一"到"二"的过程，这体现了古代中国人"物生有两""二气感应""一阴一阳谓之道"的文化心理。

客观对象和文化理据的变化，会引发汉字形体的演变。例如，狩猎是人类早期重要的生产方式，狗是狩猎的重要工具，故表示狩猎所得的"獲"（获）字以"犬"作意符，表示"猎获"义。至以农耕生产方式为主的时代，粮食成为最重要的收获物，又有了用"禾"作意符的"穫"（穫）。春秋战国时代青铜器物已在社会生活中占据重要地位，汉字的形体演变反映了这一点。最早的器物多为陶器，表示器物名称的字多以"瓦""缶"为部首，如瓯、釜、甑、甗、瓿、罍等。至春秋战国时，表示器物名称的字则改用或增加"金"字作意符，如"缶"字，又作 (金文)，"皿"字作 (金文)。

人们对客观世界认识的变化，也会引起汉字形体的变化。例如，"豚"指古人饲养的由野生猪獾驯化而来的一种小型家畜。由于长期饲养，家豚失去了野生猪獾的一些特点，变得像猪，古人误作猪的一种而造从肉从豕的会意字"豚"。《说文解字》："，小豕也。从彖省，象形。从又持肉，以给祠祀。凡豚之属皆从豚。豚，篆文从肉豕。""豚"即小型猪、微型猪。

三、从汉字看文化

"语言文字是一个民族文化的结晶，这个民族过去的文化靠着它来流传，未来的文化也仗着它来推进。"[14] 汉字是记载中国文化的一种书写符号，也是中国文化本身的一部分。从汉字的造字、构形和结构特点、字义的形成和演变等现象中，可以获得中国文化形成与发展的理据。"这种理据不是逻辑关系意义上的理据，而是意识文化取向、制度文化取向、民族心理文化取向、社会习俗文化取向以及思维方式文化取向的阐释，它具有鲜明的民族性与历史时代性。"[15]

与传统文化相比，汉字具有历史的恒久性。"汉字对文化信息的传载有着自身的优越性，就时代性而言，汉字所蕴涵传载的历史文化信息可比一般文献记载时代更为久远。"[16] 历史上不少文化现象或文化产品、社会习俗以及文化观念、价值取向，早已随着社会的发展而消失或消退，但一些文化信息依旧保存在汉字构形之中。汉字蕴藏着丰富的文化信息，发挥着语言交际以外的文化功能，每一个汉字的背后都是一部历史。例如，蛮、闽、狄传载着图腾文化信息。(小篆)中 （"虫"表示大蛇），《说文解字》释"蛮（蠻）"："南蛮，蛇种。从虫、 声。"蛮，为好蛇的部族。 (闽)，由 (門)和 (蛇)构成，表示屋里有蛇，《说文解字》：" ，东南越，蛇种。从虫、门声。"甲

骨文 ▨（狄），由 ▨（大）和 ▨（犬）组成，表示人带着猎犬行猎。▨（金文）将 ▨（大）作 ▨（亦），有的 ▨（金文）将 ▨（亦）写成 ▨（火）。《说文解字》："▨，赤狄，本犬种。"

有人认为"汉字不仅是记录汉语的符号系统，也是一套文化密码系统。汉字以编码的形式储存了大量的文化元素（cultural element），在这个意义上说，汉字是中国传统文化的缩微信息库，一个汉字就是一幅文化信息缩微图。要全面理解中国传统文化的内涵，破译中国传统文化的密码，离不开对汉字的探索研究"[17]。也正因为如此，汉字具有独特的文化解读功能，是中华文明的原始基因和重要标志，"汉字里贮藏着诸多古代的文化信息、民族传统文化精神，因此，透视汉字的构建可以揭示中国传统文化的一些奥秘"[15]。

汉字的文化特征具体表现为：①汉字的结构标记了先民的生活和意识；②汉字字形的演变反映了事物的发展和变化；③新字的产生和旧字的消亡表明了文化因素的变化。例如，"取"字，▨（甲骨文）、▨（金文）、▨（小篆），为手持割下的耳朵之形，古代战争以取下左耳作为计功的凭证。"袜（襪）"字，《说文解字》归入"韦（韋）"部，写为"韈"，释为"足衣也"。因古时袜用皮而制，"韦"与"革"都是兽皮，故又作"韈"。"桥"字，构形表明古代桥用木而造，《说文解字》："桥，水梁也。"段玉裁《说文解字注》："凡独木曰杠，骈木曰桥。"后用石头、砖、钢筋水泥等材料建造桥，但"桥"的字形一直未变。

从绵延数千年的汉字形体中，可以考察古代文化的方方面面。比如从偏旁部首的演化，可探测出文化变迁的痕迹。唐兰认为："形声字的形母，可以指示我们古代社会的进化，因为畜牧事业的发达，所以牛、羊、马、犬、豕等部的文字特别多。因为农业的发达，所以有草、木、禾、耒等部。因为石器时代变为铜器时代，所以有玉、石、金等部。因为思想进步，所以有言、心等部。"[18]罗常培《语言与文化》一书第二章"从语词的语源和变迁看过去文化的遗迹"中，分析了汉语中从"贝"字与古代货币制度的关系、"纸"的偏旁反映出最初的造纸原料、"安"所反映的古代女性的社会地位、"斩"与车裂惨刑、"家"的原始形式等问题[19]。

汉字造字反映了古代中国人的物质生产、社会生活和思想文化的历史痕迹，保留了大量先民创字时的认识，是认识上古社会实相的文字密码，例如：与农业劳动有关的有男、为（爲）、辰、器、网、斤、刀、亡、禾、耒、耤等字；与动物饲养有关的有鸡（鷄）、豕、犬、羊、牛、马、牢等字；与居住建筑有关的有厂、广、家、穴、门、宫等字；与家庭生活有关的有娶、昏、妾、童、妻、夫等字。

久：中医最原始的灸法是用燃烧的木棍直接烧灼患处。▨（小篆）像用一根木棍抵按在人身上烧灼。《说文解字》："▨，从后灸之，象人两胫后有距也。"灸："▨，灼也。从火、久声。"

医（醫）：《说文解字》释为："▨，治病工也。殹，恶姿也；醫之性然。得酒而使，

第五章 中国文化的"活化石"——汉字与中国文化的关系

从酉。王育说。一曰殹,病声。酒所以治病也。《周礼》有醫酒。古者巫彭初作醫。"▉(秦简牍)、▉(小篆),以"酉"作意符,从字形可见,中医与酒的密切关系,酒在当时的治疗中占有相当的地位。"醫"异体字"毉",▉(小篆)用▉(巫)作意符代替▉(酉),反映了巫与医的渊源关系,如《说文解字》所释:"古者巫彭始作医。"根据"医"字的两个形体,结合许慎的解释,可得出与中医发展史有关的两条文化信息:①中医是从巫分化而来;②古代中医已发明用酒治病的方法,酒疗是当时重要的治疗方法。

王:《说文解字》释为:"王,天下所归往也。董仲舒曰:'古之造文者,三画而连其中谓之王。三者,天、地、人也,而参通之者王也。'孔子曰:'一贯三为王。'凡王之属皆从王。李阳冰曰:'中画近上。王者,则天之义。'""王"的解释,体现了许慎《说解文字》的基本方法和目标追求。"天下所归往也"是说"王"的读音源自"天下所归往也"的"往";"三画而连……"阐释"王"的构形意蕴,即字形构造的理据。"王"字,今多采用"像斧钺形"说。▉(甲骨文)像有▉(手柄)的宽刃▉(斧)之形,或作▉(甲骨文)在▉(战斧)基础上加指事符号▉。▉为金文写法。古代斧钺代表礼器外,还有象征武力统治天下之意。此外,"王"字还有诸多解说,如从火(旺)说、像王冠说、像人端拱而坐说、像牡器之形说等[20]。

武:▉(甲骨文)、▉(金文)、▉(小篆),表示肩扛兵器,出征作战义。《说文解字》:"楚庄王曰:'夫武,定功戢兵。故止戈为武。'"许慎的释义,文字学界多不认同,但有人阐释了许慎释义所蕴含的深层文化内蕴。"止"字兼具"行止""驻止"义,学者们一般忽视"驻止"义,古文字学家于省吾也只注意到"行止"义。"武"在上古兼具"舞蹈"(仪式的层面)、"行武"(巫术的层面)、"止武"(功利的层面)三种造字本义和三重文化意义,置之于《左传》用例,则构成三个语义场:①用之于美称谥号,儒学观念赋予"武"以肯定的情感价值;②"武"原本具止战非攻的含义,由此儒学理念赋予"武"以人道精神;③"武"之直接功能在于征伐,若诉诸"武德",以征伐为后盾而可怀敌附远,则儒学观念赋予"武"以道德原则。因此"将'武'字会意为'止戈息战',虽然经过了儒学家从人道精神、人权立场的若干重塑和转换,而反倒是直探底蕴,迹近字源的"[21]。可见,"止戈为武"——停止战争才是真正的"武",有其文字学和文化学的理据,它凝聚了中华民族爱好和平、博大包容的民族精神。

由于造字者的构思不同,取材有别,方法各异,汉字存在着大量的异体字现象。异体字又称重文、或体、俗字等,通常是指音义相同而形体不同的一组字。据王继红对《汉语大字典》56000多字的统计分析,异体字约有25000个,占汉字总量40%左右。从本质上说,异体字现象是同一字义与不同字形发生联系的现象。异体字的大量存在,对汉字的使用、识认和传播造成了累赘、讹误和混乱,但也给汉字文化研究提供了可资参证的重要镜像。因文化背景的差异、文化视角的不同、封建文化专制等因素,异体字或同时共存,或历时更替,其形义之间的多维联系也是汉字蕴涵、传载文化信息的一种重要方式。因此,分析异体字不同的构形理据,也是发掘汉字文化蕴涵的途径之一。

聝(聝)、馘(馘):《说文解字》释"聝":"军战断耳也。《春秋传》曰:'以为俘聝。'从耳,或声。馘,聝或从首。"聝,指古代战争中割取所杀敌人或俘虏的左耳以计数献功。战国时,秦已以斩首计功("首功"),如《史记·鲁仲连列传》中有:"彼秦者,弃礼仪而上首功之国也。"故有异体"馘"。

玺(壐、璽):《说文解字》:"璽,王者之印也,从土、尔声。壐,籀文从玉。"先秦时玉的地位崇高,"君子比德于玉",玉作为德的载体,被赋予了仁义智勇洁等多种美德,是贤人君子的人格化身。玺作为帝王的印章,是权力的象征和体现,印玺用美玉为材质,故籀文从玉。在以农业立国的先民意识中,民无土不立,拥有土地就拥有财富、权力,故后起的"壐"从土。《左传·僖公二十三年》:(重耳)"乞食于野人,野人与之块,公子怒,欲鞭之。子犯曰:'天赐也。'稽首,受而载之"即反映了这一观念。"社稷"一词,原为土地神和谷神的总称,后作为国家的代名词,如"社稷之忧""社稷之患""社稷之危"等,也基于这一观念。

综上所述,汉字负载并凝结了中国文化,是中国文化的"活化石"。"几乎每个汉字都可以描绘出一幅中国历史文化图,或者演绎出一段中国历史文化'典故',因而汉字本身就可以被视为文化信息的载体,是一种充满时代色彩、地域概念、人文心理特征的文化符号。"[22]透过汉字,我们可以获悉古代社会的风俗习惯、伦理道德、社会制度、审美情趣、思维习惯,体认中国文化的基本特征和基本精神,洞察中国人原始的思维特征和文化心理深层结构。正如饶宗颐所言:"造成中华文化核心的是汉字,而且成为中国精神文明的旗帜。"[7]174汉字承载了中华民族最深沉的精神诉求,至今仍然是维系国家统一和民族团结强大又无可替代的纽带。

第三节 汉字部首的文化内涵例释

一、"犬"部字的文化内涵

《说文解字》"犬"部收录与犬类动物相关的字,蕴含着古代犬文化信息,关涉图腾崇拜文化、祭祀文化、狩猎文化、驯养文化、司法文化等多个方面。

1. 古代图腾崇拜与祭祀文化

原始先民将与自己生产生活最密切的某种动物、植物视作氏族的起源,作为本氏族的图腾而顶礼膜拜。犬与人类生产生活关系密切,被视为最有灵性的动物而加以崇拜,这是犬图腾文化的滥觞。

狄:(甲骨文),、(金文),(小篆),左边犬的形貌特征突出。《说文解字》:"㹜,赤狄,本犬种。狄之为言淫辟也。从犬,亦省声。"许慎的释义表明狄民族以犬为图腾。段玉裁注为"北狄也"。狄,古代北方一民族名。许慎将右边"山"(火)误解为"亦省声"。其实,以游牧为主的北方狄族,火与犬是生存必不可缺的需要,因而崇拜火与犬。

犬图腾崇拜与祭祀是人类童年期产生的文化,它源于人类对世界万物的好奇,对生命的感恩,也是上古先民民族意识萌生的体现。《说文解字》犬部字包含了祭祀文化,主要是对犬图腾的祭祀。例如:"献(獻)"字,《说文解字》:"獻,宗庙犬名羹献。犬肥者以献之。从犬、鬳声。"（甲骨文）、（金文）表示以"犬"为进献之物,"献"是古代祭品犬的专称。

2. 古代驯养和狩猎文化

狩猎是远古时期人类生存的重要手段之一,犬是人类狩猎活动的重要助手。狩、猎、臭、获(獲)、犯等字,反映了远古时期犬的功用。

狩:（甲骨文）左为捕禽兽的猎具,右为犬,表示带犬捕猎。《说文解字》:"狩,犬田也。从犬、守声。"

猎(獵):（金文),《说文解字》释为:"獵,放獵逐禽也。从犬、巤声。"段玉裁《说文解字注》:"四时之田总名为猎。"《诗经·魏风·伐檀》中有:"不狩不猎,胡瞻尔庭有县貆兮?"

臭:（甲骨文）、（金文）上为"自",下为"犬",突出犬的嗅觉灵敏,如《说文解字》所释:"臭,禽走,臭而知其迹者,犬也。从犬、从自。"

犯:（金文),《说文解字》:"犯,侵也。从犬、巳声。"表示犬冲上咬住猎物。

驯养,是人类在农业文明时期由单纯的农耕经济过渡到以种植业为主、畜牧业为辅的重要表现。犬部字与驯养文化密切相关。

奖(奬):（小篆),《说文解字》:"嗾犬厉之也。从犬,将省声。"段玉裁《说文解字注》:"嗾,使犬声也。厉之,犹勉之也。""奖"记录了先民驯服犬的活动。

狎:《说文解字》释为:"狎,犬可习也。从犬、甲声。"表示犬善与人玩耍,为驯养、驯服义。贾谊《新书》中有:"欲以刑罚慈民,辟犹以鞭狎狗,虽久弗亲矣。"

3. 古代司法文化

从犬的喜吠、善吠等生理特性,引发出以犬喻司法活动的文化蕴涵。

狱(獄):（金文),《说文解字》:"獄,确也。从㹜、从言。二犬,所以守也。""狱"表示监禁罪犯的地方,后引申为争讼、诉讼案件、牢狱等义,均与司法有关。可见,犬与古代司法有一定的契合,狗的生理、形态特征与古代司法官员也有相通性。

4.古代先民的文化心理

由部首"犬"(犭)构成的汉字和犬(狗)组成的词语,大都有贬义色彩,是动物类詈语用得最多的字眼之一。如《现代汉语词典》(2002年版)中"狗"词条下所收录的17个词语,贬义色彩非常强烈的15个,其中有4个明确注明为"骂人的话"。《汉语大词典》中注明"詈词"的有"狗奴才、狗男女、狗屁、狗东西"等,其他"狗"族语汇虽未直接标明"詈词",但绝大多数都用来形容或比喻人的某种不良或丑恶品行,如"狼心狗肺""狗肉不上席""狗行狼心"等。成语、熟语中包含"狗"(或"犬")的语词更多,如狗官、疯狗、狗崽子、哈巴狗、癞皮狗、狗胆包天、猪狗不如、狗急跳墙、狗眼看人低、狗嘴里吐不出象牙、挂羊头卖狗肉、鸟不生蛋狗不拉屎、一张人脸一张狗脸、狗咬吕洞宾——不识好人心、累累若丧家之犬等。中国人传统的尊贵贱卑、重义轻利、惩恶扬善、尚统反分和象征比附等思想观念和文化心理,是汉语"狗"族语汇总体上呈现强烈贬义色彩的根本原因。狗的行为往往为君子所不齿,如狗对主人摇尾乞怜、攻击穷人等行为,使人自然类比阿谀谄媚、倚仗权势的小人行径。"和"是中国传统哲学的重要范畴,是中国人审美的极高理想,如《论语·学而》所言:"礼之用,和为贵,先王之道,斯为美。"《说文解字》释"独(獨)":"⿰犭蜀,犬相得而斗也。羊为群,犬为独。"犬不喜群居,这种较强排他性的特点与上古人类聚族而居的群居生活方式相悖。因此,狗"独"的习性特点,被人们赋予贬义色彩。

在民间,狗又是被用于"昵称"的动物,如中国老百姓多给子女取名狗娃、狗子、狗狗、二狗子、狗蛋、狗剩等。民间百姓借"狗"名希冀孩子平平安安,源于中国人"贱命好养活"的文化心理。例如,天津"狗不理"包子的创始人高贵友,乳名即"狗子"。高贵友的包子铺原名"德聚号",因生意兴隆,高贵友顾不上说话,人戏言"狗子卖包子,不理人。""狗不理"店名由此而来。

5.民族意识的萌芽

犬部中表示民族名称的字,表明原始社会某些部族以犬为图腾,也表现了中原人对边地民族的轻视。图腾是区分部族的重要标志,以犬为图腾的先民已具有族群意识。同部落的人同根同源而与其他图腾的部族相对立,这种文化认同上的差异是早期民族意识的体现[23]。

二、"羊"部字的文化内涵

羊,是人类最早狩猎并驯服的动物之一,早在原始社会已有羊的记录与描绘。⿲、⿲(甲骨文),⿲、⿲(金文),⿲(小篆)都像羊头之形。《说文解字》:"⿲,祥也。从⿲,象头角足尾之形。"在中国文化中,羊占据着重要位置。羊是美好、善良、吉祥、知礼、知义和知孝的象征,也是祭祀仪式中献给神灵的牺牲,民间的许多风俗习惯都与羊有关。《说文解字》"羊"部字及其他部与羊有关的字共34个,涉及羊的种类名称、生活习性、善美意象以及地名姓氏等,凝聚着先民对自然与社会的认识,蕴含着厚重深远的文化内涵。

1."羊"部字与传统饮食文化

六畜(羊、豕、犬、牛、马、鸡)是早期先民圈养的牲畜。羊在六畜中主给膳食,从"羊"部字可窥见古人的饮食文化信息。

羔:《说文解字》释为:"羔,羊子也。从羊,照省声。""羔"字羊下从火,羔(金文)字形正像羊在火上,表明古人把小羊羔直接用火烧烤,以此为食。

羹:《说文解字》释为:"羹,五味盉羹也。从䰜、从羔。"金文、小篆字形下部均有古代炊具"鬲",本义为用"鬲"煮成的羊羔肉汤。古人的主要肉食是羊肉,"羹"小篆作"羹"(羹),从羔、从美,表示肉的味道鲜美,一般是指带汁的肉,后引申为一切用食物煮成的汤类饮品。"小人有母,皆尝小人之食矣,未尝君之羹,请以遗之。"(《左传·隐公元年》)此处"羹"的意思,即类似于肉羹的食物。

羞:《说文解字》释为:"进献也。从羊,羊,所进也;从丑,丑亦声。"段玉裁《说文注》:"从丑者,谓手持以进也。"羞、羞(甲骨文),羞(金文)形似一人手持一羊进献,印证了段注的解释。后引申为美味佳肴的统称。

2."羊"部字与传统道德文化

先民认为羊具有"群而不党""杀之不号""乳必跪而受"的美好品格,故以羊喻指人的优良品德,如"德如羔羊""羔羊之义"等。

义(義):義(甲骨文),義、義(金文),義(小篆),《说文解字》:"義,已之威仪也。从我、羊。""仪(儀)"字,《说文解字》释为:"儀,度也",指礼节、仪式。"羊"表示美、善,"我"为仪仗类兵器"戟",用"羊"和仪仗组合的"義"字,表示美好的仪表和礼仪。"羊"是最温顺善良的动物和美味,故蕴含仁义、明礼等美好意象[24]。

善:古作"譱",譱(金文),《说文解字》:"譱,吉也。从誩、从羊。""善"与义、美同义。羊为人类生存提供了必需品,又本性温和、平易忠诚、知恩孝顺,先民将这些品性上升至人的道德和行为规范层面。因此,羊在先民的心中不仅是一种家畜,而且被视作仁义礼德的象征,如《国语·晋语》有言:"善,德之建也。"

3."羊"部字与传统祭祀文化

《说文解字》释"羊":"祥也",释"祥":"福也。从示、羊声,一曰善。"可见,"羊""祥"都表示吉祥之义,从羊的字大都蕴含美善之义,在先民看来"羊"是吉祥的象征。古代帝王祭祀社稷时,牛、羊、豕三牲全备为"太牢"。三牲中"羊",一直是祭祀神灵时不可或缺的牺牲品。

牺(犧):甲骨文犧(牺)左半部分从正面看是羊头之形,上部是一对左右下弯的羊角,中间是两只耳朵,最下面的箭头形象表示羊的嘴巴。可见,羊被用作牺牲祭品的历史由来已久。《说文解字》:"羲,宗廟之牲也。从牛、羲声。"羊在古人心中是具有宗教意义的圣物,先民将其视为仁义礼德之祥物,赋予其祈求吉祥的美好意愿,故用羊作祭品敬奉神灵。

4. 羊与民俗文化

中国民间生育、婚仪、交际礼仪和游艺娱乐的习俗中,都有与羊有关的内容。婚俗中用羊,取其吉祥、善良、美好的象征意义,羊贯穿于婚仪的每个环节,或作为礼物,或作为信物,或用以酬宾。生育习俗中,有以羊报生育喜信和穿兽鞋的习俗。如河南新乡妇人初生男或女,女婿向岳父岳母报喜时要抬盛有米、面、鸡、酒之类的礼盒,并牵羊一只。女方家则须回送男方家一只羊,或给一只羊的钱,表示同喜同贺。河南林县等地头胎婴儿报喜的仪式中,人们抬礼盒、酒坛,赶两只褐山羊,山羊颈上系着铜铃,一路叮当作响,以晓谕众人。

新生儿穿着兽鞋,是汉族的一种育儿习俗。常见的兽鞋有虎、豹、龙、牛、兔、羊、猫、狗等生命力较强的动物形象,寓意繁衍旺盛、易养易活。穿羊鞋,还是吉祥如意的象征,孩子出生,无论男女都要穿兽鞋,直到三、四岁。

古时交际送礼也有送羊的习俗。"羊酒"即羊和酒,既可做定亲礼物,也用作进见、致谢或慰问的馈赠礼品。民间还有送羊劝孝的传统,每年夏历六、七月间,外祖父、舅舅要给外甥送羊,后演变为送白面蒸熟的面羊。一说此民俗与沉香劈山救母神话有关。沉香劈华山救出母亲后,愤怒之下要杀掉将其母压在华山下的舅舅杨二郎。杨二郎为重修兄妹之好,每年送沉香一对活羊,因为"羊"与"杨"谐音,意为以"羊"替"杨",后遂成俗。另一说为有一小孩不孝敬爹娘,其舅,即一个牧羊人将其带到羊群边,他看到羔羊跪乳的情景后,懂得了孝敬母亲的道理。后舅舅送羊给外甥以劝其孝,成为固定的交际礼仪习俗。

娱乐习俗中,北方妇女儿童有玩"嘎拉哈"(羊拐)的习俗[25][26][27][28]。

三、"攴"部字的文化内涵

"攴"字,攴(甲骨文),《说文解字》释为:"攴,小击也。从又、卜声。凡攴之属皆从攴。"攴部字的文化内涵表现在以下几个方面。

1. 古代教育观和教育方式

"教",教(甲骨文)、教(金文)、教(小篆),字形像手持器械施教子之状,本义为教育。《说文解字》:"教,上所施、下所效也。从攴、从孝。凡教之属皆从教。教,古文教。教,亦古文教。"从教之字"敦(敎)",《说文解字》释为:"觉悟也",指通过教育使受教者觉悟。这两个字反映了古代对孩童教育的重视。"效"字,本义为训诫,《说文解字》释为:"象也。从攴、交声。"仿效、效法应是引申义,孩童学习的初级阶段,大都从对成人的模仿开始。"孜"字,《说文解字》释为:"汲汲也。从攴、子声。"意为勤勉不懈,学习者应有孜孜不倦、勤奋好学的学习态度。这些字所反映的教育理念,一直延续至今。

2. 古代"尚武"思想

从"攴"之字多与"击打"义有关,如肇、寇、攻、敲等,反映了上古社会的"尚武"思想。"国之大事,在祀与戎"(《左传·成公十三年》),受农耕文化的影响,中国人安土重迁的观念深厚,但没有强大的武力支撑,不能抵御外敌入侵,则无法安居乐业。春秋末至战国时期诸侯纷争,主要靠武力征服,因而崇尚刚毅勇武之风。《周礼·保氏》:"养国子以道,乃教之六艺:一曰五礼,二曰六乐,三曰五射,四曰五御,五曰六书,六曰九数。"这是周王朝官学贵族教育体系中学生应掌握的六种基本能力。其中"射""御",即指军事技能。"尚武"思想作为主流思想存在了很长一段时间,至宋代实行"重文抑武"的国策,才从根本上抑制了"尚武"之风。

3. 古代的农业、畜牧业活动

"社稷"一词,原为古代帝王、诸侯所祭的土地神和谷神("社"为土地神,"稷"是古代一种粮食作物,指粟或黍属。古代以稷为百谷之长,故奉祀为谷神,古代君主都祭社稷,后用以借指国家)。以"社稷"来指国家,可见历代统治者对农业的重视程度。"敉"字,《说文解字》:"抚也。从攴、米声。"许慎释为安抚,因为"民以食为天",有了粮食才能安抚民心。"敖"字,《说文解字》:"鳌田也。从攴、尧声。"意为用木杖平整土地。"敕"字,《说文解字》:"诫也。甾地曰敕。从攴、朿声。"意为在土地中栽秧插苗。"敖""敕"二字记录了田间劳作活动。"牧"字,(甲骨文)像执鞭放牛之形。《说文解字》:",养牛人也。从攴、从牛。"后由放牛、羊,引申到治理百姓,如牧民(治理人民)、州牧(古代治民之官)。"策"字,《说文解字》:"击马也。从攴、朿声。"许慎释为击马,古同"策",用鞭子打马,可见养马历史之悠久。在周代已有种马、戎马、齐马、道马、田马、驽马六种不同用途的马。

4. 古代的礼乐文化

《说文解字》中记有诸多乐器的名称,《诗经·小雅·鹿鸣》一诗中有:"呦呦鹿鸣,食野之苹。我有嘉宾,鼓瑟吹笙。吹笙鼓簧,承筐是将。"记录了鼓奏乐器的活动,反映了中国文化的尚乐传统。"敔"字,(金文),一种外貌像伏虎的乐器,其背上有 27 片形如锯齿的突出物,用木尺在锯齿上一刮,用以表示乐曲终了。《说文解字》释为:"禁也。一曰乐器,椌楬也,形如木虎。从攴、吾声。"礼乐有教化作用,许慎以"禁"释之,一方面突出敔这种乐器在音乐演奏中的作用,也突出了礼乐能让人端正思想,摒弃杂念,即所谓"禁欲"。"鼓"字,古同"鼓"。"鼓"与"鼓",一为动词,一为名词,本为一字。"鼓",击鼓也,《说文解字》:"从攴、从壴,壴亦声。"鼓是一种打击乐器,《周礼》中记载有六种不同用途的鼓:雷鼓用于祭祀天神,灵鼓用于祭祀地神,路鼓用于宗庙祭享,鼖鼓用于军事,皋鼓用于集合、解散徒役,晋鼓用于敲钟奏乐。敂、鼓二字,体现了古代对礼乐的重视[29]。

参考文献

[1] 帕默尔. 语言学概论[M]. 吕叔湘,译. 北京:商务印书馆,1983.

[2] 申小龙. 汉语与中国文化[M]. 上海:复旦大学出版社,2008.

[3] 王宁. 汉字与中国文化[EB/OL][2019-10-12]. https://mp.weixin.qq.com/s/rhJRKOXiwsCRkHpH_PqbMQ.

[4] 黄德宽,常森. 汉字阐释与文化传统[J]. 学术界,1995(1):13-19.

[5] 王立军. 汉字:中华文化的独特符号[N]. 光明日报,2017-01-15(12).

[6] 桑兵. 解释一词即是作一部文化史[J]. 学术研究,2009(12):90-92.

[7] 饶宗颐. 符号·初文与字母:汉字树[M]. 上海:上海书店出版社,2000.

[8] 葛英会. 古汉字与华夏文明[M]. 上海:上海古籍出版社,2010:5.

[9] 萨丕尔. 语言论[M]. 陆卓元,译. 北京:商务印书馆,1985:221.

[10] 刘志基. 汉字:中国文化的元素[M]. 上海:华东师范大学出版社,2007:143.

[11] 何九盈. 汉字文化学[M]. 沈阳:辽宁人民出版社,2002:103.

[12] 何九盈,胡双宝,张猛. 汉字文化学简论[M]//何九盈,胡双宝,张猛. 中国汉字文化大观. 北京:北京大学出版社,1995:5

[13] 何九盈. 汉字文化学[M]. 沈阳:辽宁人民出版社,2000:42.

[14] 罗莘田. 中国人与中国文[J]. 国文月刊,1942(12).

[15] 周淑敏. 汉字与中国传统文化[J]. 北京联合大学学报,1999(12):22-30.

[16] 刘志基. 汉字:中国文化的元素[M]. 上海:华东师范大学出版社,2007:146.

[17] 沈锡伦. 中国传统文化和语言[M]. 2版. 上海:上海教育出版社,2004:357.

[18] 唐兰. 古文字学导论[M]. 济南:齐鲁书社,1981:112-113.

[19] 罗常培. 语言与文化[M]. 北京:北京出版社,2003:10-12.

[20] 于省吾. 甲骨文诂林[M]. 北京:中华书局,1996:3270-3278.

[21] 臧克和. 释"武":一个不失为好运气的历史误会[J]. 中文自学指导,1998(2):3-5.

[22] 张德鑫. 关于汉字文化研究与汉字教学的几点思考[J]. 世界汉语教学,1999(1):84-88.

[23] 段蕴恒.《说文解字》犬部字及其文化内涵[J]. 文学界(理论版),2012(8):229-230,232.

[24] 臧克和. 说文解字的文化说解[M]. 武汉:湖北人民出版社,1997:209-226.

[25] 余秀丽.《说文解字》羊部字的文化学阐释[J]. 兰州教育学院学报,2019,35(1):64-66.

[26] 苏馨.《说文解字》羊部字与中国民俗文化[J]. 辽宁教育行政学院学报,2008

(2):111-113.

[27] 陈烁.《说文解字》"羊"诸字说略[J].西北民族大学学报(哲学社会科学版),2008(6):139-141.

[28] 余梦飞.《说文解字》羊部字与中国传统羊文化简述[J].昭通学院学报,2017(3):71-75.

[29] 陈鑫鑫,王栋.《说文解字》"攴"部字的形义分析及其文化阐释[J].皖西学院学报,2018,34(4):110-114.

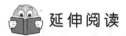
延伸阅读

中国文化典型的五个特点
葛兆光

我今天讲的这个题目,是一个很普通的题目——什么才是"中国的"文化。略微有一点特别的是,我把"中国的"这三个字加了引号,因为我主要讨论的是,究竟什么才能算中国的文化。

为什么要讨论这个问题

大家都知道,从晚清以来,一直到现在,关于中国文化的讨论是非常多的,从林则徐、魏源"睁开眼睛看世界",到"五四"新文化运动,一直到20世纪80年代的"文化热",我们一直在讨论这个问题。为什么我们今天还要来讨论这个问题呢?这是因为我有以下几个特别的考虑,先向大家"从实招来"。

第一,是我们过去对中国文化的讨论,或者给中国文化的界定,往往是大而化之、似是而非的。我们有一些高度概括的形容词,可是说实话,你听完了,不知道他在说什么,这不符合一个历史学者的习惯。

我今天要给大家讲得具体一点,就是什么才能算"中国的"文化。

第二,我也有我的担忧。最近这些年,很多人热衷于谈论中国文化,诸如"中国文化走出去""中国文化在世界上有多大的意义"等等。可是,很多人在谈论"中国文化"的时候,首先会把它"窄化"。

大家都知道,现在的中国是一个多民族国家,可是有人却把中国文化窄化为汉族文化,然后又窄化为汉族里面的儒家文化,然后再窄化为他认为是正统、经典的儒家文化,这样就使得我们对什么是中国文化产生误解。

第三,我现在非常担心的是,当我们讨论"中国文化"的时候,有一些人带着一种很奇怪的、不知道从哪儿来的文化优越感。

因此,在所谓"中国崛起"的大背景下,很多人就会有一种错觉,觉得我们中国文化优于其他文化。其实,文化是一种现象、一种特征,文化无高低,民族无贵贱。

因此,我们现在需要理性地、历史地、自觉地认识中国文化,这样才能够和各种民族、各种文化有互相交往、互相理解与平等的态度。

中国文化典型的五个特点

我今天希望能够讲清楚的是，什么才是典型的中国文化。换句话说，即中国文化的特点，什么在中国比较明显，在外国不太明显，什么在中国有，外国没有，这样，我们才能把它称作"中国文化"。但是，我这里还要作一个界定，下面讲的主要是汉族中国的文化。

第一个特点是汉字的阅读、书写和通过汉字思维，这个是非常重要的。

大家要知道，现在全世界除了极少数，像中国云南纳西族的东巴文字以外，所有的以象形为基础的文字基本都在生活中消失了，只有汉字仍然和它最起初的象形性、原初性，保持着直接的联系。

汉字有的是象形的，日、月、木、水、火、手、口、刀等等，这个在古代中国叫作"文"，用章太炎的说法，这就是最基本的汉字单位"初文"。这是古人通过图像，直接描绘他所看到的事物。

但是，这些字不够，就加上会意，就是在一些象形的文字上，加上一些标志意义的符号。比如说刀口上加上一点，就是"刃"；爪放在树上，就是"采"；牛被关在圈里面，就是"牢"。

会意还是不够用，就加上声音，成为形声字，比如说江河松柏等等。基础的汉字主要是这三类，当然六书有六种，但主要的是这三类。

大家可以看到这三类，基础都是形。因此，用汉字来说话、思考、阅读、书写，就会带来很多特征，可能会有一些重感觉重联想，但语法相对简单的特点。

我经常举一个例子，中国人对于"文"和"字"，有一种自然的感受和联想。

古代的"人"字，一看就是人，如果这个人嘴巴朝天，就是"兄"，兄原本不是兄弟的兄，是庆祝的"祝"，人的口朝天是向天"祝"和"咒"的意思。

小篆"兄"字（资料图）

人的嘴巴朝前，又是什么？是哈欠的"欠"。但这个嘴巴如果掉到后面呢？就是既然的"既"，这是吃完了不吃了，所以是"既"，即已经结束了的意思。

汉字都非常有意思，它形成了中国文化很多特点。简单地说，汉字的使用带来了书法的发达、诗歌声律的发展，比如对偶、平仄等，这些都是单音节的汉字才有的。

在古代中国，汉字这种以象形为基础的文字，历史上没有中断，延续到现在，它对我们的思维、阅读和书写，都有很大的影响，甚至影响到了东亚，形成了所谓的"汉字文化圈"。

第二个特点是"家、家族、家国以及在这一社会结构中产生的儒家学说",这是非常有影响的。

我上课的时候,尤其是给外国学生上课的时候,要出一个题,这个题就是,贾宝玉应该管林黛玉、薛宝钗、史湘云叫什么?外国人总搞不清楚,他们说 sister,我说,没那么简单,用中国话来说,是表姐、表妹,但是,还是没那么简单。

严格说,林黛玉是贾宝玉的姑表妹,薛宝钗是贾宝玉的姨表姐,史湘云隔了两代了,更远的表妹。为什么中国称谓这么复杂呢?这是因为中国的家、家族、家族共同体,要想有秩序,必须把远近亲疏关系界定得非常清楚,这就涉及中国伦理原则和等级秩序。

简单地说,这里其实就是两个原则。

一个是"内外有别"。父母夫妻之间,分内和外,也就是说,女性的亲族和男性的亲族,等级远近是不一样的,比如说,叔叔、伯伯,那是你的父党,同姓;但是,舅舅、阿姨,那是母党,不同姓。

所以,外公外婆是外,爷爷奶奶是内,在古代中国,是分得很清楚的。

第二个原则就是"上下有序",必须讲清楚上下,伯仲季叔,分得清清楚楚,不能乱。

这两个原则,在丧服制度上表现得最明显。一个人死了之后,在这个人的丧礼上穿什么衣服,一方面表示你和死者关系远近如何,一方面通过丧服,把一个大的家庭、放大的家族、更大的家族共同体联结起来。

而中国的家庭、家族、家族共同体再放大,就是国家。西方不论是 country、state 都没有"家"的意思,中国偏偏有"国家"和"家国",因为在中国观念世界里面,国就是放大的家,家就是缩小的国,上下有序、内外有别的伦理在国家层面上也是非常严格的。

正是在这个基础上,才有了儒家学说。

第三个特点是汉族中国文化里面一个很重要的特点就是"三教合一"的信仰世界。

宋孝宗、永乐皇帝、雍正皇帝不约而同讲过几乎相同的话,叫"儒家治世、佛教治心、道教治身"。也就是说,儒家管社会治理,佛教管精神修养,道教管身体修炼,三教看起来蛮融洽的。

其实从历史上看,这个道理很简单,在中国,佛教道教没有绝对性和神圣性,所以很难看到宗教之间的辩论,也不大会有宗教之间的战争。这是中国的一个特色。

第四个特点是中国最有趣的阴阳五行。

阴阳不说了,五行有两大原则。

第一个原则是相生相克,金生水、水生木、木生火、火生土、土生金,这是相生的轮回;金克木、木克土、土克水、水克火、火克金,这是相克的轮转。

第二个原则是五行可以串联万事万物,比方说,五行可以配五方,东南西北中;

可以配五色,青白赤黑黄;可以配五声,宫商角徵羽;还可以配五味,酸甜苦辣咸,等等。

把万事万物连成一个大网络,这是我们先人对宇宙万事万物认识的知识基础,大家现在学了科学,对这个有怀疑,但是在古代,这就是我们理解世界最关键的基础,在这个基础上还产生了一整套知识和技术。

第五个原则是中国天下观念,用我们现代的话来说,中国古代的世界观,跟其他国家和民族很不一样。

古代中国人有一个宇宙想象叫作天圆地方,就是天圆如倚盖,地方如棋局。即天是圆的,像斗笠一样,地像围棋棋盘一样。天的中心在哪里呢?古人想象在北极。

古人夜观天象,视觉里天在转,地不转,因此"天道左旋",当你面朝北的时候,天是朝左转的,你会感觉有一个地方始终不动,这就是北极,就是我们现在讲的极点。

古人认为大地的中心在哪儿呢?"洛者,天之中也",洛阳是大地的中心。这是因为这套观念形成的时候,大概是东周,那时候王都在洛阳。洛阳最了不起,特别是到了夏至那天,"日下无影"。所以,古代中国人以洛阳为中心。

想象中一圈圈放大,这就是大地的形状,所以有"九服"或者"五服"的说法,每服五百里,两边各有五百里,就是一千里,"五服"就是五千里,大地就是这么方方的。

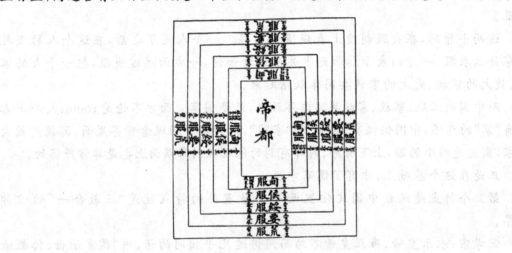

五服图

但是,从这里形成的一个观念很重要,就是越在中心的人,文明程度就越高,越在边儿上的人,文明程度越低,这就是南蛮、北狄、东夷、西戎。

中国很早形成了"华夷观念",认为中国人是文明人,周围人是野蛮人,野蛮人要接受文明人的教化,就形成了一套"天下观念",即以我为中心想象世界。

这个想象和观念逐渐发展,不仅成为一种民族志、地理志里面的文化观念,也形成了政治制度即"朝贡体系"。

这五个方面如果结合在一起,就构成了非常明显的属于汉族中国的文化。可是,需要再次强调的是,现代中国是五方杂糅形成的,就连汉族本身,也是五方杂糅的。从秦汉到隋唐,其实不断有外族进来,汉族也是逐渐吸纳、融合、杂糅了其他民族才形成的。

我一直在讲,中国文化是复数的文化,不是单数的文化。如果你没有这个观念,可能成为盲目的文化自大。

不同以往的文化转型

历史上,中国在很长时间,总是"在传统内变",主流文化始终还是在汉族文化传统系统里面作调整,这是因为在古代中国,无论是佛教、伊斯兰教,还是明清时的天主教,始终没有任何文化可以挑战和改变这个汉族中国文化。

所以,变化都是在传统内部的调整、适应、改革、变化。但是,到了晚清,由于坚船利炮、西力东渐的原因,中国不得不"在传统外变",不得不越出传统,文化就面临危机。

从1895年到1919年,这是中国思想和文化转型重要的时段,在这个时段你会看到很多变化,比如说皇帝变成了总统,清帝国变成了民国,传统帝国不得不变成现代国家;废除科举,兴办学校;开设议会,建立政党;剪去辫子,穿上洋装;不再叩拜,改成握手;妇女解放,男女平等;破除迷信,崇尚科学;解开束缚,走出家庭。

以前所谓的"三纲五常"变了,变得很彻底很厉害。面对西洋和东洋列强,中国人处于一种焦虑和紧张的心态中。以前那种很自信、很安定的样子已经很难看到了,优雅、宽宏和从容,变得越来越不合时宜。

相应地,刚刚我们讲的汉族中国的文化的五方面也出现了变化。

第一个是虽然大多数中国人仍然在用汉字,但现代汉语发生了很大的变化。

首先,"五四"新文化运动提倡白话文。

提倡白话文无疑是非常正确的,因为要普及识字率,提高国民的文化程度。但是,也出现了一个新旧文化断裂的问题。以前的书面语言,也就是文言,它代表典雅、礼貌和尊严,也代表着有教养、有文化,现在不再有了。

当以前的口语变成书面语言之后,使得雅言和俗语失去等秩,同时也使雅、俗不再有分别。我不知道大家现在有没有这种感觉,自从白话文成为主流之后,写信已经不再有典雅方式了,电脑普及,网络流行,语言和文化的格调都没了。

比如说,学生给我写信也不署名了,最后来一个"呵呵",雅俗之间已经没有区别了。

其次,现代汉语掺入了太多现代的或西方的新词汇,这些词汇进来以后,使得我们通过语言感知的世界已经变了。

再次,特别是20世纪50年代以后,中国提倡简体字,使得文字和原来的形象之间的距离更拉大了。

简体字虽然方便学习,但是离开原来的"形",越来越像抽象符号,传统汉文化里面,通过形象的文字思考、书写和表达的这个因素,就发生了问题。

第二个是家、家族、家国,以及儒家学说,也出现了变化。

虽然现代中国尤其是乡村仍然保持着一些传统家庭、家族组织，中国人至今还是相当看重家庭、看重亲情、服从长上，但是，城市化、小家庭化、人口流动，使得家庭、社会和国家的结构关系发生了变化。

过去那种密切的、彼此依赖的邻里、乡党、家族关系，已经在现代化过程中逐渐减弱了。

第三个是信仰世界。

自从晚清以来，儒家在西洋民主思想的冲击下，渐渐不再能够承担政治意识形态的重任，佛教与道教也在西洋科学思想的冲击下，受到"破除迷信"的牵累，逐渐退出真正的精神、知识和信仰世界，越来越世俗化、体制化和旅游化。因此，传统的信仰世界也在危机之中。

第四个是阴阳五行。

在科学的冲击下也越来越难以维持，它在现在已经不能完整地解释世界万事万物了。阴阳五行学说，现在基本只在中医、食补等领域里面还保存着。在整个现代的知识系统里面，它已经到了很边缘的地方。

第五个是"从天下到万国"，基本的世界观念变了。

随着晚清以后西洋进入东方，不仅摧毁了原来中国的天下观念和朝贡体制，也重新界定了中国与世界各国的关系。古代传统里面的宇宙观、世界观、朝贡或册封体系，已完全不现实了。

上述变化说明，中国文化——尤其是汉族中国文化——已经处在一个需要重新认识和重新理解、重新更新的时代。

清代《万国来朝图》

"文化"与"文明"有何区别

我今天一再强调，各种文化没有高低，只有文明是程度不同的。在这样一个理解的基础上，我们可能才会缓解长期以来的焦虑和紧张。

我这里想引用一位德国学者伊里亚斯的见解,他在《文明的进程》这本书中提出,可以把"文化"和"文明"做一个界定和区分,即"文化"是使民族之间表现出差异性的东西,它时时表现着一个民族的自我和特色,因此,它没有高低之分。而"文明"是使各个民族差异性逐渐减少的那些东西,表现着人类的普遍的行为和成就。换句话说,就是"文化"使各个民族不一样,"文明"使各个民族越来越接近。

接下来伊里亚斯又指出,"文化"是一种不必特意传授,由于耳濡目染就会获得的性格特征和精神气质,而"文明"则常常是一种需要学习才能获得的东西,因而它总是和"有教养""有知识""有规则"等词语相连。

就好像说,我们经常拿着球来玩,这没问题,但是对不起,一旦你上了篮球场就不能用脚随便踢,上了足球场就不可以用手抱(除了守门员),很多人在一起玩就要有规则。虽然"文化"是让你随心所欲表现自己特色的,但"文明"是给你一些限制和规则的。

如果这样理解"文明"和"文化",我们就不必对全球化和现代秩序恐惧,也不必担心我们的文化会被侵蚀掉,问题在于,我们如何在普遍的文明和规则中,守护好独特的文化和传统。再接下去,我还必须说明,各个民族的"文化"往往是固守的,它表现出一种对异质"文明"的抗拒。

毫无疑问,文明始终是在不断侵蚀文化,我们承认这一点,因为"文明"常常是在前进的,时时表现着殖民和扩张的倾向。也就是说,"文化"与传统有关,它是特殊的,而"文明"与未来有关,它是普遍的。这两者怎么协调?

我们今天讲汉族中国文化的特点,那么,我们需要考虑的是,如何在一个普遍文明规则下,能够保存好特别的文化,同时在现代文明的时代,能够理解这些文化在历史中的合理性。比如说,我们在接受和赞美科学的同时,对于阴阳五行能不能有一些同情的、历史的理解?又比如说,我们在接受普遍的法律和制度的时候,能不能够对传统中国的家、家族、家国的伦理和道德准则有一点历史的理解?再比如,我们能不能在接受新的文明的时候,对传统宗教也能够有一些温情?同样,我们能不能够在接受万国平等原则的同时,也能对中国人理解世界的历史习惯有一点点理解?

我本人是研究历史的,我一直认为,无论是文化还是文明,我们必须要在历史当中看,我们承认历史是变动不居的,我们回过头去看文化,面向未来看文明,对两者都要有同情。

(本文为历史学者、复旦大学教授葛兆光在上海图书馆所作的演讲,原题为《什么才是"中国的"文化》。)

第六章

说不尽的东方意趣
——汉字与文化娱乐

第一节　汉字的文化娱乐功能

汉字除了记录汉语的基本功能外,还具有非语言的功能——文化功能。汉字的文化功能有两方面的内涵:①汉字字形承载中国文化的信息。每一个方块字都潜藏着深厚的文化意蕴、独特的文化魅力和丰富的审美趣味。②由汉字衍生的艺术形式和文化现象。在使用汉字的过程中,人们认识到汉字在文学、艺术等领域的表现潜能,创造出诸多基于汉字特性的艺术形式和文化现象。比如,相术利用测字占卜吉凶,相声等民间曲艺以猜字组织包袱,以及酒令、格律诗、书法、对联、字谜等艺术形式。这些艺术形式和文化现象,因贴近中国人的生活和文化心理而为民众喜闻乐见。由此,汉字具有了非语言性的独特功能——文化娱乐功能。

汉字的文化娱乐功能,是指人们创造性地利用汉字的特点(包括字音、字义、字形、书写等方面)来传情达意、制造乐趣,以使人获得身心愉悦与休闲的调节作用。法国汉学家汪德迈认为,中国的诗歌、书法、绘画和建筑都魅力无穷,"像一幅美丽的画卷无比生动地展示在世人眼前,这是世界上其他任何文化都无法比拟的"[1]。葛兆光认为,源于汉字的阅读、书写和通过汉字思维,是中国文化的首要特质。全世界只有汉字仍然和它最起初的象形性、原初性保持着直接的联系,以象形为基础的汉字,对我们的思维、阅读和书写都有很大的影响[2]。

汉字的阅读、书写和汉字思维给予了中国人、中国文化艺术怎样的深刻影响?要解答这一问题,首先应认识汉字的特性所在。图画性、表意性是古汉字的最大特点,隶定后汉字方块成形,组合使用,意合成文,完整表意,结构灵活,变化多端。具体而言,汉字的特点表现在以下几个方面。

(1)多形多体。汉字历经甲骨文、金文、大篆、小篆、隶书、行书、草书、楷书的形体演变,为书法、篆刻等艺术形式的产生发展提供了肥沃的土壤。

(2)可拆合性。汉字由偏旁、部首、笔画组合而成,任何一字都可拆分,又可拼合重组,结构灵活,变化多端。这为测字、字谜、谶语的创制提供了可能。

(3)字的一音一义与词的一音一义相对应。这一特点,正适应近体诗、对联等形式整齐划一的文学形式[3]。例如,中国古典文学名著《三国演义》第七十二回"诸葛亮智取汉中　曹阿瞒兵退斜谷"中的一段描写:

原来杨修为人恃才放旷,数犯曹操之忌:操尝造花园一所;造成,操往观之,不置褒贬,只取笔于门上书一"活"字而去。人皆不晓其意。修曰:"门内添活字,乃阔字也。丞相嫌园门阔耳。"于是再筑墙围,改造停当,又请操观之。操大喜,问曰:"谁知吾意?"左右曰:"杨修也。"操虽称美,心甚忌之。

又一日,塞北送酥一盒至。操自写"一合酥"三字于盒上,置之案头。修入见之,竟取匙与众分食讫。操问其故,修答曰:"盒上明书一人一口酥,岂敢违丞相之命乎?"操虽喜笑,而心恶之。

这个故事中"门"中一"活"字为"阔",竖写的"一合酥"可分解为"一人一口酥"。杨修的聪明机智离不开对汉字形体结构特点的认知和领悟。理解了"门"中一"活"的构形意义,与其同理的闩、闻、闪、闯等字也可"望文生义"了。此外,童谣用"千里草""十日卜"暗指董卓,明末歌谣"十八子当天下"暗示李氏将取代明朝而王天下,都是利用汉字特点而造成的文化娱乐效果。

汉字文化娱乐形式中,多有上述利用汉字字形的可拆分性和可组合性来制造娱乐效果的,即通常所谓的"文字游戏"。字谜实质上就是利用汉字可拆合性构成的一种文字游戏,民间表示吉祥喜庆的合体字,如"囍""招财进宝""日进斗金"等同样如此。在人际交往中,善于利用汉字构形营造谐趣幽默的效果,对融洽关系、营造和谐气氛有着十分重要的作用,如使用歇后语,故意少说半句或一字而造成诙谐幽默的语趣效果,例如:王奶奶和玉奶奶——差一点,自大一点——臭,泥菩萨过江——自身难保,孔夫子搬家——净是书(输)等。

汉字义蕴丰富,一字往往具有多重意义和多个读音,同一个视觉形式或听觉形式一般都可兼表多重意义。人们常利用这一特点,制造特殊的表达效果,如商业宣传的广告语常运用别解赋予一个词语通用义之外的新义,或重新启用初始义,或将汉字进行自指化理解来造成新奇别样、耐人寻味的效果。具体而言,有利用语言单位之间的谐音关系,赋予现成的语言材料以新的意义的谐音别解,或利用有些词的一词多义,把一个语境的意义用于另一个语境,构成新义的多义词别解,例如:一毛不拔(某牙刷广告)、望眼欲穿(某服装广告)、一触即发(某生发水广告)、百发百中(发廊广告)、当之无愧(某当铺广告)、面对面的关怀(某方便面广告)、好心必有好报(某报纸广告)、出口便成章(口述记录仪公司)等。

此外,人们还常用汉字字形打比方来描述人和事物,由此产生了一些与汉字字形相关的词语,例如:八字胡、八字眉、八字脚、丁字街、丁字尺、丁字裤、目不识丁、十字街、十字路口、金字塔、国字脸、品字形、一字长蛇阵等。

汉字文化娱乐功能的性质和特征表现为:①以愉悦身心为最终目的,它包括实现自身愉悦的自娱、实现他人身心愉悦的娱人和相交往的双方都达到身心愉悦状态的互娱;②投合人们好奇、放松和求新的情感愿望,注重个体的心理状态,具有非功利性和超现实性;③汉字文化娱乐具有阶层性,人们运用汉字进行娱乐的风格特点存在阶层的差异;④汉字娱乐不是毫无章法的娱乐,受语境制约和规则制约,是制约性与创造性的结合;⑤具有一定的价值取向性,人们在以汉字进行娱乐时,会自觉不自觉地体现出自己的价值观[4]。

汉字文化娱乐功能的表现形式主要有以下几个方面。

1. 文字游戏

文字游戏形式多样,各具趣味,是中国社会独有的文化现象,其种类主要有以下几种。

(1)字形游戏,即利用汉字的形体变化来达到娱乐效果的文字游戏形式,具体的手段和方式有两种。

①拆分与组合字形构件。例如,相传纪晓岚曾制一谜语:"日落香残,除却凡心一点;炉火已灭,早有意马站边。""香"的残部为"禾","凡"除去心中的一点则为"几",两者结合为"秃";"炉"没有火为"户","马"站一边,两者结合为"驴",故谜底为:秃驴。

拆字可根据造字理据拆分偏旁,也可以不顾及造字理据拆分部件或笔画。拆字时有的只依据字形,有的兼顾字义。一些歇后语、笑话、酒令、书名、人名,以至隐语、谣谶、测字等文化现象都与拆字有关。例如,老舍是舒庆春的笔名,姓"舒"字"舍予",姓拆开来就是字。金庸本名查良镛,金庸是"镛"字的拆分。又如,这样一则笑话:两个轿夫抬着一顶轿子,里面坐着一位贵夫人。轿夫问:"夫人的'夫'字和轿夫的'夫'字,有什么分别?"夫人答:"夫人的'夫'是'一大',轿夫的'夫'是'二人'。"

②将字形排列为特定的形状。特殊诗体形式的宝塔诗(又称一七令)即为代表形式之一,如元稹的宝塔诗《茶》:

茶。

香叶,嫩芽。

慕诗客,爱僧家。

碾雕白玉,罗织红纱。

铫煎黄蕊色,碗转曲尘花。

夜后邀陪明月,晨前命对朝霞。

洗尽古今人不倦,将知醉后岂堪夸。

又如,下面几行所谓永远写不工整的汉字排列:

厂下广卞廿士十一卉半与本二上旦上

二本与半卉一十士廿卞广下厂下广卞

廿士十一卉半与本二上旦上二本与半

卉一十士廿卞广下厂下广卞廿士十一卉

半与本二上旦上二本与半卉一十士

廿卞广下厂下广卞廿士十一卉一十士

二上旦上二本与半卉一十士廿卞广

下厂下广卞廿士十

(2)字音游戏,即利用汉字音节数量少、同音现象多的特点制造娱乐效果的文字游戏。许多顺口溜、绕口令利用字音的琅琅上口或佶屈聱牙来达到娱乐目的。以绕口令为例,这种传统的语言游戏又称"急口令""吃口令""拗口令",是将若干双声、叠韵或发音相同、相近的字有意集中在一起,组成简单、有趣的语韵,快速读来节奏感强,妙趣横生。例如:

①青葡萄,紫葡萄,青葡萄没紫葡萄紫。吃葡萄不吐葡萄皮,不吃葡萄倒吐葡萄皮。若要不吃葡萄非吐皮,就得先吃葡萄不吐皮。

②扁担长,板凳宽,扁担没有板凳宽,板凳没有扁担长,扁担想绑在板凳上,板凳不让扁担绑在板凳上,扁担偏偏绑在板凳上,到底是板凳宽还是扁担长。

③刘奶奶找牛奶奶买牛奶,牛奶奶给刘奶奶拿牛奶,刘奶奶说牛奶奶的牛奶不如柳奶奶的牛奶,牛奶奶说柳奶奶的牛奶会流奶,柳奶奶听见了大骂牛奶奶你的才会流奶,柳奶奶和牛奶奶泼牛奶吓坏了刘奶奶,大骂再也不买柳奶奶和牛奶奶的牛奶。

④石小四,史肖石,一同来到阅览室。石小四年十四,史肖石年四十。年十四的石小四爱看诗词,年四十的史肖石爱看报纸。年四十的史肖石发现了好诗词,忙递给年十四的石小四,年十四的石小四见了好报纸,忙递给年四十的史肖石。

(3)字义游戏,即利用一字(词)多义来制造娱乐效果的文字游戏,包括多义游戏、歧义游戏、集药名游戏等多种形式。例如:

①阿呆给领导送红包时,两人的对话颇有意思。

领导:你这是什么意思?

阿呆:没什么意思,意思意思。

领导:你这就不够意思了。

阿呆:小意思,小意思。

领导:你这人真有意思。

阿呆:其实也没有别的意思。

领导:那我就不好意思了。

阿呆:是我不好意思。

②客服小姐:小明你是要几等座?

小明:你们一共有几等?

客服小姐:特等,一等,二等,等等,二等要多等一等。

小明:我看下,等一等。

客服小姐:别等了,再等一等也没了。

小明:那不等了就这个吧。

例①、例②分别利用"意思""等"的多义来制造文字游戏的娱乐效果。

(4)字序游戏,即通过变换字与字的排列顺序来制造娱乐效果的文字游戏。"回文"是较为典型的一种,其特点为循环往复、正读倒读皆成章句,是中国文化独有的一朵奇葩。例如,茶壶上的这五个字(见图6-1),回环地读可得五句:可以清心也、以清心也可、清心也可以、心也可以清、也可以清心。它源于汉字个体意义的独立丰满性和服从于语言建构时呈现出的环环相生比连性的和谐统一。又如,杜牧《清明》一诗:"清明时节雨纷纷,路上行人欲断魂。借问酒家何处有?牧童遥指杏花村。"有人改为小令:"清明时

图6-1 "五字"茶壶

节雨,纷纷路上行人,欲断魂。借问酒家何处,有牧童遥指,杏花村。"又有人改为小品脚本。

【清明时节,雨纷纷】
【路上】
行人:(欲断魂)借问酒家何处?
牧童:(遥指)杏花村。

2.汉字书法

中国传统艺术的许多门类都与汉字密切相关。书法是在汉字形体基础上进行创造性书写的一种艺术形式,以满足人们的消遣休闲、人际交往、才艺竞技、促进身心愉悦的需要。书法诞生之初即被定义在娱乐层次,古人视其为"末技""小技""小道"。至今,自我抒发、以书会友、消磨闲暇、丰富精神生活的娱乐作用,仍是书者和欣赏者的主要目的。

汉字娱乐绝不仅限于娱乐身心的层面,还有其文化价值和审美价值。汉字文化娱乐功能对文学的作用,主要体现在文字游戏进入文学作品和书法与文学相交融两方面。历代小说作品中常有文字游戏的运用,并具有多重表现作用。它既有助于营造浓厚的人文氛围,增加文化情趣,也有助于刻画人物形象,增强小说的语言趣味性,吸引读者。书法和文学皆以汉字为载体,二者交融的最典型作品是王羲之的《兰亭集序》。这既是一篇畅叙幽情的优美散文,又是遒媚飘逸、潇洒流丽的天下第一行书。除此之外,古代文人们还常题字、题诗,书写于壁、扇、屏风、石碑等上,也是文学和书法的主要交融方式[4]。

灯谜、酒令、书法等汉字娱乐方式反映了丰富热闹的民俗娱乐情景。比如元宵佳节观灯猜谜、宴会聚欢行酒作令、踏青春游题词题字等,构成了一幅幅娱乐风俗图画,体现了人们的生活娱乐情趣。

汉字结构平衡、对称,具有结构美、形体美和线条美的审美意蕴。以汉字为载体的文化娱乐,是一种高层次的娱乐,是人们锻炼思维、激发智慧、陶冶性情、净化品格的方式之一。人们在汉字娱乐中,可获得审美体验,提升人格境界,寄托审美理想。

第二节 汉字与古典诗歌

一、汉字与古典诗歌的形式特点

汉字的特殊功能和优势,在中国文学形式中得到了淋漓尽致的体现。古典诗歌是中国文学艺术的精髓,是中国文化的瑰宝。汉字是孕育中国古典诗歌形式之美的母体,其形、音、义的特点是构建古典诗歌形式特点的基石。汉字对古典诗歌艺术形式的塑造作用主要表现在以下几个方面。

1. 词句整齐，形式规整

方块汉字的大小和长宽比例一致，又具有单音节的特点，在语言交际中是一个独立音节并有独立的意义。因此，汉字的方块构形与汉语音节对应规整，在形、音、义三个方面形成了文字单位之间的对应和统一。这奠定了古典诗歌构建词句整齐、形式规整的基础，中国古典诗歌的四言诗、五言诗、六言诗、七言诗表现形式工整划一的美感，是世界上任何民族的文学样式无法比拟的。例如，李白的《静夜思》：

床前明月光，疑是地上霜。
举头望明月，低头思故乡。

译为英文，则难以做到诗句形式的整齐划一。试看下面的译诗：

(1) In the still of the night,
　　I descry bright moonlight in front of my bed.
　　I suspect it to be hoary frost on the floor.
　　I watch the bright moon, as I tilt back my head.
　　I yearn, while stooping, for my homeland more.

（徐忠杰译）

(2) A tranquil night,
　　Abed, I see a silver light,
　　I wonder if it's frost aground.
　　Looking up, I find the moon bright;
　　Bowing, in homesickness I'm drowned.

（许渊冲译）

(3) In the quiet night,
　　So bright a gleam on the foot of my bed—
　　Could there have been a frost already?
　　Lifting my head to look, I found that it was moonlight.
　　Sinking back again, I thought suddenly of home.

(Tr. Witter Bynner)

(4) On a quiet night,
　　I saw the moonlight before my couch,
　　And wondered if it were not the frost on the ground.
　　I raised my head and looked out on the mountain noon,
　　I bowed my head and though of my far-off home.

(TR. S. Obata)

(5) The moon shines everywhere,
　　Seeing the moon before my couch so bright,

I thought hoar frost had fallen from the night.
On her clear face I gaze with lifted eyes:
Then hide them full of youth's sweet memories.

(Tr. W. J. B. Fletcher)

以上五首译作,都无法做到原诗形式上的规整划一,失去了原诗的整齐之美。

2. 讲究对称,宜于对仗

英文单复音错杂,英文诗虽也讲求对称,但音义对称,特别是词语和句式的互为对仗在英文中较难做到。汉字天然地宜于词句对称,句式排偶对仗,例如:"云对雨,雪对风,晚照对晴空。来鸿对去燕,宿鸟对鸣虫。三尺剑,六钧弓,岭北对江东。人间清暑殿,天上广寒宫。两岸晓烟杨柳绿,一园春雨杏花红"(车万育《声律启蒙》),"枯藤老树昏鸦,小桥流水人家"(马致远《天净沙·秋思》)。

对仗的形式与内容都与汉字的特点紧密相关,是汉字文化的集中体现。汉字独特的构形造字法在对仗中的巧妙运用,增强了对仗的表现力和趣味性;汉字音声和谐,声调多变,为对仗增添了韵律和节奏感;汉字蕴含丰富,使得对仗蕴藉深厚。由于"中国文字的这种高度凝聚力,对短小的抒情能胜任……所以中国诗向来注重含蓄。所谓练字、诗眼,其实质就是诗人企望在有限的文字中凝聚更大的信息量即意象容量"[5]。

汉字句子构造没有西方文字的严密文法规则,句法造成"组义性"的灵活多变,可以自由伸缩颠倒,使句子对仗工整。于此,闻一多有精当的论述:"中国的文字尤其中国诗的文字,是一种非常紧凑——紧凑到最高限度的文字。就'鸡声茅店月,人迹板桥霜',这个句子连个形容词动词都没有了……这种诗意的美,完全是靠'句法'表现出来的。"[6]而且"'鸡声茅店月,人迹板桥霜'二句六种意象的并置,成就了一个回味悠长的诗的境界。中国的诗,也最能反映中国人思维的这个特点。"[7]因为汉语语法富于弹性,不拘人称、时态,且多省略求简,读者恍然有置身其间,事事都逼眼前之感。余光中认为,中国文法的弹性,在诗中表现最为明显,"英文文法中不可或缺的主词与动词,在中国古典诗中,往往可以省去"[8]。例如,贾岛《寻隐者不遇》:

松下问童子,言师采药去。

只在此山中,云深不知处。

四句未有一个主语,但中国读者一看即明。译为英诗,则须交待清楚主语:

Beneath the pines look I for the recluse.

His page replies:"Gathering herbs my master's away.

You'll find him nowhere, as close are the clouds,

Though he must be on the hill, I dare say."

3. 叠字和联边:诉诸视听的美感构建

汉字记录文学作品的内容和形式,常借助自身形音义的特点,使作品在造型、声韵、意境联想上产生特殊效果,以增强文学作品的感染力。叠字和联边,是常见的两种形式。

(1)叠字。叠字又称重言,重叠使用相同的字,读来语音和谐悦耳,节奏明朗,韵律协调,构成视觉的和谐和听觉的节奏美感。例如,古诗十九首《迢迢牵牛星》:

迢迢牵牛星,皎皎河汉女。
纤纤擢素手,札札弄机杼。
终日不成章,泣涕零如雨。
河汉清且浅,相去复几许?
盈盈一水间,脉脉不得语。

这首诗质朴清丽,情趣盎然。全诗共十句,其中六句用了叠音词迢迢、皎皎、纤纤、札札、盈盈、脉脉。

(2)联边。用偏旁部首相同的字联缀成句,使诗句具有整齐的形式美,以及汉字特有的图案之美,例如:蒹葭苍苍、雪露霜雾、汹涌澎湃、峥嵘嶙峋。

二、汉字与特殊诗体:图形诗

图形诗是用诗词的文字组成图案或在图案上将文字组成诗词来表情达意、斗智增趣的一种诗歌形式,是杂体诗中较少但最为独特的诗类。

1. 联边诗

联边诗又称为同旁诗,指诗句中每个字都由偏旁部首相同的字组成,使全诗构成齐整的形式美。由于同偏旁的汉字有限,写诗又必须顾及构词的意义,将内容削足适履以迁就格律形式,因此创作的难度很大。例如,北宋黄庭坚有《戏题》一诗:

逍遥近道边,憩息慰惫懑。
晴晖时晦明,谑语谐说论。
草莱荒蒙茏,室屋壅尘坌。
僮仆侍逼侧,泾渭清浊混。

这首诗描写漫步郊野所见景色,表达诗人"一肚皮不合时宜"的孤愤。诗中每句的字偏旁相同,给人以整齐划一的美感。

2. 宝塔诗

宝塔诗原称"一字至七字诗",宝塔词则称"一七令"。从一字到七字句逐句成韵,或叠两句为一韵,后增至十字,甚至十五字。每句或两句字数依次递增,上尖底宽,形如宝塔,故称宝塔诗。例如,白居易《赋得诗》一诗:

绮美,瑰奇。
明月夜,落花时。
能助欢笑,亦伤别离。
调清金石怨,吟苦鬼神悲。

天下只应我爱,世间唯有君知。
自从都尉别苏句,便到司空送白辞。

3. 飞雁体诗

飞雁体诗的诗句排列如菱形,读法依人字形左右穿插,有如雁阵,故名。例如,清代康熙年间流传的一首《咏山飞雁文》。

山山
山远花山
山路草云接山
山又猿飞绿鸟树山
深客片抱偷澄僧林
片绕僧树请澄
饭山山吟
客寻

此诗构思精妙,左上边四个"山"字,右上边四个"山"字,两边展开成飞雁之势,排列巧妙。依这八个"山"字从上往下斜读,单句从右斜向左下,双句从左斜向右下,交叉成句,则正构成五言八句,每句均带山字,读法巧妙,读来琅琅上口。其诗如下:

山远路又深,山花接树林。
山云飞片片,山草绿澄澄。
山鸟偷僧饭,山猿抱树吟。
山僧请山客,山客绕山寻。

又如,唐代皎然的一首诗:

春春
春台日春
春别烟鸟绣春
春有树隔间山衣春
情风花乱遥草瓮轻
声正得无莫色
名飘须次
倾荡

其诗如下:

春日绣衣轻,春台别有情。
春烟间草色,春鸟隔花声。
春树乱无次,春山遥得名。
春风正飘荡,春瓮莫须倾。

又有《四季雁体诗》为四个菱形构成的组诗。

图 6-2 四季雁体诗

4. 回文诗

回文诗又称回环诗,指能够回环往复、正读倒读皆成章句的诗作。回文诗在古代常作为亲人、朋友之间唱和的一种别有趣味的形式,也是古代文人墨客卖弄文采的一种文字游戏。例如,苏轼《题金山寺》一诗:

潮随暗浪雪山倾,远浦渔舟钓月明。
桥对寺门松径小,槛当泉眼石波清。
迢迢绿树江天晓,霭霭红霞晚日晴。
遥望四边云接水,碧峰千点数鸥轻。

回文倒读:

轻鸥数点千峰碧,水接云边四望遥。
晴日晚霞红霭霭,晓天江树绿迢迢。
清波石眼泉当槛,小径松门寺对桥。
明月钓舟渔浦远,倾山雪浪暗随潮。

又如,唐代女诗人薛涛所作的《四时回文诗》:

咏春
花朵几枝柔傍砌,柳条千缕细飘风。
霞明半岭西斜日,月上孤村一树松。

咏夏
凉回翠簟冰人心,齿沁清泉夏日寒。
香篆袅风清缕缕,纸窗明月白团团。

咏秋
芦雪覆汀秋水白,柳风凋树晚山苍。
孤帏客梦惊空馆,独雁征书寄远乡。

咏冬

天冻雨寒朝闭户,雪飞风冷夜关城,
鲜红炭火围炉暖,浅碧茶瓯注茗清。

5. 连环诗

连环诗指组成诗句的文字互相嵌套,如同环环相扣,是一种类似于回文诗的杂体诗。连环诗的形式通常排列成圆圈形,字数不限,一般从圆圈最上端当中一字起头,按顺时针或逆时针方向,每五字或七字一断,即可读成若干首五言诗或七言诗。有的连环诗可从任意一个字开始,按照规律可读出多首诗。例如,明代冯梦龙编的《醒世恒言》第十一卷"苏小妹三难新郎",讲述苏轼之妹与妹婿秦观之间斗智问难的故事。其中,记述东坡与小妹在湖上看采莲,有人送来秦观书信,信的内容如下:

别 离 时 闻 漏 转
忆　　　　　　静
期 归 阻 久 伊 思

苏小妹解读为:

静思伊久阻归期,久阻归期忆别离。
忆别离时闻漏转,时闻漏转静思伊。

苏小妹和苏东坡各写了只有14字的回信给秦少游,每个字出现两次可组成一首七言绝句,展示了高超的文字艺术。

苏小妹　　　　　　苏东坡
阕新歌声漱玉　　　力微醒时已暮
一　　　采　　　　酒　　　赏
津杨绿在任莲　　　飞如马去归花

苏小妹的信可组诗为:

采莲人在绿杨津,在绿杨津一阕新。
一阕新歌声漱玉,歌声漱玉采莲人。

苏东坡的信可组诗为:

赏花归去马如飞,去马如飞酒力微。
酒力微醒时已暮,醒时已暮赏花归。

连环诗的图形林林种种,仅列几种如下:

(1) 璇玑图。相传前秦时期秦州(今天水)刺史窦滔之妻苏蕙在锦帕上织出"璇玑图",构思奇妙,堪称连环诗的千古之作。璇玑图是一个文字方阵,共841字,纵横各29字,依纵、横、斜、交互、正、反读或退一字读、选一字读均可成三言、四言、五言、六言、七言等多种诗体,且每一首诗都悱恻幽怨,令人为之动容。璇玑图历代流传,影响深远。宋朝有高僧名起宗者精心钻研,从璇玑图中解读出诗3752首。明朝学者康万民毕其一生,苦苦研究璇玑图,得五、六、七言诗共4206首。目前统计,璇玑

琴清流楚激弦商秦曲发声悲摧藏音和咏思惟空堂心忧增慕怀惨伤仁
芳廊东步阶西游王姿淑窈窕伯邵南周风兴自后妃荒经离所叹嗟智
兰休桃林阴翳桑怀归思广河女卫郑楚樊厉节中闱淫遴旷路伤中情怀
湘翔飞燕巢双鸠土逶迤路遐志咏歌长叹不能奋飞妄清帏房君无家德
茂流泉清水激扬眷颀其人硕兴齐商双发歌我衮衣想华饰容朗镜明圣
熙长君思悲好仇旧蕤葳粲翠曜流华冶容为谁感英曜珠光纷葩虞
阳愁叹发容摧伤乡悲情我感伤情征宫羽同声相追所多思感谁为荣唐
春方殊离仁君荣身苦惟艰生患多殷忧缠情将如何钦苍穹誓终笃志贞
墯禽心滨均深身加怀忧是婴藻文繁虎宁自感思岑形荧城荣明庭妙
面伯改汉物我兼思何漫漫荣曜华雕旌孜孜伤情幽未犹倾苟难闱显
殊在者之品润乎愁苦艰是丁丽壮观饰容侧君在时岩在炎在不受乱华
意诚惑步育浸集悴我生何冤充颜曜绣衣梦想劳形峻慎盛戒义消作重
感故昵飘施愆殃少章时桑诗端无终始诗仁颜贞寒嵯兴后姬源人荣
故谅亲飘生思愆精微盛医风比平始璇情贤丧物岁峨虑渐孽祸谗章
新旧闻离天罪辜神恨昭盛兴作苏心玑明别改知识深微至嬖女因奸臣
霜废远微地积何遐微业孟鹿丽氏诗图显行华终湎渊察大赵婕所佞贤
水故离隔德怨因幽元倾宣鸣辞理兴义怨士容始松重远伐氏好恃凶惟
齐君殊乔贵其备旷悼思伤怀日往感年衰念是旧愆诞祸用飞辞恣害圣
杰子我木平根当远叹水感悲思忧远劳谁为独居经在昭燕辇极我配
志惟同谁均难苦离戚情哀慕岁殊叹时贱女怀欢网防青实汉骄忠英
清新衾阴匀寻辛凤知我者谁世异浮寄颙飘隳何如罗萌青生成怨贞皇
纯贞志一专所当麟沙流颜逝异浮沉华英翳曜潜阳林西昭景蒲输桑伦
望微精感通明神龙驰若然倏逝惟时年殊白日西移光滋愚谗漫顽凶匹
谁云浮寄身轻飞昭亏不盈倏必盛有衰无日不陂流蒙谦退休孝慈离
思辉光饬桀殊文德高忠体一达心意志殊愤激何施电疑危远豪和雍飘
想群离散妾孤遗怀仪容仰俯荣华丽饰身将无谁为逝容节敦贞淑思浮
怀悲哀声殊乖分圣贤何情忧感惟哀志节上通神祇推持所贞记自恭江
所春伤应翔雁归皇辞成者作体下遗蘡菲采者无差失从是敬孝为基湘
亲刚柔有女为贱人房幽处己悯微身长路悲旷感生民梁山殊塞隔河津

图 6-3 苏惠璇玑图

图共有诗 7958 首。

（2）苏轼"反复诗"。苏轼反复诗又名苏轼璇玑图，历代有人模仿"璇玑图"来创作诗歌。苏轼曾创作一种"反复诗"，与"璇玑图"异曲同工，可谓神奇巧妙。

反复诗的字排成一菱形，外圈任取一字开始，左旋右旋，读之皆可，得五言绝句 30 首。圈内十字交叉的 13 个字，顺读、横读、逆读可得七言绝句 4 首。以中间的"老"字为枢纽，左右上下旋读，又可得诗若干首。若将所有 29 字任取一字随意回旋，取其压韵，还能得诗若干首。据说以这 29 字反复变化，可读出七八十首诗，也有可得一百余首诗之说，例如以下三首诗。

> 蕊远含香吐，尖笋隐东注。
> 水远山藏雨，烟冷衬红花。
> 山藏烟雨冷衬红，衬红花蕊远含香。
> 含香吐尖笋隐东，隐东注水远山藏。
> 水流春老吟残蕊，尖叉斗老望云烟。
> 蕊残吟老春流水，烟云望老斗叉尖。

图 6-4 苏轼的"反复诗"

(3)盘中诗。盘中诗相传为汉时苏伯玉之妻所创。苏伯玉赴蜀久而不归,其妻在长安以诗述思念之情。诗写于盘中,从中央起句,回环盘旋而至于四角,故称为"盘中诗"。全诗凡 168 字、49 句、27 韵,篇中多伤离怨别之辞。

(4)梅花形诗。梅花形诗由 84 字组成,共 7 个圈,由 1 个同心圆(花芯)和 6 个圆(花瓣)构成,每个圆 12 字,两圆之间合用 3 字。读法为:诗中某些字要重复读,形成连珠,一个圈字挨着一个圈字读,读成蝉联式连环七绝 3 首。

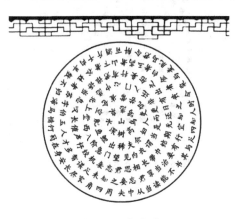

图 6-5 盘中诗

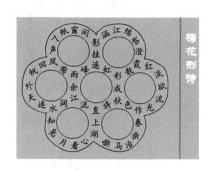

图 6-6 梅花形诗

(5)方角诗。方角诗见于敦煌遗书(5643 卷),读法为从第三行"江南"起,按"回"字行顺时针旋读至四角,得五言八句诗一首。

方角诗读为:

江南远客踪,翘思未得还。
飘起纱场苦,样取泪如潸。
怦直古人志,铿雅韵峰峦。
尯逼哪堪说,鲸灭静阳关。

(6)方块诗。方块诗重叠双绝,横读竖读完全一样。

方块诗读为:

依栏百侣赞山清,百里芳熏石上亭。

赞赏石泉惊谷鸟,清风亭外鸟争鸣。

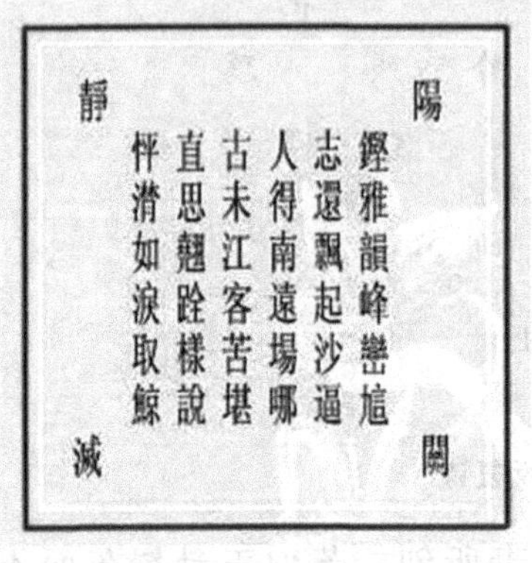

图 6-7 方角诗

依	栏	百	侣	赞	山	清
栏		里		赏		风
百	里	芳	熏	石	上	亭
侣		熏		泉		外
赞	赏	石	泉	惊	谷	鸟
山		上		谷		争
清	风	亭	外	鸟	争	鸣

图 6-8 方块诗

此外,还有酒壶诗、金龟诗、灵龟诗、扇形诗、摇风扇诗、绣品诗、方心斗角诗、福心斗角诗等,不一而足,仅列部分图于后。

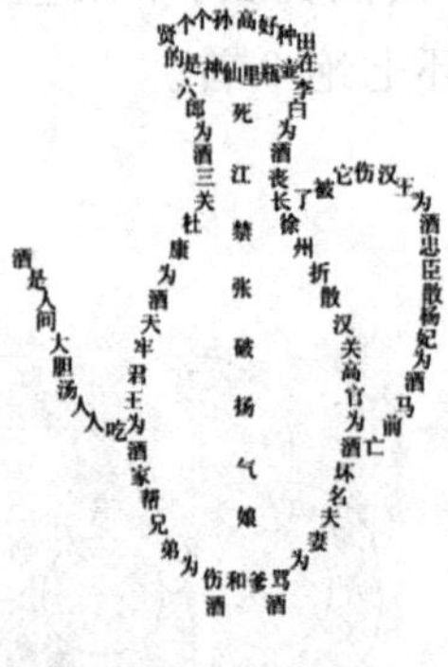

图 6-9 酒壶诗

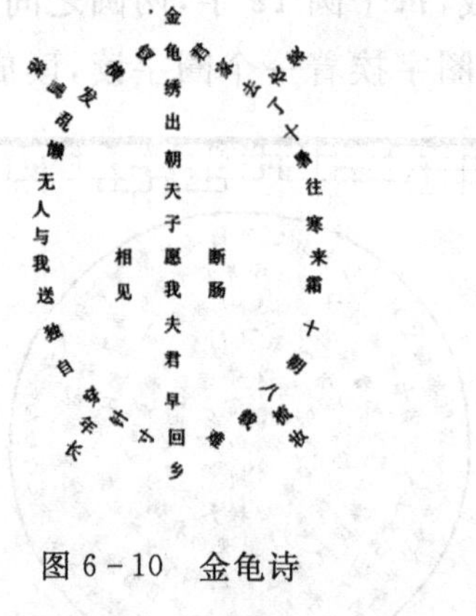

图 6-10 金龟诗

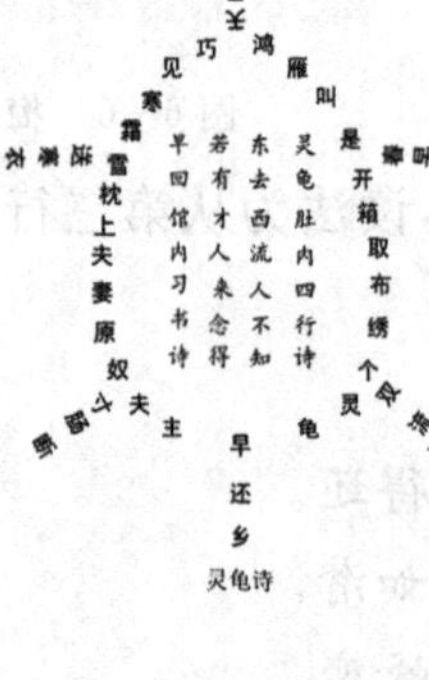

图 6-11 龟灵诗

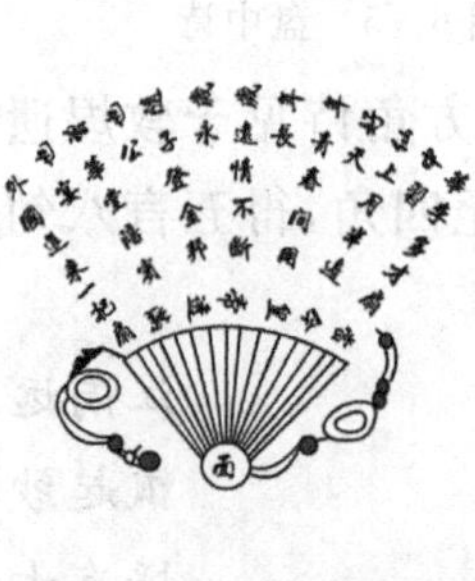

图 6-12 摇风扇诗

6. 神智体

这是一种近乎谜语的诗体,以其能启人神智而得其名,亦称"形意诗""谜象诗"。神智体源于苏轼的诗《晚眺》,诗仅 12 字,以意写之,写法为:"亭"字写极长,"景"字写极短,"画"(繁体字为"畫、畵",异体又作框内"人"字底)省去下部"人"而成"无人画","老"字写稍大,"拖"字横写,"筇"字竹头写极细,"首"字反写,"云"("雲")字上雨下云,中间距离稍远,"暮"字下日斜写,"江"字右边工字中间有折,"蘸"字倒写,"峰"字山旁侧写。

图 6-13 苏轼神智体诗《晚眺》

诗作如下:

长亭短景无人画,老大横拖瘦竹筇。
回首断云斜日暮,曲江倒蘸侧山峰。

还有传说中尤孟娘的神智体诗《闺情》:

夜长横枕意心歪,斜月三更门半开。
短命到今无口信,肝肠望断少人来。

图 6-14 尤孟娘神智体诗《闺情》

第三节 汉字与书法艺术

一、书法:汉字的艺术

书法是以汉字为表现对象、以毛笔为表现工具的一种线条造型艺术。作为中国特有的艺术形式,书法通过汉字的笔画、形体、结构等载体表达思想情感。除了特有的书写工具(毛笔、宣纸、墨、砚,即所谓"文房四宝")外,书法最重要的因素是以汉字为表现对象和载体,可以说,没有汉字就没有书法艺术。

汉字的形象性和形体美决定了书法的艺术美。汉字不可穷尽的形体变化,为书法艺术的笔法和章法结构提供了艺术创造的广阔空间。书法家对线条变化的不同理解、吸收和创造,产生了不同的字体和书写方式,由此汉字的形式具有了独立的审美意义。书法艺术的审美特征表现在以下方面。

1. 造型性

书法艺术是利用汉字的结构特点,通过点线变化和组合创造美的造型艺术。

2. 抽象性

书法艺术是具体中的抽象,抽象中的具体,在反映客观事物的形态美方面,较其他具体描绘某种现实事物的艺术更具概括性和普遍性。

3. 表情性

书法作品凝结着书法家的思想情感,体现着书者的品格和情趣,是一种表情的审美艺术。

图6-15 王羲之所书"鹅池"。"鹅"写成上下结构,因"池"为左右结构的字形,用一个上下结构的字形与它组合形成变化,具有更好的艺术效果。

二、书法:多姿多彩的汉字之美

中国书法是最具东方气息的艺术之一。以毛笔为书写工具,奠定了汉字早已存在笔画线条和结构空间上艺术创造的潜能。书法里的汉字具有单独作为文字符号表意所没有的另一层意义,即表达情感的意义。书法家笔下的汉字是一个个鲜活的生命体,感于哀乐,寄托心志,彰显着强烈的情感,表达着对生命形象的构思,成为反映生命的艺术。

中国书法的艺术性,表现在用笔、结体和章法上,它以汉字的方形结构和线条变化为基础,讲究对称和呼应、节奏和旋律,以完成意趣和情感的表现。由此,汉字超越符号的功能,走上艺术美的方向,成为表达民族美感的工具。

汉字发展演变的历史,也是书法艺术的发展史。从殷商的甲骨文、周代的金文、秦碑、汉简以及魏晋南北朝时代的碑刻、碑帖等,都可看出汉字与书法艺术的演变和发展,每种字体都是历代书法艺术的表现形象,都有其特有的艺术风格和美感特征。"中国书法负载着千年璀璨文明,以庄雅腾挪之章法线条于行云流水间便将传统汉字艺术的神韵呈现出来……中国书法以其飘若浮云、矫若游龙的艺术格调与苍劲笔迹,旨在追寻源远流长汉字文化中蕴含的精神魅力与文化价值。"[9]甲骨书契刀迹卓然、修刻贯行、质朴古拙,金文注重书契技巧,铭文上添加虫鸟作饰,石鼓文如落落珠玉,大篆含古象形文字之姿,小篆屈曲圆转,秦木牍帛书的篆文瘦劲挺拔,彰显各自风格。至于美感特征,甲骨文的古朴之美、金文的高雅之美、篆书的端庄之美、隶书的浑厚古秀之美、楷书的方正之美、行书的飘逸俊秀之美、草书的飞动超脱之美,可谓千姿百态,美不胜收。

书法艺术具有时代的审美性,不同时代的书法具有不同的艺术风貌。清代书法家梁巘《评书贴》中概括为:"晋人尚韵,唐人尚法,宋人尚意,明人尚态。"魏晋之时,书法进入行、楷、草皆蓬勃发展时期。晋人尚韵,以王羲之的行书为代表,其书法如行云流水,如韵和谐。

图6-16 《兰亭集序》(冯承素摹本 局部),也称《兰亭序》《临河序》《禊帖》《三月三日兰亭诗序》等,为王羲之的代表作。全文28行、324字,记叙了王羲之和友人雅士会聚兰亭的盛游之事。通篇从容娴和,气盛神凝,遒媚飘逸,逸笔天成,被历代书界奉为极品,宋代书法大家米芾称其为"中国行书第一帖"。它体现了传统书法最基本的审美观,"文而不华、质而不野、不激不厉、温文尔雅",是"中和之美"的样板。如其中20个"之"字,竟无一雷同,成为书法史上的一绝。

唐代形成了法度严谨、气魄雄伟,具有庙堂气氛的书法风尚。唐代书法以楷书最具神韵,颜真卿、柳公权的楷书为其代表,笔势舒张,方正庄严,有所谓"颜筋柳骨"之称。颜真卿书法贯穿古来风流端庄之韵,却又不为古法束缚,收势有条不紊,世称

"颜体";柳公权之书法,结体遒劲、稳而不俗,棱角外露、骨力遒健,体势自成一家,世称"柳体"。

图6-17 《颜勤礼碑》(局部),全称《唐故秘密书省著作郎夔州都督府长史上护军颜君神道碑》,为"楷书天下第一"的颜真卿之代表作。颜真卿撰文书丹,自署立于大历十四年(779年)。残石175×90×22厘米,现存西安碑林。此碑是颜真卿晚年精品,结字端庄豁达,宽润疏朗,巧拙相生,气势雄强,骨架开阔,雍容大方,结体宽博而气势恢宏,骨力遒劲而气概凛然,体现了大唐帝国盛世之气象。

宋代文人书法以书抒怀,表现个性,注重书法的内涵和书写意趣,形成了最能表"意"的书法新风尚。以苏轼、米芾、黄庭坚为代表,其字飘逸潇洒。其中,苏轼最为突出,其书法不拘于法,意态自然,丰神俊逸,重神韵和意境。

图6-18 苏轼《东武帖》。苏轼手札,行书,冲和自然,轻松自如,笔墨挥洒之间,别有一种书卷气息和超尘脱俗的笔情墨韵,现存于台北故宫博物院。此帖上所书字为"东武小邦 不烦牛刀 责无可以上助万一者 非不尽也 虽隔数政 犹望掩恶耳 真州房缗 已令子由面白 悚息 轼又上"。

明清书法尚态。以董其昌为代表的具有优美淡远审美特征的"董氏书风",以王铎、徐渭为代表的具有雄强豪放特征的浪漫书风,为明清书法的代表。

在中国书法发展历程中,各个朝代的书法名家群英荟萃。"字如其人",书法家的艺术风格各具气象,或淡远深邃,或自由无束,或冷静深沉,或心纳万物,多姿多采,各领风骚。书法从字体类型可分为篆、隶、楷、草、行五类。每一类都有自己独特的字体风格,篆书古雅,隶书流丽,楷书方正,行书自然,草书飘逸。其中,草书的美感在于飘逸奔放,洒脱不羁,以纵任奔逸、笔走龙蛇为奇,充分展现书法者的心思变化。张旭、怀素的草书最为知名。

图 6-19 《草书古诗四首》(局部),辽宁省博物馆藏,墨迹本,五色笺。纵 28.8 厘米,横 192.3 厘米,凡 40 行,188 字,狂草体。无款,明董其昌定为张旭书。张旭,世号张颠,亦称草圣,其草书以雄浑奔放的气概、纵横捭阖的笔姿和恣肆浪漫的势态而著称。《草书古诗四首》为张旭狂草之作,纵情挥写了南北朝时期两位文学家谢灵运与庾信的古诗共四首。作品落笔力顶千钧,倾势而下,通篇笔画丰满,绝无纤弱之笔。行笔婉转自如,跌宕起伏,动静交错,有急有缓地荡漾在舒畅的韵律中。字迹奔放豪逸,笔画连绵不断,有着飞檐走壁之险,满纸如云烟缭绕,实乃草书颠峰之篇。据说张旭草书从剑舞中获得灵感,今从其草书中犹可见剑舞的优美之姿。

图 6-20 《草书古诗四首》(局部),所书字为"岩下一老公 四五少年赞 衡山采药人 路迷粮亦绝 过息岩下坐 正见相对说 一老四五少"。

第四节　汉字与对联艺术

一、对联：汉字文化的独特产物

对联，雅称楹联或楹贴，俗称对子，是"写在纸上、布上，或刻在竹子上、木头上、柱子上的对偶语句"[10]。作为中国特有的一种传统文学形式，对联艺术是汉字文化的独特产物。汉字结构遵循对称、平衡的审美观念，汉语表达讲究字面、词义相配成偶，以及律诗联句的对仗规则，所有这些为对联形成言简意深、精练蕴藉、对仗工整、音韵和谐的艺术特点奠定了基础。对联特有的艺术魅力，通过汉字才能得到完美的实现。没有汉字，就不可能有对联这种独具特色的艺术[11]。

对联分为上、下两联，两联之间要求意义应相似、相连或相反，字数相等、字词相对、平仄相调，呈现对称平衡之美。按不同的标准，对联分为不同的种类。按内容和用途分，有春联、贺联（寿诞、婚嫁、乔迁、生子、开业等喜庆事宜）、挽联、赠联、自勉联、行业联、言志联等；按表达的情感分，有喜庆联与哀挽联；按贴挂的位置分，有门联与堂联；按适用的固定场所分，有名胜联、馆堂联及戏台联；按使用的范围分，有行业联与通用联；按使用的时间分，有节令联与春联；按创作的指向分，有自题联与题赠联；按审美的趣味分，有俗联与雅联；按上下联的逻辑关系分，有顺对与逆对（合掌对与无情对）；按字数分，有短联、中联、长联；按对仗的宽严分，有工对与宽对；按对仗的技巧分，有拆合对、顶真对、连环对、双关对、集名对、节气对、生肖对、干支对、数字对。

按对联的字数分，有长联与短联。短联的字数可少至一字，称一字联（又称一言联），即上下联各有一个字，例如，"墨；泉"。上联"墨"为上下结构，上为"黑"，下为"土"；下联"泉"也是上下结构，上为"白"，下为"水"。整体"泉"对"墨"，下联"白水"对上联"黑土"，非常工整，无可挑剔。

二字联，即上下联各有两个字。例如，朱元璋酷爱对对联，据说一次读到《论语·为政》中"子夏问孝，子曰：'色难。'"一句时，解缙入朝叩见，朱元璋以"色难"为上联，请解缙对下联，解缙对出"容易"。"色"指脸色，"难"是困难，这里指不给好脸色。下联"容易"与上联不仅对仗工整，而且幽默风趣。

三字联，即上下联各有三个字。例如，鲁迅少年求学时，寿镜吾老师出上联"独角兽"，鲁迅对出"比目鱼"。独角兽即麒麟，乃天上神物；比目鱼即鲽鱼，是海中珍品。神物对珍品，此对上下工整，显示了少年鲁迅的才华。

一般以60字以上者为长联。清代孙髯翁所作的昆明湖大观楼180字长联，号称"天下第一长联"。历史上著名的长联还有许多，如清代刘玉山所作的贵阳甲秀楼长联206字，清代张之洞所写的屈原庙湘妃祠长联408字，清代钟云舫的六十寿诞自题联892字和题江津临江楼长联1612字。2012年，贵州人童伟创作出一幅32628字的长联，被吉尼斯认证为"世界第一长联"。

二、汉字与对联的关系

汉字文化的丰富内涵，奠定了对联的深厚内蕴；汉字独特的结构形式，增强了对联的表现力和趣味性。对联艺术的形制特点，建立在汉字形音义的包容度上，可以说，对联的特征是汉字特征的缩影[12]。汉字在对联形制特点形成中的作用，主要表现在以下方面。

(1)汉字的特点是对联艺术形成的基础。汉字字形为独立的方块形状，既便于横向排列，也适宜逐字顺次纵向排列，适合悬挂、张贴在楹柱或门框以供欣赏。每个汉字独立成形，虽笔画多少不一，结构繁简差异悬殊，但每个字占有面积基本相同，书写成联，上下两句字数相等、长短一致，横排、竖排都能整整齐齐，两两相对，左右对称，构成对称均衡之美。

(2)汉字和词(语素)相互对应，一个汉字代表一个音节，一个词(语素)基本上为一个音节，视觉上字字相对，诉诸听觉也一一相对，呈现出齐整匀称的特点。

(3)汉字具有一字多音、多字一音的特点，大量的同音词、多音词用于对联的撰制，有助于增加对联的趣味性，丰富对联的表现手段。

(4)汉字独特的字形结构，可营造对联的形式之美。对联撰制可利用汉字字形结构的特点，创制出活泼生动的奇联妙句，增强联语的视觉效应和表现力。具体而言，表现为以下几种形式。

①联边联。利用汉字部首、偏旁相同性，以造成独特的视觉效果。例如：

水泽源流江河湖海
金银铜铁铬镍铅锌

上联后七字都是"水"旁，下联后七字都是"金"旁，这种连用偏旁相同的字写成的对联即联边联，读来别具情趣。

②利用合体字可分可合的特点，撰制具有特色的联语和对句。例如：

冰冷酒一点两点三点
丁香花百头千头萬头

此联是利用汉字构字偏旁的特点制成的名对。其绝妙之处在于，上下联都用了析字法。"冰冷酒"三字的左边依次是一点、两点、三点。下联"丁香花"三字，"丁"上一横与"百"字同，"香"字笔顺先写"千"字，"萬"字与"花"同为草头。

(5)巧用汉字声调，可使对联具有节奏感，富于音乐美。对联和律诗一样，都讲究节奏，而节奏与平仄密切相关。平仄要遵从相间相反的原则，即同一联句中平仄交替使用，上联和下联相应的字平仄相互对立。对联平仄交替、对立，能构成节奏与旋律，造成声调的跌宕与和谐，形成一种音乐美。例如：

水水山山处处明明秀秀
｜｜　　｜｜　｜｜
晴晴雨雨时时好好奇奇
｜｜　　｜｜

又如，厦门鼓浪屿日光岩的对联：

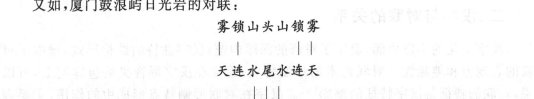

这副对联平仄严格交替、对立，又为回文联，读来琅琅上口，悦耳动听。当然，对联的平仄又具有灵活性。联语中有所谓的"一三五不论，二四六分明"的要求，尾字平仄必须分明[11]。

三、对联艺术形式例释

1. 回文联

用回文形式写成的对联，顺读与倒读意思不变，极具趣味性。回文联利用汉语单音词为主、没有形态变化的特点创制，回环往复，精致巧妙，是汉语独有的书面表达形式。例如，清代北京城有一饭馆"天然居"，乾隆皇帝撰制回文联："客上天然居，居然天上客"，并以之为上联，向大臣征对下联。大学士纪晓岚依据城东大庙大佛寺对出："人过大佛寺，寺佛大过人"，堪称绝妙。又如：

①山果花开花果山　洞帘水挂水帘洞
②地满红花红满地　天连碧水碧连天
③雾锁山头山锁雾　天连水尾水连天
④风送香花红满地　雨滋春树碧连天
⑤处处飞花飞处处　声声笑语笑声声
⑥香山碧云寺云碧山香　黄山落叶松叶落山黄
⑦大佛寺佛大　清泉岗泉清

2. 叠字对

叠字对是由字音的重叠和多音多义字的不同音义形成的变化而构成的对联。它将同一个字或几个字重叠起来使用，以增强对联声律的节奏感，是利用汉字字音特点的典范。有的叠字对还利用同形汉字的不同音义变化来表情达意，饶有风趣。例如，西湖天下庭园的一副叠字联："水水山山，处处明明秀秀；晴晴雨雨，时时好好奇奇。"这副叠字联描写西湖景致，声调抑扬起伏，语音清脆悦耳。又如：

①月月月明八月月明明分外
　山山山秀巫山山秀秀非常
②翠翠红红处处莺莺燕燕
　花花草草年年暮暮朝朝
③松叶竹叶叶叶翠
　秋声雁声声声寒
④海水朝朝朝朝朝朝朝落

浮云长长长长长长长消
⑤长长长长长长长
　行行行行行行行
例④山海关孟姜女庙的这幅楹联，相传为南宋时期王十朋所作。其读音如下：
　　　　　海水朝（潮）朝朝朝（潮）朝朝（潮）朝落
　　　　　浮云长（涨）长长长（涨）长长（涨）长消
此联利用"朝"（"zhāo"早晨，"cháo"参见、会聚）、"长"字（"cháng"常常，"zhǎng"增长、生长）的多音多义性而创制，饶有趣味。与其相近的对联还有南宋王十鹏所作的浙江温州江心寺寺院大门楹联：
　　　　　云朝朝朝朝朝朝朝朝散
　　　　　潮长长长长长长长长消
例⑤此联仅由"长""行"二字构成，其读音和理解如下：
cháng zhǎng,cháng zhǎng,cháng cháng zhǎng（米店）
háng xíng,háng xíng,háng háng xíng（缝纫店）
古诗中也有叠字诗联，如唐朝诗人刘希夷《代悲白头翁》一诗中的"年年岁岁花相似，岁岁年年人不同"。

3.拆合对
拆合对是将汉字按偏旁、部首和部件拆开或组合的方法撰制的对联。例如：
①鸿为江边鸟　蚕是天下虫
②此木为柴山山出　因火成烟夕夕多
③寸土为寺寺旁吟诗诗曰明月送僧归古寺
　双木成林林下示禁禁曰斧斤以时入山林
④烟锁池塘柳　炮镇海城楼
例①将"鸿"拆开成"江""鸟"，将"蚕"拆成"天""虫"。例②将"此木""山山"合拢成"柴"和"出"，将"因火""夕夕"合拢成"烟"和"多"。例③拆分"寺"为"寸土"，"林"为"双木"作对，上下对仗工整，且有趣味。例④利用同一部首字意符相同的结构特点撰制对联，上下联相对的两字同属一个部首，呈现字形结构的齐整之美，更为巧妙的是，两联的字正好分别构成五行，构思十分巧妙。

4.双关联
双关联利用汉语的同音、多义等现象组织语言，使联语意义一明一暗，造成"言此而意彼"的表达效果。它又可分为谐音双关联和寓意双关联两种。
（1）谐音双关联。利用汉字大量存在的同音字，撰制出"言在此而意在彼"双关效果的对联。例如：
　　　　　莲子心中苦
　　　　　梨儿腹内酸
明末清初才子金圣叹因哭庙案牵连而被处极刑。他临终前与儿子诀别时所作的这副谐音双关联,利用同音字"莲""怜"和"梨""离"撰制对联,道出了心中悲切怜爱、酸楚难忍之情。这样的一语双关,字字玑珠,撼人心魄。

(2)寓意双关联。利用汉字大量存在的多义字撰制出"言在此而意在彼"双关效果的对联。例如:

①虚心成大器 劲节见奇才

②龙井泉多奇味 武夷茶发异香

③谷少稗多嘉稻不如野稻 竹长笋短先生难比后生

例①为竹器店常用的一副联语。联中的"虚心""劲节"既言竹器,也喻人的品格德行,联语简洁却富于哲理。例②这副茶叶店联,其中的"龙井""武夷"既是地名,又是茶名,既描绘了龙井、武夷两地的特点,又指明了店中名茶,使人见而思饮。例③上联说私塾的学生多不用功,学业不如旁听的放牛娃,塾师出上联用的是比喻,把学生比作嘉稻,把放牛娃比作野稻;学生对的下联中,"先生"和"后生"都是一词两义,用的是寓意双关。

5. 同旁联

同旁联利用同一部首字结构的相同特点来撰制对联,使两联的字分别呈现字形上的齐整和一致,带来视觉上的美感。同时,因同一部首的字代表着同一意义范畴,故又有意义上的对偶及特定意思表达的对称之妙。例如:

①泪滴湘江流满海 嗟叹嚎啕哽咽喉

②湛江港清波滚滚 渤海湾浊浪滔滔

③荷花兼葭菜藏蕤 芙蓉芍药蕊芬芳

例①上联各字均属水部,渲染泪水之多,有溢满江海之势;下联诸字均用口旁,描述嚎啕之烈。例②这副描写湛江港和渤海湾的风景联,上下联14个字全是"氵"旁,举目皆水,浑然一体,字工意切,匠心独运,符合港口和海湾的风景特点。例③是某地荷花湖边亭上的一副同旁联。上下联14个字都属"艹"部,如同见到了一个水中莲叶接天、荷花欲语、岸上芙蓉摇曳、芍药吐蕊的美丽天地,流畅自然,十分难得。

6. 藏头联

将所说之人、事分藏于上下联之首字而构成的对联。例如,藏头联(青岛):

青天碧海四季常绿人间仙境旅游处

岛傍崂山八方才杰汇集胶湾好梦圆

第五节　汉字与字谜

一、谜语与字谜

谜语,是暗射事物或文字供人猜测的隐语。古称"廋辞""廋语",廋,隐匿之意,廋辞即隐语。古代元宵灯会常将谜语贴在灯上,由观灯者猜射作乐,故又称"灯谜"。谜语主要有十二类:字谜、词语谜、成语谜、诗词谜、书名谜、戏曲谜、影片谜、人名谜、地名谜、药名谜、物名谜以及其他谜。谜语的内容包罗万象,大至宇宙星辰,小到针头线脑皆可融入,或诙谐幽默,或讥讽嘲喻,机智精巧,雅俗共赏,娱人娱己。千百年来,谜语是中国人喜闻乐见的文字游戏形式。

谜语的基本结构包括谜面、谜目和谜底。谜面是灯谜的主要部分,是猜谜时以隐语的形式表达描绘形象、性质、功能等特征,供人们猜测的说明文字;谜目是给谜底限定的范围,是联系谜面和谜底的"桥梁";谜底是谜面所提出问题的答案。谜底字数一般很少,或是一个字、一个词、一个词组,或是一种事物的名称或者动作,最多也不过是一两句诗词。例如:

①谜面:三市尺不是米。谜目:猜一字。谜底:来。
②谜面:春雨绵绵人独去。谜目:猜一字。谜底:三。
③谜面:凤头虎尾。谜目:猜一字。谜底:几。

例①因为三市尺是"一米","一""米"上下组合是"来"字。例②因下雨天,不会有"日","人"又离去,"春"字只有"三"。例③因为凤字"头"和"虎"字的"尾",正好都是"几"字。

根据谜面的特点,谜语可分为以下两类。

(1)以描述事物形态为主要制谜手段的事物谜。以事物的外表特征入谜,谜面依据事物的外表、形体、性质、色彩、音响、出处、用途等方面的突出特征,用拟人、比喻、夸张、暗示等形象化手法加以描绘,让人们通过联想、推理、判断来猜测谜底。例如:

①谜面:刮脸。谜目:猜一风味食品。谜底:刀削面。
②千条线,万条线,掉到水里看不见。谜目:猜一自然现象。谜底:雨。
③谜面:麻屋子,红帐子,里面住着个白胖子。谜目:猜一农产品。谜底:花生。
④五个兄弟,住在一起,名字不同,高矮不齐。谜目:猜一人体部位。谜底:手指。

(2)以汉字形、音、义的变化为主要制谜手段的文义谜,又叫字谜、文虎、灯虎。它利用汉字形、音、义的特点,运用离合、增损、象形、会意、别解等手法,使谜面和谜底在字义上或字形上相扣合而创制。字谜是一种文字游戏,也是汉字特有的一种语言文化现象。例如:

①问苍天,人在何方?(猜一字)
②王先生白小姐坐在石头上(猜一字)
③烝(猜一成语)
④客满(猜二字)
⑤《世说新语》简傲二十四:嵇康与吕安善,每一相思,千里命驾。安后来,值康不在,喜出户延之,不入。题门上作"鳳"字而去。喜不觉,犹以为欣。故作"鳳"字,

"凡鸟"也。

例①谜底：二。"天"字中"人"不知去了何方，就只有"二"。例②谜底：碧。"石"的上面有"王"和"白"，合在一起，自然是"碧"字。例③谜底：水落石出。泵是一种机械，有气泵、水泵等。"泵"字"石"在上、"水"在下，用会意法猜出谜底：水落石出。"水落石出"是一个成语。反过来，用"水落石出"做谜面（打一字），谜底是"泵"。例④谜目规定了谜底有两个。用会意法来猜，谜底是"促""侈"。客满，表示人已经足够了，"人""足"合成"促"；也可表示人已非常多，"人""多"合成"侈"。例⑤故事中吕安不喜嵇喜，拒不进门，在门上写下"鳳（凤）"字，意讽嵇喜庸俗无能。

二、汉字与字谜制谜方式

字谜是汉字所造就的独特的文化现象。从汉字的角度看，字谜制作方式有以下几种类型。

1. 利用汉字同音相谐制谜

例如：

①误将顽石作珍奇（猜《红楼梦》一人名）

②要公开讨论（猜一成语）

③废品（猜《水浒传》一人名）

例①谜底：贾宝玉。因谜面意思是"假宝玉"，"假"音谐"贾"。例②谜底：不可思议。因谜面意思是"不可私议"，"私"与"思"同音相谐。例③谜底：吴用。因谜面意思是"无用"，"无"与"吴"同音相谐。

2. 利用汉字字形制谜

可利用汉字字形的特点，通过合成、分离、增加、减少汉字偏旁、部首、笔画而撰制灯谜。具体有以下方法。

（1）拆字法。依据字形拆分偏旁、部件或笔画来制谜。例如：

①乘人不在（猜一字）

②春节放假三天（猜一字）

③加一倍不少，加一画不好（猜一字）

④千里之行始于足下（猜一字）

⑤个个官中人（猜一古人名）

⑥记一半，忘一半（猜一字）

⑦你一半，我一半（猜一字）

例①谜底：乖。"乘"字中的"人"形被拆开隐去，剩下的便是"乖"。例②谜底：人。"春"字形拆开，隐去"三日"的笔画，剩下的便是"人"字。例③谜底：夕。"夕"加一倍成"多"，加一画成"歹"。例④谜底：踵。"千"加"里"是"重"，再加"足"是"踵"。谜面是离开的，谜底是合字。例⑤谜底：管仲。"个个"加"官"是"管"，"中"加"人"是

"仲"。谜面是离开的,谜底是合字组成人名。例⑥谜底:忌。这是先将"记""忘"二字各拆一半,然后再将前字的"己"和后字的"心"组合。例⑦"你"的一半为"亻","我"的右半部为"戈",二者相合为谜底:伐。

拆字法,有人归入离合法,即分离或合成字形的偏旁、部首、笔画来制谜,例如:半真半假(值),半粗半细(组),半部春秋(秦),吃一半、拿一半(哈),硬一半、软一半(砍),人有它大,天没它大(一),加上一直,却成一弯(由),遇到白,反成黑(七),明明水少,却成水多(泛),嵌上金,变成铁(失),牵来一匹马,却成一头驴(户)。

有些歇后语、笑话、酒令、书名、人名,以及隐语、谣谶、测字等文化现象都与拆字有关。

(2)合字法。谜面提示两个或多个偏旁、部首、笔画,据此可组合成为一个或几个汉字,即为谜底。例如:

①阴阳历合订本(猜一文件名)

②封山造林(猜一文娱名)

③挖掉穷根巧安排(猜一字)

④立春时节雨纷纷(猜一字)

⑤独具匠心(猜一字)

⑥一只盘子并不大,太阳月亮放得下(猜一字)

例①谜底:说明书。按义猜是"说日月书",日、月合为"明"。例②谜底:围棋。按义猜是"围其木","其""木"合为"棋"。例③谜底:窍。例④谜底:泰。例⑤谜底:斤。例⑥盘子即皿,谜底:盟。

(3)增损法。这是利用增加或删减字形的偏旁、部首、笔画来制谜的方法。增加,指谜底一般两个字以上,另加同一偏旁,但猜者仍按不加偏旁时的字猜测。减少,是指把谜面中字形的偏旁、部首、笔画加以削减,即为谜底。例如:

①向前一直去(猜一字)

②两客走了座上空(猜一字)

③给菜锄草(猜一动词)

④交游不广(猜一化学药品名)

⑤附注(猜一动物名)

⑥四张嘴有头无尾,四张嘴有尾无头,四张嘴有头有尾,四张嘴无头无尾(猜四字)

例①谜底:句。"向"字前损失一个"丨",即"句"字。例②谜底:庄。"座"字少了两客"从",自然就成"庄"字。例③谜底:采。属于减少式。例④谜底作"朋少",再各加一偏旁"石",变为"硼砂",即为真谜底。例⑤谜底作"旁解",再各加一"虫"字,成为"螃蟹"。例⑥谜底:由、甲、申、田。其中由、甲、申都是增笔的。

无论是合成、分离、增加、减少,都以汉字字形为基础。没有汉字字形结构的灵活多变,就不可能有异彩纷呈的灯谜。

(4)象形法。将汉字字形进行形象化的联想,运用比喻来制谜。例如:

①三头六臂(猜一字)

②猴子翘尾巴(猜一字)

③锅子炒黄豆,两颗掉到锅外头(猜一字)

例①谜底:众。"众"字由三个人合成,每人一头二臂,三人共"三头六臂"。例②谜底:电。"电"甲骨文、金文像闪电的样子。十二生肖有申猴,猴为申,"电"是"申"的一竖变为竖弯钩,有点像猴子翘尾巴。例③谜底:心。

(5)变形法。例如:

①部位相反(猜一字)

②横行凶相毕露(猜一字)

③倒片(猜一字)

④阿查真古怪,拿鞋当帽戴(猜一字)

例①谜底:陪。"部"字中的"阝""咅"移位。例②谜底:区。"凶"字横置即成区。例③谜底:爿。"爿"就是"片"字倒过来。例④谜底:香。"查"下"一"移至顶上变成"香"。

3.利用汉字字义制谜

具体有下列四种方式:

(1)会意法。例如:

①风平浪静(猜一地名)

②两代人(猜一字)

③闯(猜一国名)

④下是在上边,上是在下边,不是在上边,就是在下边(猜一字)

⑤毛遂自荐(猜一字)

例①谜底:宁波。例②谜底:姆。"母""女"便是两代人。例③谜底:马里。意思是"马"闯入"门"里。例④谜底:一。例⑤谜底:衙。谜面意思是表示"吾行",故"衙"为谜底。

(2)歇后法。例如:金银钢铁。猜我国一地名。谜底:"无锡"。常说的"五金"是"金银铜铁锡",隐去"锡"字。

4.综合法

例如:

①山影横斜日落时(猜一字)

②哑姑娘(猜一成语)

③道是无心却有心,道是闭口却张口,道是缺水水过堤,道是好逸却勤劳(猜四字)

例①谜底:寻。"山"字形变横,即成"彐","时"字中的"日"落了,只存"寸",两字相合便成"寻"。例②先会意为"少女不可言",再将"少""女"二字合起来便成谜底:"妙不可言"。例③谜底:怀、哈、泛、勉。"怀"义是"有心"拆成"不""忄"便是"无心"(古语"不""无"通);"哈"义是"笑","张口"拆成"合""口",便是"闭口";"泛"义是水漫出,即"水过堤",拆开作"乏""水"解释,即"缺水";"勉"义是"勤劳",拆成"免"

"力",理解便是"好逸"。

5.利用字序变化,颠倒制谜

例如:

①天才出于勤奋(猜一成语)

②十读成九(猜一成语)

③名师出高徒(猜一成语)

④相逢从此笑(猜一词牌)

例①谜面意为"劳多者能",倒序便是谜底"能者多劳"。例②谜面意思是"念之差一",倒序便是谜底"一念之差"。例③谜面意为"上能下能",字序略调整便成谜底"能上能下"。例④谜面意为"遇永乐",字序略调整便成谜底"永遇乐"。

第六节 民俗字

一、拼字与民俗

民俗字,是文字符号为适应某些特定文化现象或社会群体的需要而产生的流变,是伴随一种文字符号主导系统的非主流文化形态[13]。

民间常有通过变异字形、偏旁搭借等方法将两个或多个汉字重新构建为具有图画倾向、带有趋吉避凶寓意的合成字,民俗学家通常称之为民俗合体字。这种似字又似画的"奇怪"的汉字组合,往往蕴含着趋吉纳福、多财多福、平安喜乐的美好寓意,故又称"吉利字""吉语字""吉祥合体字"或"团结字",例如,在民俗场合中,各种字体的百寿图、百福图、百虎图、百龙图,以及倒"福"字、婚礼上的"囍"、农家院屋里的"五谷丰登"、商铺张贴的"招财进宝""金玉满堂"、车内吊饰的"出入平安"等。

千百年来,大众所喜闻乐见的字眼"福禄寿喜",是中国人流传悠久的吉祥词汇。早在远古时代,先民在自然崇拜中臆造出福、禄、寿三星,俗语有"天上三吉星,人间福禄寿"。"喜"迎合了人们趋吉纳福的美好愿望,民间奉祀就出现了喜神。"福禄寿喜"是中国人独有的文化意象,具有独特的艺术性和丰富多彩的表达方式,并演化成多种吉祥图案,如仅"寿"字的写法就多达500种。按照中国人的习俗,向高龄老人祝寿,不同年龄段的老人有"喜寿""伞寿""半寿""米寿""白寿""茶寿"等雅称。七十七岁称喜寿,因"喜"字草书像"七十七";八十岁称伞寿,因"伞"字的草体形似八十;八十一岁称半寿,"半"字可拆为八十一;八十八岁称米寿,因"米"字拆开为"八十八";九十九岁称白寿,因"白"字是"百"字缺一,恰为九十九;一百零八岁为茶寿的雅称,因"茶"字的字头为草字头,由两个"十"字组成,相加为"二十","茶"字中间的"人"字分开一点是"八"字,下面的"木"字由"十"和"八"组成,上下相连,合为"八十八",再加上最上面的"二十"即是"一百零八"。

"囍",以两个喜组成表示喜庆的图符,表示双喜临门。严格地讲,它并非真正意义上的文字,字典、词典中也不收录。但作为中国传统的吉祥图案,"囍"用于民间装饰洞房和婚礼上的习俗流传至今。

商铺里张贴的"招财进宝""黄金万两""日进斗金""抬头见喜""日日有见财""金玉满堂""生意兴隆""只见财来""开门见喜"等由拼合汉字构成的合体符号,同样至今为商家所乐用。

此外,还有与"福"相关的吉祥文字,如万福流云、福寿三多、三星高照、福寿双全、翘盼福音、平安双福等;与福字有关联的剪纸吉祥物,如蝙蝠、佛手、祥云、牡丹花、莲花等一同广泛地在民间使用。

图6-21 "囍"剪纸图案　　　　　图6-22 "福"吉祥文字

民俗合体字脱胎于合体字。合体字最初以"防人作伪"为目的,后经历代发展而孕育出承载民俗文化、表达美好愿望的民俗合体字。

图6-23 清代以四字纵向组合比喻财富积累的"黄金万两",已与如今商铺张贴的大同小异,由此可见民俗合体字已基本定型。

合体字是指由多个汉字组合而成的独特字体,其源头可以追溯到先秦时期。君主借助兵符传达命令或征调军队,为防人作伪,符文将多个篆字合并在一起,刻在玉板或竹板上,再剖为两半,君主与驻军首领双方各执一半,调兵时合之以验真假。汉末在道教盛行、符箓泛滥的影响下,民间兴起了以吉语合成文字的风气,将吉语合成文字镌刻在玉石、钱币或某些饰物上,其中最具代表性的是"厌胜钱"。从流传下来的宋代厌胜钱可以看出,宋代合体字已经从符文、符篆演变为一种表达趋吉避凶愿望的手段。

二、民俗合体字的形音特点

作为一种民俗形式,民俗合体字一般不被标准的中文字典或词典收录。与常规汉字相比,民俗合体字在字音方面更具灵活性。常规汉字系统中,除了少数多音字,大部分汉字遵循着"一字一音"的规则,"黄金万两"一类的民俗合体字并不符合这一规则。

图6-24 "五谷丰登""吉祥如意"

绝大多数的民俗合体字,并没有与之对应的固定读音,其读音仍为构成合体字单个汉字的读音。例如,"招财进宝",以"进"字的偏旁,将"招、财、宝"三个字涵括起来,形似车载,表达招引财气、财宝的愿望,有人认为读作"mǎo",有人认为读作"biang",但大部分人仍习惯读作"zhāo cái jìn bǎo"。

图6-25 "招财进宝"

民俗合体字并无固定的内容规定,完全可以按照不同的需要作各种随机创造。在字形方面具有一定的图画性,其别样的结构方式,富有一定的趣味性。例如,"一片冰心在玉壶"的民俗合体字,"一、片、冰、玉"四字组合在一起,构成了一只"玉壶"的形状,"心、在"二字被置于壶中,从整体上看,更像是一幅描摹玉壶的画作。它传达出清正廉明、心如止水的寓意,与莲花"出淤泥而不染"的品性相映成趣。又如:𰻞字的笔画简写42画,繁写56画,是笔画最多的"字"之一。至今,西安市井许多面馆牌匾上仍可见此字,但字典辞书中却并未收录。biang biang 面,是陕西关中传统特色风味面食,因其制作过程中有 biang、biang 的声音而得名。关中民间流传着有关这一面食的各种传说故事,并按其结构编有一首歌诀:"一点飞上天,黄河两边弯;八字大张口,言字往里走,左一扭,右一扭;西一长,东一长,中间加个马大王;心字底,月字旁,留个勾搭挂麻糖;推了车车走咸阳。"一个字写尽了山川地理、世态炎凉。其实,这个笔画极繁的"字",不过是组字游戏的民俗字而已。只是这游戏的背后,是关中面食文化的一种别样的炫耀,还有秦人因千古帝都而独有的文化自矜。

图 6-26 王昌龄的名句"一片冰心在玉壶"
（湖南省黔阳县芙蓉楼玉壶亭碑）

与一般的规范汉字相比,民俗合体字在字形设计上忽略字体书写细节的正误,字形上有一定变化,以笔画的曲折、组合方向的多变和偏旁的搭借等方法,构成形象美观、间架结构对称均衡的合体字,具有视觉的美感[14]。

三、民俗合体字例释

民俗合体字的典型例子见图 6-27 至图 6-36。

图 6-27 苏州唐寅园相传唐伯虎所创的"日日有见才"。后被人们解读为日日有才、日日见财,亦通"日日有见财""日日有财见"。

第六章 说不尽的东方意趣——汉字与文化娱乐

图6-28 合体字:孔孟好学

图6-29 合体字:日进斗金

图6-30 济南民居浮雕"魁星踢斗"

图6-31 宁德三都澳斗帽岛斗姥景区"天人合一"石刻

图 6-32 合体字:福禄喜寿

图 6-33 婚庆吉祥语组合字书法:
鸾凤和鸣

图 6-34 林则徐题于书室的一副自勉联:
海纳百川,有容乃大;壁立千仞,无欲则刚

图 6-35 合体字:书山有路勤为径,学海无涯苦作舟

图6-36 合体字:天道酬勤,地道酬精,人道酬善,和道酬诚。整个作品又可读为:天地人和。

参考文献

[1] 蒋肖斌."法国大儒"汪德迈:比大部分中国人更懂甲骨文[N].中国青年报,2019-01-22.

[2] 葛兆光.什么才是"中国的"文化[J].决策探索,2015(9):24-27.

[3] 田恒金.浅析汉字与文化的关系[J].河北师范大学学报(哲学社会科学版),2000(2):98-101.

[4] 李佳琪.汉字娱乐功能论[J].汉字文化,2017(24):85-88.

[5] 张新.闻一多猜想:诗化还是诗的小说化[M]//新诗与文化散论.上海:学林出版社,1995.

[6] 闻一多全集:第3卷[M].北京:生活·读书·新知三联书店,1982:162.

[7] 王蒙.为了汉字文化的伟大复兴[J].汉字文化,2005(1):3-6.

[8] 余光中.中西文学之比较[M]//余光中谈翻译.北京:中国对外翻译出版公司,2007.

[9] 刘家彤,谢祥娟.浅析翰墨书法与汉字文化[J].才智,2017(30):197.

[10] 中国社会科学院语言研究所词典室.现代汉语词典[Z].5版.北京:商务印书馆,2005:345.

[11] 杜逸娇.对联:独特的汉字文化艺术瑰宝——浅谈汉字与对联的关系[J].大众文艺,2010(20):129-130.

[12] 李璐笛.对联艺术:汉字文化的独特产物[J].文学教育(上),2017(3):182-183.

[13] 曲彦斌.汉字文化的非主流形态:民俗字——汉语民俗字学略论[J].百科知识,1994(9):24-25.

[14] 王妍.民俗合体字研究[J].语文学刊,2015(14):53-58.

第七章

神秘莫测的汉字
——汉字文化崇拜

第一节 汉字崇拜及其产生根源

在中国传统文化观念中,汉字具有超语言符号的功能。文字崇拜,是中国社会特有的一种文化现象。在远古社会的巫术仪式中,文字是人与神明沟通的媒介。汉字及其记录的典籍作为文化和知识的载体,加深了后世人们对汉字的敬畏与崇拜。汉字崇拜有造字传说、谶语、符咒、避讳、文字狱、测字算卦、人地命名、书法、民俗字、敬惜字纸民俗等多种表现形式。

从根本上说,汉字崇拜是一种非科学的态度和认识。这一现象的产生有其社会文化的根源,主要表现在以下几个方面[1]。

1. 远古先民万物有灵的原始崇拜

远古蒙昧时代,人类认为世上万物都由一种神秘的力量支配,处处都有神灵存在,主宰着人的命运。汉字崇拜由远古时代的图腾文化、巫术文化发展而来。在巫术祈祷中,语言文字是人与神交际的中介,先民相信从语言文字可得知神灵所传递的意旨,并祈求神灵的庇护保佑,自然对汉字产生了崇拜[1]。

2. 封建文化专制的强制手段

中国长期的封建文化专制制度,助长了文字崇拜的形成和流传。历代封建统治者将文字视作不可或缺的文化统治工具而加以控制和利用。例如,《汉书·石奋传》中记有:"建为郎中令,书奏事,事下,建读之,曰:'误书"马"(馬)者与尾当五,今乃四,不足一。上谴,死矣!'甚惶恐。"由于汉代察举选士规定:"识字九千方能为官,用字谬误,辄被弹劾。"郎中令石奋之子石建因奏章里"马"字少写了一笔而"甚惶恐"。可见,文化专制下用字之严。

至于"文字狱""避讳",更是封建统治者加强思想、文化控制的重要手段。历朝统治者都重视对言论的监控和束缚,借发动"文字狱",镇压不利于自身统治的言论和思想,达到思想专制的目的。例如,北宋神宗年间著名的"乌台诗案",是一起典型的"文字狱"。苏轼因诗文、奏折被曲解附会、断章取义而入狱四个月,又被连降三级下放黄州,流放琼崖。此案开创了"文字狱"的先河。文字狱尤以清代前期为烈,清代文字狱以乾隆一朝最多,据邓之诚《中华二千年史》卷五中"清代文字狱简表"统计,前后共有74起之多。例如,江苏东台县举人徐述夔,生前著有《一柱楼诗集》,死后十多年被仇家蔡嘉树告发,子孙因而获罪。诗集中"大明天子重相见,且把壶儿(与"胡儿"谐音)搁半边。""清风不识字,何须乱翻书?""明朝期振翮,一举去清都"等句,乾隆认为是"叛逆之词"。"壶儿"是讽刺满人,"清风"一句是指满人没文化,"明朝"二字是指"明代"。最后判决:徐及其子已死,开棺戮尸,枭首示众;徐的两个孙子虽携书自首,但仍以收藏"逆诗"罪论斩。

3. 文化传统的影响

中国历来有尚文重教的文化传统,汉字主要用来记录和阐释圣贤的经典,与圣贤直接关联,因而具有崇高的地位。在普遍不识字的民众看来,神秘的汉字具有某种超自然的神力,因而民间社会普遍有敬畏文字以及字纸的民俗。旧时随处可见"敬惜字纸"的劝戒招贴,即源于对文字力量的迷信。至今,一些民俗仍有文字崇拜的文化内涵,如:倒贴"福""喜"等字,谐"福(喜)倒(到)了";贺寿图画猫扑蝴蝶,寓"耄耋之年"(猫、耄、蝶、耋)的美意;旧书塾里常有鹿藏于林中之图,隐"禄在书中"(鹿、禄)意;待客最后一道菜上丸子,寓"完"(丸、完);古人灞桥折柳送别,取留恋不舍(柳、留)之意;往来礼仪不能送钟和书籍,因谐"送终、送输"(钟、终、书、输)不吉之音等。可见,汉字崇拜已积淀为中国人特有的文化心理。

第二节 封建帝王的汉字专制:武则天"造字"

中国历代统治者深知文字作为统治工具的重要性,为了禁锢人民思想,强化君权统治,往往垄断汉字的发明权、定义权和解释权。由此,产生了帝王专用字和新造汉字的文化现象。武则天"造字",是最为突出的例证。

1982年,在河南嵩山峻极峰发现一枚金简,为公元700年武则天到嵩山祈福,遣宫廷太监胡超向诸神祈求除罪消灾所投。金简长36.3厘米,宽8.2厘米,重247克,上书有63字:"大周圀主武曌,好乐真道,长生神仙,谨诣中岳嵩高山门,投金简一通,乞三官、九府除武曌罪名,太发庚子七月甲申朔七日甲寅,小使臣胡超稽首再拜谨奏。"其中的"圀"(即"国")字,即是武则天所造字。

在689—704年,武则天15年间曾先后5次下诏改字。关于武则天造字的数量至今众说纷纭,有12字、14字、17字、18字、19字、20字、22字、23字等各种说法。宋末元初史学家胡三省为《资治通鉴》作注时,开列了宗秦客新造的12个字。根据河南省新安县《千唐志斋》中的唐代志石,武则天对以下18个汉字进行了重新创造:照、臣、君、月、年、日、星、载、圣、人、初、授、证、天、地、正、国、万。有人认为武则天共重造了20个字,因为"月""日"各有两种写法("月"字先后改过两次。一次是登基后将"月"字改为外面是圆圈,里面是佛教梵文"卍"字的构形,表示月中祥瑞之义;另一次是691年武则天下令颁布《释教在道教之上制》,再次改"月"的写法),并将这20个字编作一诗:天地日月星,载初授政圣,国臣正年月,万君曌人生。

武则天所造字,只是将原本已有汉字的字形作改变,每个字的选择和改创都有一定的政治含义,其意在于夸耀她的高明、伟大、博学、睿智,是表达皇统万年、长治久安心愿的一种手段。例如,"人"字改作"人""土"两字的合体"𤯔",意为人在土地上就是人民;"地"字,改作"山""水""土"三字的合体"㙻",意为有山有水有土就是地;"国"字改成"圀",八方统一于一隅就是国家,又有"普天之下,莫非王土;率土之滨,莫非王臣"的意味;"君"字从天大吉,意为天赐大吉之意;"年"字是千千万万,意为江山社稷万年永固;"臣"字改为"一""忠"两字的上下结构,是为警示臣对君当忠心如一。

2010年,在广东罗定市苹塘镇谈礼村附近一个山洞里发现一方唐代摩崖石刻《龙龛岩道场铭并序》。史载,唐武德四年(公元621年),县令陈普光在这里兴建道场。唐圣历二年(公元699年),泷洲(今罗定)开阳人陈集原为道场撰写《龙龛岩道场铭并序》,并镌刻在岩洞北壁,全文41行,共1238字,其中有圀、埊、臣("一忠"二字合体,上下结构)、年等15个武则天所造字。可见,武则天所造字在当时广为流传。

武则天造字是政治诉求所需,全是化简为繁,不符合文字发展规律,人们因其威权而被迫遵从。公元705年,随着武周政权的结束,武则天所造字,除"曌"外也迅速消失,被世人遗忘。

汉字本无"曌""瞾"二字,前者是武则天自造,后者为其政敌所造。"曌",即"照"字,从明从空,与"照"字同义。《旧唐书·则天皇后纪》载:"则天皇后武氏讳曌。"《辞源》释为:"唐武后所造字,自取为名,以代照字。"武则天改名为曌,明指她的法号明空,暗喻其犹如"日月当空,无微弗明,无远弗照"。按阴阳五行学说,日为阳,月为阴;男为阳,女为阴。武则天造此字意在标榜政治清明、天下太平有如明空,也有表达属阴的月可与日一样高悬明空,寓意女性也可君临天下。

"瞾",首见于骆宾王的《代李敬业传檄天下文》,表示反对者对武则天的鄙视和憎恨。段玉裁《说文解字注》解释:"经典中多假瞿为昍""瞿行而昍废矣。"即昍是瞿的古字。《说文解字》释"瞿":"鹰隼之视也。"本义指鹰隼在攫取食物时凶狠、贪婪、恶毒的目光,中国人至今仍对猫头鹰一类的猛禽心怀恶感。"瞾"字形象地告诉世人,当时"临朝"当"空"的,不是"日""月",而是一双凶恶、贪婪、嗜血成性的眼睛[2]。

此外,武则天还将"壹、贰、三、肆、伍、陆、柒、捌、玖、拾、陌、阡、卍"运用到了会计记账上,以防止篡改账目的行为。明朝朱元璋授意将其中的"三、柒、陌、阡、卍"改成"叁、柒、佰、仟、萬",对账目记录舞弊行为的防范更趋完善。

有的权倾天下的显贵,也别有用意地改动汉字。如山东曲阜孔府大门两侧有一副清代纪晓岚的题联:"与国咸休安富尊荣公府第,同天并老文章道德圣人家。"这副楹联的上下两联中,各有一字与现行的规范汉字不同:上联"富"字少了一点,写成了"冨";下联"章"字,最后一竖破"日"而出。有解为:"富"字少一点,是为了彰显孔子"富贵无顶";"章"字的一竖直穿过了上半部分的"日"字,表达的含义是孔子"文章通天"。两个错字,意在体现孔府这个非常门第的身份。也有人认为,"富""章"并非是纪晓岚手误,也非故意写错,北魏时"富"字已有这种写法,"章"字的这种写法也可追溯到隋唐时期。

图 7-1 此匾悬挂于承德避暑山庄正宫内午门中门上方,蓝色匾心有四个大字:"避暑山庄"。此四字,乃康熙皇帝之手迹。仔细看会发现,"避"字右边的"辛"的下部多写了一横。康熙多写一横的笔误,众多的臣僚自当会有人发现,但皇帝是金口玉言,写错了也是对的,何况皇帝有造字的特权。

第三节 古代避讳文化与汉字禁忌

一、避讳及其种类

避讳,又称"塔布"(taboo),是禁止接触和说及"神圣"或"不洁"的人或事物。作为语言运用的一种特殊禁忌,避讳有广义与狭义之分:广义的避讳是指出于禁忌或厌恶等原因避免使用某些特殊字眼而以其他字眼代替;狭义的避讳是指出于尊敬或畏忌,在言谈和书写时采用改字、缺笔、省字等方法避开、隐去君父尊亲的名字。例如,孔子名丘,遇到"丘"字省掉第四笔的一竖(读作"某"),"丘"姓一律写作"邱";因避宋太宗赵光义讳,地名义阳改信阳、义川改宜川、义兴改宜兴;清版书中为避康熙帝玄烨名讳,唐玄宗被称为唐元宗。

避讳也有避贬者讳,即恶讳。据《新唐书》载,唐肃宗憎恶安禄山,郡县名凡带"安"字者大都被改换,如安定郡改为保定,安化郡改为顺化,安静县改为保静,同安县改为桐城,宝安县改为东莞等。

人类社会自古及今都存在的"塔布"现象,是先民受认识所限而恐惧超自然力量(鬼神等)惩罚的消极反应。中国古代封建统治者为了维护统治和尊严制定并推行各种"避讳"规定,形成了中国文化中一种非常独特的现象。陆游《老学庵笔记》卷五中记述了一则故事:"田登作郡,自讳其名,触者必怒。吏卒多被榜笞。于是举州皆谓灯为'火'。上元放灯,许人入州治游观,吏人遂书榜于市曰:'本州依例放火三日。'"[3]因"灯"与"登"同音而讳。此"只许州官放火,不许百姓点灯"的典故,是避讳的典型事例。

"避讳为中国特有之风俗,其俗起于周,成于秦,盛于唐宋。其历史垂二千年。"[4]避讳文化是封建等级制度和宗法制度在语言文字上的体现,是中国文化伦理上的繁文缛节与汉字特点相结合的产物。中国封建社会避讳成为一种制度,统治者通过避讳来维护和加强封建统治,臣民的言论行为稍有不慎,触及讳字便即获罪,招致杀身之祸,甚至株连九族。直到民国初年,袁世凯复辟帝制还试图实行避讳。北京煤铺墙上原有的"元煤"二字,因"元煤"与"袁没"谐音而被一概涂掉,因"元宵"与"袁消"谐音而改称"汤圆"。

古代避讳有公讳、官讳、圣贤讳和私讳之别。

(1)公讳。公讳又称国讳,指举国上下都必须回避的国君之讳。在封建社会,帝王至高无上,凡与帝王姓名相同的姓氏、人名、地名和事物都要回避和修改。

因避讳而改姓者,如庄姓因避汉明帝刘庄讳,改为姓严;姬姓,因避唐玄宗李隆基讳,改为姓周。因避讳而改名者,如西汉末年王莽称帝,孔子后裔孔莽改名孔均;因避唐太宗名讳,唐初宰相裴世矩,改名裴矩;佛教的观世音菩萨,也因避唐太宗名讳而称为观音菩萨。因避讳,即使故去者也要改名字,如南齐时,将军薛道渊因避齐太祖萧道成名讳而改名为薛渊。唐朝编修《南史》,因避唐高祖李渊名,又改其名为薛深。

因避讳更改官名,如周朝立太师、太傅、太保为三公,西晋时因避景帝司马师名讳,太师改为太宰,京师改称京都。隋朝所设六部中的民部,入唐后因避唐太宗讳,改称户部。地名如犯讳也须改名,如西晋愍帝司马邺即位,建业(今江苏南京)改称建康。五代后唐庄宗李存勖即位,因其父名国昌,改孝昌县为孝感县。因避讳,动物也要改名,如唐高祖的祖父名李虎,唐朝虎改称"兽""彪""大虫"等。还有因避讳改前人谥号、改前朝年号等现象,如唐玄宗李隆基即位后,需避"隆"字,将其祖父"永隆"年号改为"永崇"。宋仁宗名赵祯,北宋欧阳修等人编写《新唐书》,将"贞观"年号改为"正观"。

此外,本朝历代皇帝的名号、皇后的名字和谥号等也都应避讳。汉朝吕后名"雉",凡遇"雉"字,一律用同义的"野鸡"二字代替。

(2)官讳。古代下属要讳官员本人及其父祖的名讳。例如,明朝位居宰辅的严嵩,位极人臣,权倾天下,人名中有"嵩"者畏惧其威,改"嵩"为"山"或"高"。

(3)圣贤讳。避讳古代圣贤名字,主要是避至圣先师孔子和亚圣孟子的名讳,有的朝代也避讳黄帝之名、周公之名、老子之名等。北宋规定,读书凡读到"丘"字,应读成"某"字,并用红笔在"丘"字上圈一个圈。清朝时,"丘"姓改姓为"邱",并读作"七"字。从宋元起至明清,关羽被奉为"武王""武圣人",清制规定讳"关羽""关云长"而称"关公""关圣人""关帝"等。

(4)私讳。私讳又称家讳,指避讳父母祖先之名。中国人推崇孝道,自古就有尊宗敬祖的习俗，家讳寄寓着对长辈们的亲敬、崇仰与怀念之情。例如，范晔的父亲名范泰，《后汉书》"郭泰"改为"郭太"。晋人重视家讳，别人言谈中如涉及自己父亲或祖父的名字，即应哭泣，以表孝心。东晋桓温的儿子桓玄被授为太子洗马，设宴款待宾客。王忱嫌酒太凉，要侍者"温酒来"，桓玄一听"温"字，马上痛哭流涕。宋代私讳之风蔓延，甚至到了滑稽可笑的地步，如北宋诗人徐积因父亲名"石"，一生不用石器，走路遇到石头也要避开，遇到石桥则让人背他过桥。杜甫为避父讳名"闲"，诗中未用过"闲"字；杜甫母名海棠，其诗中无海棠诗。家讳本仅限于亲属内部的避讳，但与别人交往时应避对方长辈之讳，否则极为失礼。

从汉字的形、音、义要素的角度看，避讳可分为以下类型。

（1）字形相同或相似的避讳。避与君主或尊长之名的同形之字，称避正讳。如汉高祖名邦，因"邦家"一词中的"邦"字和高祖名相同，"邦家"改为"国家"，沿用至今。"罪"本作"辠"，秦始皇因"辠"似"皇"字，改为鱼网义的"罪"字。

（2）构件的避讳。字的部件中含有忌讳的字也要避讳。如唐时为避唐太宗李世民的名讳，汉字部件中有"世"，须用形似的部件代替，如"牒、葉、弃"将部件"世"改为"云"，"漏泄""缧绁"将部件"世"改为"曳"。"世"，与"云"形相近，与"曳"声相近。

（3）字音相同或相近的避讳。回避忌讳字的同音字或音近字，称为避嫌名。如隋文帝父讳忠，郎中皆去"中"字。

（4）字义的避讳。字义有忌讳的内容也需避讳。否则，被强解字义或曲解多义字，会造成犯讳。如清代吕留良有诗"清风虽细难吹我，明月何尝不照人"，因"清""明"二字多义，被疑有不满本朝、倾向亡明之心。

二、避讳的方法

古代避讳的方法很多，主要有更改读音和改形两种。更改读音，是改变与避讳字同音字的读音。例如，正月的"正"原读"zhèng"，因秦始皇名嬴政，为避讳改读"zhēng"，声调变为平声。改形，是改变字的形体以达到避讳的目的，这是最为常用的避讳手段。其具体有以下方法。

1. 改字法

改字法即以它字代替避讳字，改字包括地名、姓氏、人名、物名等。例如，二十四节气中的"惊蛰"先秦时叫"启蛰"，汉代为避汉景帝刘启名讳而改作"惊蛰"；汉宣帝名询，因"荀"与"询"同音，"荀"姓改为"孙"，荀卿被改称孙卿；东晋为避晋文帝司马昭讳，王昭君被改名"王明君"；唐代置明州，明代为讳"明"而改名为"宁波"；唐玄宗名李隆基，"姬"与"基"同音，"姬"姓改"周"；宋仁宗名赵祯，蒸包子、蒸馒头的"蒸"改为"炊"；清代为避康熙（玄烨）之讳，中药"玄参"改叫"元参"。

2. 缺省笔画

缺省笔画是指遇到应避讳的字,书写时省写笔画,少写一笔或两笔。例如,避唐太宗李世民名讳,将"世"字写成"卅"。

3. 拆字

拆字是指为避讳某字将该字拆分成若干部件来称说,或只取其中的一个部件使用。例如,五代后晋时,为避开国皇帝石敬瑭的名讳,敬姓的人将"敬"字拆开,改姓"文"或"苟"。清代户部侍郎景日昣因其父亲名星,在《说嵩》卷首例目中写道:"昔人重家讳,司马史例改同字,恐淆文意。集中星字,先子讳也,变笔为昅,临文之说,盖有未安。"

4. 空字法

空字法是指将避讳之字空而不写,或以"□"代替。例如,唐代魏征等所撰《隋书》中为避李世民讳,将王世充、徐世勣写成王充、徐勣,中间的"世"字空而不书。

5. 变换偏旁

变换偏旁是指变换或增减原字的偏旁以达到避讳的目的。北齐文宣帝高洋父名为欢,为避讳以"劝"代替"欢"。金朝时姓"丘"的人家为避孔子讳,把"丘"加"阝"旁变为"邱",由此有了"邱"姓。

6. 以其他汉字代替

以其他汉字代替所用字的具体手段有以"讳"或"某"字替代、以同义(近义)字或反义字代替、用同音或音近之字代替、以形似之字代替、将避讳之字写成草书、将避讳字和他字连写等。例如,《史记·孝文本纪》:"元年正月,'子某最长,纯厚慈仁,请建以为太子'。"这里"某"字即指汉景帝刘启。西汉孝昭帝名刘弗陵,遇"弗"字,以"不"字代替。汉文帝名刘恒,因"恒"与"常"同义,"恒山"改为"常山"。战国时齐国权臣田恒,《史记》中写为"田常",月宫仙女姮娥,汉后改为"嫦娥"。东汉光武帝刘秀叔父名良,时人便以同音的"梁"字代"良"。唐高祖李渊父名昞(昺),因"秉"与"昞"用音而用形似的"康"字代替。

此外,还可以使用委婉的表达来避讳,其手法主要有比喻、借代、美言、贱言、巧言、轻言、反言等。

避讳造成许多混乱甚至讹误,给阅读和理解文献、辨别真相带来诸多麻烦。辛亥革命后,作为宗法制度产物的避讳制度随即消亡,但避讳作为一种力求婉转的表达方式保留下来。因为,人们在交际中会"顾念对话者乃至关涉者的情感,竭力避免犯忌触讳的话头,省得别人听了不快"[5]。

第四节　汉字与古代谶语

一、什么是谶语

谶，原为巫觋、方士假托上天意志编造的预示吉凶的隐语。谶语，又称谶言，是带有预言性质而事后应验的话。它包括诗谶、谜谶、戏谶和语谶等，是古代中国文化的一种奇特现象。

谶语自秦代已有传播，两汉时开始盛行。历史上，谶语还用来预言政治的兴衰更替。例如，《史记·秦始皇本纪》载："始皇巡北边，从上郡入。燕人卢生使入海还，以鬼神事，因奏录图书，曰：'亡秦者胡也。'始皇乃使蒙恬发兵三十万人北击胡。"这里"亡秦者胡也"，即谶语。"胡"字面上指匈奴（胡人），而最终却是另一"胡"（胡亥）导致秦王朝灭亡。此外，"刘秀当为天子""代汉者涂高""桃李子，得天下""女主昌"等，都是历史上著名的谶语。

谶语助长了人们对汉字的神秘感和崇拜感。也正因此，历史上不乏以伪造谶语，来鼓动人心的例子。例如，秦末陈胜、吴广在大泽乡借鱼腹书"大楚兴，陈胜王"，发动戍卒斩木为兵，揭竿而起。两汉以后，帝王讲究君权神授，儒家讲究名正言顺，催生了谶语的发展。封建社会里，谶语多假托天意编造王朝兴亡更迭的预言，一些觊觎帝位的人或假造符命或妄解谶文，将自己称作天命所归的人。例如，"代汉者，当涂高也"，这一谶语意为取代汉王朝的，当是"涂高"。"当涂高"三字意思隐晦，又像谜语，于是有人费尽心思猜测。东汉白马令李云曾上疏朝廷："许昌气见于当涂高，当涂高者当昌于许。当涂高者，魏也。象魏者，两观阙是也。当道而高大者魏，魏当代汉。"东汉末年有女巫道人对汉末群雄之一的李傕言："涂即途也，当涂高者，阙也。傕同阙，另极高之人谓之傕。"并力劝李傕晋皇帝位，取代汉。袁术为帝心切，认为自己是应谶之人，因"术"有"道路"义，其字（袁术，字公路）正应"涂"字，从而在三国乱世首先称帝。这里对"当涂高"之解，方士解以谐音双关，袁术则解以语义双关，各得其所。

谶语这一预言方式一般都用词模棱两可，语义隐晦，充满象征意味，须由方士予以解释，道明玄机。这也是卜者相士惯用的伎俩，如一民间故事讲，有某人去算"父母之事"，算卦者写下："父在母先亡"。此言既可解为"父，在母先亡"，即父在母先（之前）亡，又可为"父在，母先亡"。无论最终是哪种事实，算命先生都能自圆其说。

谶语常通过民谣、童谣等谣言的形式传播。历史上民谣、童谣谶语，简洁顺口，易于传播，且一言道破天机。例如：公元 1350 年河南、河北童谣云："石人一只眼，挑动黄河天下反。"这是元末红巾军起义前民间流传的歌谣。1344—1348 年黄河两次决口，洪水侵入大运河及河北、山东的漕司盐场，元朝廷征集 26 万民众修河。白莲教领袖韩山童等在修河开工前凿好一独眼石人，背后镌刻"莫道石人一只眼，此物一出天下反"十四字,埋于将要开凿的黄陵岗,并散布民谣"石人一只眼,挑动黄河天下反"。修河开工后挖出独眼石人,消息传遍大河上下。至正十一年(1351年)韩山童等在颍州颍上(今安徽颍上),举起反元大旗,包括河工在内的中原农民蜂起响应。

源于隋朝末年的谶语"十八子,得天下",是说一个姓"李"的人会得天下("十八子"组合为"李")。隋末李渊在山西太原起兵,江山改姓易主。千年后,李自成也因这个童谣一语成谶而攻进北京。明朝末年流传一句谶语"长虹贯日,大头朝下"。有僧人释曰:崇祯帝朱由检的"由"字,大头朝下就成了"甲"字,"日"字中间来一竖为"长虹贯日"即"申"字。结果,公元1644年即甲申猴年,崇祯帝朱由检上吊自尽,明朝随之灭亡。

谶语叙事也影响了中国古典小说的叙事模式,彰显了中国文化的独有色彩。《红楼梦》中使用谶语影射个人结局或者故事走向,如第五回"贾宝玉神游太虚境 警幻仙曲演红楼梦"中的金陵十二钗判词和曲子,都是隐含人物命运的谶语,预言了金陵十二钗的命运[6]。

《三国演义》第九回"除暴凶吕布助司徒 犯长安李傕听贾诩"中,有这样一段描写:

卓出坞上车,前遮后拥,望长安来。行不到三十里,所乘之车,忽折一轮,卓下车乘马。又行不到十里,那马咆哮嘶喊,掣断辔头。卓问肃曰:"车折轮,马断辔,其兆若何?"肃曰:"乃太师应绍汉禅,弃旧换新,将乘玉辇金鞍之兆也。"卓喜而信其言。次日,正行间,忽然狂风骤起,昏雾蔽天。卓问肃曰:"此何祥也?"肃曰:"主公登龙位,必有红光紫雾,以壮天威耳。"卓又喜而不疑。既至城外,百官俱出迎接。只有李儒抱病在家,不能出迎。卓进至相府,吕布入贺。卓曰:"吾登九五,汝当总督天下兵马。"布拜谢,就帐前歇宿。是夜有十数小儿于郊外作歌,风吹歌声入帐。歌曰:"千里草,何青青!十日卜,不得生!"歌声悲切。卓问李肃曰:"童谣主何吉凶?"肃曰:"亦只是言刘氏灭、董氏兴之意。"

故事中"千里草"为"董","十日卜"为"卓"。"千里草""十日卜"都是自下而上解字,暗示董卓将自下摩上,以臣凌君,预言董卓将败亡,落个"不得生"的结局。

二、汉字与创制谶语的手段

谶语一般利用汉字形音义特点而创制,其主要手段有以下几种。

1.拆字法

这是利用汉字字形结构可拆分的特点,在分拆离合汉字的笔画、部首、偏旁中隐含一定的寓意来创构谶语。古代著名的谶语,多用此法创制。例如,唐时徐敬业造反,骆宾王为拉拢中书令裴炎,制作谣谶云:"一片火,两片火,非衣小儿当庭坐。"裴炎闻之大喜,即与徐敬业合谋。这则谶语以拆字法创制而成,"一片火,两片火"即为"炎"字,"非衣"即"裴"字。又如,《水浒传》第三十九回"浔阳楼宋江吟反诗 梁山泊戴宗传假信"中有：

> 街市小儿谣言四句道："耗国因家木，刀兵点水工。纵横三十六，播乱在山东。"黄文炳道："'耗国因家木'，耗散国家钱粮的人，必是家头着个木字，明明是个'宋'字；第二句'刀兵点水工'，兴起刀兵之人，水边着个工字，明是个'江'字。这个人姓宋名江，又作下反诗，明是天数。万民有福。"知府又问道："何为'纵横三十六，播乱在山东'？"黄文炳答道："或是六六之年，或是六六之数；'播乱在山东'，今郓城县正是山东地方。这四句谣言已都应了。"

故事中，黄文炳破解了童谣所运用的拆字法，将拆分的"宋""江"二字重新组合，因而有了"家木"暗指"宋"字、"水工"暗指"江"字的解释。

2. 双关法

这是利用语言文字的多义或同音，有意使一句话隐含两件事情、两种意思来创制谶语的方法，它可分为谐音双关和语义双关两种。例如：隋朝汉王杨谅反，先是童谣云："一张纸，两张纸，客量小儿做天子。"谅闻谣喜曰："我幼字阿客，量与谅同音，吾于皇家最小，以为应之。"杨谅认为童谣预言了他将做天子。

《水浒传》第四回"赵员外重修文殊院 鲁智深大闹五台山"中有：

> 话说当日智真长老道："智深，你此间决不可住了。我有一个师弟，见在东京大相国寺住持，唤做智清禅师。我与你这封书去投他那里讨个职事僧做。我夜来看了，赠汝四句偈子，你可终身受用，记取今日之言。"智深跪下道："洒家愿听偈子。"长老道："遇林而起，遇山而富，遇水而兴，遇江而止。"

智真长老十六个字的谶语，预言了鲁智深的一生，有如鲁智深一生的判词。这一谶语一般解为："遇林而起"，遇到林（赤松林、林冲、野猪林、万松林）就有争斗厮杀；"遇山而富"，遇到山（桃花山、二龙山、乌龙岭、琳琅山）就有财富好运；"遇水而兴"，遇到水（水泊梁山）就兴旺发达；"遇江而止"，这里的江有两层意思，一来指钱塘江，二来指宋江。征方腊后，鲁智深在六和寺听到钱塘江的潮响，忽然顿悟，待宋江赶来，鲁智深圆寂成佛。其中，"遇林而起""遇江而止"中"林""江"两处，以语义双关而创制。

谣谶伴随着中国历史走过了两千年的历程，虽然屡遭禁毁，但却一直在民间悄然流传。时至今日，随着科学的发展、文明的演进，谶语之神秘性、蛊惑性已不再。

第五节 汉字的民间信仰

一、敬惜字纸民俗

敬惜字纸，是一种尊重和敬畏汉字的民俗。它是指对写有文字的纸张妥善保管，不能乱用乱放，而应香汤浴焚、深埋净地或流入江河湖海。敬惜字纸习俗，是汉字崇拜观念的表现形式。在封建文化专制制度下,读书识字一直是少数人的特权,加上小农经济社会的惜物观念,使人们对字纸心存敬畏,由此民间惜字得福的观念得以传播,敬惜字纸的习俗得以广布。隋唐科举取士,强化了敬惜字纸信仰。敬惜字纸关乎科举前途,古代读书人会设字纸篓,专门存放有文字的废纸,保持清洁,并组织惜字会、敬字社等,举行搜集字纸、集中焚烧的活动。现各地残留的敬字亭(或称圣迹亭、敬文亭、惜字亭、字纸亭、敬字所、字库等)、惜字炉(字纸炉)一类的建筑物,即这一民间习俗的遗迹。

这一习俗,可追溯到宋代。清代地方官府甚至明文禁止回收废纸用于制作灯芯、雨伞、扇子、盒子、卷烟,严禁用字纸来包腌肉、纳鞋底,严禁把废旧字纸当成原料造纸[7]。明清时期有大量劝人敬惜字纸的善书,如《惜字律》《惜字征验录》《文昌帝君惜字律》等。此外,各类佛经、家训以及笔记小说,都有劝谕人们敬惜字纸的故事[8]。清代台湾客家地区的惜字民俗"迎圣迹"活动十分兴盛。它不仅是读书人的盛事,也是士民工商各界"共襄盛举"的重要活动,《安平县杂记》《澎湖厅志》《噶玛兰厅志》《新竹县志初稿》等文献多有记载[9]。

台湾地区的高雄美浓地区是客家人重要的聚居地和文风鼎盛之地,将这一民俗传承至今。美浓地区"迎圣迹"活动,在每年农历正月初九拜天公时举行,主要有广善堂祭拜庙内神祇、恭迎敬字亭中废字纸、祭典(诵经顶礼跪拜、诵念"送字纸圣迹文")、焚烧字纸、倾倒入河、焚化"河伯水官香座"神位与"圣迹文"、放生仪式等内容。至今美浓永安路与中山路交叉口处有始建于乾隆四十四年(1779年)的敬字亭,亭前设有制字先师仓颉的香位,亭高三层,为六角形建筑[10]。这一习俗之所以能在客家地区一直保留延续,与客家人延续千年"崇文重教"的文化精神密不可分[11]。客家民系,是中华民族一个极其独特的民系。罗香林的《客家研究导论》和《客家源流考》提出客家民系是来自中原汉裔贵胄的祖源论述[12]。千百年来客家人历经数次大迁徙,但始终以"耕读传家""崇文重教"为核心理念,以中原正朔血统为傲,对中原文化和生活习俗念念不忘,客家民间一直流传着"宁卖祖宗田,不忘祖宗言"的古训,保留着传统的语言、文化及社会风俗。

与儒家政治文化相关的祭祀活动在韩国、日本、越南等深受汉字文化影响的国家中也得以保存。

二、测字与算命

测字,又称"拆字""相字""破字",是中国古代方术相士利用汉字形体的增减离合推测运程顺逆、祸福吉凶的占卜方法。测字时,求卜者随意写一字,占卜者将其拆解,据其偏旁和组成部分,联系与其有关的字形、字音、字义加以离合发挥,以预测求卜者的前程吉凶。例如:

①某人以"瓜"字问父亲病况,测字先生以子与瓜字相合为"孤",而断其父凶多吉少。

②清朝时有一人写个"义"("義")字请断终身大事，测字先生如此推断：你是属羊的，孤独终生。"義"字拆开，从羊从我，是只有一个属羊的我，孤寡一人。

③李碧华的小说《胭脂扣》中有一段描写：然后我俩穿过一些小摊子。她好奇地到处浏览，不怕人潮挤拥，不怕人撞到她，蓦地，她停下来。

是一个地摊，张悬些陈旧泛黄布条，写着掌相算命测字等字样。摊主人是个六七十岁的老人，抽着烟斗，抽得久了，连手指都化为烟斗般焦黄黯哑。

她坐在小凳子上，瞧我一下。

"好的，你问吧，我帮你付钱好了。"

她感激一笑。顺手自一堆小字条卷中抽了一卷，递予老人。

摊开一看，是个"暗"字。她见字，一阵失意。

我也为她难过。

老人问："想测什么？"

她说："寻人。"

"是吉兆呢。"他说。我俩一齐望向他。

如花眼睛一亮。

她殷切俯身向前，洗耳恭听。

满怀热望。

她期望找到这个男人。是谁呢？如此得蒙爱恋。念及我那阿楚，触景伤情。

老人清清喉咙，悠悠地说道：

"这个'暗'字，字面显示，日内有音，近日可以找到了。"

"他在此？"如花急着问。

"是，"老人用粉笔在一个小黑板上写着字，"这是一个日，那又是一个日，日加日，阳火盛，在人间。"

如花不知是兴奋，抑或惊愕，呆住了。她喃喃："他竟比我快？"

故事中算卦老人通过"暗"字结构的测字，令如花由"失意"到"眼睛一亮"，直至"兴奋"。

测字通过增损离合汉字形体，使字与字之间形成联系，再牵强附会地加以解释。清代程省所著《测字秘牒》，总结方术相士增损离合汉字的方法，提出"测字十法"，主要有：①装头：在一字之上叠加一字或几笔而成另一字，如"田"上加几笔为"富"字。②接脚：在一字之下加一字或几笔而成另一字。如"苑"下加"廾"为"葬"字。③穿心：在一字之中插入一字或几笔而成另一字。如"文"中插入"口"为"吏"字。④破解：包括破法和解法。破法指在一字中插入一字而成另一字，如"行"字插入"吾"为"衙"字，插入"水"为"衍"字。解法指取用某字中的一部分，加其他的字而成一字，如"伐"字，取其中"人"，加上"二"为"仁"字。⑤包笼：指增加所测字的笔画，形成一个包围和半包围结构的字。如"石"字加上"麻"为"磨"字。⑥添笔、减笔：分别增减被测字的笔画。如"王"字，增一点成"玉"字，增一横两竖成"弄"字；"宽"字，减去开头六笔为"见"字。⑦对关：取被测字的头尾，类比与其相像的字。如"先"字为"牛"字头、"虎"字足，"生"字头、"死"字足；"帛"字为"皇"字头、"帝"字足。⑧摘字：摘取被测字的部分笔画。如"哉"字，可摘取其中的"土"和"口"进行测算。

拆字不只是算卦者专用，也作为一种文字游戏，用于作诗、填词、撰联以及隐语、字谜、酒令等。此外，有时可运用测字来阐发观点，阐明事理，既深入浅出又别有意趣。

中国姓氏文化源远流长。姓氏固定不变，代代相传，用于"崇恩爱、厚亲亲、远禽兽、别婚姻"。名、字、号用于"吐情自纪"，为个人的标记符号，以别于他人。名、字、号也具有特定的意义和价值，取名是一件需反复推敲、深思熟虑的大事，似乎名字包含或预示人生命运的诸多信息。也正因为如此，中国民间一直流传着姓名之学和通过姓名测命数的迷信。应当说，汉字的神奇造型和丰富文化意蕴是这种心理产生的物质基础，并为其提供了广阔的创造演绎空间。

地名用字同样如此。地名的变迁与人们对相关汉字的理解密切相关，如历史上洛阳的"洛"字曾由"洛"改"雒"，后又改回"洛"。汉魏人迷信五行相生相克的五德终始论，以"洛"字的结构可通五行、与王朝命运攸关，故反复改易。

三、汉字与隐语行话

隐语行话，又称民间秘密语、隐语、暗语、切口、春点、锦语、市语、杂话或黑话等，是某些社会集团或群体为了维护内部利益，协调内部人际关系而创制使用的一种仅限于内部交际的特殊语汇。它只在某一社会群体或行帮内部使用，具有明显的排外性，是隐语行话突出的特点。掌握某一社群的隐语行话，是进入该社群并被认同的重要标志[13]。例如，理发业用语有扫青（理发）、光盘子（修面）、起锋（剃刀布）、窗头丝（假发）、通勒（大木梳）、过相（镜子）等；赌博用语有摇堂（赌场）、郎中（善识牌者）、上风（押宝局主）、过搭（偷换吃牌）、叶子（麻将牌）、跳生（赌客）、挂牌头（招揽赌客）等。

根据语言社群使用的动机正当与否，隐语行话分为一般秘密语与黑话。黑话，是旧时代黑道、土匪或江湖上暗语切口的称谓。例如，曲波的小说《林海雪原》中，杨子荣在匪巢威虎山就用了许多土匪的黑话（天王盖地虎、宝塔镇河妖、野鸡闷头钻，哪能上天王山）。一般秘密语，则多为一些行业内部使用的隐语行话，如传统戏曲、曲艺群体，大都有其各自的隐语行话，它们是这些行业技艺传承的重要工具和基本的信息载体。例如，相声的行话有单春、对春、逗哏、捧哏、使活、腻缝儿、包袱儿、贯口、倒口、怯口、垫话儿、瓢把儿、皮儿厚、现挂、三翻四抖等。

隐语行话就其功用而言，主要有以下三种[14]。

1. 因禁忌、避讳而形成的市井隐语

这是因避凶就吉、避俗就雅的需要隐遁其辞而形成的隐语。例如，旧时沿海地

区的船家忌说翻、沉、倒等字眼,如吃饭要翻鱼,不能说翻字,要说掉头;忌叫船老板,而称船老大,因旧时船为木质,老板有老木板的意思,木板老旧的船,易出现危险。陈士元《俚言解》卷二所记更多:"舟中讳'住',讳'翻',谓'筋'('住')为'快儿','翻'转为'定',转'幡布'为'抹布'。又讳离散,谓'梨'为'圆果','伞'为'竖笠'……今士大夫亦有称'箸'为'筷子'者。又《遁斋闲览》举于落榜曰'康了'。柳冕应举多忌,谓'安乐'为'安康',忌"乐''落'同音也。榜出,令仆探名,报曰:'秀才康也。'世传以为笑。"[15]

旧时戏班的人称"伞"为"开花子",因为"伞"与"散"音同,"散"有散伙、散班的意思。生意人把下班关门称打烊而不说关门,回避因关闭、倒闭而关门的不吉利。帮会称路为"条子",因为"路"与败露的"露"同音,称鸭子为"扁嘴子",因"鸭"与关押的"押"同音。

这类隐语在今地域方言中仍有保留,如关中地区以"瞎瞎病"指不治之症,"老了""殁了"指人死了,以"难过"指生病等。

2. 因回避人知而形成的隐语行话

隐语行话是行业技艺乃至绝技传承的重要工具和最基本的信息载体。一些行业群体内部交际时需回避人知,讲究排外,因而有了各自的秘密语。商业活动中的隐语行话在市井中流行,故称为"市头隐语"或"暗码"。市头隐语一般将一至十的数字改为别的词语来隐喻暗示。例如,宋代商人以丁不勾、示不小、王不直、罪不非、吾不口、交不七、皂不白、分不刀、馗不首、针不金为暗码;清代商人以平头、空工、眠川、睡目、缺丑、断大、皂底、分头、未丸、田心作为暗码。

现实生活中许多社会群体,都有使用隐语行话的习俗惯制。如东北二人转艺人群体中至今仍有数百个隐语行话语汇,是其相互交流、传授技艺的常用言语形式和习俗。例如,节目叫"活儿",曲目统称为"条",一问一答的唱词谓之"对篇",同行谓之"老合",艺人相互间的尊称为"相府",到各地演出谓之"走穴(宭)"等。

有的隐语行话已超出专业领域,用于日常交际中或为社会其他行业转用,逐渐成为一种社会用语,例如,股市行话套牢、反弹、低吸、高抛、个股、追涨、年线、短多、滞胀、摘牌、上市、入市、竞价、打底、盘整、踏空、套牢、解套、割肉、崩盘等。

3. 语言游戏类隐语

这是运用多种修辞方式隐约其辞的语言游戏秘密语。这类秘密语起源早、流布广、形式繁杂,口头、书面形式兼具。如宋代的廋辞称"笔"为"管城子"、"纸"为"楮先生"、"钱"为"白水真人""阿堵物"等。至今流行不衰的谜语、歇后语、双关语等,均属此类秘密语。

隐语行话的制造,需利用汉字的字形特点。汉字字形本身可资利用的物质形式条件,为制造秘密词语提供了可能;汉字教学析文解字的传统、析字格修辞、字谜制作、文字游戏等深厚的语言文化基础,为利用汉字字形制造秘密语提供了文化氛围。

从离析或拆解汉字字形结构的方法而言,隐语行话有以下几种[16]。

(1)按汉字的结构离析合体字,即拆解合体字的构成偏旁或部件,来表示被拆解汉字所记录的词或语素的意义。

山灰:清代江湖秘密语,指炭。

虫门:清代江湖秘密语,指福建。

人至:清代江湖秘密语,指侄子。

禾乃:旧时洪门秘密语,指秀。

口天子:旧时洪门秘密语,指吴姓。

双口犬:清末丐帮秘密语,指哭。

(2)违背汉字的结构及层次离析汉字,将独体字当作合体字拆解,或在一个层次上拆解合体字不同层次的偏旁、部件,来表示被拆解汉字所记录的词或语素的意义,或表示与被拆解汉字所记录的词或语素相关的意义。

十一:旧时建筑业秘密语,指黄泥。从"土"拆解而成。

了一:旧时算命业秘密语,指子时。从"子"拆解而成。

一大:清代江湖秘密语,指天。

一木:清代戏剧界秘密语,指戏剧行当的末行。旧时巫卜业秘密语,指未时。前者从"末"拆解而成,后者从"未"拆解而成。

十八公:宋代市井秘密语,指松树。

三八廿一:旧时洪门秘密语,指洪门。将"洪"字的"氵"变异为"三","共"拆成"廿、一、八"。

(3)截取汉字的构成部分,以之代替整个字,来表示被截取汉字所记录的词语意义。

亝:清代铜行秘密语,指数字一。由截取大写数字"壹"而成。

三月:旧时洪门秘密语,指清。截取"清"的左偏旁"氵",变异为"三",再截取右下偏旁"月"。

川大丁首:旧时洪门秘密语,指顺天行道。

川大车日:旧时洪门秘密语,指顺天转明。

双王:清代江湖秘密语,表示"琴瑟"。

(4)截取出的构成部分能够独立成字,秘密语的意义即截取出的汉字所记录词语的意义,或是与截取出来的字所记录词语相关的意义。

平头:旧时杂货业秘密语,指数字一。

杀西:旧时皮革业秘密语,指数字四。

皂底:旧时杂货业秘密语,指数字七。

毛尾:旧时工商业秘密语,指数字七。

旭边:旧时工商业秘密语,指数字九。

早下:旧时工商业秘密语,指数字十。

分炎：清代江湖秘密语，指火。
分磊：清代江湖秘密语，指石。
先张：清代武术界秘密语，指弓。
皂头：清代江湖秘密语，指银子。

(5) 根据汉字的构形特点，对汉字字形加以描写说明，或与字形形象相类的事物类比制造秘密词语，来表示被描写或被类比汉字所记录的词或语素的意义。

眠川：旧时杂货业秘密语，指数字三。
倒川：旧时工商业秘密语，指数字三。
睡目：旧时杂货业秘密语，指数字四。
横目：旧时工商业秘密语，指数字四。
开口笑：旧时海鱼行秘密语，指数字四。
入开：旧时皮革业秘密语，指数字八。
眉毛：旧时海鱼行秘密语，指数字八。
列九：清代江湖秘密语，指井。
圈吉儿：旧时丝绸业秘密语，指周姓。
匡吉子：旧时洪门秘密语，指周姓。

(6) 借一个合体字的部件可能传达的意义隐曲地表示秘密语的意义。

加：旧时山西理发业秘密语，指吃喝。因吃喝需口用力，故称。
老林：元明市井秘密语，指呆笨。因呆笨即木头木脑，二木合为"林"，"老"为衬字。
做吕：明代市井秘密语，指接吻。"吕"字为口对口之形，"做吕"即做两口相接之行为。
老明：清代江湖秘密语，指祖母。清代江湖以"日"为父，以"月"为母，祖母乃"父之母"，"明"字合"日""月"而成，隐指"父之母"，即祖母。
孩交：清代江湖秘密语，指半夜。"孩"字为"子"与"亥"之合写，半夜乃子时与亥时之交，故称。

(7) 利用含有特定笔画数或某种笔画特征数的汉字制造秘密语，来表示与汉字笔画数或某种笔画特征数相同的数字以及含有数字的词语意义。

愚园路：旧时上海市井秘密语，指傻里傻气的人。旧时上海市井把言谈举止不合时宜而带有傻气的人称为"十三点"。"愚""园""路"三字的繁体笔画均为十三画，与"十三点"暗合。
大、土、田、东、里、春、轩、书、籍：分别指数字一、二、三、四、五、六、七、八、九。其中"大"有一个横笔，隐指数字一；"土"有两个横笔，隐指数字二；"田"有三个横笔，隐指数字三；"东"的繁体有四个横笔，隐指数字四。其余如此类推。
由、申、人、工、大、天、夫、井、羊、非：旧时北京帮会秘密语，分别指数字一、二、三、四、五、六、七、八、九、十。"由"字的竖笔上方出头，隐指数字一；"申"字的竖笔上下出头，隐指数字二；"人"字的撇笔两端出头，捺笔末端出头，共有三个出头，隐指数字三。其余如此类推[17]。

至今,一些社会群体中隐语行话仍十分活跃,成为日常生活的一种言语习俗。例如,上手、挂彩、避风头、踩点儿、出血等词语,都出自隐语行话。老大、大腕儿、托儿、走穴、跳槽等旧时隐语行话,成为近些年的社会流行语。

网络游戏用语作为网络语言中一类特殊的语言现象,也具有隐语行话性质。游戏玩家群体是网络游戏用语形成的社会基础,玩家之间语言的约定俗成,形成了网络时代特有的隐语行话。

撸啊撸:也称 LOL,来自《英雄联盟》(*League of Legends*)的缩写。英语术语直接被译成中文,在传播过程中受众更易接受。

SSR:是各种集换式卡牌游戏中,卡牌稀有度级别分类的一种。

抢怪:第一个玩家在即将消灭敌方时,敌方被第二个玩家杀死,且获得奖励与经验值,第二个玩家的行为就被称为"抢怪"。

外挂:利用电脑技术针对某个或多个网络游戏,通过改变软件的部分程序制作而成的作弊程序。

奶妈:原本指那些为别人哺乳、代育婴儿的妇女,而在游戏中则特指那些具有为队友恢复生命值技能的游戏角色[18]。

四、汉字与道教符咒

对原始信仰的先民而言,语言表达的概念就是原来的事物,因而语言也就具有巫术的魔力。符咒,是符箓与咒语的合称,分称为"符术"与"咒术",是民间驱邪、禳解的方法。它本为古时巫师祈神保佑、驱邪镇魔、消除天灾人祸的特殊用语,是语言特殊魔力的标志。

符箓,也称符字、墨箓、丹书,指记录于诸符间的天神名讳秘文,被认为天神的文字,是传达天神意旨的符信,通常表现为符号、图形,一般书写于黄色纸或帛上,可以召神劾鬼、降妖镇魔、治病除灾。具体而言,箓,又称法箓,用以记录有关天官功曹、十方神仙名属、召役神吏、施行法术的牒文;符,是用朱笔或墨笔画在纸上的一种点线合用、字图相兼(似字非字的图形),且以屈曲笔画为主的神秘形象,道门中人声称它具有驱使鬼神、治病禳灾等众多功能。古代传说东海度朔山有大桃树,其下有神荼、郁垒二神,能驱鬼避害,故古人以桃木制成两块木板,左右各绘上"神荼""郁垒"之像,称为"桃符",这是最早的书符作箓。早在秦汉以前,民间过年期间已有在大门左右悬挂"桃符"的习俗。

咒,即咒语,又称祝,为口中诵念的口诀,指被认为对鬼神、自然事物、社会现象有神秘感应或禁令性质的词语,如"急急如律令""芝麻开门"之类的咒语、口诀等。它代表灵界密码与歌诵号令,用以养生辅助、祈福消灾或召驱鬼神以达到施行者的特殊目的。《西游记》中无论是佛家、道家,还是"魔家",个个都会念咒语,唐僧的杀手锏就是这种神秘的语言——紧箍咒[19]。

迷信的人认为画符念咒可以驱使鬼神。例如，中国旧时宅院外或街衢巷口的小石碑，碑上刻"石敢当"（或"泰山石敢当"）字样，是保平安、驱妖邪的民俗。有的咒语在旧时流传甚广，如"天皇皇，地皇皇，我家有个夜哭郎。走路君子念三遍，一觉睡到大天光"。

符箓术起源于巫觋，始见于东汉。符箓被认为是能代表玉帝、神仙权力和神通的信物，具有大道无为而无不为的力量。道教符箓的种类繁多，有老君符、壶公符、天师符、治病符、镇妖符、护身符、召风符、致雨符等。道士将在炼度、九幽等超度亡灵的法事中使用的符称为阴符，在延寿、祈嗣一类法事中使用的符称为阳符。符的构成主要是符字，有多种字体，不少符中还嵌有星图、神像等。符的常用书写材料有纸、木简、桃板、铁札等，也有的被镌刻于玉石、钱、镜及某些饰件之上。道教符箓在古代虫书、篆书的启发下，摹写云气鸟兽等自然物，用特有的符号和图文方式记载在某种特定的物品和材料上，逐渐形成了符箓系统庞大而复杂的符图和文字。

由于古人将祝咒看作天上神仙之语，故有借助符咒行医祛疾的做法。中国道教有许多关于画符避灾、符水治病的故事和传说。例如，东汉末张角用符水治病，"教病人叩头思过，因以符水饮之"来传播太平道。元代有一则"夜啼咒"："小儿莫夜啼，朱书田字在肚脐。路上逢着李达道，自是老君上马时。我有拨火杖，将来作门将。拐捉夜啼鬼，至晓打不放。急急如律令。"可见"贴符止啼"的民俗早已形成。这种"小儿夜啼歌诀"（又称"夜啼帖"）类的咒语在民间一直传播。贾平凹《鸡窝洼人家》中记录了流传于陕西民间的"夜啼帖"："'这怕是遇上夜哭郎了！我给你写一张夜哭郎表，你贴在镇上桥头的树上，或许就会安宁了呢。'当下找出一张旧报纸，麦绒翻出禾禾当年从部队上拿回的一支铅笔，回回写了表：天皇皇，地皇皇，我家有个夜哭郎。过路君子念一遍，一觉睡到大天亮。""夜啼帖"旧时在陕西渭南、咸阳一带民间口口相传。旧时陕北一带若家有小儿夜啼吵闹，就请人用黄裱纸画符，因毛驴与当地农民关系密切，被民间作为致使小孩吵闹的作祟之物。画符者先画一只倒吊的毛驴贴在树上，旁边写上咒文："倒吊驴儿本姓周，小儿夜哭不识羞，今夜晚上再来哭，钢刀斩断鬼驴头。"这驴俗称颠倒驴，取晨昏颠倒之意，以求破解小儿夜哭[20]。

咒术在古代还广泛地运用于卜筮算命、变化隐遁、呼风唤雨、堪舆风水等民间杂术中。至今能见到或听到的符咒，多由各代巫师、神汉及道家等诵念流传而来。

古时道教信徒还认为符箓具有无为之功效，能呼风唤雨，抵御自然灾害，驱鬼避害。

参考文献

[1] 尉万传,周健.论汉字文化崇拜[J].社会科学,2004(2):117-123.

[2] 邹晓丽.基础汉字形义释源——《说文》部首今读本义[M].北京:中华书局,2007:45.

[3] 陆游.老学庵笔记[M].西安:三秦出版社,2003:98.

[4] 陈垣.史讳举例[M].天津:天津古籍出版社,1991:3.

[5] 周广业.经史避名汇考[M].北京:北京图书馆出版社,1999:54.

[6] 孔庆庆.中国古代小说中的谶语叙事[J].哈尔滨工业大学学报(社会科学版),2016,18(6):92-98.

[7] 潘朝阳.书院:儒教在地方的传播形式[J].鹅湖月刊,1995,21(5):27-38.

[8] 万晴川,李冉.明清小说中的"敬惜字纸"信仰[J].明清小说研究,2012(4):39-49.

[9] 陈淑均.噶玛兰厅志[M]//台湾文献史料丛刊第一六〇种.台北:大通书局,1984.

[10] 刘还月.台湾客家风土志[M].台北:常民文化出版公司,1999:91.

[11] 黄新宪.清代台湾"敬惜字纸"习俗探讨[J].东南学术,2009(5):143-151.

[12] 罗香林.客家源流考[M].北京:中国华侨出版社,1989:105.

[13] 刘爽.民间隐语浅析[J].神州(上旬刊),2013(3):174.

[14] 曲彦斌.现实社会生活视野下的隐语行话[J].学术交流,2010(1):133-138.

[15] 陈士元.俚言解[M].上海:上海古籍出版社,1987.

[16] 刘中富.汉字字形特点与秘密语造词[J].汉字文化,2003(3):49-51.

[17] 曲彦斌.中国民间秘密语[M].上海:上海三联书店,1990.

[18] 靳莹晖.浅析网络游戏用语的隐语行话性质[J].戏剧之家,2018(9):226-227.

[19] 赵芃.道教中的符箓文化[J].中国宗教,2013(7):54-55.

[20] 陈宇.陕西民间"夜啼帖"名义考原[J].咸阳师范学院学报,2015,30(3):65-68.

第八章

物我一体
——汉字与中国传统思维方式

第一节 汉字与中国人的思维特征

一、文字与思维方式的差异

我们知道,思维是人脑对客观现实的概括和间接的反映,思维要依赖语言工具才能表达。语言"是一件看不见的外衣,披挂在我们的精神上,预先决定了精神的一切符号表达的形式"[1]。语言是思维的主要工具,文字是思维的体现或载体,是人类在口头语言之外的一种新的思维工具。思维以一定的方式表现于语言文字形式之中,思维方式的差异是造成语言文字差异的一个重要原因。

思维方式是指思维主体按照自身的特定需要与目的,运用思维工具去接受、反映、理解、加工客体对象或客体信息的思维活动的样式或模式。它是"在一个民族的发展过程中,那些长久的、稳定的、普遍的起作用的思维习惯、思维方法、对事物的审视趋势和公认的观点"[2]207。

季羡林认为:"东西方文化的区别就在于中西思维方式,思维方式不一样,在于中西思维方式的基础不同。"[3]思维方式是在一定的社会历史条件和文化背景下形成的,分居在不同地域的民族,面对着不同的自然地理环境并与之构成不同的对象性关系,其思维方式也各不相同。一个民族的思维方式一旦形成,就具有相对的稳定性和独立性。一个民族的历史越悠久,其思维方式的独立性就愈鲜明,成为一种不变的思维程式,决定人们看待问题的方式,影响人们的社会实践和一切的文化活动。

各民族思维方式的不同,必然深刻影响与之相应的语言形式。文字在产生、发展及整个符号系统定型的漫长过程中,语言、思维方式、心理特征等文化因素是决定各种文字不同特质的重要因素。语言文字的差异,也会影响民族传统思维方式的形成和发展。中西思维方式的差异,主要表现为西方人偏重抽象逻辑思维与客体思维,擅长分析归纳,条分缕析,具有实证推究的思维习惯,最终成为现代科学技术的源头;中国人偏重形象思维,喜好演绎类比,阴阳八卦、老庄哲学、中医中药,都是形象思维一以贯之的表现。

现代语言学的奠基人索绪尔认为,只有两种文字体系,即表意体系和表音体系[4]。两种不同文字体系的根本区别,来源于思维模式的不同。"中国人的思维模式是综合的,西方人的思维模式是分析的。汉字是东方综合思维模式的产物,即重在整体性把握和普遍联系。汉字具有形象思维的文化特征,适宜于领悟、意会性的把握和传授,体现了整体性、稳定性、直感性的中国传统文化特色。"[5]

从语言文字的视角,也能印证西方思维方式与中国思维方式的差异性和互补性。一种文字会产生一种模式的想象和思维,从拼音的西方文字与象形汉字的差异入手,可以阐释中西哲学的差异。"拼音文字重抽象而不重形象,极容易与一神论的宗教联系,并产生发达的思辨理性哲学和科学;相反,象形文字重实际,关心现实的生活社会,易与浓重的人生伦理等复杂模糊交错的内容相关,内向而不明快,含蓄而不直言,重想象联想而轻理性科学等等。"[6]表音体系的拼音文字更适宜于抽象思维,它促进了西方理性思维的形成和发展;而汉字是中国人思维方式的产物,其构形最直观地体现了中国人的思维方式。"欧洲哲学倾向于在实体中去寻求真实性,而中国哲学则倾向于在关系中去寻求。"[7]汉字是中国人认识自身与周边关系认识论的具象体现。"中国语言决定了中国思维,而中国思维又反过来决定中国语言;掌握了中国语言就意味着掌握了中国思维,反之亦然。"[2]197

汉字不仅是记录汉语的书写符号系统,而且是中国人思维的产物和思维方式的工具。可以说,汉字承载着汉民族独特的思维,也模塑和规范了汉民族的思维。葛兆光认为,中国文化的五个典型特点中,"第一个是汉字的阅读、书写和通过汉字思维,这个是非常重要的"[8]。汉字是一个相对独立的系统,它的传达可以不经语音作中介,是"非语音的东西",这是汉字不同于西方拼音文字的特性所在。"汉语和汉字不是一回事。中国识字的人,与其说是用汉语思维,不如说是用汉字思维。"[9]中国人拥有与汉字基本一致的精神特质和思维特征,汉字体现着中国人的精神特征和独特的思维方式。汉字思维,是"形"的思维、"象"的思维。先民的造字活动是从他们自身最贴近、熟知的事物和活动开始的,字形反映着造字时人们特定的思维方式和观念,汉字的形体必然体现汉民族特定的认知方式,积淀着对事物的特殊的认知方式所形成的某种观念[10]。

汉字思维主要表现在以下两个方面。

(1)中国人的思维方式直接制约汉字的产生、演变,影响了汉字系统的方方面面。汉字的构形理据与中国人传统思维方式有着密不可分的联系,并受这种思维方式发展演变的深刻影响。中国先民为何创造表意文字而非其他体制的文字？汉字体制为何数千年稳固不变绵延至今？除了文字本身的因素外,必然还受到中国传统思维方式的决定和制约[11]。

(2)汉字的长期使用影响了中国人的传统思维方式。汉字构形的最大特点是据义而构形,其形体具有可供分析的意义信息。它源于造字者的一种主观造字意图,即所谓构形理据。汉字的构形理据,是先民从记录语言的需要出发,根据自身生活习俗、心理观念而约定俗成的一种文字建构。也正因为如此,汉字字形与字义之间建立了一种较稳定的联系,人们通过字形便能理解其内在理据。汉字形义融合的特征,使得人们习惯于依形求义,从字形上直接把握符号所表示的意义。这种认知方式的长期作用,势必将人们导向于直观把握的思维模式中。中国人传统的思维方式,具有整体性、直观性、意象性的特征,这些特征都可以从汉字的性质、构造方式、发展演变和形义关系等方面得到印证[12]。可以说,汉字造字思维确立了中国人的精神品质及思维方式。

二、汉字与中国人的思维特征

汉字作为一种文化的载体,以它独有的方式承载了汉民族的思维模式和文化信息。透过汉字,可以窥见中国人思维方式的民族性特点。"古者庖牺氏之王天下也,仰则观象于天,俯则观法于地,观鸟兽之文与地之宜,近取诸身,远取诸物;于是始作易八卦,以垂宪象。……仓颉之初作书,盖依类象形,故谓之文。其后形声相益,即谓之字。文者,物象之本;字者,言孳乳而浸多也。"(许慎《说文解字·叙》)这段文字告诉我们,先民造字以观天象、识地理,从最贴近、熟知的事物和活动开始,由自身延伸至身边万物来创造文字。这是一种再现自然物象,注重人与万物、人与人自身关系的文字。汉字的形体必然体现了汉民族特定的认知方式,积淀着造字先民特定的思维方式和观念。

中国人思维的总体特征,是从主观体验出发,感性直觉与理性思辨互渗的具象思维(或称形象思维)。这种思维方式,是在特定的社会土壤和心理范围中逐渐凝聚而成的,它与汉字之间构成了一种相辅相成的关系。一方面,这种思维方式直接制约汉字的产生、演变和意蕴的形成,它造成汉字字形的观物取象、汉字字义的以象示意、汉字意象的互摄;另一方面,汉字的构成方式固化、规范了这一思维方式,中国人正是通过观物取象、以象示意凝聚、沉淀和化生了具象思维。依形描摹绘写事物形体的甲骨文,体现了鲜明的感性思维特征。例如,画一个像太阳形状的圈而造出⊙、◉、◇(甲骨文),画一个残缺的月形造出 ☽、☾(甲骨文),画出起伏连绵的群峰 ⚋⚋(甲骨文)表示"山",木(甲骨文)像上有枝杈、下有根系的"木",∭(甲骨文)像水顺着岩壁流下的样子。人们可通过"画"而懂得画的意思。

中国人的具象思维,具体表现为意象性、直觉性、整体性的思维方式。六书造字法,体现了中国人思维方式的原初发生和发展的轨迹。汉字绵延五千年的历史告诉世人,汉字所表征的意象思维、直觉思维、整体思维等方式,不仅是中国人思维方式的特色,而且可以与西方抽象思维的逻辑性思维、理智性思维、分析性思维相反相成、互补共存[13]。

第二节 汉字与整体思维

经验综合型的整体思维观,是中国传统思维方式。所谓整体思维,是指在观察、分析和解决问题时,从事物本身的统一性出发,注重事物之间的关系,偏重于综合概括地把握认知客体的思维方式。"这种思维方式与西方的所谓理性分析思维是相对立的,它倾向于对感性经验作抽象的整体把握,而不是对经验事实作具体的概念分析。"[14]

整体思维是中国人观察和认识世界的基本思维方式,"天人合一"是这种整体思维的基本特点。中国人的传统思维把人和自然界看作一个互相对应的有机整体,人与自然界不是处在主客体的对立中,而是处在完全统一的整体结构中。"方以类聚,物以群分"(《周易·系辞上》),"类"的认识,即中国人整体思维的产物。"事以得比而有其类"的思维方式,使汉字构形能够简明清晰地显示事物的"类"属。

许慎《说文解字》的 540 个部首,即"类"的整体意识最清晰的体现。部首的确立,使零散的汉字聚为群体,这与造字时的注重整体的思维有着共通性。部首聚合的顺序"立一为端""毕终于亥",既"据形相系",又"以义相从",是在整体思维之下,寻找关联的表现。这种对关联性的寻找,可以迅速把握所有事物之间的关系,得到整体性的知识。这是中国传统思维具有整体性、全局性的原因所在[7]。

袁晓园曾讲过一个故事,大意是英国一位生物学家打算来中国考察植物,他的中国学生列出了一个汉字的植物单。生物学家看到这张名单之后很惊讶,因为上面的植物从字形上已经分门别类,木字旁的、草字头的、竹字头的,一目了然。动物领域也同样如此,如《说文解字》马部收录的 115 个与马有关的字,是从年岁、毛色、体态、动态等方面对各种马的区分。因此,"西方人和中国人思维方式最大的不同在于:一个是散式思维,一个是整体思维。散式思维倾向于对组成整体的各部分、各元素进行具体细致的概念分析,而整体思维则倾向于对对象的功能作整体把握,对组成整体的元素却要轻视得多"[15]。

小说《夜的眼》译成英、德、俄文等时,所有的译者都问过作家王蒙一个问题:"眼"是单数(eye)还是复数(eyes)?王蒙这样说:"汉字'眼'给了我比'eye'或者'eyes'更高的概括性与灵活性:它可以代表主人公的双眼,它可以象征黑夜的或有的某个无法区分单数与复数的神性的形而上的而非此岸的形而下的眼睛,它可以指向文本里写到的孤独的电灯泡。汉语培养了这样一种追本溯源、层层推演的思想方法。眼是本,第二位的问题才是一只眼或多只眼的考量——那是关于眼的数量认知。"[16]王蒙所述,印证了汉字与整体思维的关系。

与上例中的"眼"相同,许多汉字可表示人和自然两种意义,或者说这两种意义统一于同一个汉字中。有些汉字可表示与人体相关的概念,也可表示某种器物。例如,"耳"除表示人耳外,也用于指称附于物体两旁的把柄。"首"除表示人头之义外,还有兵器把柄的顶端之义。"走"表示人跑,也指兽走。"颠"本为人的头顶,又引申为动物的头顶或山顶。"舌"本义为人的舌头,又可指动物之舌或像舌一样的东西。"皮"古时专指兽皮,如"皮之不存,毛将焉附?"(《左传·僖公十四年》),"譬于禽兽,臣食其肉而寝处其皮矣"(《左传·襄公二十一年》),后泛指事物的表面部分以及皮一样的东西。《说文解字》释"支":"去竹之枝也。"最初指植物,后加"肉(月)"旁,从指物类转变为指人的肢体。上述耳、首、走、颠、舌属于以人示物,皮、支是以物示人。究其本源,都是本义引申的结果,其引申的理据基础是天人合一的整体思维观。

中国人的整体思维,直接影响了汉字的结构方式。新造字法的产生,"实际上是汉字整体表意功能上的不断超越、替代的过程","是对汉字整体表意功能的不断追求"[15]。唐兰提出的三书说(象形、象意、形声),反映了中国先民整体思维的三个发展阶段。

从文字图画到象形字,是概括性的象征取代图画式的描绘。如牛(🐂)、羊(🐑)、子(🧒)、人(🚶)等字,是一种简化的轮廓式形象,是物象外部特征的准确概括。🐦、🐦(甲骨文)表现鸟的自然特征——尖嘴、爪子及躯体。🐴(甲骨文)、🐴(金文)、🐴(籀文)、🐴(小篆),这一线条繁多的象形字,是马整体形状特征的概括表现。脚趾的 ✋(止)与手指的 ✋(又)已与事物的原貌差异较大。总之,"观物取象"并非一味地机械模仿,而是对客观事物的概括模拟,是从整体上实现对事物的认知。

会意字通过两个以上符号形体的组合表现造字意图。一般以象形、象意为基础,其展现的意象组合或画面必须借助某种联想从整体的示象中领会意指,即组合成一个整体才能构成新字,其思维方式是"综合取象"以获得对抽象事物表达的能力。例如:"涉",👣(甲骨文)像双足涉水之形。"得",🤚(甲骨文)像以手取贝,表示行有所得。"至",⬇(甲骨文)字形为矢前端下有一横,像矢击到目标,后引申为到达义。"祝",🙏(金文)像一个人跪在神前拜神、开口祈祷。

人们对会意字的识认,也是依据意象或画面的组合以整体示像确认字义。例如:"莫",🌅(甲骨文)为"暮"的初文,字形像太阳落在丛林或草木之中。"朝",🌄(甲骨文)像太阳刚出于丛林或草木之中,还可见到月。可见,"暮""朝"的时间概念,是清晨或黄昏"画面"的整体组合,人们对这两字的识认,也是以直观整体字形所呈现的"画面"来确认所表示的意义。"死",🦴(甲骨文)字形为人跪在枯骨前的样子,表示家有亡人义。这种用具体的意象组合表示难达之意,展示了中国先民"综合取象"的思维方式。

形声字意符和声符并用,"取象"又"取声",与词的语义和语音两个层面关联,人的思维方式突破了取象的单一性,开始综合整体地构形文字、记录语言。这与中国传统思维重整体、重综合的特征正相吻合。也正因为如此,形声字数量在汉字体系中占据着绝对优势。整体思维也体现在汉字的表音上,习惯整体思维的中国人,凭借感性经验把握整个音节,为整个音节创制汉字符号,而不分析音节结构的构成音素,所以一个汉字代表一个音节,一个音节即是一个汉字。

整体思维还表现在汉字的空间结构秩序,即汉字构件的位序上。例如,木(本)、木(末)二字,指示符号标记的位置不同,代表完全不同的意义。对汉字构成的理解,"以对立成分所提供的背景为依托,体现的是整体综合的认识特征"。这种背景制约与成分位序,本身就是"联系性与有序性的突出反映"[7]。联系的观点和系统的观点,是汉字中东方式整体思维的核心。

第三节　汉字与直观思维

"文化人类学证明:古人对具体事物的感知能力特别强;距离'人猿相揖别'的历史时期愈近,人类的感官功能愈发展。狗的嗅觉能力、鹰的视觉能力可直观使我们理解这一点。"[17]早期人类的思维尚处于一种前逻辑阶段,只能通过对事物的直接观察认识世界。

古代中国人认识世界的方式,是一种不脱离感性形态的、整体的、非理性的直观模式,思维具有重具象、重感性经验的特点。直观思维(又称直觉思维),是指未经充分逻辑推理而直接把握事物概念的思维活动,是人类思维最原始、最初级的阶段。

"所有汉字都源于物形。"[18]汉字字形的构成,是古人"观物取象",依据对自然物象的直观感性认识,用线条进行特征描绘的结果。早期文字是用简单的线条描摹事物感性形象的轮廓或特征来完成所指,如水( )、山( )、日( )、旦(、 、)、斗(鬥)( )等。先民只有具备把握具体形象的能力,才能通过构形呈现众多的事物形象,并以简单的线条标示不同事物的直观差别。甲骨文中表示各类动物的字,表明先民感知到这些动物形体的差异,才能以构形加以区别。例如: (人)突出人垂臂直立的特性,这正是人区别一般动物的直观表象特征。 、 (象)突出其长卷的鼻子、形体超大的外在特征。 、 、 (虎)表现其大口利齿、长足利爪、瘦长身躯等感性特征。 、 、 、 (鹿),甲骨文字形多样,但"鹿"枝杈状的角、大眼睛、尖嘴、轻盈的身姿,这些感性特征却是共同具有的。 (臭)由 (自)和 (犬)组合而成,表示犬鼻辨味。科学研究表明,狗鼻嗅觉灵敏度极高,相当于人类嗅觉器官30～50倍,可分辨空气中复杂的气味。"臭"字的构形体现了远古先民灵敏的感知能力。

表示静态事物和动作行为的构形,也体现出直观思维的特征。例如: (雨)像从天而落的雨滴, (骨)像相互支撑骨架之形, (龟)突出背部的 (甲壳), (走)突出人奔跑时摆动的双臂, (飞)表现展翅翱翔的飞姿, (解)像紧握牛角的双手, (闻)描画出倾耳以听的身姿。这些都印证了直观思维赋予汉字构形的直观形象,具体可感。也正因此,人们"望文生义",通过字形便可直观地把握字义。

汉字与直观思维相互关联、相互渗透。"汉民族在自己思维习惯的影响下选择了汉字,同时,汉字又反过来深深地影响了汉民族的思维方式。汉字强化了汉民族的思维习惯。"[19]古代中国人的这种文化心理机能,规定了汉字的深层特质,造就了早期汉字构形的具体性、形象性。它在一定程度上决定了汉字构形不能是无关字义的纯粹记号,也不可能成为完全记录语音的符号系统。汉字漫长的使用历程,又不断深化着汉民族的直观思维。

由于形体的不断演变,汉字的象形性逐渐减弱,但汉字构形始终未脱离感性直观的模式。在直观感性构字形态的长期刺激作用下,中国人习惯于用直观的方式解析汉字,理解字义。"囧"字的产生和复活,便是最为突出的例证。

近些年,由网络催生而流行的"囧"字,被称为"21世纪最风行的单个汉字"之一。其实,它并非网络新字,早在距今3000多年的甲骨文中已存在。"囧",正本作"囧",俗讹作"冏", （甲骨文）像古代窗牖之形,本义为光明、明亮。 为其金文, 为其小篆。历代辞书中虽多有收录,但却很少使用。网络索引《四库全书》和参考北大语料库,排除其中的传抄讹误情况,古籍文献中"囧"字仅出现22例,用作地名、人名和光明、明亮之义。因构字能力不强,《说文解字》收录的9353字中"囧"作为构件成分的字（不包括"囧"）只有三个。《现代汉语词典》中未收录此字。可见,"囧"基本趋于停止使用,成为一个死字[20]。作为构字部件,"囧"偶有使用。例如,"朙( )",月光照进窗牖谓之"朙"。秦朝推行小篆,很多字发生装饰性变化,《峄山碑》中的"明"写为"朙"。篆书中最早的"日"字作"囧"。唐代书法家颜真卿的楷书把"明"写成"朙"。宋代后,"明"字被官方定为正体字,"朙"成为异体字。

近年来"囧"字又成为高频率使用的汉字。"囧"之所以"复活",是因其楷书字形貌似失意的表情,将"囧"字视为一张人脸,"八"就是两道因悲伤、沮丧而下垂的眉毛,"口"则是张口结舌的那个口,加之普通话"囧"与"窘"同音,很容易与窘境、窘况联想在一起,因而被赋予悲伤、无奈或尴尬心情等新义[21]。可见,"囧"并非新造字,而是死字复活,是一种文字的"返祖"现象。近年流行的"囧"与古汉字的"囧",字义不同,并不是文字使用中自然的引申演进。但二者也有相同之处:"囧"的原形与"复活",都是人们对事物或人面部表情直观、形象的感知和描绘,是汉字深化的直观思维影响的结果。"囧"起死回生现象表明,望"文"生义,形象化地解读汉字,已积淀为中国人的文化意识和心理。

汉字造字法也与直观思维密切关联。"六书"中,象形字和指事字直观形象,最能体现直观思维。甲骨文中表示具体事物的字,如自然事物（日、月、山、水、牛、羊、犬、马等）、社会生活事物（衣、鼎、舟、车、耒等）和人自身（人、女、目、手等）都是对直观物体的全貌或特征加以描画的结果,即取象赋形。因而"羊角象其曲,鹿角象其歧,象象其长鼻,豕象其竭尾,犬象其修体,虎象其巨口,马象其丰尾长颅,兔象其长耳厥尾,虫象其博首宛身,鱼象其枝尾细鳞,燕象其籋口布翅,龟象其昂首被甲;且也或立,或卧,或左,或右,或正视,或横视,因物赋形,恍若与图画无异"[22]。

构成会意字的独体字都是对直观物象的描写,形体组合表现的是事物之间的直观关系。会意造字注重对所取单体"象"与"象"之间关系的整体把握,是在感性经验基础上把握和领悟直观物象之间的直观关系,而非对经验事实进行概念分析。因而,会意造字法具有整体性、直接性和非逻辑性的基本特点[23]。

及( ):从人、从手,以后面的人赶上抓住前面的人来表示到、追赶上、抓住之义。

看( ):籀文由 (手)和 (目)组合表示举手遮光,远眺观察。至今,这仍是人们在阳光下眺望远处的习惯动作。

休( ):从人、从木,以人倚靠着大树,表示休息之义。

牧( ):从牛、从攴,以手拿棍棒驱使牛,表示放牧之义。

逐( ):以人之"止"(脚)在豕后,表示追逐之义。

盥(、):从水、从皿,以水冲洗手,表示洗手之义。

祝( ):像一个人跪在神位前开口说话,表示祭主赞词者。

初( ):由上衣之形和裁衣的刀构成,表示制衣的开始。

浴( ):以水、人体和器皿的组合,表示洗澡。

丑(醜)( ):由 (酉)和 (鬼)组成,描画酒后醉汉的形象,表示醉酒后面目可憎。

第四节 汉字与意象思维

人类符号有两类最基本的形式:一是直接表征抽象意义的符号,也即"推论性"的符号,自然语言是最重要的推理符号;二是表征具象意义的符号,即"意象性"的符号,绘画、雕塑等属于象征符号。"汉字作为一种符号,不仅仅是同一般性的文字一样,记录有声的语言形式,即具有'推论性'符号的特征,而且包含着艺术的气质,属于一种'意象性'的符号。这正是汉字鲜明的民族个性所在。"[24]24也即是说,"汉字具有双重符号意义","而其本质上则是一种象征符号"[25]。

甲骨文" (象)"为大象之形,后又有形象、意象等义。"象"字从构形到赋予多重意义的过程,表现了中国人的认知和思维方式——"观物取象,立象尽意"。"圣人立象以尽意"(《周易·系辞上》),所谓象,指代表某种意义的物象或卦象;所谓意,指物象或卦象所蕴含的抽象意义。意象是主观化的形象,是主体之"意"与客体之"象"双向运动的一种心理现象。"意象,指代表某种内容的形象。效法、模拟所得,寄寓着主体的思想感情,即是意象。""如果说形象、现象主要表现为事物的自然状貌的话,那法象以及创造的意象便显然浸染了人的观察理解和行为意志了。"[24]19

意象思维,是借助意象进行思维的认知方式。这种把感性形象与抽象意义结合起来的符号性思维,既不同于感性的知觉表象,也不同于理性的抽象概念,是中国传统思维的精华所在。与直观思维不同,意象思维是以物象、感性认识为基础的浸染了主体认识、选择的一种思维方式,是感性思维更高的一个层次。或者说,意象思维是直观思维进一步发展的结果。中国古代哲学讲究"观物取象",即取万物之象加工成为象征意义的符号,来认识和反映客观事物。"观物取象"的认知方式,表现在汉字的创制上为"取象赋形","即通过'观物',获得意象,赋诸书写材料,直陈客观事物的形貌"[24]28。认知汉字的过程也是一种以形达意、以象达意的过程。

汉字的构形理据,体现了这种传统的思维方式——意象思维。先民创制汉字时直观取象描摹具体事物,并不追求丝毫不差的惟妙惟肖,而是对"象"加以取舍、简化,注意突出客观事物的典型特征。如"人"是侧身拱手的形象,"女"是女子侧身敛手屈体的形象,"衣"只画出衣领和衣襟。牛(𐤌)、羊(𐤍)二字并不画出牛、羊的全形,而仅描绘头部,突出牛角上翘、羊角向下弯曲的典型特征,而并不妨碍人们对"牛""羊"二字的正确理解[26]。又如,𐤎(象)、𐤏(鹿)、𐤐(马)、𐤑(虎)、𐤒(豕)、𐤓(犬)、𐤔(鼠),这些甲骨文的原始构形理据,都显示了先民对动物特征的认识。

随着认知能力的增强,先民需要表达无法言说的抽象概念。意象思维"对汉字字义的抽象化起着至关重要的促成作用。一般而言,表示抽象概念的汉字原都是具体感性的物形,后通过隐喻、类比等方式将字义衍生、引申,从而获得一个表达需要的抽象意义的"[11]。例如,"贵"因殷周时代"贝"为货币,以贝之贵喻人之贵,贝是具体的,贵则是抽象的。"高",𐤕(甲骨文)以楼台层叠之形,表示崇高义。"祭",𐤖(甲骨文)左边是牲肉,右边是手,中间是祭台,表示以手持肉祭祀神灵。"逐",𐤗(甲骨文)人追逐豕的画面,以具体的"豕"代表抽象的"野兽"概念,以具体的追豕画面表现抽象的追赶行为。

据统计,徐中舒《汉语古文字字形表》中收录殷商文字(包括甲骨文和少量金文)1016字,无声(符)复体字381个,其中意象组合式(会意字)有316个,占83%。《说文解字》小篆无声(符)复体字829个,意象组合式237个,占28%。这表明殷商文字经历周秦发展,到《说文解字》时代的小篆,汉字的画面性大大削弱,同语言结构相关联从而体现出的抽象性明显增强[24]44。王作新认为:"意象思维的认识方式,由汉字这一子系统来看,在《说文解字》时代,并没有退出民族思维传统舞台,而为抽象的逻辑思维认识所取代,倒是有进一步的巩固和发展。"[24]46

意象思维在汉字造字中有十分清楚的体现。从思维方式的角度看,"汉字象形字,是以描画物类的形象特征或部分形象特征而创造的单音节表词符号。它起源于记事岩画、地画和所谓的'图画文字',部分的族徽和图腾文字也具备象形文字的特征。"[27]109 象形字和指事字是意象思维的符号化,它又制约和规定了意象思维。

从象形字的甲骨文字形可以看出,先民取象时视点变化的背后"潜在着一个中心,那就是人的主观意志。在人的精神倡导下,客观世界的万事万物才在物象的基础上脱胎为真正意义上的文字。观法于天地,取像于人物,当然是人的作为"[13]。例如,"大",🧍(甲骨文)、🧍(金文)、🧍(小篆)像人的正面形。"天",🧍 🧍 🧍(甲骨文),🧍(金文),突出人的头部。天空这一意象虽然有形,却难以描绘。头部是人体的最高点,天空是人能看到的最高处,由此表"头"的"天"与天空的"天"有了逻辑联系。"天大、地大、人亦大",人为万物之长,天浩瀚无边,在文化层面上,天的"大"与人的"大"也就达到统一。

先民的取象构意来源于实践的直观、形象和感悟,通过整体特征之上的高度抽象而获得概念,成为一种意象的存在。可以说,图画文字表现为图形与客观事物在形貌上的相似,而象形字追求的是字形与外物的神似。例如:🧍(甲骨文)、🧍(金文),并非具体某个人的肖像描绘,而是一个侧立的人形,取直立行走之象,突出了人与其他动物最直观、最主要的区别特征。🐂、🐂(甲骨文),🐂(金文)为牛头的轮廓和最具特征的犄角之形,是头部的意象。🐏、🐏(甲骨文),🐏(金文)概括了羊犄角的特征。"犬"(甲骨文🐕、🐕,金文🐕、🐕)与"豕"(甲骨文🐖、金文🐖)都是最早驯化的家畜,先民用文字表示时,显现二者整体轮廓的不同:狗身体瘦长,尾巴上卷,腿细长;猪肚腹肥圆,尾巴下垂,四肢短小。

指事字体现的意象思维,需要联想和想象,不像直观思维可以"直击"所要表达的对象,但还是要借助于形象,仍没有脱离感性思维范畴。如指示方位的方位符号字:上(二甲骨文、⊥古文),画一横线或弧线,再在上面画一短横线或竖线,表示地平线之上;下(二甲骨文、⊤古文),在一横线或弧线之下画一短横线或竖线,表示地平线之下;中(🧍甲骨文),画一竖,中间画一圆圈或方格,表示杆子的中部;末(🧍甲骨文)表示树枝尖端;末(🧍甲骨文)表示树枝末梢;本(🧍金文)表示树木之根;朱(🧍金文)表示木之中心;亦表示(🧍甲骨文)腋部;刃表示(🧍甲骨文)刀锋[27]184-185。

象形和指事都是意象思维的产物,但还在客观取象的程度,从符号学的角度而言,它们只是相似性符号,仅仅反映事物的外在形象特征。因此,这两种造字法是意象思维的初级阶段——形象思维支配下的文字创制活动。

与象形和指事的"取象"不同,会意字字形构造既有对具体事物的描摹,又有对客观事理的认知。会意造字虽也取象,但本质不在于"立象"或"描摹",象只是表达意的一种手段,所取之象多为已有单体象形,并通过"比类取象",赋予"象"更为抽象或更具为普遍的意义。因此,它侧重于"取意",是"得意而忘象"。这是会意造字区别于象形和指事的重要特征[23]。

只(隻)：(甲骨文)以"以手持隹"这一具体形象的组合,表示"捕获"之义,即后"获"字。

朝：(甲骨文)以太阳已出草中而月亮尚未隐没的具体形象,表示"早上"这一抽象的时间概念。

莫："暮"的初文,(甲骨文)、(金文)、(小篆),字形均以太阳落在丛林或草莽中的画面意象,表示"黄昏"这一时间概念。

集：(甲骨文),、(金文),(秦简),为鸟栖于木上之形,有的字形有三鸟,表示众鸟聚集树上。但"集"并不只表示鸟的聚集,人或其他动物聚在一起也称"集",故"集"是用群鸟聚集于树上的具体形象来表示抽象的"聚集"概念。

牧：(甲骨文)以"牛"为部件,但并不仅指牧牛,放牧马、羊、猪都可称"牧"。造字时以具体的牛概括了所有的家畜,以手持鞭或棍牧牛的具体形象表示抽象的放牧之义。

为：、(甲骨文)像人用手牵着一头(象),表示驭使大象耕作,引申为作为之义。传说舜时已能驯象,以象耕田,甲骨文"为"是这一传说的印证。殷商时期的黄河流域是温润的亚热带气候,适合大象的生存,后来随着自然环境的变化,大象变得十分稀少乃至绝迹。

会意造字主要表现为"比类取象",人们的认知和思维完成了具象→抽象→意象的转换。始于具象地体认客观物体表象特征并加以描述,进而对客观物体进行抽象和归类,从事物外貌特征及内在意义相互联系与制约关系中认识事物,思维已超越了具象束缚,如同体会意字(比、从、北、炎、林、森、焱、猋等)的构形即是如此。这是先民思维发展过程中反映在造字上由会意造字逐渐稳固和发展的一种民族性思维特征。象形字来源于对单独客体的观察,会意字来源于对数个客体关系的观测。"观物"是对各个具体个别物象的观察,"比类"则是对表现事物类概念属性的单体象形关系的分类比较。因此,象形和指事是意象思维较低程度的"象形"思维的体现,会意是意象思维较高程度的"象意"思维的体现[11]。

兄："祝"的本字,(甲骨文)上为"口",下为匍匐的人,用人口朝天之形,表示对天祈祷之义。

男：(甲骨文)取单体象形"田"和"耒"之象,表示用耒在田间耕作。一说取"田"和"手"之象,像手向田间播种之状,以表达"用力于田"的概念义。

初：(甲骨文)以刀裁衣表示"初"之义,重点在于把握以刀裁衣的关系,用刀裁衣是制衣的最初工序,表明人们以意象思维认识到刀与裁衣之间曲折微妙的意义关系。

前：☒（金文）用"止"（足）这个具体形象以示船在行进。实际上，船本身并无足。

帝：☒、☒（甲骨文）为花萼之形，即今"蒂"字，以花蒂之蒂喻指主宰芸芸众生的帝王。"帝"为天帝义源于古代生殖崇拜，在由渔猎牧畜转为农业种植后，所崇祀之生殖由人身或动物转化为植物[28]。

美：造字时人们只有把握到"羊"与"大"之间的意义关系，即羊越肥大，味越甘美，才能以羊大为"美"。一说"美"为佩戴头饰的人之形。

形声字的大量产生，反映了汉民族对单纯抽象思维的淡漠，对意象思维的偏爱钟情。与象形、指事、会意相比，形声字的意象性已大为减弱，它通过"类意（类象）"的方式，以形符表意的类化来表意，"整体地或部分地揭示有关对象在'象'上的某种共同特征，其结果就是类化了的意象"[29]。形声字的文化信息不在个体汉字的总体取象，而集中在形符里。形符反映所记录的字义的类属或相关范畴，是一种比较概括的取象，如喙、嘴的"口"表示字义的类属，吠、鸣、喝、啼的"口"表示相关范畴。形声字形符与字义的关系，需要从文化上阐释。例如：独（獨）（☒）从犬，因犬性好斗、多独居，故以犬为意符表单独、独自之义。群（☒）从羊，以喜群聚的羊表示类聚之义。尘（塵）（☒）像群鹿奔跑扬起尘土，取象于鹿喜欢群聚又善奔跑。琼（瓊）以玉为意符，比喻美好之义，古人认为玉是温润而光泽的美石，故赤色玉的琼自然有美好之义。

第五节 汉字与类比思维

类比思维是一种取象比类、直观外推的思维方式。它以两事物间相同之点或相似之处为基础，根据其间一项关系推至其他类似关系。短于演绎逻辑，却长于类比推理，善用类比把握事物的本质和关系，是中国传统思维方式的一大特点。"阴阳五行""天人合一"等中国哲学思想，具有明显的类比思维特征。源于比类取象的类比思维，产生了《诗经》的比兴手法，形成了中国古典诗歌含蓄委婉的独特韵致。

汉字系统的一个突出特点是以类相从，即表示同一类别概念的汉字归属于同一部首。如从"心"的字多与心理活动和状态有关，从"贝"的字多与财货有关，从"木"的字与树木有关，从"言"的字与言语有关，从"示"的字多与祭祀有关等。学习汉字可以通过部首推测同类字的意义，如念、恩、思、想、志、忘、怨、怒、愿、忠、志、忑、忍等字都属"心"部，其字义应都表示人的心理活动和状态。

"六书"也体现了类比思维。象形字"画成其物，随体诘诎"，是以类万物之象而创造。它以简单的线条概括具体事物的形象特征，人们通过这一符号进行比类，直观地把握事物的关系和本质。如日、月、牛、羊、豕、犬、象、鹿、马、虎、本、末等字的甲骨文字形,都是基于比类取象、摹画事物的突出部分而创造。会意造字的基础是"比类",是对表现事物概念属性的单体象形关系的分类比较,进而取象构字,以表达另一抽象的概念意义。相较于观物取象,比类取象更具抽象性,注重事物间意义的关联。

由复体象形发展而来的比类取象,促使并引导人们思维关注物象间外貌特征的比较关系,重在对意的把握和表达,得意而忘象。它主要通过比较找出事物间曲折微妙的意义关系,进而把握实质,重点不在解说"象"的本质特征,而在解释"象"与"象"之间的关系意义[30]。例如:"休"字,《说文解字》释为:"息止也。从人依木。"解说的重点不在"人"和"木"的特征,而在于强调"从人依木"中人与木的关系来表示"息止"之义,人与木非直观外貌联系,而是一种由比类取象的思维把握的曲折微妙的意义关系。牧、臭、初、武、戒、信等会意字也都如此。

第六节 汉字与辩证思维

辩证思维是以发展变化的眼光认识事物的思维方式,主要表现为事物普遍联系的观点、发展变化的观点和对立统一的观点。李约瑟曾指出:"当希腊人和印度人很早就仔细地考虑到形式逻辑的时候,中国人则一直倾向于发展辩证逻辑。"[31]中国的辩证哲学认为,人和自然界不是主客体的对立关系,而是处在完全统一的整体结构中。任何事物都包含相互对立的两个方面,即所谓阴与阳,所有对立的两方面都相互依存、相互转化、相互包含,即所谓"一阴一阳之谓道"(《易经·系辞上》)。辩证思维是中国传统思维最显著的优点,其突出特点是从事物的两个对立面去把握事物,既承认二者的对立,又看到二者的联系、发展和统一。老子的"反者道之动",即相反相成的思维,被作为重要的思维原则。

汉字包含了辩证法丰富的内涵。汉字整体上是由构字部件组成的方块式文字,构字部件相互对立,又稳定紧凑地形成一个整体,体现了中国传统哲学对立统一的辩证思维。

汉字结构本身也体现了辩证思维。指事字大都由象形和指事符号两部分构成,如"刃"字,🔆(甲骨文)在刀锋所在加一点,表示刀刃。会意字、形声字的产生,是运用"一阴一阳之谓道"的辩证哲学思想,将一元化的象形方法转化为二元化的结果。会意字是由两个独体字合成表示新的意义,如武、信、休、从、比、保、伐等;形声字是由音符和意符两个相互联系又相互矛盾的阴阳对立面构成的一个有机整体[14]。

汉字构形中蕴含的辩证思维,还表现在"同构异义字"中。先民造字时常利用已有的部件,特别是相同的构件通过变换空间关系或方向的方式,在不改变原构件的基础上重新组合来表达新义。这种方式构成的"同构异义字"之间同中有异、异中有同,是对立统一的关系。这充分表明先民对客观世界对立统一关系的认识,体现了汉字组构中蕴含的辩证思维[32]。

从-比-北：从，⺕、⺕（甲骨文）像二人相从形，⺕（金文）、⺕（小篆）。比，⺕（甲骨文）像两人比肩而行。《说文解字》："⺕，二人为从，反从为比"。北，⺕（甲骨文）像两人相背之形。《说文解字》："⺕也。从二人相背。"此三字均由两个"人"字作构字部件组合而成，或相从，或并列，或相背，运用变换空间关系或方向的方式表示不同意义。

本-末：本，⺕（甲骨文），《说文解字》："⺕，木下曰本。""木"下面的一横为指示符号，指明树根所在。⺕（甲骨文），《说文解字》："⺕，木上曰末。从木，一在其上。""木"上加一点，指明树木末梢所在。

戒-武：戒，⺕（甲骨文）上面是"戈"，下面"廾"为两只手，两手持戈，表示戒备森严。武，⺕（甲骨文）人持戈行进，表示武力、动武。

左-右：左，⺕（甲骨文）像左手之形。《说文解字》："⺕，手相左助也。从⺕、工"。右，⺕（甲骨文）像右手之形。左、右二字的甲骨文之形，以相同构形符号的方向变化来表示不同意义。

伐-戍：伐，⺕（甲骨文）以戈置于人头，表示杀伐之义；戍，⺕（甲骨文）像人扛着戈，表示戍守之义。两字构件相同，都是从人从戈，构形借人与戈空间关系的变化，表达不同意义。

并-替：并，⺕（甲骨文）像两个人并排站立之形，表示并列；替，⺕（甲骨文）二"立"一大一小，一前一后，表示废替。两字都从二立，因两个站立人之间空间关系的改变，表示的意义完全不同。

出-各：甲骨文⺕（出）与⺕（各）二字，都从止，但"出"所从的"止"脚趾朝向上方，而"各"所从的"止"脚趾朝向下方。古人造字构形的取向布局，一般以上方为前为外，以下方为后为内，故"出"表示离开居室外出，而"各"表示与"出"相反的行为概念，即回到或来到住地。"出"与"各"通过变换相同构字部件的方向，表达相反的意义。

即-既：即，⺕（甲骨文）人形面向皀（食器），像人要吃饭，表示"将要"的意思。既，⺕（甲骨文）人形背向皀（食器），像人吃完饭要离去之形，表示"已经"的意思。两个字的构件都是皀和跪坐的人，通过人头的朝向这一细微差别，表示两个截然相反的概念。

辩证思维不仅重视矛盾双方的对立，而且注重矛盾双方的相互转化。汉字的字义有一种正反引申的现象，即同一个字形互相引申出相反或相对的两个意义。例如："受"字，✍（甲骨文）字形为两只手,中间一只舟,可理解为"接受",即一人从另一人接受舟,又可理解为"授予",即一人把舟给予另一个人。"武"字，✍（甲骨文）"止戈为武"兼有外出征伐和停止战争之意。

由上可见,汉字构形中离不开中国人的辩证思维[14]。

参考文献

[1] 萨丕尔.语言论[M].陆卓元,译.北京:商务印书馆,1985:198.
[2] 张岱年,成中英.中国思维偏向[M].北京:中国社会科学出版社,1991.
[3] 季羡林.对21世纪人文学科建设的几点意见[J].文史哲,1998(1):8-17.
[4] 索绪尔.普通语言学教程[M].高名凯,译.北京:商务印书馆,1980:50-51.
[5] 李秀琴.从中西文字体系看汉字文化与中国人的思维方式[J].中国哲学史,1998(4):22-28.
[6] 尚杰.解构的文本——读书札记[M].北京:中国社会科学出版社,1999:25-26.
[7] 王鸿谅.寻找汉字里的中国思维[J].三联生活周刊,2013(8):68-73.
[8] 葛兆光.究竟什么才是"中国的"文化?[EB/OL].[2020-3-25].http://culture.ifeng.com/c/7v7txrDqnlA.
[9] 汪曾祺.认识到的与没有认识的自己[M]//汪曾祺全集:第4卷.北京:北京师范大学出版社,1998:301.
[10] 王鹏.汉字造字中的象思维[J].美与时代,2013(4):44-45.
[11] 郭优良.汉字与中国传统思维方式[J].汉字文化,1997(2):12-15,20.
[12] 岳建华.综合、分析的思维模式与东西方文化[J].杭州师范学院学报(社会科学版),1999(S1):149-150.
[13] 黄卫星,张玉能.汉字的构成艺术与中华民族思维方式——"六书"与中华思维方式[J].陕西师范大学学报(哲学社会科学版),2016,45(3):94-107.
[14] 肖少北,张文香.汉字与中国传统思维方式[J].新东方,2001(3):53-56.
[15] 李瑞河.汉民族传统思维方式在汉字中的表现[J].江西社会科学,2001(7):68-71.
[16] 王蒙.为了汉字文化的伟大复兴[J].汉字文化,2005(1):3-6.
[17] 黄德宽,常森.汉字阐释与文化传统[M].北京:北京师范大学出版社,2014:5.
[18] 王祥之.图解汉字起源[M].北京:北京大学出版社,2009:扉页.
[19] 苏新春.文化的结晶——词义[M].长春:吉林教育出版社,1994:112.
[20] 杜建清."囧"字探源[J].北方文学,2012(3):83.
[21] 佚名."囧"字起源于甲骨文:曾是吉祥图案[N].北京晚报,2014-05-26.
[22] 容庚.甲骨文字之发见及其考释[J].国学季刊,1923(1):4.
[23] 于芝涵.汉字造字方式与意象思维[J].大连海事大学学报(社会科学版),2017,16(1):113-116,122.

[24] 王作新. 汉字结构系统与传统思维方式[M]. 武汉:武汉出版社,1999.
[25] 詹绪佐,朱良志. 汉字的文化通观[J]. 安徽师大学报(哲学社会科学版),1987(3):84-93.
[26] 王宁. 汉字与中国文化[M]. 北京:生活·读书·新知三联书店,2018.
[27] 牟作武. 中国古文字的起源[M]. 上海:上海人民出版社,2000.
[28] 中村元. 中国之思维方法[M]. 徐复观,译. 台北:台湾学生书局,1991:65.
[29] 刘文英. 漫长的历史源头[M]. 北京:中国社会科学出版社,1996:293.
[30] 张治东. 试论"会意"及其造字思维特征[J]. 宁夏大学学报(人文社会科学版),2014,36(6):1-7.
[31] 李约瑟. 中国科学技术史:第3卷[M]. 北京:科学出版社,1975:337.
[32] 李晓华. 论思维方式对汉字构形理据的影响[J]. 甘肃联合大学学报(自然科学版),2011,25(S1):4-6.

第九章

万物有灵的神秘世界
——汉字与原始崇拜

早期人类的信仰与崇拜来自于对生活经验的总结,充当着原始部落的身份区分角色或偶像角色。其中,带有图像性质的称为图腾(totem),这些勾画出的图腾形象并非出于某种肤浅的审美动机,而是为某一群体共享的神圣偶像[1]。图腾崇拜是原始社会中将某种动物或植物等特定物体作为种族或氏族血统的标志而崇拜的行为。作为氏族图腾的动物(如熊、狼、鹿、鹰、蛇等),是该氏族的神圣标志。图腾信仰曾普遍存在于世界各地,在近代某些部落和民族中仍然流行。考古发现表明,在漫长的蒙昧时代,人类以图腾等形式表达对自然的崇拜和畏惧。就心理基础而言,图腾崇拜通过对各种仪式形式和文化符号的创造以求得到图腾神明的保佑,是图腾崇拜的核心内容之一[2]。汉字反映了中国古人的图腾信仰与崇拜,透过汉字所蕴含的图腾崇拜,可以走进中国古人的精神世界。

第一节 敬仰与忌惮——汉字与自然图腾崇拜

人类产生之初,依赖自然生产力得以生存和延续种群。由于无力抗衡各种影响和制约人类自身生存发展的自然现象,远古先民产生了对生命体和自然环境的敬畏心理,其核心表现形式即图腾崇拜。

一、汉字与动物崇拜

1. 四大神兽——龙(龍)、凤(鳳)、麟、龟(龜)

动物在人类生活中占有着重要地位,许多图腾形象来自于动物。"龙(龍)、凤(鳳)、麟、龟(龜)"称为"四灵",是中国古代象征吉祥的四大神兽,上古先民赋予其图腾的象征意义而加以崇拜。

龙为上古时期众多民族的图腾,是几千年来亿万苍生崇敬的神灵。中国人自称为龙的传人。传统节日中民间有元宵节玩龙灯、端午节赛龙舟的习俗,"龙凤呈祥"一词,寓意一派吉祥喜庆之气。龙还象征着皇权,绣有龙形图案的龙袍为皇帝的朝服,历代帝王自命"真龙天子"。

龙究竟为何物?是真有其物还是虚拟的形象?根据"龙"甲骨文字形所描摹物象和民间虚拟描绘推测,历来有各种解说,争论不休,主要有以下观点。

(1)蟒蛇说。甲骨文中表示动物的文字都保留了所指动物的显著特点,如虎、马、象、鹿等。"龙"甲骨文有多种写法,如 、 、 、 、 ,字形尾身较长,呈蛇般的扭曲之状,其现实类比物非蛇莫属。有人据此认为,龙的原型为蟒蛇。蛇是诸多氏族部落图腾,古人对特异的事物印象深刻,进而用特定的文字来记录。蛇在中国又称小龙,称大蟒蛇为"龙"也属合理,因此"龙"字的象形之物为戴着王冠的大蛇("龙"字字形上边类似"辛"字的符号可视为王冠)。传说中的伏羲、女娲,都是人首蛇身,印证了蛇在华夏文明中的重要位置。

(2)闪电说。朱天顺认为,龙的形象主要来自天空的闪电。"龙"者,隆也,雷为其声,闪电"能幽能明,能细能巨,能短能长",雷雨天气"春分而登天,秋分而潜渊"[3]。古人由天空的闪电而引起神秘联想,并将其幻想为一种细长的、有四个脚的动物。

(3)云纹说。龙是先民把天上的云纹想象成一种动物的结果。何新在《龙:神话与真相》一书中认为,龙的真相和实体是云,龙是云神的生命化。最初的龙形只是抽象的旋卷状的云纹,而后逐渐趋于具体化、生物化,变为现实生物中两栖类和爬行类动物的形象。《孟子·梁惠王下》中有:"民望之,大旱之望云霓。"可见,古人认识到云能降雨,农耕文化自然会形成对云的崇拜和神化,由此产生了龙。甲骨文"龙"形象地表示了龙的功能,卷曲的云像龙的身形,头部有向下张开的口形表示可以吐水。

中国上古时代先民根据日月星辰的运行轨迹和位置,将黄道附近的星象划分为二十八组,俗称"二十八宿",作为观测天象的参照物。二十八宿按东南西北四方各有七宿,即为"四象":东方苍龙,南方朱雀,西方白虎,北方玄武。东方七宿(角、亢、氐、房、心、尾、箕)形似龙形,合称苍龙(又称"青龙"),为东方之神。中原地区因东南季风才会带来降雨,上古先民把这个功能赋予了苍龙。降水,对农业生产来说是"天降甘霖",因而龙作为一种虚拟的动物,其神性远非其他真正存在的动物可比。民俗中龙王庙、龙灯、龙舞等文化现象,是人们对掌控自然降水的神兽——龙崇拜心理的表达方式。

龙的形象在后世进一步丰富,演化为蛇身、蜥腿、鹰爪、蛇尾、鹿角、鱼鳞、鱼尾、口角有虎须、额下有珠的形象。因为越是离奇,越具有超现实性,会越发令人崇拜。

因中国原始宗教的天神崇拜,历代君主注重编造与之相关的传说,如感孕而生、龙入母腹等。龙的神性使封建帝王强调自身是龙的血脉,如《史记》记载,汉高祖刘邦是其母刘媪与龙交配后怀有身孕而生。今中国仍以"东方巨龙"而喻国,可见龙图腾文化影响之深远[4]。

甲骨文 (凤)像头顶有 (华冠)、身披 (翎羽)的孔雀 之形。又作 (晚期甲骨文),由 与 (丮)组成,表示祭司抓住传说中的神鸟,进行祭祀通神活动。或作 (甲骨文),以 (兄,即祝)代替 (丮)。这表明"凤"早已与神灵、祭祀相联系。《说文解字》释"凤"为:"神鸟也。"凤是鸟类的代表,鸟因生活中常见又具有飞翔能力而被作为一种崇拜对象。甲骨文中"凤"有头冠,表明凤是鸟类中最为尊贵的一种,故有"百鸟朝凤"之说。凤是与龙并列的象征吉祥的神兽,成语"龙凤呈祥"即表示吉利喜庆的事。

"凤"集合了百鸟的特征,是一种有头冠、有羽毛、有长尾的虚拟动物,是龙在飞禽里的对应。凤还被赋予了人的品德,被视为鸟中至德君子,表明凤在古人心目中的地位之高。庄子用"鹓鶵"(即凤)"非梧桐不止,非练实不食,非醴泉不饮"(《庄子·秋水》)的习性来形容君子的高尚品行。

凤的原始雏形为最常见的一种鸟——鸡。鸡（雞、鷄），《说文解字》释"雞"："知时畜也。从隹、奚声。鷄，籀文雞从鸟。""鷄"是"雞"的异体字。✦（甲骨文）为✦（奚）和✦（隹）的组合，或作✦（甲骨文）。✦为其籀文，✦为其小篆。"鸡"本指一种用绳子系爪驯养在家、高冠长尾的飞禽，与"凤"的字形较为相似。古人常把鸡与凤对称，俗语有"鸡窝里飞出金凤凰""落魄的凤凰不如鸡"，表明凤与雉（野鸡）的相互关系。

除"凤"外，还有一些鸟类也有图腾的属性特征。"鹏"也是一种神鸟，✦（甲骨文）、✦（古文）、✦（小篆），《说文解字》释为："神鸟也。"《说文解字》释"鳳"中有："✦，古文凤，象形。凤飞，群鸟从以万数，故以为朋党字。✦，亦古文凤。"段玉裁《说文解字注》"鳳"字下列"✦"并释："✦，古文凤。象形。象其首及羽翼。"表明鹏、凤等神鸟实为一类。

《山海经·大荒西经》记有："有五彩鸟三名：一曰皇鸟，一曰鸾鸟，一曰凤鸟。鸾鸟自歌，凤鸟自舞，有百兽，相群是处，是谓沃之野。"可见，鸾鸟也是与凤凰一样的神鸟，是鸟类形象在图腾崇拜文化中的反映。凤、鸾一般并称，被视为吉祥之物，古代用"凤阁鸾台"一词指代人才汇聚的中央政府。

另有一种被称为"玄鸟"的鸟。《说文解字》释为："黑而有赤色者为玄。"商朝人自称玄鸟后裔，"简狄吞鸟卵而生殷人祖先契"，有狂热的玄鸟崇拜。其实，商人契母简狄所吞鸟卵实为燕子卵，玄鸟就是家燕。考古发现证实，家燕也曾被作为宗族和部落的图腾。"燕"，✦（甲骨文）像✦翅膀尖长、✦尾巴剪形的鸟。✦（小篆）将✦（鸟头和鸟喙）写为✦，将鸟的两翼✦写为✦。《说文解字》释"燕"："玄鸟也"；释"乚"："玄鸟也。"段玉裁《说文解字注》释"乚"即"燕"。古人认为"乚"为一种祈求得子的神鸟，是主管生育的吉祥象征，"乳""孔"等与生育繁衍有关的字可以印证。

✦（麟），即麒麟。麟与龙、凤一样，也是先民想象出来的虚拟动物。《说文解字》释"麟"："大牝鹿也。从鹿、粦声"；释"麒"："仁兽也。麋身牛尾，一角。从鹿、其声。"麒麟是半鹿半牛的动物，性情温和。古人认为麒麟出没处，必有祥瑞，属于瑞兽。"西狩获麟"的历史典故，指春秋时期鲁哀公西巡猎获麒麟的故事。这被看作周王朝礼崩乐坏的象征和将要灭亡的预兆，因此相传孔子因麟被射死而流泪，所作《春秋》至此辍笔。因麒麟本为和平的象征，古人认为麒麟具有好生之德，被奉为宗族图腾也是自然之理。

龟是四灵中唯一一种至今真实存在的动物。✦（甲骨文）、✦（金文）像龟的外在形貌。龟与先民关联久远，甲骨文即用龟甲作为书写材料。龟形状奇特，寿命极长，肉能大补，被当作图腾崇拜再自然不过。代表东西南北四个方向的四个神兽（青龙、白虎、朱雀、玄武）中，"玄武"即以乌龟为部分原型。

2. 以动物为原型的部落图腾

除了神兽崇拜,还有一些动物也被奉为族群的象征,作为族群的保护神或图腾,它们是氏族繁衍生息美好愿望的一种具象化。

华夏边缘诸多民族,古被称为"夷蛮戎狄"。"戎"和"夷"是带有斧和弓的士兵形象,体现了两个部落的主要战斗方式。"蛮"和"狄"是部落图腾的表现。"蛮(蠻)",☒(金文)为☒(丝)和☒(言)的组合,表示驯化野生动物。☒(小篆)添加☒(虫)即大蛇,表明蛇是此部落的保护神。"狄",☒(甲骨文)为☒(人)与☒(犬)的组合,表示带着猎犬行猎。☒为其金文。"狄"的构形表明,犬为部族的图腾,此部落以犬猎为主要生活方式。"闽",☒(小篆)为☒(门)中有☒(蛇)之义,表示越地以蛇为图腾。"姜""羌"等部族之名中的"羊",标记了部族的图腾物[6]。

古人崇拜的图腾,也作为部落的徽章标记。如《说文解字》释"旂":"龟蛇四游,以象营室,游游而长";释"旗":"熊旗五游,以象罚星,士卒以为期";释"旞":"错革画鸟其上,所以进士众。"可以看出,这些各式各样的旗帜因各自独特的动物徽章标记而具有独特的功用。《史记》中记载有轩辕黄帝号令以熊、罴、貔、貅、貙、虎为图腾标志的六个氏族部落,击败炎帝的故事[7]。

二、山川崇拜

自然事物的图腾,最具代表性的是山、水、日、月。☒(甲骨文)像地平线上起伏的群峰☒。☒(金文)为山的剪影,或作☒(金文)。古人认为山"天地定位,山泽通气",因山的神秘感而逢山必祀。"封禅泰山"是古代帝王的最大祭典之一,目的在于上达天听,向天表功,宣告治民之道,祈福于天。古人认为山之灵气能让人超脱世俗而为"仙(僊)"。☒(小篆)由☒(人)和☒(迁)组成,表示远离,或作☒(小篆)。在古人看来,山泽通气,山高为尊,人的精神高度若与山一致,获得比俗世更高的境界便是仙人。

有山必有水,山、水两种自然图腾在中国文化中相伴而生。唐朝文学家刘禹锡的《陋室铭》中有:"山不在高,有仙则名;水不在深,有龙则灵。"认为有仙人的山和有龙的水具有神性。

水是生命之源,对农耕来说水的重要性不言而喻,龙因掌控降水而被神化,水自然也被图腾化。

甲骨文☒、☒(水)像☒(岩壁)两边☒水流下的样子,☒为其金文,☒为其小篆。甲骨文对水的类型划分极为细致,动态的流水一般写为纵向的☒或☒,静止或漫流的水通常写成横向的☒,水流的源头曰"泉",石壁上飞溅的山泉为"氷",由山泉汇成的水称"涧",山涧在地面汇成的清流叫"溪",众多小溪汇成的水流为"川",众多川流汇成的大川叫"河",最大的河为"江"。

中华民族与水结伴,也与水抗争。大禹治水的传说,李冰父子治理都江堰而被立庙祭祀,以白居易、苏轼等姓氏命名的造福百姓的围水堤坝,反映了中国先民与水结伴又斗争的历史。当遇严重的水旱灾害无法抗衡时,人们会产生敬畏之心,将水视为神物而祭拜,如中国各地都有的水神庙、龙王庙,甚至将人作为祭品,沉入水中祭拜水神。"沉(沈)"字,[图]、[图]、[图](甲骨文)凝固了将动物甚至人作为牺牲祭品沉于水中的情形。这一传统祭祀活动一直延续至清末。

在功利方面被祭拜的同时,水还被赋予了哲学意义。古人认为水面永远保持平匀,是世界上不偏不倚的一种物质,而被视为追求社会公平公正、政治清明的道德象征。《道德经》中有言"上善若水",以水类比人的品性,意思是最大的善就像水一样。

中国古代先民关注天文现象,一方面是为了指导农耕生产,另一方面是为了从天象中推测现实社会的吉凶福祸,给予统治者政治镜鉴。这种思维显然与图腾崇拜有关。

最受古人瞩目的天文现象,应是太阳的运行。[图](甲骨文)、[图](金文)、[图](小篆),像太阳之形,与夜晚发光的月亮"太阴"相对。[图]中间的指事符号,一说为有神鸟崇拜的华夏民族传说中的三足神鸟(又称三足金乌)的形象,它是古代神话传说中的神鸟之一,太阳是一个神像图腾。根据甲骨文的记载,殷人已根据日出日落计算节气,这对中国农耕民族来说极其重要。殷商时期,太阳祭祀是一种常规祭祀,表明殷商先民对万物生长靠太阳的朴素认知。中国神话故事也有记载太阳崇拜的文字,比如后羿射日、夸父逐日。对太阳的崇拜产生于农耕生产方式的确立,地球围绕太阳的运转带来四季,太阳蕴含光热能,是农业生产参照的核心,古人据此总结出二十四节气的规律和顺其自然的农耕之道。节气的确立是中国古代历法发展的一座丰碑,也是中国古人贡献给人类的一个重要文化遗产。甲骨文中众多的农业生产词汇都以"日"为偏旁,表现出先民对太阳的高度尊崇。例如:"春",本字"萅""旾",[图](甲骨文)由[图][图](林)、[图](日)和[图](屯,像种子上部冒芽、下部生根之状)构成,表示种子萌芽;或作[图](甲骨文),将[图][图](林)写为[图](艸),表示大地回温时草木发芽;[图]为其金文,[图]为其小篆。地球围绕太阳的运转形成四季,古人据此总结出顺其自然的农耕之道:春生,夏长,秋收,冬藏。

古人根据太阳认识到季节变化而有了时令概念。甲骨文[图](时)由[图](止)和[图](日)组成,表示太阳运行。"止"为"趾"的本字,表示行进。[图]为其金文,[图]为其小篆。四季为"时",一天为"日",这最基本的计时单位即来自太阳。

对太阳的崇拜发源很早,上古已有崇日、尚日、拜日等对太阳崇拜的行为。山东大汶口遗址的"旦"字陶片、四川三星堆文化遗址的太阳轮盘、成都金沙遗址的太阳神鸟金箔,都反映了太阳图腾崇拜。"晋(晉)"本字为"㬜",表示众人俯首跪拜。其 ☒(甲骨文)由 ☒(㬜)和 ☒(日)组成,表示跪拜太阳,后引申为群臣俯首跪拜朝见天子。

☒、☒(甲骨文),☒(金文),☒(小篆),月亮也是先民崇拜的重要对象。"月"与"夕"在甲骨文中本是同一个字。古人注意到月亮有圆缺变化,以缺形 ☒ 代表月亮。对月亮的崇拜在神话故事中也有体现,如嫦娥奔月、玉兔捣药等。月圆月缺有其规律,也对制定时令节气有着重要的参考价值。中国古人结合太阳的运行总结出二十四节气,这是太阳历;根据月亮的运行确立了十二个月,这是太阴历,并结合太阳历和太阴历创立了对农耕生产具有极大指导作用的"阴阳历",在诸多古文明历法中独树一帜。由此,出现了祭礼,周礼中有天子春朝日、秋夕月的规定。至今,中秋拜月仍是中国人传承千年的民俗习惯。此外,月食作为一种较为常见的天文现象,甲骨文中已有月食的记载,古人以此作为占卜吉凶的天象。

综上所述,在中国先民看来,万物皆有神性,万物都是图腾,万物皆可崇拜,它们都是华夏民族赖以生存的神物。

第二节 生生不息——汉字与生殖崇拜

一、女性生殖崇拜

生殖崇拜,是世界各原始民族普遍存在的现象。最原始的图腾,就是生殖崇拜的象征物,是对整个氏族中生命力的歌颂和崇拜。繁衍是人类最为重要的事情之一,而女性是繁衍过程中任务最为艰巨的群体,因而女性生殖崇拜是生殖崇拜中的重要部分。中国古代传说中的女娲捏土造人,是女性生殖崇拜的典型代表。这种从母系氏族社会延续下来的图腾崇拜传统,一直延续到汉字体系的生成[8]。与生命孕育有关的图腾崇拜,是汉字文化的重要内容之一。汉字中不乏与女性生殖有关的文字,如《说文解字》释"母"为:"牧也。从女,象裹子之形,一曰象乳子也。""母"最初的字形 ☒(甲骨文)仅在"女"字上增添两点代表乳房的记号,突出了母性哺乳繁育后代的形象。

随着氏族社会的发展,出现了区别部落氏族的标志性图腾,其中影响最为长远的是姓氏。中国姓氏最早源于母系,与女性崇拜有关。《说文解字》:"姓,人所生也。"因而最古老的姓氏大多从女,如"姜"姓,☒(甲骨文)、☒(金文)、☒(小篆),由 ☒(羊)和 ☒(女)构成,下部的"女",表明姜姓部落中女性的地位十分重要,与部落赖以生存的羊一样,是部落的象征。

汉字反映了女性在氏族部落中的地位。例如:"后"本与"司"同源。🤚(金文)是🤚(权杖)和口(口,号令)的会意,表示发号施令的部落首领。或🤚(金文)写成"反司",以区别于掌权者"司"。1939年出土于河南安阳的商后期青铜器后母戊鼎,曾有"司母戊鼎"与"后母戊鼎"的名称之争即由此而生。甲骨文🤚(后),有学者认为此字描绘女性生孩子的场景,表示生育能力强的妇女。因此,"后,乃母权时代女性酋长之称谓"[9]47。汉语成语"皇天后土","后"与"皇"同一词性、同一等级,更有"大地母亲"的含义。可见,在母系时代生育能力强的女性即被奉为首领,最高权力者为智慧而生殖力强的妇女"后"。先民对生殖的强烈崇拜观念,由此可见一斑。直到奴隶社会,"后"也可表示最高权力者而不分男女,如夏朝王族以国为氏,自称夏后氏。进入父系社会后,最高权力掌握在男性手里,"后"的地位由女王下降为第一女性。

一些汉字的构形,蕴含了女性生育崇拜的信息。例如:"也",🤚(金文),《说文解字》释为:"🤚,女阴也。象形",反映了对女性生殖器的崇拜。仰韶文化出土的陶器上有女性外阴的图案,分析带有"也"构字符号的字,也可验证这一点。例如,"地"是生长万物的土,"池"是生长万物的水。"也"是生命的来源,滋养万物。又如,有学者认为"乚"是"乃",即"奶"的变形,诸多以"乚"为偏旁的字,字义都与女性或生殖有关。甲骨文🤚(乳)像一🤚(人)双手🤚怀抱孩子🤚,或解为手托住孩子的头之形,表示母亲给孩子喂奶。🤚(小篆)由🤚(孚,用手托着孩子的头之形)和🤚(乚)会意而成。"乚",一说为送子的玄鸟,《说文解字》释"乚":"玄鸟也。齐鲁谓之乚。取其鸣自呼。象形。"这与西方童话中的送子鹤相似。

上述两种解释,"乚"都与生殖崇拜有关。"孔"字,🤚(金文)、🤚(小篆),《说文解字》释"孔":"通也。从乚、从子。乚,请子之候鸟也。乚至而得子,嘉美之也。古人名嘉字子孔。"许慎所谓古人在玄鸟来临之日祈求子嗣。有人将"孔"解为古代男子在成年礼上束发,以标志成年。上述两种解释表明,"乚"都与生殖崇拜有关。

对女性生育功能的崇拜,不仅体现在一些日常的习俗和情境中,还衍生出非直观的抽象概念。例如,"好",🤚(甲骨文)、🤚(金文)、🤚(小篆)由🤚(女)与🤚(子)组合而成,表示妇女生育有子。一说为会意男女相悦相求。《说文解字》释为:"🤚,美也。"表明在古人看来生子或男女相合是世间美妙的事情,并以之指代所有美好的事情。

二、男性生殖崇拜

繁衍后代,是人类生存和发展的头等大事。男性氏族社会仍保留着原始的生殖图腾崇拜,只是将尊崇的对象从女性生殖崇拜转向为男性生殖崇拜。

一般认为新石器时代遗址中发现的陶"且"或石"且",是男性生殖崇拜的标志。🝢(甲骨文)、🝣(金文)为"祖"的本字,后加丅(示)为"祖",🝤为其甲骨文、🝥为其金文。李孝定认为,"祖"为神主之象形,"且"即主也,指牌位。而梁荫源认为,"祖"是人的性器,木质的"祖"牌位则是依照人的性器塑造[10]。郭沫若也认为,"且"是男性生殖器[9]19。考古发现印证了这一观点。仰韶文化的陶器上有女性外阴的图案,这反映了母系氏族时期的生殖崇拜观念。人类进入父系氏族社会,男性的性器官自然成为繁衍的象征而被顶礼膜拜,在史前遗址中发现有石祖、陶祖、木祖,后世还有铜制的铜祖。三千年前先民对生殖器直白表述并无任何忌讳,如《诗经·郑风·溱洧》一诗中"且"即"祖"字,指生殖器。郭沫若评价这首诗认为,当时的男性可以同许多女性约会,而女性也可以与许多男性有两性交往,那时的两性态度非常开放[11]。

"士"的🝦(金文)像是有手柄✝(即🝧,为"又"🝨的变形)的宽刃战斧,表示手持大斧作战的武夫。郭沫若认为"士"字形象为男性生殖器,且、士实同为牡器之象形,在甲骨爻辞及《诗经》中,"士"即表达"男性"之义。此外,士作为一些字的部件也代表雄性,甲骨文中牛、羊、鹿等字,加一偏旁"士"即表示雄性,如"牡"。可见,"士"作为男性生殖图腾确实有所依据。唐汉认为,与"士"有关的字都可能与男性崇拜有关,如"吉"是男性睾丸的象形[12]。

第三节 祭台高筑——汉字与祭祀

人类古文明都有各自的祭祀文化。"国之大事,在祀与戎"(《左传·成公十三年》),中国古代将祭祀活动视为国家的大事,汉字体现了古人对于天地、神明、自然界、先祖的敬畏和崇拜。甲骨文🝩(祭)由🝪(🝫,血滴;🝬,肉块)和🝭(又)构成,像手持生肉之形;或作🝮(甲骨文)添加丅(示),表示与敬奉鬼神有关,本指一种用生肉敬神的祭祀仪式;🝯为其金文,🝰为其小篆。一说甲骨文字形中🝱为洒出的酒,表示用酒肉奉献于祖先鬼神。商朝人认为把活人作为祭品更有诚意,在商朝墓葬中几十人规模的活人殉葬非常常见。甲骨文🝲(祀)像张开双臂托举小孩之状;或作🝳(甲骨文)由🝴(巳)和丅(示)构成,🝵(巳)为幼儿,🝶为其金文,🝷为其小篆。"祀"表示献祭孩童,指用幼儿做活祭,敬神祛灾,或解为与小孩有关的祈祷活动,人祈祷于生殖神前以求延续香火,传宗接代。

根据甲骨文记载,殷商先民已撮土成堆,祭祀掌管土地的神主,即"封土立社"。🝸(金文)由丅(示)、🝹(木)、▬(表示大地)合成,表明植树为信早已成为祭祀的习俗。春社是春季祭祀土地神的活动,陆游《游山西村》一诗中"箫鼓追随春社近,衣冠简朴古风存"即指这一祭祀仪式。中国一些古都的天坛、地坛、圜丘等建筑,是古代"祭社"祭祀模式的遗存。社稷之神,是古人最为崇敬的神灵之一。土地生长万物,故以社为神;稷为五谷,指五谷神。

室内的祭坛称为"宗",指的是祭祀祖先的房屋、庙宇。☐(甲骨文)由∩(宀)和T(示)会意而成,意为祭祖的庙宇,或作☐(甲骨文)。"宗"并非单纯是祭祀用的房子,内部的"示台"上要供奉神灵和祖宗牌位,摆放酒肉祭品。殷商时期祭祀先祖需要在宗庙内进行,表明殷人祭祀由自然神向祖先神转变。具体而言,宗祭与祖祭不同:祖祭为直系亲属关系,宗祭范围宽泛,包括旁系、自然神、古先贤、圣人等皆可入宗庙祭祀。宗与祖成为了中国传统社会祭祀的核心,是人们求得福佑的载体。

"巫"☐(甲骨文)由工(工)和乂(又)组成,表示祭司手持法具祝祷降神;或作☐(甲骨文),为⊢(工)和工(工)重叠;☐为其金文,☐为其小篆。许慎认为指女性祭司舞蹈降神。远古巫师是部落中最为智巧者,使用法具并配以歌词、舞蹈祝祷降神。民俗学家刘永济在《屈赋通笺》中描述了巫师通神的场景,与近代的巫师迷信活动基本一致。可见,"巫"本身在中国古文化里扮演重要角色[13]。

古代巫术有两种占问吉凶的方法——卜和筮,即用龟甲与蓍草占卜吉凶,后世一般统称为"卜筮"。☐(甲骨文)卜(金文),卜(小篆),许慎释"卜"为用火灼龟甲,或像龟甲烧过后出现的裂纹形。另一说指巫术中占卜行为的一种道具。金文☐(筮),"竹"为草木,"巫"为占卜者,表示古代巫师用蓍草占卜的一种活动。"爻",☐(甲骨文)、☐(金文)、☐(小篆),☐为两根交叉的算筹,指用算筹根据阴阳的组合变化,推算吉凶。

先民的祭祀行为,是为了崇敬上天,但"上天"宏大而抽象,需要将具体的物象图腾化以作为精神寄托,这就有了被赋予超自然力量的鬼神。"申"为"电"字之雏形,☐(甲骨文)像闪电之形,☐(金文)由☐(示)与☐(申)构成"神",本指发出闪电的天神,引申为万物的创造者和掌控者。申(神)字与远古先民的自然原始崇拜密不可分。在殷商人看来,掌管雷电者不是雷电本身,而是天帝,因此申(神)是一种超自然、超人类的神秘力量,决定自然现象(云彩、雷电、风雨、冰)的产生,甚至主宰人的生老病死,所以人类敬畏并崇拜。

神是自然的映射,鬼是人的映射。甲骨文☐(鬼)像戴着☐(面具)的☐(人),表示祭祀仪式中戴面具的巫师;或作☐(甲骨文)增加T(示),强调与祭祀有关;☐(金文),或增加☐(攴)作☐,表示巫师持械施法;或增加☐(倒写的"止")作☐,表示巫术舞蹈。巫师的表演形象被置入普通民众在不可抗拒的灾难中的想象,便有了人形化的鬼怪。《说文解字》释"鬼":"人所归为鬼。"许慎也认为鬼是面容凶恶鬼怪的形象。

随着生产力的发展和伦理系统的建立,中国人逐步弱化了对鬼神超自然图腾的崇拜思想,孔子"敬而远之"的态度代表了儒家对鬼神的看法。

参考文献

[1] 黄德宽,常森.汉字阐释与文化传统[M].北京:北京师范大学出版社,2014:66-67.

[2] 王小盾.原始信仰与中国古神[M].上海:上海古籍出版社,1989:72-73.

[3] 朱英贵."细说汉字"之十一飞龙在天——释"龙"(龙)[J].文史杂志,2018(6):102-108.

[4] 刘毓庆.图腾神话与中国传统人生[M].北京:人民出版社,2002:12.

[5] 暴希明.汉字文化论稿[M].郑州:郑州大学出版社,2009.

[6] 段蕴恒.《说文解字》犬部字及其文化内涵[J].文学界(理论版),2012(8):229-230,232.

[7] 孙永义.《说文解字》字义体系与中国古代图腾崇拜文化[J].西南师范大学学报(哲学社会科学版),1997(5):69-73.

[8] 王琳琳,陈兴伟.女娲与汉字文化——从汉字的女部字谈古代妇女的地位演变[J].浙江师大学报,2000(4):46-49.

[9] 郭沫若.甲骨文字研究·释祖妣[M]//郭沫若全集编:第1卷.北京:科学出版社,1982.

[10] 梁荫源.也说且——神主崇拜、性器崇拜之残存形态[A]//《甲骨文献集成》工作委员会.甲骨文献集成·第三十册.成都:四川大学出版社,2001.

[11] 侯书议.最美不过是汉字[M].重庆:重庆出版社,2013:84.

[12] 唐汉.唐汉解字·汉字与两性文化[M].太原:书海出版社,2003:60.

[13] 李小虎,成海霞.《说文解字》音乐文字释例:"巫"与祭祀及礼乐文化[J].新乡学院学报,2017,34(11):48-50.

第十章

华夏心灵
——汉字与古代思想观念

第十章　华夏心灵——汉字与古代思想观念

思想观念是一个民族精神文化的核心部分。认识中国文化,必然要关注古代文化积淀过程中形成的思想观念体系。汉字的结构方式源于中国人重视实际、擅长想象、包容万物的实用理性思维和天人合一的思想,中国人的思想观念蕴含在汉字的构形中。因此,透过汉字可汲取中国文化中为人处世的智慧,获得有益的人生启迪。

第一节　天地混沌　开天辟地——汉字与古代自然宇宙观

"仰则观象于天,俯则观法于地。"(《周易·系辞下》)自古以来,中国人以其独特的方式认知和探索自然宇宙、世间万象,中国古代的人们对自然宇宙的认知结果,浓缩在形态各异的汉字中。

一、天圆地方

各种文明都有对天地形状及宇宙结构的认识。中国古人认为,天是圆形的,如同一个巨大的圆盖,兼覆于地之上;大地是方形的,如同围棋棋盘,地的四角有四个天柱支撑,孔子有言"举一隅不以三隅反"(《论语·述而》)。这是中国古代最朴素的一种宇宙观。

"圆",本字为"员(員)",☒(甲骨文)由☒(圆口)和☒(鼎)组成,表示鼎的圆口。☒为其金文,☒、☒为其小篆。段玉裁《说文解字注》认为"圆"为天体,即是说"圆"的概念来自于古人对天象的认知。古人受活动范围限制,只能观测到太阳和月亮周而复始的运转,自然认为天是圆形的。在湖北随州考古发现的战国早期曾侯乙墓的竹简中,有从囗(从口省)、从员的☒字,学界普遍释为"圆"。"方",本义是并排行进的船,其"正方形"之义假借于"匚"。"匚",☒(甲骨文)、☒(金文)、☒(小篆),像古代一种盛放东西的方形器物之形。后用同音的"方"代替"匚"。

老子《道德经》第四十一章中有:"大方无隅。"意为最完美的方形是没有边角的,方圆相通。中国古人的这种哲学思想,在天地的关系上得以体现。古人以天为乾、为圆、为阳、为火,在祭祀时撮土成圆台,或用自然界的圜丘,即圆形小山以祭天;以地为坤、为方、为阴、为水,以平地隆起方丘来祭地。乾坤与阴阳、乾坤与天地、天地与阴阳,两两相对,构成中国古代哲学世界观的主要原理。这种宇宙观体现在中国古建筑造型上,如北京天坛为祭天之地,形如天圆,其中心建筑南坛为圆形,故又叫圜丘坛;祭祀"皇地祇神"场所的地坛,坛平面呈方形,坛台周有方形泽渠,故又称方泽坛。在古人看来,模仿天地的形状可以通达神性。因地为方形,地上的人工物品大到城市、院子、房屋,小到桌子、椅子,也都为方形。例如,按照中国传统规划思想和建筑风格建造的唐长安城,城市格局布局规制严密,整体呈方形。城内对称的中轴东西两侧,整齐排列着数目与面积相等的坊市,呈现为一个个齐整的矩阵。从周朝后期开始,汉字形体逐渐变方,至汉末形成了笔画平直、形体端正的方块形字。

二、天人合一

天人合一是中国文化的最高境界,也是中国人最高的人生理想。它是中国人对人与天、宇宙的普遍联系整体观念的哲学凝炼,最能体现中国文化的宇宙观、自然观和人生观。中国哲学中"天"的含义可归结为自然之天与主宰之天,自然之天是从天的物质载体方面而言,主宰之天是从天的精神内容方面而言[1]。在儒家看来,天是道德观念和原则的本原,宇宙间存在着一种决定人类命运的意志,即天命。《说文解字》释"天":"颠也。至高无上,从一大。"许慎对"天"的说解与儒家的天命观完全一致。

儒家天命意识中的天,是一种至高无上的人格化的终极存在。汉儒董仲舒的"天人感应"说认为,天注视着世人的行为,并通过与日月星辰有关的种种自然现象来预示人世的吉凶休咎,以引起人们对自身行为的反省。因此,《说文解字》释"示":"天垂象,见吉凶,所以示人也。从二。三垂,日月星也。观乎天文,以察时变。示,神事也。凡示之属皆从示。"表示幸福和灾祸两种意义的汉字常用"礻"(即"示")作意符,如祥、禛、禄、福、祯、祺、祸、祟等,因为这些福祸的降临都遵循上天的意愿。儒家经典常把自然与人世之中的种种现象,如日食、月食、彗星的运行、地震、水旱等,看成天命的指示,是天命意志给予世人儆戒和预兆,让统治者对自身的德行多加反省并弃恶行善[2]。"人在做,天在看",是中国人至今常说的一句话。

天是终极存在,是依附于人的最高力量,日月天地都围绕人运行。以天喻人,以天比人,以天塑人,是天人合一思想的核心所在。汉字造字遵循这种哲学宇宙观,突出"以人为核心"的人文精神[3]。《说文解字》释"三":"天地人之道也。"天道、地道、人道是并列的;释"大":"天大,地大,人亦大。"即人与天、地并为宇中三大。"大"字,个(甲骨文)、大(金文)取人顶天立地的正立之形,以表示人在天地之间地位之高。"天"字,大、天(甲骨文),天(金文),同样以人的形象为中心完成对天的指称。

三、阴阳五行

中国哲学认为,自然界和人类社会的一切事物都可分为阴阳两个方面,宇宙天地的运转是阴阳的相互作用,五行是组成世界的五种基本物质。阴阳五行概括了宇宙中所有事物的源流和运行规律。

梁启超认为,商周以前所谓阴阳者,不过是指自然界常见现象,并不具有阴阳学说所赋予的深刻内涵。从《易传》开始,阴阳才被用以指代宇宙间两种造就万物的力量[4]。日月为阴阳二气的代表,日为"太阳",月为"太阴"。阳(陽),𨸏(甲骨文)、陽(金文),由𨸏(阜)和昜(易)会意而成,表示受阳的南边山坡,阴(陰),陰(金文)由𨸏(阜)和侌(会)会意而成,表示山地背阳的北坡,即所谓山之南、水之北为阳,山之北、水之南为阴。

古人将阴阳二元对立的观念运用到对世界观的解释：天为阳，地为阴；日为阳，夜为阴；男为阳，女为阴；生发为阳，衰败为阴。阴阳观的提出，是一个世界运行原理系统的建立。自此，阴阳成为中国人生活中一直存续的概念。

中国哲学认为宇宙万物由五种性质的事物构成，即"五行"（木、火、土、金、水），并以五行理论阐释世界万物的形成及其相生相克的关系：金生水、水生木、木生火、火生土、土生金，这是相生；金克木、木克土、土克水、水克火、火克金，这是相克。五行可以搭配万事万物。五行配五方，东南西北中；配五色，青白赤黑黄；配五声，宫商角徵羽；配五味，酸甜苦辣咸；配五脏，心肝脾肺肾；配五季，春天属木、夏天属火、长夏属土、秋天属金、冬天属水。

《说文解字》释"一"："惟初太始，道立于一，造分天地，化成万物。"将"一"解释成天地开辟前浑然一体的道（元气），天地万物的母体。数字 X（五），"二"（天地）之间用 X 寓意天、地万物的交汇，表示宇宙构成要素的极限数。古人认为"五"数与天地的意志相关，《说文解字》释"五"："五行也。从二，阴阳在天地间交午也。"许慎将五与五行、阴阳相联系，阴阳五行鼓荡相合，则万物化育，阳多者为刚，阴多者为柔。此外，许慎对四、七、九等极限数字义的附会解释，都与阴阳五行观密不可分。

第二节 人间伦常——汉字与古代伦理观

伦是秩序的排列，表现为长幼的顺序、高低的等级，伦理指人伦道德之理，是人与人相处的各种道德准则。中国文化有一套完整的规则和秩序，反映了中国社会的伦理道德观。

一、三纲五常

三纲五常是中国宗法社会最基本的伦理道德，也是维护宗法等级秩序的重要支柱。"三纲"，即君为臣纲、父为子纲、夫为妻纲；"五常"，即仁、义、礼、智、信。

三纲中的君、臣、父、子、夫、妻，是中国古代社会最具代表性的六种身份。君臣，代表着政治伦理；父子，代表着家族延续；夫妻，代表着家庭结合。孔子所谓"君君、臣臣、父父、子子"，是对上下尊卑伦理关系的规范。《孟子·滕文公上》："教以人伦：父子有亲，君臣有义，夫妇有别，长幼有叙，朋友有信"则强调教化在伦理规范确立中的作用。

甲骨文 🗿（君）由 🗿（手执权杖）和 🗿（口）组成，表示发号施令之人。🗿 为"君"的金文写法。除"君"外，古代最高统治者专用称谓还有"帝"，《说文解字》："谛也。王天下之号也。""王"，《说文解字》："天下所归往也。董仲舒曰：'古之造文者，三画而连其中谓之王。三者，天地人也，而参通之者王也。'孔子曰：'一贯三为王。'"据甲骨文字形，"王"为敞口之战斧。"皇"，《说文解字》："大也。从自。自，始也。始皇者，三皇，大君也。"

与君相对为臣民。甲骨文 🗝、🗝（臣）像人俯身低首时,侧面看 ⌒（目）为竖立之形。"臣"表示俯首屈服、眼睛下视、听命于人之状,以竖目代指战俘奴隶,或下放牢狱的罪人。

甲骨文 🗝（民）由 ⌒（目）和 ✝（刺针）会意而成。"民"为横目而带刺,表示手持利器刺瞎战俘眼睛,使其成为顺从的奴隶。🗝、🗝（金文）省去了 ⌒ 中的瞳孔作 ⌒。"民"与"臣"的古文字形有相同之处,也是眼目的象形。"民"最初指有罪之人、战争俘虏或贵族专用奴隶。臣和民面向君王,应服从、恭敬。随着奴隶制度的解体和封建制度的建立,臣这一阶层变成了侍奉君王之人,民则变成了底层的劳动者。

父为子纲,意在表示长辈权威不容置疑。因为对农耕而言,老年人意味着拥有更多的生产经验和社会经验。父权是男权社会的核心之一,父尊子卑是所有人必须遵循的伦理制度。"父"是"斧"的本字,🗝（甲骨文）由 🗝（又）和 丨构成,像一人手持石斧之形。🗝 为其金文,🗝 为其小篆。父作为家长持斧或举杖,是家庭权威的象征,也是家庭成员的教化者。"子",🗝（甲骨文）,🗝、🗝（金文）,🗝（古文）,像新生的婴儿之形,后引申为儿女之义。

男权社会必然尊崇夫权。甲骨文 🗝（夫）,为一高大直立的男性形象。甲骨文 🗝（妻）由 🗝（每）和 🗝（又）会意而成,表示女性为操持家务的人；一说为手抓女子头发之形,表示抢婚抓来的女性。古代婚姻为一妻多妾制,甲骨文 🗝（妾）从辛、从女,🗝（辛）一种刑具,表示受刑罚的女子,表明"妾"的地位低下。甲骨文 🗝（妇）像女子拿着扫帚之形,《说文解字》释为:"妇,服也。"表明女子只能服侍男性,主持家务。徐铉《说文系传》解为:"女子未嫁从父,出嫁从夫,夫死从子。"一生都要屈服于男权,可见妇女地位之低。

"五常"是儒家推崇的五种最基本的品格和德行,即仁、义、礼、智、信。

甲骨文 🗝（仁）由 🗝（人）和 ⼆（二）构成。🗝 为其籀文。《说文解字》:"亲也。从人、从二。"意为人与人相互亲爱,"仁者爱人"。孔子将仁作为最高的道德原则和道德境界。据统计,"仁"在《论语》中出现达 109 次,《论语·雍也》:"子曰:'知者乐水,仁者乐山；知者动,仁者静；知者乐,仁者寿。'"以山形容仁者,形象又深刻。成为仁者,是中国社会君子修身立人的目标。

义（義）,🗝（甲骨文）由 🗝（羊）和 🗝（我）构成,表示仪式。"我"甲骨文字形像一种长柄兵器,为用于仪典的礼器。祭祀时除了供上祭品羊,还有手握"我"的武士仪仗。🗝 为其小篆。孔子认为仁是君子内在的德性基础,义是君子外在的德行标准,强调君子"义以为上",自觉"徒义""见利思义"。孟子强调:"生,亦我所欲也,义,亦我所

欲也,二者不可得兼,舍生而取义者也。"(《孟子·告子上》)

"礼(禮)",本字为"豊"。甲骨文🔣(豊)由🔣(玉串)和🔣(豆)构成,为用于祭祀活动的礼器。🔣(金文)添加🔣(示)而成"禮",强调用于祭祀之义。一说"礼"为在祭祀仪式上击鼓奏乐以敬拜祖先和神灵。两种解释都表明,"礼"源于祭祀活动。或作🔣(金文)加🔣(酉)为"醴",表示以美酒敬奉神灵。

作为伦理道德的"礼",是一个人为人处事的根本,其具体内容包括孝、慈、恭、顺、敬、和、仁、义等。儒家认为敬奉天地、祖先和君师,是礼仪的三个根本。几千年来,礼一直是中国人待人接物的准则。

"智",本字为"知",🔣(甲骨文)为🔣(干)、🔣(口)、🔣(矢)的会意,表示传授作战的经验,一般解为聪明、智商高。🔣(金文)省去🔣(干),或作🔣(金文)增加🔣(日)而成"智"。"智"是儒家理想人格的重要品质之一,"子曰:'君子道者三,我无能焉:仁者不忧,知者不惑,勇者不惧。'"(《论语·宪问》)在孔子眼里,智慧的人没有迷惑、困惑。

金文🔣(信),是🔣(人)和🔣(口)的会意,表示开口许诺,或作🔣(金文)。《说文解字》:"诚也。从人、从言。会意。"人言为信,言信守所诺,诚实不欺为信。人无信则不立,自古以来"信"是一个人应备的基本道德品质,也是社会存在的基础。

二、家庭伦理

家庭伦理观念是中国社会最基本的思想观念。中华民族是世界上最有家庭观念、最注重亲情的民族之一,家和万事兴、天伦之乐、尊老爱幼、贤妻良母、相夫教子等,反映了中国人牢固的家庭伦理观念。在中国人的观念里,家还代表着一种伦理模式。即使背井离乡外出谋生,最终还要落叶归根。家,是永远的归宿。

家,记录了人类发展的过程,承载着文明的传递、文化的传播。甲骨文🔣(家),由蓄养生猪的稳定居所演进为表示人的居所。有人认为,写女子出嫁的《诗经·周南·桃夭》中"灼灼其华"有隐喻女子生育能力之意。有夫有妇,然后为家,才能繁衍后代,家庭的重要功能就是生育。"嫁",《说文解字》:"女适人也。"表明女子只有嫁人,才能成家。

家庭秩序需要伦理来维护,"孝"是中国宗法社会下家庭秩序的核心。甲骨文🔣(老)像一个挂杖的老人之形。金文🔣(孝)由🔣("老"🔣的省略)和🔣(子)会意而成,是一幅晚辈扶持老人而行的画面,表示尊敬、善待老人。农耕文化倡导尊亲重孝,孕育了"孝"的伦理观念,孝也成为衡量一个人道德好坏的标准。孝体现于血缘关系,这种血缘契约贯穿了中国几千年农业文明的发展过程。

汉字凝固了尊老的孝,也蕴藏了爱幼的舐犊深情。甲骨文 ☉(保)是一幅成人将孩子背在背上,手臂向后呵护孩子的画面。☉为其金文。背子求安,这一养育传统一直延续至今。敬老爱幼,是亲族观念意识的反映。

"亲",☉(金文)由☉(辛)和☉(见)组成,☉(小篆)将☉(辛)写成☉(亲)。古代一人被定罪入狱,有血缘关系的至近至亲者才会不离不弃,前往探视。

亲情的最大单位是"族",☉(甲骨文)为☉(旗)、☉(矢)和☉(口,部落村落)的会意,表示聚集在同一旗号下打猎、作战的群落。☉为其金文。宗与族后来成为标志身份的共同象征:敬奉同一个祖先,供奉同一面旗帜,使用同一个姓氏。宗族也成为华夏民族团结繁衍的一个基本单位,对宗族的忠诚成为底层民众最大的精神信仰,这是华夏民族在发展过程中所独有的文化现象。也正因为如此,中国人家庭成员的亲属称谓极为丰富而复杂。祖上亲戚分内外两家,其余亲戚分堂表两种,是宗族文化下大家族形态所遗留的结果。即使是亲兄弟,也按排行分为"伯仲叔季"。这组排序用字,在远古时代有特定的含义。称见多识广的部族首领为☉(伯),称调解裁断的德高望重者为☉(仲),称祭祀降神的男子为☉(叔),☉(季)是能说会道的族长。以"伯"为例,《说文解字》释"伯":"长也。从人、白声。"☉(甲骨文)描摹的是☉(人)头部之形,表示"第一、长者"之义。上古时期,老大的"第一"意义不仅在于排行位序,更代表在承嗣中有优先权,历史上嫡长子继承权之争屡见不鲜,表明这种制度影响深远。今"伯"代表父亲的兄长,也用于敬称。

参考文献

[1] 蒲创国."天人合一"正义[D].上海:上海师范大学,2012.
[2] 黄德宽,常森.汉字阐释与文化传统[M].北京:北京师范大学出版社,2014:91-92.
[3] 王蕴芳.汉字造字的哲学宇宙观之我见[J].吉林师范学院学报(哲学社会科学版),1994(3):50-54.
[4] 梁启超.阴阳五行说之来历[J].东方杂志,1923(10):70-81.

第十一章

阴阳交替 尊卑分明
——汉字与女性及婚嫁习俗

第一节 从尊崇到歧视——汉字与女性地位的浮沉

古代妇女在母系氏族公社时期地位极尊,商代由尊向卑转化,西周后地位极卑。这一演变过程在《说文解字》258个"女"部字的构形中可以印证。

一、女权社会的印证

母系氏族部落"存在着按性别和年龄区别的简单的不稳定分工。青壮年男子外出狩猎、捕鱼,妇女则从事采集果实、看守住所、加工食物、缝制衣服、管理杂物、养护老幼等公益劳动"[1]11-12。技术、工具的原始简陋限制了男子的所获,妇女所从事的活动成为"维系氏族生活的根本保证"[2],"妇女在氏族中具有崇高的威望,占据主导的地位"[1]12。中国上古神化中生育万物的始祖女神西王母、上古神话中的仙女嫦娥,以及开创种桑养蚕、抽丝编绢的嫘祖等,都是地位超凡的女神灵。古汉字可印证原始社会女性的地位,如金文 ᐱ(威)从"女"在"戌"下,"戌"为人执戈之形,表明女性是权威的代表。美国人类学家理安·艾斯勒指出:"在古代社会中,似乎最初崇拜的都是女神……就女性的生物属性来说,她正如大地那样给予生命和食物。"[3]女娲抟土造人的中国神话传说表明,在古人眼中女娲是"化万物"的神灵,是天地万物的始祖。作为最有力的印证物,汉字展现了古人对于女性孕育生命能力的敬畏和尊崇。

母: ᐱ(甲骨文)、ᐱ(金文),字形突出女性的双乳生理特征,展示女性哺乳后代的能力。《说文解字》释"母":"牧也。从女,象裹子形。一曰象乳子也。"

后: ᐱ、ᐱ(甲骨文),从女、从古,"古为倒'子'形,子旁或作数小点乃羊水,会母生子意。《说文解字》释后:'继体君也。象人之形。施令以告四方,故厂之。从一口。发号者,君后也。'"[4]210"后"同"毓",即"育"的本字,指妇女产子。"后"乃母系氏族时代部落的始祖母,以其生育子孙之功被尊为"后",在部落内执掌"施令以告四方"的大权,享有崇高的社会地位。

始: ᐱ(甲骨文)、ᐱ(金文),由 ᐱ(司)和 ᐱ(女)组成,或作 ᐱ、ᐱ(金文),强调生育能力, ᐱ(厶)为头朝下的胎儿或幼婴。"始"表示母系时代生育能力强的妇女享有至高无上的权力。

姓: ᐱ(甲骨文)由 ᐱ(生)和 ᐱ(女)会意而成,表示生母。《说文解字》释"姓":"人所生也,古之神圣母,感天而生,故称天子。""感天而生"印证了群婚时代"只知其母,不知其父"的婚姻状况。古老的姓都从"女",如姬、姜、姚、嬴、妃、妘、妫、姞(一说"妊")等,也印证了这一点。"姓"是宗族的标志,代表着血统。"上古有姓又有氏,姓是族号,随母系,不能改变;氏是姓的分支,可以自立,能改变。及所谓'因生以赐姓,胙之土而命之氏'。"[4]413

第十一章　阴阳交替 尊卑分明——汉字与女性及婚嫁习俗

好：🈳、🈳（甲骨文），🈳（金文），其中"女"与"子"虽然左右位置并不固定，但有一个共同的特征——"女"大"子"小，"女"是一个成年妇女的形象，"子"像一个在母腹中的胎儿或一个刚分娩的婴儿。女子能生子即"好"，反映了女性从原始社会到封建社会漫长历史中的社会角色。"好"字有其他多种解说，此种说法较为合理。

"母""后""始""姓"都从女，以女性来确定血统关系，体现了远古时代女性因生殖能力而获得的尊崇地位。

二、走下神坛的女性

农业文明发展推动母系氏族向父系氏族的过渡，女性的高贵地位开始动摇。随着农耕、畜牧业的发展，男性在社会生产中的贡献越来越大，女性所擅长的采集业优势逐渐丧失，只能从事附属性生产和家务劳动，女性在氏族中的高贵地位开始动摇。商代是妇女尊卑变化的特殊时期，这一时期的女性逐渐走下神坛，不再是权威的号令者，而只是普通的人。

女：🈳（甲骨文）、🈳（金文）、🈳（小篆），从字形上看像两臂交叉、屈膝跪踞之形，表示女子行礼之形态，表明女子地位低下。一说为女子低眉柔顺、端庄安静地跪于席上的姿态，意为未嫁的女子。这表明已对女性气质有所规范和约束。由此，"安"字的构形理据也就不难理解，🈳（甲骨文）、🈳（金文），《说文解字》："静也。从女在宀下。"今"文静"一词，仍是用于女性生性特征的专用词语。

媚：🈳（甲骨文）、🈳（金文），像大眼睛、长眉毛女子的形貌，表示对女性的欣赏和赞美。许多表示美好义的字都与"女"有关，如娴、媛、婵、婉、婕等。

女性作为权威的时代，不可能评论女性的容貌品性，规范女性的言行举止。好、媚等评价女性用字的出现，表明女性的价值开始由男性的标准来判断，女性地位已降低。

三、父权时代的"女奴"地位

原始社会末期，因生产工具的改进，生产力水平提高，以家庭为单位的个体劳动取代了以氏族为单位的共同劳动，男性逐步占据了社会的主导地位，女性变为男性的附属，身体与灵魂被束缚和桎梏。漫长的父权社会留下了许多印证女性"女奴"地位的字，这些汉字反映了社会对女性的容貌身材、行为举止、内在品德等各个方面的约束和规范。

妻：🈳（甲骨文）、🈳（金文），由🈳（每）和🈳（又）构成，像女子以手梳理长发之形，会结发为妻之义。许慎解释"妻"为操持家务的意思，表明女性已被排除于社会生产劳动以外，为家庭琐事束缚，依附于男性的地位。一说"妻"表示抢劫女子为妻，是"抢婚制"的佐证。

㚣:"美女也。从女、多声。"(《说文解字》)

嬯:"⿰女⿱𠂎日,面丑也。"(《说文解字》)

妇(婦):⿰(甲骨文)、⿰(金文),为一女子手执扫帚的样子。"妇"以女执帚的构形表现了女性的职责和社会地位。

女性依附和顺从男性,是父权社会规定的最高妇德。奴:⿰(甲骨文)、⿰(金文),为一跪坐双手被反绑的女性形象,反映了女性任人摆布的处境。《说文解字》女部的一些字可印证这一点,例如:"媣,随从也""婉,顺也""娓,顺也""委,随也""如,从随也"等。一些与男性有关的不良品质,也都归咎于女性,如"婪""奸""姦""妄""嬾""姤"等;表示女性所属类别的"妓""婊""娼""婢""娱"等字,更是体现了女性丧失自尊和人格的处境。

商代女性在政治事务和社会生活中仍占有一定位置,妇好、妇娘、妇姪等一些女性仍参与经济、军事、祭祀等重大事件。但这一时期女性社会地位已不复从前,商代已有一王多妣现象,女奴同男奴一样被用作人牲祈雨。"娶""妻""妾"等字所展现的婚姻场景皆具有强制性,女性甚至被作为财产和战利品。"取妻如之何?匪媒不得"(《诗经·齐风·南山》),从《诗经》所反映的西周初至春秋中叶社会生活来看,作为正式婚姻制度的抢亲已不存在。但郭沫若在《中国古代社会研究》一书中认为,表现抢婚的古歌谣所反映的生活年代,应是殷商时期。

西周时期宗法制与分封制相呼应,构建了完整而严密的统治制度,男权得到进一步巩固和推进。比如,三从四德之说即源于周代,四德说见于《礼记·昏义》,三从说见于《仪礼·丧服》:"妇人有三从之义,无专用之道,故未嫁从父,既嫁从夫,夫死从子。"之后,儒家的妇女观几乎成为观照女性的唯一标准,对女性的歧视和压迫亦愈演愈烈。自此之后,女性地位沉入谷底,彻底成为男性的附属。

"女"甲骨文和金文的字形,皆是女性双手交叉于胸前、屈膝跽坐的姿态。一种观点认为,这表明女性的柔顺而服从,女子身份地位的卑微。"妇(婦)"字形体现了妇女的劳作场面,表明其职责是主内、操持家务。

"嫔"("嬪"),《说文解字》释为"服也"。朱骏声《通训定声》注解道:"服,谓服事人者。"可见女性在家庭中既要服侍男性,更要服从男性。

"媭",《说文解字》释为"有守也"。《广韵·先韵》:"媭,妇人守志。"古代配偶去世,守节才符合妇道。

"嬬",《说文解字》释为"弱也。一曰:下妻也",指女性为柔弱者。"下"为低贱义,"下妻",即小妻。

"嫌",⿰(小篆),《说文解字》:"不平于心也。一曰疑也",意为男子对妻妾不满、挑剔。

"嬖",《说文解字》解为"便嬖、爱也",意为卑贱婢妾以色事人得幸者。

从上述诸字可见，婚姻家庭中女性卑微的地位和处境，女性已成为丧失独立人格的附属品。

第二节　男权至上的印记——女部字与女性地位

女部字中，属于褒义的字多为对女性外表的赞美和内在修养的要求，而具有贬义色彩的字则充满对女性的偏见和歧视。

一、规范与约束

《说文解字》中的女部字，以男性的视角和评判标准，对女子容貌姿色和道德修养作出规范和要求，将女性束缚于两性及家庭的狭隘空间中。有关女性容貌姿色的字，涉及相貌、身材、妆容等方面。

娃：《说文解字》解为"㜲，圜深目皃。或曰吴楚之间谓好曰娃。从女、圭声"，指女子容貌美好。

媄：《说文解字》解为"色好也。从女、从美，美亦声"。

媚：《说文解字》解为"说也。从女、眉声"，许慎释为美好、可爱的样子，表示以貌媚人。

姣：《说文解字》解为"好也"。段玉裁《说文解字注》："容体壮大之好也"，即身体健壮之美。

㚌：《说文解字》解为"美女也。从女、多声"。 （甲骨文）为"女"与"多"的组合，表示身材丰满的美女。

妆：（甲骨文）像一跪坐女子精心打扮的样子。《说文解字》："妆，饰也。"

每：（甲骨文）、（金文），像女性头上有盛饰形，表示头饰美观的女性。

婴：（金文）、（小篆），《说文解字》："婴，颈饰也，从女、从賏。賏，其连也。"本义为女孩颈部上的饰物。

此外，表示容貌美丽的字还有嬉、婧、妭、媛、㜏、嫙等；表示美目的有婳、媌；表示笑容美好的有妗；表示姿态美好的有婳、娇、姽等；还有表示长弱貌的嫋，表示身材高大的嫣，表示苗条的嬋等。

上述例字涉及女性外表的各个方面，可见姿色容貌成为评判女性价值的第一标准，因此"随着通过'好''媚'这样的字眼用以对女性进行评判，女性的价值开始由男性的标准语判断来决定，女性地位的降低也便可以从中窥见"[5]。

有关对女性内在修养规范和要求的字同样很多，如以下例子。

嫩：《说文解字》释"媆"："好貌，从女、耎声。"指女子柔美的样子，今俗作嫩。

安：（甲骨文）、（金文），从"女"坐在"宀"下之状。《说文解字》释为"静也"，一般解为以处女的端庄、安静之态,喻指平静、安静的意思。

婳:《说文解字》释为"静好也,从女、画声",表示安静、谨慎之义。另有妌、媞也为安静之义。

如:🐚(甲骨文)从女、从口,以女性应有的柔顺、顺从的德行来表示顺从听从、遵从义。

婴:《说文解字》释为"婉也。从女、夗声"。

娴:《说文解字》释为"雅也。从女、闲声"。

娓:《说文解字》释为"顺也。从女、尾声"。

委:《说文解字》释为"委随也。从女、从禾",以禾穗下垂、随风摇曳会意女性的顺从之态。

由上可见,男性对女性的期许和要求是柔弱、顺从。这种男权社会对女性独立人格的忽视和生命价值的否定,使女性逐步在经济、社会和家庭生活中成为男性的附庸。

二、歧视女性

女部字中的一些字带有明显歧视女性的含义。在男尊女卑的思想观念下,不良的德行和行为多从女。例如,《说文解字》释"婢":"女之卑者也。从女、从卑,卑亦声。"释"婪":"婪卤,贪也。从女、污声。"释"婬":"私逸也。从女、㸒声。"释"嫚":"侮易也。从女、曼声。"释"嬾":"懈也,怠也。一曰卧也。从女、赖声。"释"妒":"妇妒夫也。从女、户声。"释"娆":"苛也,一曰扰也,戏弄也。"释"姅":"妇人污也。从女、半声。汉律:'见姅变,不得侍祠。'"即女子月事、流产为"姅",被视为污浊的事。此外,嬖、嫉、妒、嫚、阇、婾、妨、妄、嫌、淫、姘、婪、奸、妓、妖、奴、嫖等字,也都含有对女性偏见和歧视。

综上所述,女部字中含褒义色彩的字,是男性从自身欲望和需要出发而确立的审美标准及价值规范;带有贬义的字,则表现了对女性的歧视。与"女"有关的字,反映了由母系社会向父系社会的演变与更迭,见证了中国古代妇女地位的变迁与浮沉。

第三节 之子于归——汉字与婚嫁习俗

古代婚嫁习俗,主要经历了原始群婚、抢婚、买卖婚姻三个阶段。《说文解字》"女"部字记录了古代婚嫁习俗的演变和两性在婚姻关系中的不平等地位。

《吕氏春秋·恃君览》记有:"昔太古尝无君矣,其生民聚生群处,知母不知父,无亲戚、兄弟、夫妻、男女之别,无上下、长幼之道,无进退揖让之礼。"这里所描述的便是远古群婚的情形。"姓"与"安",遗存了母系氏族时期群婚制的特征,再现了当时的婚嫁习俗。甲骨文 ⛬（姓），标志家族系统。母系氏族社会女性为尊，氏族中尊崇的是女性祖先，姓由女性确定，整个氏族以一个姓氏来命名族号。"民知其母，不知其父"（《庄子·盗跖》）表明，"姓"是母系氏族时期群婚制的具体体现。甲骨文 ⛨（安），上部为房屋的形状，一个女人跪坐其中。一种观点认为，"安"反映了母系氏族社会族外群婚阶段女子在氏族部落等待外族男子前来通婚的原始群婚情形。

"娶""婚"二字，较为典型地反映了上古的抢婚习俗。甲骨文 ⛨（娶）左边是一个跪坐着的女人，右为手执耳之形，即"取"字。从字形上可看出女子被外人用一只手牵住耳朵，显然并非自愿。《说文解字》释"娶"："取妇也，从女、从取，取亦声。"段玉裁注："取彼之女，为我之妇。"甲骨文中虽有"娶"字，但古籍中多用"取"表示娶妻，其强迫意味更为明显。"取"为打仗时割取左耳以作为记功的凭证，后添加"女"字用来表示"取妇"。可见，娶妻与武力的关联，即当时妻子通过战争或其他方式而抢得。

"婚"，本作"昏"，"婚"为后起字。《说文解字》解为："婚，妇嫁也，礼，娶妇以昏时，古文曰婚，从女、从昏，昏亦声。"因上古时代在黄昏时抢劫妇女，既可乘妇家无防备之机，也让妇家无法辨识。古时婚礼在黄昏时进行，是抢夺女子礼仪化的结果，也是古代先民抢婚习俗的旁证。它反映了从母系制度向父系制度过渡时期的抢婚制度。一说"昏"字表示上古社会男子到女子家中夜合晨离的婚姻形式。这种习俗今在某些民族地区仍存在。

"姻"，⛨（金文）由 ⛨（女）和 ⛨（因）组成，《说文解字》："壻家也。女之所因，故曰姻。从女、从因，因亦声。"夫婿的家是女人的依归，故称作"姻"。在女性没有独立人格的封建社会，婚嫁被看成寻找一生依靠的机会。古称男子娶妻为"婚"，女子嫁夫为"姻"，"姻"是男子一方的代称，即女子将因就男方。可见，女子依附于丈夫家才可谓有了归宿。《诗经·周南·桃夭》一诗中"之子于归，宜其室家"即是印证。

"奴"，⛨（金文）由 ⛨（女）和 ⛨（又）会意而成，表示任由役使的"奴"，是俘获或抢劫的女子。

所谓买卖婚制，指视女子为金钱财货，娶妻嫁女必以财货易之的婚姻形式。上古买卖婚制，已为民俗学研究所证实。《仪礼·士婚礼》所载"六礼"中"纳征"一项，即是买卖婚制的孑遗。

"嫁"，《说文解字》解为"女适人也"。古人认为妇女出嫁才算有家，才是人生的最终归宿，故"嫁""家"同源。《孟子·滕文公下》："女子之嫁也，母命之，往送之门，戒之曰：'往之女家，必敬必戒，无违夫子！'以顺为正者，妾妇之道也。"一个"嫁"字，集中反映了当时女子对夫家的依赖性。"归"与"嫁"同义，如《说文解字》所释："归，女嫁也。从止、从妇省，自声。"有人认为，"嫁"字当得名于"贾"字，上古音"嫁""贾"二字皆为见母、鱼部，"贾"字基本义为"买卖"，而"嫁"在上古亦具有类似的意义，如"天饥岁荒，嫁妻卖子者，必是家也"（《韩非子·六反》），此处"嫁"，即"卖"义。

"媵",又作"倈",段玉裁《说文解字注》:"送也。伕,今之媵字。"本义是指随嫁、陪送出嫁的人或物。媵婚制流行于春秋之际,指一个女子出嫁,其同姓娣侄随嫁,即娣姊、侄姑共事一夫的婚姻制度。

"婢",𤯔(甲骨文)左边为"妾",表示女子的身份来源,右边字形下边为一只手,上部为酒器或劳作工具的形象。《说文解字》释"婢":"女之卑者也。从女、从卑,卑亦声。""婢"字的本义为从事家务的女奴、女仆。

"妾",𠂆(甲骨文)下部为一跪着的女人,上部为"辛"。《说文解字》释为:"有辠女子,给事之得接于君者。从辛、从女。《春秋》云:'女为人妾。'妾,不娉也。""妾"为受过刑或有罪的女子,为奴隶社会时代对俘获的女性奴隶之称。从"女奴"的称呼引申为对正妻之外非正式所娶女子的称呼,可见"妾"在婚姻家庭中的地位犹如奴隶一般低下、卑微。

"妃",𢘑(甲骨文)、𡚶(金文),由"女"和表示绳索的"己"构成,在上古社会本指男子抢掠捆绑而来的女性,也有约束、监管之义。"妾"与"妃"对应的是古代的纳妾制,与"媵""婢"一样都为男子的私有财产。

古代一妻多妾的婚姻制度,男子与妻的结合必须通过媒妁之言,妻的地位高于妾,但在两性之间,女性处于弱势。

古代婚姻中介称"媒妁"。"媒",《说文解字》释为:"谋也,谋合二姓者也"。"妁",《说文解字》解为:"酌也,斟酌二姓者也。"正因为有媒妁"谋合""斟酌"二姓,聘娶婚的"六礼"才得以进行,完成女方出嫁到男方的婚姻过程。媒人出现于原始氏族时代由外婚制到一夫一妻制的过渡时期。"谋合二姓"的媒妁,历史悠久并逐渐成为婚姻合法、合礼的标志。

综上所述,女部字记录了原始群婚、抢婚、买卖婚姻的演变脉络,体现了不同社会形态下婚姻制度的变迁与演进。

参考文献

[1]史仲文,胡晓林.中国全史:第一卷[M].北京:人民出版社,1994.
[2]宋兆霖,黎家芳,杜耀西.中国原始社会史[M].北京:文物出版社,1983:128.
[3]理安·艾斯勒.圣杯与剑[M].北京:社会科学文献出版社,1995:28.
[4]谷衍奎.汉字源流字典[M].北京:华夏出版社,2003.
[5]邢燕萍,吴永社.汉字符号中蕴涵的中国传统女性观[J].大理学院学报,2009(7):45-48.

第十二章

凿井而饮 耕田而食
——汉字与衣食住行

中国古代农耕时代尤为漫长,产生了记录种植与收获、农耕工具、土地与时令的诸多汉字。衣食住行是人类赖以生存的基本物质条件,汉字全面地记录了中华文明演进历程中古代中国人从饮食起居、衣着服饰到行旅出行的日常世俗生活,描绘了一幅幅古代社会的生活场景。

第一节 渔猎、畜牧与农耕

"人类社会之演进,大都由渔猎而畜牧,由畜牧而耕稼。"[1]中国古代社会同样经历了由渔猎而畜牧、由畜牧而耕稼的演进过程,在不同的社会发展阶段,产生了反映不同生产方式的汉字。

一、渔猎而生

远古时代生产力水平低下,中国先民仅靠原始渔猎为生。汉字中存留了这一时期先民生产生活的印记,再现了他们的生活场景。以"网"字为例,⚹(甲骨文)像渔网之形,或作⚹(甲骨文),像两根立竿｜之间绳线交织成⚹(网格状)的捕具。《说文解字》释"网":"庖牺所结绳以渔。从冂,下象网交文";释"罟":"⚹,网也。"一说"网"用于田猎中捕获飞禽走兽,"罟"用于捕鱼。

⚹(甲骨文)、⚹(金文),"焚"字形象地表现了大火烧田的情景。用火烧掉树木杂草,才能开辟适合耕种的土地,"焚"这种农事活动,是刀耕火种的真实写照。神农氏为何又称炎帝、烈山氏,也就不难理解了。《孟子·滕文公上》中有"舜使益掌火,益烈山泽而焚之"的记载。杜甫《秋日夔府咏怀奉寄郑监李宾客一百韵》一诗中有"煮井为盐速,烧畲度地偏"的描述。"烧畲",即指以焚烧的方式开垦耕地。

《说文解字》中犬部字多与狩猎相关,如"狩""猎"两字。《说文解字》释"狩":"犬田也";释"猎":"放猎逐禽也。""田"字,为古代春、冬时狩猎活动的总称,春猎为蒐,冬猎为狩,泛指狩猎。甲文卜辞有"王在其田",意为商王要到某地田猎。"臭"字,《说文解字》释为:"禽走,臭而知其迹者。"表明先民已利用犬灵敏的嗅觉协助狩猎。从这些与狩猎相关的字,可见先民渔猎时代的鲜活生活图景。

二、驯养而食

随着围捕和驯服动物能力的增强,中国先民开始将动物圈养以食用或役使,形成较为稳定的畜牧生产方式。甲骨文记录了从渔猎到畜牧的转变。

⚹(豕)像一头猪的身形。与之相关的两个字——⚹(彘)和⚹(家),前者以矢著豕,表现了上古射猎野猪的场景;后者显示将豕圈于牢中,变射猎为圈养的情景。这两字的构形和意义,展现了从射猎到圈养的演变。

第十二章 凿井而饮 耕田而食——汉字与衣食住行

◎(牧)为以手持棍或鞭放牛的画面。《说文解字》释"牧":"养牛人也。从攴、从牛。"

◎(象)为象长鼻、形体庞大的身形。◎(金文)描画出象的长鼻、长牙、大耳,或作◎(金文)。此字表明上古中原地区有大象生存。

◎(为)人手牵拉着大象的情形。"为"字的构形表明,上古人已役使大象从事劳作。《史记》《吕氏春秋》中有夏朝时期"大象耕田"的记述。另有"象耕鸟耘"的传说:舜死苍梧,象为之耕;禹葬会稽,鸟为之耘。

三、男耕女织

农耕文明决定了中国文化的特征。中国的文化成为有别于欧洲游牧文化的一种文化类型,农业在其中起着决定作用。汉字中蕴含着极为丰富的农耕文化信息。

农耕需要按时播种,悉心培育,才能有丰收的结果,汉字记录了这个过程。

农(辳、農):◎(辰)像蜃器,"辰"为"蜃"的初文,指蛤蜊。因蛤蜊坚硬,在上古曾被作为农具。甲骨文◎(蓐),表明古时森林遍布,耕种必先用蜃壳制作的工具砍伐草木。或作◎(甲骨文),用◎(林)代替◎(草丛)写作"辳",表示在丛林中垦荒。◎(金文),或作◎(金文)加◎(田)写为"農",表示在◎◎(四"中")中开垦◎(田);或作◎(金文)。◎(籀文),或作◎(籀文)。◎为其小篆。"蓐",表示开辟田地而锄草垦荒;"辳",突出为开辟田地而伐木垦荒;"農",表示伐木锄草,开辟田地。

甲骨文◎(埶)表示手执苗木培土种植。◎(金文)将◎(木)写为◎(屮),表示种植草本,或作◎(金文)添加◎(土)、◎(女),表示女子培土种植。《说文解字》释"埶":"种也。从坴、丮,持亟种之。《诗》曰:'我埶黍稷。'"

夏:◎(甲骨文)、◎(金文),为手持农具、脚踩耒、应季农忙的人之形貌,指远古生活在黄河流域中原一带以农耕见长的人。小篆省去◎(刀)、◎(耒)等农具而成◎。"夏"字表示季节,始于西周时期。

"丰"与"蒦"表示丰收、收获。甲骨文◎=◎(丰),表示种植在土垠上高大茂盛的树木,后由植物繁茂义引申为作物的收获。甲骨文◎(蒦)像◎(手)持◎(鸟)之状,表示猎获鸟雀。后"蒦"衍生出"获"与"穫"两字,"获"为捕猎所得,"穫"乃耕种所得。

"饥(饑)"与"馑"表示农作物歉收。"饥"与"馑"又有不同:"饥"指粮食作物歉收,所谓"五谷不熟谓之饥";"馑"指蔬果歉收,所谓"蔬不熟谓之馑"。

除了种植农作物，还有林木的栽培。与"木"相关的字很多，如"本""末""华""朱""果""林""森"等。甲骨文✦（木）像一棵树，上部是枝，下部是根。"本"✦（金文）在树根部位加三点指事符号，表示树的根部。金文✦（末）在树梢部位加一指事符号，表示末端。甲骨文✦（华）像一棵树上满是花枝的样子，本义为树木开花。甲骨文✦（未）像树上枝桠重重，表示枝叶茂盛。甲骨文✦（果）像树上结满实籽。甲骨文✦（朱）在主杆部位加一指事符号，表示赤心木。甲骨文✦（林）像树连树的样子，✦（森）从林从木，表示木多貌。

《说文解字》耒部、辰部、斤部、网部、畢部、工部中的一些字，蕴含着丰富的农耕文化信息。农耕工具的使用是原始农业发展到成熟阶段的标志之一，汉字记录了中国上古时代农业工具的种类和特点。其中，耕种工具的材质经历了由石、蜃到木、铁的演进过程。

甲骨文✦（力），最古老的发土工具，原始农业先民最初用尖头木棒直刺点种谷物。下有倾斜角度，更利于掘土，下部一横为用来脚踩的小横木，以增强掘土力度。与"力"相关的字有"男""协"。甲骨文✦（男）像（人）拿着农具在田中耕作。✦（郭店楚简文）上从田地，下像犁铧，为人用犁发土的情形。甲骨文✦（协），多个"✦"表示众人一齐发力。或作✦（甲骨文），由✦和✦组成，强调统一号子与众人发力的关系。

金文✦（耒）像歧头发土农具之形，是由"力"改良而来的曲形木柄的犁。"耜"为齐头发土工具。"耒耜"后成为农具的总称。

✦（小篆）从耒、从✦，✦是"井"的古体字，古者井田，故从井。《说文解字》释"耕"："犁也。从耒、井声。"相比于以蜃壳制作的工具"农"，商代用犁深耕翻土是农业生产进步的标志。

场所与时令也是农耕活动的重要因素。土、焚、田、周、井等字，展现了刀耕火种的开垦图景与阡陌纵横的井田。

甲骨文✦（土）像地面上隆突起来的一个小土堆，本义指土壤。《说文解字》释"土"："地之吐生物者也。"金文为✦或✦，字形像破土而出的植物之形。汉字中凡从土之字都与土壤或土地有关，如城、埋、垣、塞、圪、场、坑、坟等。一说字形亦像男性生殖器，蕴含孕育生机之意。

田：✦、✦（甲骨文）在✦（垄亩）上画出纵横的方格，表示经人工垦殖后阡（纵向田埂）陌（横向田埂）纵横可种植农作物的土地。

周：《说文解字》释为"✦，密也。从用、口"。✦（甲骨文），✦（金文），像种满了庄稼的田(田),郭沫若认为"周象田中有种植之形",有稠密和周遍的意思。另一说认为,周族没有文字,"周"字为商人所造,在商人看来,"周"族的特征是缴纳供"用"的人口。甲骨文或作 、 ,为"用"字的小方格中点满了点,表示被杀人牲的鲜血。

井(甲骨文)挖地出水就是井。"井"的构形四线两相平行,呈方形之状。一解为像井口四周的方形围栏,现实水井外观多圆形。据河北藁城考古发现,商代古井井底有一四方的木框,以四、五个原木摞在一起,组成的形状完全符合"井"字形状。木框是为防止井底泉水涌出时,水冲刷破坏井壁泥土而堵死水源。井(金文)井框内一点,意指打水的水桶。凿井出水以便灌溉、饮用,"井"意味着从游牧走向在一区域定居,逐渐形成稳定的家园,从而塑造了人们尚家、尚地域的观念。井即家乡,蕴含着桑梓之情,离乡就是离开故乡老井,故曰背井离乡。

"不违农时,谷不可胜食也"(《孟子·梁惠王上》),农耕生产影响了中国人记录时间的方式,作物的种植和收获直接塑造了中国古人的时间概念。

年: (甲骨文)由 (禾)与 (人)组合而成,表示农人载谷而归。中国古人将抽象时间观念具体化,用一年一次的谷物成熟代指一年。"稔"也表示谷物成熟,用来代替"年"的本义,而"年"用于年岁、年月之义。

春: 、 (甲骨文)像桑树的枝条抽芽之形,其叶可供蚕食。殷商时期,蚕桑治织已较为普及。上古先民因桑为东方为木,与太阳靠近,主宰春季,而视为神木,因而有接通天神的祭桑之俗。商代桑祭已成常态,春日桑木开始抽条发芽,可以行蚕桑之事,故"祭桑"即"春祭"。因桑木易活,枝叶繁茂,祭祀桑林的活动由女巫扮演成生育之神,祭桑时节男女可在桑林中幽会交欢,祈求像桑木一般多子多孙。今春心荡漾、怀春发情等字眼,应来自于"春"字本义所遗传的文化心理暗示。"春"引申为春季之"春",又引申为春节之"春"。

夏:本义为劳作于田地的中原人的形象(上文已有分析)。用"夏"字表示季节,始于西周时期。

秋: (甲骨文)像长须、长足、薄翼的蟋蟀。或作 (甲骨文)由 (蟋蟀)和 (火)组成,意为天气转凉后蟋蟀喜藏身于散发热气的灶台缝隙。故"秋"表示天气转凉、蟋蟀鸣叫的季节。

冬:"终"的本字。 (甲骨文)像在记事的绳子 的两端打结 ,表示记录终结。中国古人根据四季的特征,总结出春生、夏长、秋收、冬藏的顺其自然的农耕之道。

"种瓜得瓜,种豆得豆",有辛勤的耕种,就有收获。禾、谷、粟、稷、稻是中国农业种植历史悠久的农作物。"禾"为谷类作物,殷商先民生活的中原地域气候干旱,禾耐旱易活,与其他农作物相比具有明显优势。"禾"为人赖以生存的必需品,人们从其下弯、低垂的禾穗形象,又演绎出感恩知仁的美德。"狐之将死,犹向其首丘。禾之将熟,犹垂穗向根。"孔子称之为"首禾",禾穗垂而向根,君子不忘本也。饮水思源,不忘根本,是中华民族恪守的社会价值观。

"粟",也为谷物,去壳后称小米。考古发掘的遗物很多,黄河流域出土的新石器时代碳化粟达十余处,西起甘肃临洮、玉门,中有山西万荣、西安半坡、宝鸡、河南陕县,东至郑州、山东胶县。中国是世界上最早培植粟的国家之一。

综上所述,耕种是中国人普遍选择的生存方式,"耕"是一种文化载体,它必须付出的强体力劳动和漫长时间,展示了中国人勤劳质朴的处世品格与坚韧不拔的精神。汉字中所记录的农耕文明,既有物质层面的历史图景,又有印刻在中国人精神世界的文化内涵,影响了中国人的思维方式和行为。中国人多以耕读为上,工商为下,将"耕读传家久,诗书继世长"的古训奉为家规家训。

第二节 衣着饰物

中国古代衣着有首服、衣裳、足衣之分,材质历经从草衣兽皮到麻葛布衣,再到丝帛的演进过程;饰品的历史则由贝类饰物而起,逐步演化成内容丰厚、影响深远的玉佩文化。古代衣饰无论是制式,还是材质,不同的社会阶层区分明确,宽衣博带、冠冕丝帛为统治阶级享有,短褐素巾、布衣麻葛为平民百姓所用。

一、衣着

首服指用来包裹头部的物件。"帽"是各种帽子的通称,"冠""冕""弁"是标示等级的礼帽,"巾""帻"为较简陋的一般首服。中国古代社会中,帽子与种种礼法规则相关,着帽的礼法制度繁复。

帽:本字"冃",即今"帽"。(甲骨文)、(小篆),像一块包头的物件。后加"目"作"冒",再添加"巾",表示用布、丝等材料所加工制作。"冃"为"帽"代替后,只作造字偏旁,如古人戴的头盔"胄",其下部的"冃",即"冒"。

巾:(甲骨文)像用(带子)系的下垂的(冃),本义为用布帛制作的系佩饰物。为其金文,为其小篆。《说文解字》释"巾":"佩巾也。从冂。""巾"为帽子之一种,为庶人所戴。

冠:(甲骨文)像人头部戴帽之形。(小篆)由(冃)、(元)和(又)构成,像以手持帽戴于人头上之形。《礼记·曲礼》记载:"男子二十,冠而字。"冠礼为古代男子成年之礼。冠不仅是一种服饰,更是成人的标志和人格独立的象征。古人举行象征成年的冠礼,要面对祖先神灵,告慰祖先,祈求祖先保佑。《释名·释首饰》记有:"二十成人,士人冠,庶人巾。"表明了"冠"与"巾"的阶层适用界限,反映了以冠帽别尊卑的等级制度。

冕:"免"是"冕"的本字。甲骨文 像人头上戴着有角饰的帽子。加作"冕",为古代君主和卿大夫所戴的礼帽。或作,以代强调帽子的流旒。

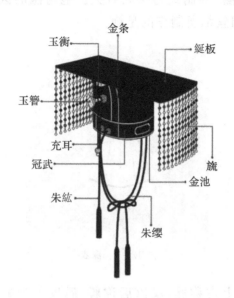

图 12-1　帝王的冕,由綖、旒、缨、纮等组成

弁:、、,像双手扶冠形。弁是士大夫以上贵族着礼服时戴的帽子,分为三种:赤黑色的布所做的称爵弁,是文冠;白鹿皮所做的称皮弁,是武冠;浅朱色熟皮所做的称韦弁,是兵事冠。

古人在重要场合需正名分、别次序,施展冠的礼法的制约功用,所以必须戴冠,否则违礼。

上衣下裳是中国古代最为常见的一种服制。像一件舒袖斜襟的上衣。《说文解字》释"衣":"依也。上曰衣,下曰裳。象覆二人之形。"从![img]的构形,可见古人穿的衣服为斜襟,至今民间仍有遗存。

此外,"襦""亵""衫"也为上身所穿的衣服。襦有单复,单襦北方称作"禪",南方称作"襌";复襦称作"複",也叫"袷"。亵指贴身穿的上衣。"衫"字出现得较晚,指宽大的上衣。

"裳",古作"常",为下半身穿的衣裙,男女皆穿。"市"为最初的下裳,是一块系在下腹部、用以遮蔽私处的长条形毛皮围裙,上面的一横表示系围裙的腰带,中间的一竖表示系好的腰带下垂的部分。后"市"升格为皇帝冕服的配件,是古代朝觐或祭祀时遮蔽在衣裳前面的一种服饰,成为正规场合礼服的一部分。

下身所着衣服还有"绔""裈"。《说文解字》释"绔":"胫衣也。"裈是有腰头有裆的袴,其形如牛鼻,故又名"犊鼻裈"。

深衣,为衣、裳分开裁剪又上下缝合在一起的衣服。深衣用不同色彩的布料作为边缘,因使身体深藏不露、雍容典雅而得名。深衣使用范围很广,上至天子,下至百姓,都可穿着。"袍""襺"等制式与深衣有关。袍与襺的区别在于,襺为纯用新丝绵所制作,而用乱麻和旧丝绵所制作的是袍。

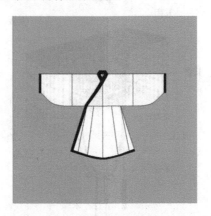

图 12-2 深衣

足衣指鞋、袜。鞋,上古称屦,汉以后称履,后世称为鞵。《说文解字》释"屦":"履也。一曰轻也",指单底鞋。古代的屦可以用草、麻、丝、皮制成。用丝做的叫履,用麻、葛等制成的叫扉,粗陋的草鞋叫屝。"舄"本义指鸟,被借来表示鞋子。舄与屦区别在于,舄是复底鞋,屦是单底鞋。履与屦的区别在于,履无鞋带而屦有鞋带,履在正式场合穿而屦在家中穿。"鞮"为皮制的鞋子。

"韈""襪""袜"都是袜子。"韈"同"韤",为皮制的袜。后因用棉、绸布材料缝制又衍生出"襪""袜"。

古人的衣着材料历经从兽皮到麻葛再到丝帛的演进过程。《后汉书·舆服志下》记载:"上古穴居而野处,衣毛而冒皮,未有制度。后世圣人易之以丝麻,观翚翟之文,荣华之色,乃染帛以效之,始作五采,成以为服。见鸟兽有冠角髯胡之制,遂作冠冕缨蕤,以为首饰。"

远古先民以野兽的皮毛和草木之叶为材料制作衣物,"衰""裘"等字印证了这一史实。金文 ![] (衰)像用草编织成的蓑衣之形。兽皮比草衣更为结实保暖,用兽皮为材料的有以下字。

表:、,《说文解字》释"表":"![],上衣也。从衣、从毛。"

裘:、像毛在外而皮革在内之形,即"求"字,为古文"裘"。裘是古代贵族所穿的衣物,如《诗经·秦风·终南》中有:"君子至止,锦衣狐裘。"

随着制衣技术的提高,古人开始将兽皮去毛,加工成柔软舒适的"革"和"韦"。"革"指去了毛的兽皮,"韦"指经加工处理的柔软兽皮,所谓"熟曰韦"。

古人也用麻、葛等植物的纤维纺织成布,制成各类布衣。

麻:　(金文),从广、从𣏟,"广"为房屋,"𣏟"为削制的麻皮,表示在家劈麻剥制。将麻沤制剥皮,便可纺织成布。用麻织布的历史悠久,"在西安半坡仰韶文化遗址出土的陶器中,就有一百多件带有麻布和编制物的印痕,当时的麻布已经有平纹斜纹、绕环混合等编织手法等"[2]。《诗经·曹风·蜉蝣》中有:"蜉蝣掘阅,麻衣如雪",表明先秦时代已普遍穿着麻衣。

葛:　(小篆)为多年生草本植物,纤维可以织布。葛布,指以葛为原料制成的布、衣、带等;葛屦,指葛制的鞋,为普通百姓所穿用。"絺"为细葛布,"绤"为粗葛布。

布:　(金文),表示用枲麻织布。布是底层平民衣物的材料,故以"布衣"指代平民百姓。"褐"也是底层平民穿的衣物,《说文解字》释"　":"编枲袜,一曰粗衣。"《孟子·滕文公上》中有:(许行)"其徒数十人,皆衣褐,捆屦织席以为食。"

《说文解字》"糸"部有248字,重文31个,表明丝织在中国古代很早已出现。《诗经·豳风·七月》一诗中"七月流火,八月萑苇。蚕月条桑,取彼斧斨,以伐远扬,猗彼女桑。七月鸣鵙,八月载绩。载玄载黄。我朱孔阳,为公子裳"一章,记录了丝绸的生产过程。《诗经·卫风·氓》中的"氓之蚩蚩,抱布贸丝,匪来贸丝,来即我谋"则描写了当时已有丝绸贸易的情形。

蚕:　(甲骨文)像蚕之形貌。《说文解字》释为:"任丝也。从䖵、朁声。"

蜀:　(甲骨文)上部为夸大的蚕头,下部表示蚕身。

糸:　、　(甲骨文)一端像丝束的绪,一端像丝束的头,中间是丝绞。

丝:　(甲骨文)、　(金文),像蚕茧制成的生丝之形。由丝织成的丝绸为王室贵族所穿,庶民穿葛麻之衣。因此,用布衣疏食代指庶民("疏"通"蔬"),以锦衣玉食代指王公贵族。糸部字还有素、丝、组、经、终、绝、编、幽、绿、絭、纯等。

帛:　(甲骨文)像丝织物之形。麻织物为"布",丝织物为"帛"。

二、饰物

身上的佩挂,或悬于颈,或系于腰,是古人重要的装饰。中国古代佩饰种类繁多,如刀、剑、印、绶、玉、佩、囊、符、袋、笏、环、瑷、璜、玦、觽、带等。

　、　(甲骨文),　、　(金文),像贝壳之形。"贝"是中国最古老的货币,但据考古发现,贝壳也曾作为饰物,如位于北京市门头沟距今约一万年的东胡林人新石器遗址内出土一具少女遗骸,其颈部位置有用由50余枚小螺壳串制的项链。

甲骨文 ※(玉)像一根绳串着玉石的薄片,绳上端为绳结↓,或作 ‡(甲骨文)。远在新石器时代,先民已懂得琢玉为器,黄河流域的仰韶、龙山,长江流域的河姆渡、良渚,珠江流域的石峡等文化遗址,都有玉器出土。玉被古人视为神秘莫测的通灵之宝,广泛用于祭祀、朝聘、政治、军事、交际、丧葬、装饰等各个方面。据统计,《说文解字》正文共收录与玉有关的字140个,其中玉部有126字,是收字最多的部首之一,字义涉及玉的产地、玉名、色泽、声音、纹饰、雕琢、玉饰物、作用、综合美感等方面。

图12-3　玉环(战国早期),湖北省荆州市出土,荆州博物馆藏

玉石温润光洁,晶莹剔透。儒家将"玉"的特性人格化、道德化,与君子相提并论,推崇为高尚的德行,玉具有了神性、美性、德性的文化意义。孔子比德于玉的11个侧面特征,提出11种德的理念范畴,即仁、知、义、礼、乐、忠、信、天、地、德、道。《诗经·秦风·小戎》中有:"言念君子,温其如玉",《诗经·卫风·淇奥》中有:"有匪君子,如切如磋,如琢如磨。""有匪君子,如金如锡,如圭如璧。"

图12-4　鹅形玉佩,山东滕州前掌大墓地出土

"君子无故,玉不去身,君子于玉比德焉"(《礼记·玉藻》),中国古人喜爱玉器,生活中用玉器,身上佩戴玉饰,祭祀、陪葬品也选用玉器。佩玉是指佩戴于人身的各种玉器。佩戴玉饰既是点缀美化自己的佩饰,也是辟邪驱魔之物,更是人格的象征。中国人对玉石喜好和崇拜的热情一直延续至今。

佩玉的种类繁多,按佩戴身体的部位有玉冠饰、玉额饰(玉胜)、玉发饰(玉笄、玉钗、玉簪、玉梳、玉步摇)、耳饰(玉环、玉玦、珰、瑱、玉坠)、项饰、手饰、身饰等。比如,玉笄为用来束发及连冠于发的一种玉质装饰物,扳指为佩戴于拇指上的玉制装饰品,玉阁是佩带于手腕的玉制装饰品,玉佩指系在衣带上或佩戴在胸前用作装饰的小件器物。仅玉制腰饰就有琼、琚、瑶、璐、瑾、瑜、璜、珑、珩、璎、琰、砧、珣等数十种之多。

孔子曾言:"玉之美,有如君子之德。"玉成为古人心目中君子良好品德的象征。"君子比德于玉",至今"玉"在中国人的心目中,既是物质财富,又是精神财富;既是宝物和身份的象征,也是理想的人格追求。

综上,透过有关衣着服饰、材质配饰的汉字,我们可以看到这些静态字形背后鲜活的历史文化与生活场景,体察隐藏在文字深处的社会历史现实及其隐含的思想观念。

第三节　食为天　器为用

饮食是人类赖以生存和发展的第一要素。"民以食为天",中国人向来就将饮食作为最重要的事情。古代饮食文化的大量信息凝固在汉字中,汉字是了解古代饮食文化的一个独特视角。

一、食与食物

古时一日两餐,朝为"饔",夕为"飧"。小篆作 (饔)、 (飧),为熟食,如"贤者与民并耕而食,饔飧而治"(《孟子·滕文公上》)。

"食", (甲骨文)、 (金文),为装有食物的食器之形。上部三角形为盖子,小点为热气,中间是食物,下边是食具。"皀", (甲骨文)、 (金文),与"食"字读音相同,结构相近。"食""皀"的下部似"豆"之形,"豆", (甲骨文), (金文),为古代煮肉的食器,其底架高,能用火加热,上部呈深凹盘形,类似如今的锅。"乡(鄉)", (甲骨文)两边为两个跪坐的人,中间为食物,表示两人相向而坐分享食物。

中国古代最早的粮食作物为谷类,有"五谷"之说,统称为"禾"。五谷指麻、黍、稷、麦、豆,一说为稻、黍、稷、麦、菽。因"禾"为谷类作物的总称,表示农作物的字多有"禾"。

禾: (甲骨文)、 (金文),像谷穗弯曲的成熟谷物。《说文解字》:"嘉谷也。二月始生,八月而熟,得时之中,故谓之禾。"

稼: (甲骨文)为在田地里种植五谷的情形。

穑: (金文),段玉裁《说文解字注》解为:"谷可收曰穑。"意为谷物成熟可收获。

香: (甲骨文)上部 为禾成熟的形貌,四周的小点表示籽粒脱落,或籽粒散发的香味；下边的 ᗞ 是盛籽粒的容器，或解为用口尝籽粒的美味。

秀：秀（小篆），段玉裁《说文解字注》："禾之秀实为稼，则本作茂实也"，指谷类作物开花结子，俗称吐穗。

年：𠂤（甲骨文）、𠂤（金文），像人负禾之形，表示收获。农作物一年收获一次，故用谷物成熟的"年"指称十二个月之和的时间概念。

岁：𢆶（甲骨文）似斧形兵器"钺"的形状。古人很早以之指岁星，即太阳系行星之一的木星，约十二年运行一周，故称一年为一岁。

黍：黍（甲骨文）、黍（金文），像结满籽粒的作物。黍是一种有黏性的粮食作物，籽粒为黄米，又称"稷""糜子"，可酿酒、做糕。煮熟后黏度高，关中方言称头脑不清楚、糊涂的人为"黏糜子"或"糜子地里长大的"。

稻：稻（甲骨文）像米在坛罐中，展示了稻米的储存方式。稻（金文）从禾、从米、从爪、从臼，为以手抓取在臼中的稻米之情形。《说文解字》："稻，稌也。""稌"为"稻"的别名。近年来，考古发现将中国古代种植水稻的历史不断前推。比如，在距今5000年前太湖流域的良渚文化遗址莫角山东坡一浅坑中，发现2.6万斤碳化稻米。2014年湖南常德澧县宋家岗遗址考古发掘，出土了距今约9000年前的100多粒彭头山文化早期的碳化稻米。

稷：稷（甲骨文）、稷（金文），稷是中国种植最早的谷物，指去皮的小米，一说为高粱。"稷"还是农官名，典籍记载后稷教民耕种稼穑。社稷代称国家（"社"，土地；"稷"，谷物的代称），表明粮食与土地于古代中国社会的重要意义。

来（來）：来（甲骨文）像麦株形，上为穗，中为茎，左右生叶，下为根须，指小麦。

菽：豆类之总名。朮（小篆），"一"为地面，其上为豆的茎和荚，其下为豆的根。

米：米（甲骨文）为米粒从禾杆脱落下来的状况，"甲骨文米字的一短横既代表米仁之本体，又是一条分界线以区分三条梗三皮糠"[3]。《说文解字》释为："粟实也。象禾实之形。凡米之属皆从米。"

粟：粟（籀文），指谷类作物的子实。其草本植物耐旱且品种繁多，俗称"粟有五彩"，有白、红、黄、黑、橙各色。今北方称"谷子"，去皮后称"小米"。

粮（糧）：粮（简帛文），为外出行于道中或军队征伐途中的食物，即熟食、干粮。古时战争或天子巡视等重大活动，"廪人"一职专掌行道干粮，至《说文解字》才为粮食统称。

古人肉食中以牛、羊、猪为主。其中，羊是最重要的肉食，有"羊为膳主"之说，是"六膳"中的代表。肉食分为干制类的肉、酱制类的肉和其他肉食物。干制类的肉主要有"脯""脩"等,因耐久贮,是最常见的一种肉食。脯是先将肉切成薄片,再用盐腌制成干肉;脩的做法更讲究,还要加上姜桂等调料。酱制类的肉主要有"醢""腱""肌"等。"醢"是用肉制成的调味肉酱,"腱"为生肉酱,"肌"为熟肉酱。其他肉类物中,"胾"为骨间肉,"脍"为剁成细末调和而烹食的肉,"肴"为可食的熟肉。

菜:❀(金文)为采摘而来的野生草本植物。《说文解字》:"❀,艸之可食者,从艸、采声。""菜"的初字为"采"。古代常食用的菜有葵、芹、菾、韭等。"葵",又称冬葵、冬苋菜。"芹",有水芹、旱芹两种,也用来供祭。"菾",又称蔓菁或芜菁,亦作薞、菘。"韭",即韭菜,《说文解字》释为:"韭,菜名。一种而久者,故谓之韭。"

荤菜,指嗅觉上有强烈刺激气味的蔬菜,如"蔥",同"葱"。古代有五种荤菜,合称五荤或五辛,包括韭、蒜、芸薹、胡荽、薤。

二、食用器皿

器皿是中国饮食文化中不可或缺的一部分。"器",器(金文)最早指陶器,表示器物很多,用狗看守;"皿",凵、凵(甲骨文),凵(金文),皿(小篆),像敞口无盖的高脚盛器。以皿为部首衍生出很多汉字,如盂、盆、益、盛、监、尽(盡)、盘、盟、盈、盥等。这表明用作食器、用器,是器皿的主要功用。

最早的器皿为石头制作的石器,继而有了陶器,掌握冶炼技术后制作了铜器,春秋之后有了铁质的器皿。炊具食器的演进,历经了从大到小、从粗到精、从厚到薄的过程。记录古人食器的汉字数量很多,主要有盛食物的器皿(豆部:豆、禮、豐;皀部:卿、簋)、酒器(酉部:酉、酒、配、醜、奠、酱、尊、爵;角部:觞、觥)、陶器(缶部:缶、罐、缺、釜;瓦部:瓦、䰎、瓴、甀)、煮肉炊具(鼎部:鼎、貞、員、則)、煮饭炊具(鬲部:鬲、两、徹)、舀酒具(斗部:斗、升、斛)、食具勺(匕部:匕、旨、匙;勺部:勺、酌)等。

图12-5 江西省万年仙人洞中出土的陶器。经过中外考古学家用专业仪器鉴定,这些陶器距今已有两万多年,是人类目前发现的最早陶器。据2012年北京大学吴小红、张弛等在美国《自然》杂志发表的《中国仙人洞遗址两万年陶器》一文称,发现陶器90多片,后经修复复原了一件图中所示陶罐,收藏于中国国家博物馆内。

陶器是古代先民重要的生活用品。远古墓葬都以陶器作随葬品,表明陶器是古代的重要财产。"瓦"字,《说文解字》:"🙾,土器已烧之总名。象形。凡瓦之属皆从瓦。""缶"字,🙾(甲骨文),🙾、🙾(金文),🙾(小篆),表示用↑(杵)捣泥制陶。《说文解字》释"缶":"瓦器,所以盛酒浆。""缶"的"捣泥制陶"义消失后,金文另造"匋"替代,小篆加"阜(阝)"另造"陶"字。汉字以"瓦""缶"为意符的字多指陶器制品,如甄、瓯、瓴、瓿、匋(陶)、瓮、瓷、瓴、瓩、瓬、缸、钵、缹、罍、罐、缾(瓶)等。

曾(甑):一种桶状有屈而无底的炊具(笼屉),又叫"甑子",为沿用数千年的蒸饭炊具。先民为将粮食蔬菜制成熟食发明了"釜""鼎""鬲"一类烹煮器具。当发现用蒸汽可以加工食物,而制作了"曾(甑)"这种炊具。"曾"为"甑"的本字,从古文字字形看,"曾"是一种用来蒸食物的炊具。🙾、🙾(甲骨文)像甑这种器具之形,下部分代表甑底的箅,上面曲线表示冒出的蒸汽,整个字形表示用甑来蒸食物的意思。🙾、🙾(金文),下面增加了煮水的蒸锅形象。🙾为其小篆。早期的"曾"是一种陶器,底部有许多透蒸汽的孔格,将食物置于鬲上蒸熟,如同现今的蒸屉。甑子,至今许多地方的农村仍在使用。甑糕为关中的一种传统特色食品,因在铁甑上蒸制而成,故名。

甑常与釜配套使用。釜(鬴):🙾(金文)为陶制的锅,如曹植《七步诗》:"煮豆持作羹,漉菽以为汁。萁在釜下燃,豆在釜中泣。本自同根生,相煎何太急?"

甗:在"曾"与"鬲"的基础上创造发明。🙾、🙾(金文),构造上分上下两部分,上层形状似甑,下层形状为鬲,甑底是一有穿孔的箅,以利于蒸汽通过,上蒸下煮。1976年,在河南省安阳殷墟妇好墓出土了"妇好三联甗"。

鬲:🙾、🙾(甲骨文),🙾(金文),为空足烹饪容器,形状跟鼎相似,大腹、两耳、三足,也有少数四足鬲。釜与鼎这一类炊具的发明制造,表明古人掌握了烹煮熟食的技巧。鼎因为有三只脚的支撑,便于加火烹煮。鬲这种中空足的器形发明,增大了受热面积,减少了烹煮时间,空足内也可以烹煮食物,增加了炊具的容量。"鬲"与"鼎"的区别在于:鼎用于比较正式、隆重的场合,鬲则是生活中常用的器皿;鼎足为实心足,鬲足为中空足。

镬:🙾、🙾(甲骨文),🙾(金文),镬为大腹、圆而无足之形,是专门煮肉的烹饪容器。司马迁《史记·廉颇蔺相如列传》中有:(蔺相如曰)"臣知欺大王之罪当诛也,臣请就鼎镬。"

三、酒与饮酒

🙾、🙾(甲骨文),🙾、🙾(金文),均为盛酒的器皿"酉"之形,以器皿之形表示器皿里所盛之物"酒"。中国酿酒历史久远,主要以黍、秫(高粱)、秬(黑黍)等谷物为酿造原料。传说酿酒始祖杜康最先酿造秫酒,秫为稷之黏者,即黏高粱,如陶渊明《和郭主簿(其一)》一诗中有:"春秫作美酒,酒熟吾自斟。"

中国酒文化源远流长。酒作为一种文化的载体,在中国历史画卷中留下了浓墨重彩的一笔。酒自始即是祭礼中的重要用品,酒熟进献祖庙,求神祖福佑庇护,是为酒祭。"酒者,所以养老也,所以养病也。"(《礼记·射义》)酒不仅是日常饮品,也有养生治病之功用,饮酒还是精神生活的需求。

以"酉"作意符的字大都与"酒"有关,《说文解字》"酉"部之下所列 67 个字均如此。例如:"酿,醖也,做酒曰酿""醴,酒一宿熟也""醇,不浇酒也""酷,酒味厚也""酣,酒乐也""酖,乐酒也""醻,主人进客也"等。

酒:▦(甲骨文)由"酉"字添加表示液体的"水"而成。《说文解字》释"酒":"就也,所以就人性之善恶。从水、从酉,酉亦声。"许慎释"酉"与"酒"均为"就"义,是从声训上解释二字声音相同,而将"酒"与人性的善恶相关联,增加了人文观念,丰富了"酒"的文化意蕴。

尊:酒器。▦、▦、▦(甲骨文),▦(金文)在"酉"之下加"廾",像双手捧酉之形。或▦、▦(金文)左侧添加"阜"字,表示台阶,进献之意更为明确。

福:▦、▦、▦、▦(金文)以"酉"为意符,古代以酒祭祀,添加"示"旁以表示祭祀活动。古人以酒象征生活之丰富完备,献酒于神为报神之福或求神之祭。

饮(飲)、歙:"▦、▦(甲骨文)表现一个人伸长舌头向坛中饮酒之态。

配:▦(甲骨文)、▦(金文),像一人跪于酒樽前,表示配飨义。

茜:▦(金文)由"艹""酉"会意而成。古代祭祀时,捆束茅草,用酒浇灌,像神饮之。《左传·僖公四年》中有:"尔贡包茅不入,王祭不共,无以缩酒",印证了"茜"所表示的祭祀仪式。

医(醫):以酒治病之义,如《说文解字》所释:"治病工也。殹,恶姿也,醫之性然。得酒而使。从酉。王育说。一曰:殹,病声。酒所以治病也。"

"惟酒无量,不及乱。"(《论语·乡党》)"不及乱"是儒家对饮酒行为的规范标准。汉字中有一些与醉相关的字,表示饮酒后的状态。

醉:《说文解字》:"▦,卒也。卒其度量不至于乱也。""卒"为"终了""终结"义,醉是一个人所能适应酒量的生理极限,"不及乱"就是"醉"。

醺:《说文解字》:"▦,醉也。从酉、熏声。《诗》曰:'公尸来燕醺醺'",指酒气熏蒸、四体融和的醉酒状态。

酣:《说文解字》:"▦,酒乐也。从酉、从甘,甘亦声。"饮酒恰到好处,尽兴而不乱,即"不醒不醉曰酣"。

酖：《说文解字》："乐酒也。从酉、冘声。"沉湎于酒，嗜酒为酖。
酗：《说文解字》："醉营也。从酉、句声。"以酒为凶，是饮酒过量的最激烈表现。
酲：《说文解字》："病酒也。一曰醉而觉也。从酉、呈声。"因过量饮酒而呈重病态。"酲"与"酗"，都是醉之过，达到了"及乱"的地步。嗜酒如命、被称为"醉侯"的刘伶，便时常处于这种状态。

图 12-6　商周的青铜酒器

作为酒文化的一部分，酒器的历史同样悠久。早在 6000 多年前的新石器文化时期，已出现形状类似于后世酒器的陶器，如裴李岗文化时期的陶器。古代酒器是古代用于盛酒、温酒、饮酒的各类器具的总称，包括罐、瓮、盂、皿、碗、杯、尊、壶、爵、角、鉴、斝、觥、瓢、觯、彝、卣、罍、瓿、卮、缶、豆、斗、盉等。

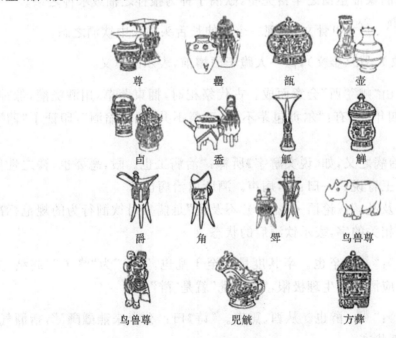

图 12-7　古代部分酒器图形

第四节 居有其所

中国古代居室建筑经过不断演进,形成了独具特色的建筑文化。与建筑有关的汉字记录了中国人的居室文化。因南北方气候条件的差异,远古先民选择了不同的居住方式。北方气候干燥,由"上古穴居而野处"(《易·系辞下》)发展到地面居室;南方气候湿润,筑巢而居,由从构木为巢的"巢居"发展到地面建筑。

一、洞穴而居

中国北方黄河流域的居室历经由全部地下、半地下式到土台式木骨泥墙的地面建筑的演进过程。因房屋始于"穴",表示房屋的字多以"穴"为部首,相关的字有穴(地穴式建筑),窗、穿、窖、空(半地穴式),版、筑、墙、垣、壁、础、高、亳、京、舍、栋、宅、向、牖、门、户、宫、室(土台式建筑)等。

空:⌂(金文)像有顶的洞穴,表示半地下的住处。《说文解字》:"窍也。从穴、工声",即俗语的"孔"。

窗:⊠(小篆)像窗牖之形,或作 ⌂(小篆)从穴,为半地穴式房屋顶部的窗形。"窗"的本字为"囱"和"囟",囱, ⊗ (甲骨文)字形像一个圆形的○(窗洞)内壁插着短栅,"囟"为"囱"的异体字。

窖:《说文解字》释为:"⌂,地藏也。"意为半地穴居处,作为储藏东西的地穴。

二、筑巢而居

长江流域以南气候湿热,远古先民居住方式经历了由独树巢居、多树巢居而演进为干栏式房屋的过程。《庄子·盗跖》中记有:"古者禽兽多而人民少,于是民皆巢居以避之。"巢居方式能使先民躲避野兽的侵扰,并免遭洪水的危害。

巢:✡(甲骨文)、✡(金文),像树上筑成的鸟窝之形。《说文解字》释"巢":"鸟在木上曰巢,在穴曰窠。从木,象形。"后又造"棲"字表示鸟的归巢。

乘:㐱(甲骨文)从大、从木,表示人爬在树上。㯫(小篆)突出人的双足。"乘"记录了远古先民善于登树的习性,从侧面反映了先民的巢居生活。

干栏式建筑是由若干木柱或竹竿支撑的悬空竹木结构的房屋。"据考证,最早的干栏式建筑构件出土于浙江余姚河姆渡文化遗址,距今约7000年。"[4]汉字显示了干栏式建筑的面貌。

宋:㝚(甲骨文)由"宀"(冖)和"木"(木)组成,表示由木材搭建的居处。

京:㐭(甲骨文)为构建在木台上的房屋形象,上部分为有屋顶和墙身的房子,下部分为立柱架起的木台。"京"是一种由若干立柱架起来的"木台建筑",木台下边敞开的半室外空间用来豢养家畜,上边为屋顶和墙围成的室内空间。

三、土木宫室

筑土构木,以为宫室,是中国古代房屋式建筑的特点。汉字中与宫室相关的字涉及房屋式建筑的各个方面。

高:⃞(甲骨文),下半部是用夯土打筑的土台,土台中挖有一口地窖,作为贮藏私有财物或粮食的空间;上半部是一栋有屋顶、有墙身的建筑。用墙围合而形成室内空间,表示原始人的建筑从地下(浅穴建筑)走到地面。

工:⃞、⃞(甲骨文),⃞(金文),下部像石块制造的器物形,上部像木柄和竖杠,从字形看应为夯、杵类的工具或器物。"工"字的出现,表明先民建造房屋时已使用工具用力捶击地基,使其牢固。

院:⃞(小篆)由"阜"和"完"组成,"阜"为高处平地、土山或封土高地,又表示院落中主房、上房或堂屋门前台阶。古人为避水患和潮湿,建屋室选取高处之地。《说文解字》释"院":"坚也。从阜、完声。"坚为土坚、土固义,土固为墙,院即房屋的院墙。

墙是中国古建筑的重要部件。建筑中的墙分为两大类,"一类墙作为附属于建筑物的局部构件而存在,与屋顶、梁柱、门窗同列,其中位于正面者称'檐墙',位于窗下者称'槛墙',位于侧面者称'山墙'。另一类墙是与厅堂亭廊并列的一种独立的建筑类型,以院墙、照壁、城墙等形式存在。后一类墙可能源于原始聚落发展的过程中,为了保卫一方领域或围合一片空间而修筑的特殊设施"[5]。中国式建筑强调含蓄内敛,墙与院等带有封闭性特征的建筑,体现了中国人内倾性的居住理念。中国民居典型格局为四合院,四周有方形院墙者为院,取自古人"天圆地方"的哲学观念,以北为尊,院中主房或上房坐北朝南,东西为厢房。

中国式院落格局反映了中国人的处世哲学。根源于封闭自守的农耕观念,中国人把院落当成保护隐秘、隐私的安全场所,王公贵族的深宅大院、庶民的小门小院,都以院墙隔离。墙还是最重要的造景手段之一,"园墙既可以作为映衬山石或花木的背景,还可以开各种形状的门和漏窗,似闭非闭,也增加了空间的层次和借景、对景的变化;墙上还可以作壁画和雕刻"[5]。

与房屋式建筑相关的汉字,表现了房屋式建筑的结构布局、种类、用途和建筑材料等各个方面。

1. 字形呈现的建筑形象、结构和布局

室、宅、宫三个代表典型建筑物的字,从甲骨文和金文的构形看,是一组房屋的平、立、剖面图。

宅：⿱宀㐄（甲骨文）、⿱宀㐄（金文），展现了房屋的构造，有基座、屋身、屋顶，"上半部分可以看作是木构屋身与屋顶的骨架，下半部分则表示立柱构架的木台"[6]，如同房屋的一幅"剖面图"。

室：⿱宀至（甲骨文）、⿱宀至、⿱宀至（金文），为台基之上一座坡顶房屋的形貌，是一幅屋室的"立面图"。

宫：⿱宀吕、⿱宀吕（甲骨文），⿱宀 为房屋的轮廓，内有两个"口"相离或相连。相离像有数室之状，相连像此室达于彼室之状。总之，"宫"由多个屋构成，可看作是建筑的平面图，在一方院落中坐落了数座房屋。

堂(坐)：⿱尚土（金文）下为土堆之形，上像房屋格局。堂与庙有相同功用，是祭祀神祖的地方。"堂"因祭祀而产生，并衍生出宗法祠堂的伦理观念。"堂"表示父系一脉同宗同祖的血缘关系，所有子孙共祭一个祠堂。堂兄弟、堂叔伯，即由"堂室"结构延伸至伦理关系。这种将居住格局或建筑结构与宗法秩序融为一体的伦理观念，是中国社会特有的文化现象。

上述几字，包含了许多中国古代建筑发展的信息。"第一，在使用甲骨文的殷商时代，台基和"四阿"的屋顶已经是一种标准的房屋形式；第二，其时的房屋是木骨架结构的；第三，围绕一个空间布置建筑群已经是一种常见的方式。"[7]从这些字的构形可见，中国建筑的形制在 3500 年至 4000 年前已经大体确立，如梁思成所言："数千年来无遽变之迹，渗杂之象，一贯以其独特纯粹之木构系统，随我民族足迹所至，树立文化表志，都会边疆，无论其为一郡之雄，或一村之僻……上自文化精神之重，下至服饰、车马、工艺、器用之细，无不与之息息相关。"[8]

2. 字形反映的房屋种类和用途

有些字的构形表明了建筑物的种类和用途。例如："宀"，⿱宀（甲骨文）像房屋之形。"宀"部字的意义大都与房屋、空间有关，如家、室、宅、宫、官、宗、寨、寮、宿、安、定、宇、宙等。除两坡顶的主体房屋外，前后或左右通常有单坡顶的房屋，"广"字显示了这种房屋之形，如序、廉、庐(廬)等。还有表示房顶的字，如亼(古同"集")、舍、余、仓；表示房门的字，如(门部)门、问、闭、间、闉、闲、阑，(户部)户、启、肇；表示窗的字，如囱、窗；表示亭类建筑的字，如亠、京、亭、享、高；表示仓库的字，如库(庫)、廪、啬、墙。

3. 意符标示的建筑材料

与建筑相关的汉字还标示了建筑物所用的材料。例如，墙、壁、垣、堂从"土"，梁、柱、栋、楹从"木"，础、碑、碣从"石"，钩、铺(铺首，门上的铜环)从"金"，意符标记了建筑物构件的材质。

综上所述，汉字形体反映的古代建筑文化信息，是社会生产力发展到一定水平的外在表现,也是人们精神文化需求的真实写照。中国人的建筑特点和居住方式,也借实体的建筑和跃动于纸上的文字彰显于世,世代相承。

第五节 行旅所依

中国古代造车的历史久远,古时的车主要用于军事战争和负重运输。孔子教弟子六艺中的"御"即驾驭马车,是礼教的必修科目和必备技艺之一。周时中原地域以车作战,车部的字多与战争有关。

古代车的驱动力是畜力,御车骑马是古代主要的交通工具。"如果某种动物与人类的关系很密切(包括从古到今,不单纯指现在),那么在人类的语言中就会经常提到它。换句话说,反映这种动物的'字'或'词'在语言中出现的频率越高,则说明这种动物(从古到今)与人类的关系越密切……以中国社会来说,与人的关系最为密切的动物应该是马。"[9]据统计古籍中六畜的出现频率,马的字频明显高于牛、羊、鸡、狗、猪的使用频率。据《3000 高频度汉字字表》,现行汉字中马的字频仍居第一。马为善跑的力畜,与车关系紧密,"在古代,马主要用来驾车,而不是骑乘"[10]1。也正因此,许多以马为偏旁的字与车密切相关,"骈、骖、驷,指两匹马、三匹马、四匹马,立足于车讲马。立足于马讲车,一言既出驷马难追。表示驾车、驱车的字在马部,驱、驰、驭、驾、驶,造字精妙,车靠马牵引。秦'驰道''道广五十步',是专供马车行驶的国道。'御',指驾马的人"[10]2。可见,古代中国车与马不可分离。

甲骨文 ⛛(车)像两轮一轴、上有华盖或帷幔的车形,或作 ⛛(甲骨文),呈现车身结构之形。

军(軍):⛛、⛛(金文),其中"⛛"(勻)为"均"的本字。甲骨文无"军"字,表明战车始于周代。古代军事活动中,车有多种作用,打仗时用以乘载将士作战,不打仗用以环绕士卒而扎营,故有"辕门"一词。兵车是一国最重要的军事装备,兵车的多少(千乘之国、万乘之国)是衡量一个国家军事实力的根据。

骑:《说文解字》:"跨马也。从马、奇声。"战国前无单骑之俗,"骑"始见于战国,得名于"奇"。《说文解字》释"奇":"异也。"上古人们以骑马为奇异之事。另"奇偶"之"奇"表单数,与"骑"之"一人一马"相合。汉民族骑马之俗,始于赵武灵王胡服骑射的改革。

舟:⛛(甲骨文),⛛、⛛(金文),字形像一只木船,有船舷、船头和船尾。⛛(小篆)突出上扬的船头。古人称狭长者为"舟",宽大者为"船",是水上的交通工具。商代的"舟"并非独木舟,而是首尾上翘、平底、用木板拼接而成的木板船。行船的工具有篙、舵桨和帆之类[11]。

徒步行路是人类的本能之一,也是古代最基本、最常用的行路方式。古代道路的划分十分细致,《说文解字》"彳"部:"径,步道也。"供人和牛马行走的小路称为

"径",多是指山野间的小路,狭窄崎岖,故不容车行。田间小路称为"陌"和"阡",为农人耕作时行走之用。"畛",既是井田的界限,也作为田间的路。《说文解字》释"道":"所行道也";释"路":"道也。"表示道路的字还有术、街、衢等,《说文解字》释"术":"邑中道也";释"街":"四通道也";释"衢":"四达谓之衢。"途、涂等字,表示宽敞的道路。

先民对行走速度的区分细致。表示速度慢的字有徐、迟、邋。"步"为正常地行,比"行"稍快一点为"趋",快到跑的速度则为"走"。表示快行的字还有"趑""疌"等。"趑"表示低头快速前行,"疌"为脚步轻快地走。行走时步伐跨得大称为"趄",步伐跨得小称为"彳",举足跨过障碍为"超"。一个人孤单地在路上走,称为"踽";数量不多的几个人一起行走,称为"徥",常叠用为"徥徥";"荷",常叠用作"荷荷",表示行走的人数多,且有列队行走之意。

综上所述,与衣食住行相关的诸多汉字,描绘了一幅幅动态鲜活的古代生活画卷,栩栩如生,内涵丰富。它们不仅承载了先民生产力水平逐渐提高的过程,更凝聚了中国人的文化心态和民族心理。

参考文献

[1] 张世禄语言学论文集[C].上海:学林出版社,1984:1.
[2] 刘艳清.从汉字看中国古代服饰文化的发展[J].兰州学刊,2010(2):209.
[3] 赵晓明,田丽,王玉庆.甲骨文"米"字源考[J].山西农业大学学报,2000(3):37.
[4] 孙启荣.古代居室演进的汉字文化透视[J].开封教育学院学报,2013,33(8):270-272.
[5] 贾珺.中国古代造墙水平之高,不是你能想象的道[EB/OL].[2019-03-10].https://xw.qq.com/amphtml/20190310004319/CRI2019031000431900.
[6] 李墨.汉字与中国古代建筑线性类比研究[D].上海:同济大学,2011.
[7] 李允鉌.华夏意匠:中国古典建筑设计原理分析[M].天津:天津大学出版社,2005.
[8] 梁思成.中国建筑史[M].北京:百花文艺文版社,1998:11.
[9] 尹斌庸.汉语词类的定量研究[J].中国语文,1986(6):428-435.
[10] 曹先擢.汉字文化漫笔[M].北京:外语教学与研究出版社,2009.
[11] 吴浩坤.甲骨文所见商代的水上交通工具[J].陕西师范大学学报(哲学社会科学版),1995(4):110-113.

第十三章

万折必东
——汉字的国际传播

第一节 播惠四邻——"汉字文化圈"

一、汉字的向外传播

汉字从诞生之时起即与其承载的文化一道,表现出极强的影响力和传播力。由汉字和汉籍形成的汉字文化传播,深刻地影响了其他民族,远播于周边国家。"在世界上百种文字中,汉字对人类文明起到的促进作用,在历史上是无与伦比的。"[1]"汉字的传播就是汉文化的移植,在汉语方言区大致开始于春秋时代,在非汉语国家大多数开始于三国和两晋时代。"[2]37

汉字传播的对象有两类:①由中原向周边少数民族的传播;②向周边国家传播,即向东传播到朝鲜和日本,向南传播到越南,形成"汉字文化圈"。汉字的传播路径以中原为腹地,由五条路线向外传播:①西南方向:古代巴蜀、彝族、南昭和大理;②向南:楚、吴越、闽越、西瓯、骆越、壮族、苗族、瑶族、侗族、傈僳族、水族以及越南;③向北:白狄、匈奴、西夏;④东北方向:高句丽、渤海国、契丹、女真;⑤向东:朝鲜、日本、琉球。

公元前3世纪开始往来于丝绸之路上的商人,是汉字和汉文化的主要传播者。戍守边疆的军人、外交使节、传教布道的僧侣和传教士以及政府官员,也都是重要的文化传播者。汉唐时期丝绸之路沿线的诸多民族与国家,曾使用汉字阅读和书写,不少汉籍在这些地区流传。吐鲁番地区的高昌、库车地区的龟兹、和田地区的于阗、党项族建立的西夏国以及契丹族所建立的辽国,都长期受到汉字、汉籍与汉文化的影响。在西北边境交通要冲设置的馆驿系统,如在敦煌悬泉置等发现的大量汉代简帛上的诏令、律令、邮驿传送的公文、官员与使节的公私往来文书、钱粮收支账目、车马供应记录等,是汉字和汉文化传播的印证。丝绸之路沿线的吐鲁番、库车及和田地区,历史上有许多民族在此活动,语言呈现出极为错综复杂的多元面貌,"译语人"也就成为唐代丝绸之路文化交流的关键媒介[3]。

周有光将"汉字型文字"的演变形成过程分为移植、归化、仿造及创造四个阶段[2]47。汉字从汉语地区传播到非汉语地区,最初都是原样移植,归化阶段开始于晋朝或唐朝,仿造、创造阶段大致始于唐宋时代。文字创制发展较晚的国家和民族,长期使用汉字作为阅读及书写的文字系统。例如,朝鲜、日本、越南等地域,汉文典籍广为流行,典章、制度、教育与思想都深受汉文化影响。

在汉字的传播影响下,中国境内逐渐形成了汉文字体系。汉族的地域分支利用汉字笔画、偏旁、部首另造新字,来记录各地方言,如粤语语境中产生了记录粤语白话文的粤语字(又称粤字、粤语汉字、广州话字)。汉文字体系的形成,加强了汉族各个地区之间、汉族地区与少数民族地区之间的交流,推动了中国文化的繁荣和发展。

汉字是中华民族共同的财富。在其他少数民族的文化发展过程中,汉字发挥了重要作用。中国的少数民族中,有20多个民族直接借用汉字记录自己的民族语言,或仿照汉字(利用汉字笔画、偏旁、部首另造新字)创造了自己的文字。例如,西北的党项族采用汉字偏旁部首创制了西夏文,湖南江永县潇水流域的妇女仿照方块汉字创制了呈长菱形外观的女书。此外,契丹族的契丹文、女真族的女真文、苗族的苗文、白族的白文、瑶族的瑶文、壮族的方块壮字、侗族的方块侗文、布依族的方块布依文、哈尼族的方块哈尼文、仡佬族的仡佬文和水族的水书等,都是借用或仿照汉字的偏旁部件而创制。以古代北方地区的契丹族为例,契丹族参照汉字形体结构,创制了契丹大字和契丹小字,用以记录契丹语。公元920年辽太祖耶律阿保机命令创制契丹大字,主要构字原则是增减汉字的笔画。例如,汉字"大"上加一横两点为契丹字的"大";汉字"馬"中间减去一横,下方减去二点,造成契丹字的"馬"。时隔不到10年,契丹人发现使用不便,又制作了契丹小字,取代大字沿用了近300年。

图13-1 契丹大字与汉字对照

　　至今在一些少数民族居住地,仍然有不少古文字的遗迹。比如福建为古代闽越族居住地,闽北崇安县的汉城为闽越王无诸的都城,这里考古发现了相当多的瓦当文、封泥文等秦代小篆的古汉字资料。

　　除了在中国境内广泛传播和使用,汉字还远播到中国境外的东亚和东南亚地区,给朝鲜、日本、越南等周边国家的文字和文化留下了深刻的印记。这些国家历史上都长期以汉字为官方正式文字,阅读汉籍经典,并以此作为通往上层社会的通行证。如周有光所说:"历史和地理条件使中国、越南、朝鲜和日本结成一个广大的汉字文化圈。在漫长的1000～2000年间,汉字是东亚的国际文字。'书同文'从秦并六国开始,扩大到整个东亚,这是人类文化史上重要的一章。"[4]

　　汉字还为这些国家自己文字的创制奠定了基础。在借鉴和吸收汉字的基础上,朝鲜、日本和越南分别创制出谚文、假名和喃字,这些文字仍存在大量整体借用或夹杂使用汉字的现象。汉末三国时期,汉字伴随汉籍传入朝鲜,并成为朝鲜人的正式文字。魏晋时代汉字已传入日本,公元604年日本官方用汉字颁布律令,汉字成为日本政府公文的正式文字。公元前40年左右,汉字传入越南,隋唐时汉字成为越南的正式文字。与此同时,大量的汉文典籍也传播到海外,以日本为例,据统计仅唐代传入的汉字文化典籍便有16790卷。

　　近代以来,中国国势衰弱,周边国家开始质疑汉字的文化地位。汉字甚至被作为落后文化的象征,这些国家采取了不同程度的"去汉字化"政策。但汉字文化如同中国文化的其他内容一样,已经在这些国家文化中留下了挥之不去的烙印。如日本虽仿造汉字创制了表音字母"片假名",但至今仍保留1945个汉字和166个姓氏用字。近几十年来,随着中国经济的快速发展,国际地位和影响力不断提升,韩国、日本和越南等国出现了新一轮的汉字热。

自古以来,中国人的海外流徙持续不断,特别是近代以来国家衰落,民不聊生,大量东南沿海人民纷纷到海外谋生,在亚洲乃至欧美各国形成了为数众多的华人社区,逐渐形成了移民型或侨民型的"汉字文化圈"。

近年来,孔子学院和孔子课堂在世界各国的大量建立,也成为传播汉字和汉语,促进中华文化走向世界的新渠道。

二、汉字与汉字文化圈

文化圈(Culture Circle、Cultural Field),是指一组相互关联的文化特质在特定传播阶段的历史-地理层次。20世纪初,德国人类学家莱奥·弗罗贝纽斯(Leo Frobennius,1873—1938)第一个提出"文化圈"的概念。之后,德国民族学家、文化传播学派代表人物格雷布内尔(Robert Fritz Graebner,1877—1934)和奥地利学者施米特(Wilhelm Schmidt,1868—1954)提出文化"一次发生论"和"文化圈"理论,认为全人类的文化由少数的几个中心地区产生,然后向外扩展,影响周围的国家,形成文化圈。文化圈的形成和发展,是一个不断分化和整合的过程。整合趋向,形成具有某种共性的文化圈;分化趋向,形成具有鲜明个性的亚文化圈。世界四大文化圈,是指代表印度佛教文化的印度字母文化圈、代表儒学的汉字文化圈、代表伊斯兰教文化的阿拉伯字母文化圈和代表基督教文化的斯拉夫字母与拉丁字母文化圈。

"文字本身是文化产物之一种,它又是文化的主要'承载体'(媒体),人们习惯用文字来代表和区别文化。用文字代表文化,不是唯一的说明方法,可是它是一种比较方便的说明方法。"[2]47文字创制发展较晚的民族和国家,在未有自身文字前往往借助他国或他族的文字作为文化交流与传承的工具,因此,文字成为文化最合适的代言人。"汉字文化圈"一词,最初源自德语Chinesischer Kulturkreis,日本语言学家龟井孝(1912—1995)最早借用此词来描述古代东亚共同使用汉字的地区。

汉字文化圈(又称东亚文化圈、汉文化圈、儒家文化圈、儒教文化圈、稻米文化圈、筷子文化圈),是指历史上受中国政治及汉文化影响,使用或至今仍然使用汉字,曾共同长期使用文言文(日、韩、越称之为"汉文")作为书面语(并不使用口头语言的汉语官话作为交流媒介)的东亚及东南亚部分地区这一特定的文化区域。具体来讲,主要包括中国、越南、朝鲜、韩国、日本等国家。汉字文化圈的形成是一个复杂而漫长的历史过程,与这一区域国家现实环境对汉字、汉籍的需求密切相关。日本学者西嶋定生(1919—1988)认为汉字文化圈的构成要素包括以汉字为传意媒介,以儒学为思想伦理基础,以律令制为法政体制等作为共同的价值标准[5]。

与其他文化圈不同,汉字文化圈最明显的特征就是对汉字的使用。汉字是这一文化圈文化的载体,又是这一文化圈的媒介。法国汉学家汪德迈(Léon Vandermeersch)在《新汉文化圈》一书中,对汉字与汉文化圈关系的概括颇中肯綮:"这一文化区域所表现的内聚力一直十分强大,并有鲜明的特点。它既不同于印度教、伊斯兰教各国内聚力来自宗教的力量;又不同于拉丁语系或盎格鲁-撒克逊语系各国,由共同的母语派生出各国的民族语言;这一区域的共同文化根基,源自萌生于中国而通行于四邻的汉字。所谓汉文化圈,实际就是汉字的区域","汉文化诸国之间不同的文化特质都深深嵌刻在一个共同的心态基石之上,从而又使得这些国家之间的近似性远较西方以印欧文明为基础的国家之间的近似性为强。这一共同的心态基石,就是普遍运用于汉文化圈各国的汉字。"[6]

日本学者川本皓嗣在对汉字文化圈与西方拉丁语文化圈的比较研究中发现,欧洲各国既使用书面语言的拉丁语,又使用本国语言,如用意大利语、法语、英语、西班牙语、葡萄牙语和德语等进行各国间的交流。"在东亚,作为文言文的汉文尽管各地的发音和读法有异,所有的国家和地区都以它为通用的公用语。从这些国家和地区的相互交流来看,基本上是从中国这个中心向周边国家进行单向辐射。而且各国语言之间极端缺乏交流的状态持续了相当长的时间,这在世界上也是史无前例的。"[7]因此,汉字是汉字文化圈的核心。正是借用了汉字,东亚的日本、韩国等邻近国家在社会文化、思维方式、道德观念等方面都受到了一定程度的同化而具有了高度的相似性。即使这些国家有各自的语言,也都有大量的汉语借词,字音字义也深受汉语的影响[8]。以日本为例,汉字大约在公元3世纪由朝鲜学者传入日本。最初,日本借用了汉字作为音符,至7世纪汉字被作为语义符号与语音符号,在此基础上日本学者借助汉字创造了日语字母——假名(平假名与片假名),但是日本仍然继续使用汉字,日文是汉字与假名混合的文字。

三、汉字在汉字文化圈的传播路径

汉字文化圈立根于魏晋,形成于隋唐,衰落于近代。汉字深刻地影响了这一广阔地域的文明进程,其传播路径如下:

1. 汉字东传

汉字从秦代开始,逐渐进入周边朝鲜、日本、越南等国。有关中国与朝鲜关系最早的记载,是"箕子走之朝鲜"的传说。西汉初年,燕国人卫满率众逃到朝鲜,公元前194年建立了卫氏朝鲜(卫满朝鲜)。公元前108年汉武帝消灭卫氏朝鲜,设立乐浪郡、玄菟郡、真番郡、临屯郡,合称为"汉四郡"。

朝鲜在15世纪前没有自己的文字,以汉字作为官方文字,其国家典籍、档案、法令及规章均以汉字书写。朝鲜使用汉字文言进行教育的历史约始于2—3世纪。公元4—7世纪,朝鲜形成高句丽、新罗、百济三国鼎立的局面,此三国的史书都以汉字文言书写,如高句丽的《留记百册》、新罗的《国史》、百济的《书记》。约4世纪时,高句丽设立太学,授儒学。公元372年,汉字版佛经传入朝鲜境内,汉字文言成为通用的文字。公元5世纪初,汉字在朝鲜半岛各国的使用已相当普及。公元676年,新罗国统一朝鲜半岛,开始借汉字书写其民族语言——朝鲜语,称作"吏读"。相传由学者薛聪创制的"吏读",是为了适应朝鲜语而对汉字所作的改造。有的只借汉字的音,不借汉字的义,多用于标志人名地名等,称为"借音";有的只借汉字的义,不借汉字的音,称之为"借义"。朝鲜人还模仿汉字的造字原理自创了一些汉字,称为"国字"。"吏读"又分为用于记录民间歌谣的"乡札"和用于书写官厅公文的"吏札"两类。

直到朝鲜李朝时代,在第四代国王世宗大王李祹与其子第五代国王文宗大王李珦主导下,令郑麟趾、成三问等人创制了朝鲜语文字——谚文。1446年李朝颁布字母教科书《训民正音》,并于宫中设"谚文厅"传授字母,故称"谚文字母"。这是一种模仿汉字的笔画而创制的表音文字,由17个子音、11个母音共28个音素字母组成,后增至40个(19个辅音、21个元音,其中4个复元音)。《训民正音》开篇的"世宗序"写道:"国之语音,异乎中国,与文字不相流通,故愚民,有所欲言,而终不得伸其情者多矣。予为此悯然,新制二十八字,欲使人人易习,便于日用耳。"朝鲜文由此成为汉字和谚文的混合体。

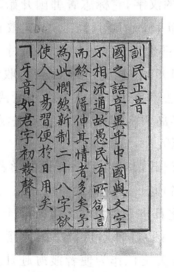

图13-2 《训民正音》

朝鲜虽创立了自己民族的文字,但汉字一直没有被废止。汉字甚至被视作划分其上层社会与下层社会的分界线。庶民使用表音文字,用表音文字写的文章称为"谚文",上流社会则一直使用汉字,称为"真书"。在朝鲜民族文化与教育活动中,汉字一直都在发挥重要作用。从汉末始到1910年朝鲜被日本殖民统治的近两千年间,汉字文言一直是朝鲜的正式文字。1894年甲午战争后,朝鲜才逐渐普及汉字和谚文混合的文字。

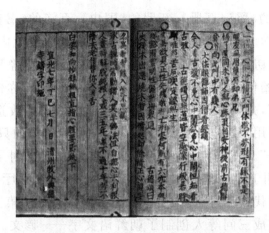

图13-3 汉字记录的朝鲜古籍

研究者以日本殖民统治朝鲜至1972年韩国文教部颁布《教育法改正令》这一时段为界点,将朝鲜汉字分为历史汉字与近代汉字。历史汉字,是指汉字从汉末传入朝鲜半岛直到19世纪末将近两千年一直作为朝鲜半岛官方文字的历史时期;近代汉字,指1972年韩国文教部颁布《教育法改正令》之后,韩国制定的一系列针对韩国民众使用汉字的政策中颁布的汉字,它标志着韩国开始改变全面废除使用汉字的方针。1972年,韩国文教部公布1800个初、高中"汉文教育用基础汉字"及4182个汉源汉字词。1987年韩国文教部选定的教育用《常用汉字表》收录1800个常用汉字以及韩国工业标准《KSX1001:1992信息交换用字符集》收录的4888个汉字[9]。

汉字传入日本的时间说法不一。一般认为在西晋武帝太康年间的285年,百济儒学博士王仁从百济(朝鲜半岛西南部国家)渡日带去汉籍经典《论语》十卷和《千字文》一卷,为日本接触汉字之始。

据日本史书《古语拾遗》记载,284年百济派遣的学者阿直岐(日本史籍《古事记》称"阿知吉师",吉师为官职名)向日本应神天皇贡献良马两匹。因其能读经典,被请为太子菟道稚郎子之师,自此日本皇室接触汉字。次年,阿直岐推荐百济学者王仁(日本史籍《古事记》称和迩吉师)赴日本传授中国典籍。用汉字文言书写的日本最早正史《日本书纪》,记录了有关王仁作为使者渡海赴日及向太子菟道稚郎子传授汉籍的事实。因此,朝鲜半岛成为日本接触和接受中国文化的"中转站",这是由朝鲜半岛独特的地理位置所决定的[10]。

出土文物证实,从公元5—6世纪到奈良时代末期为止(710—794)的将近四百年间,日本人的日常生活、文书记录都使用汉字(当时称汉字为"真名"),是汉字的专用时期。至平安时代(平安京时代),日本创制了平片假名,成书于8世纪的日本"诗经"——"和歌"集《万叶集》所使用的万叶假名,标志着日本在汉字的基础上创造了自己的文字。汉字传入日本晚于朝鲜,但日本假名字母的产生比朝鲜谚文早500年。

第十三章 万折必东——汉字的国际传播

自630年日本舒明天皇第一次派出遣唐使,汉字和中国文化大量传入日本。必须学汉文的宫廷子弟、贵族精英,为了将汉文念成日语语音,在汉文旁加上种种拆解汉字而成的助词与记号,这些助词与记号简便易用,逐步形成了"片假名"(只言片语的假名)。民众在模仿学习和不断传抄汉字的过程中,逐渐简化、简略汉字,形成了类似草书的字体,称为"平假名"(平时、平民用的假名)。据说,"假名"字母最终由吉备真备(692—775)、空海(774—835)先后创制完成。"假"即"借","名"即"汉字","假名"意为假借汉字,以别于"真名"。因此所谓"假名",是借用汉字的音和形创造的音节字母文字。它包括片假名和平假名两套音节字母,原有50个字母,称为"五十音图",现在一般只用45个。片假名仿自楷书体,根据汉字楷书的手写体偏旁创造,如ア、イ、ウ、エ、オ;平假名仿自于草书体,根据整个汉字的草书创造,如か、き、く、け、こ。

あ ア a	い イ i	う ウ u	え エ e	お オ o
か カ ka	き キ ki	く ク ku	け ケ ke	こ コ ko
さ サ sa	し シ si/shi	す ス su	せ セ se	そ ソ so
た タ ta	ち チ chi	つ ツ tsu	て テ te	と ト to
な ナ na	に ニ ni	ぬ ヌ nu	ね ネ ne	の ノ no
は ハ ha	ひ ヒ hi	ふ フ fu	へ ヘ he	ほ ホ ho
ま マ ma	み ミ mi	む ム mu	め メ me	も モ mo
や ヤ ya		ゆ ユ yu		よ ヨ yo
ら ラ ra	り リ ri	る ル ru	れ レ re	ろ ロ ro
わ ワ wa				を ヲ o/wo
ん ン n				

图13-4 五十音图

10世纪假名文字虽已在日本盛行,但汉字的使用并未废止。自此,日语文字确立了混合使用1945个当用汉字、平假名、片假名以及模仿汉字自造的日本汉字——"汉字假名混合文体"的新文字制度。在汉字的读音上形成了"音读"和"训读"两种方式,仿照汉语读音念读汉字为"音读",运用日本语读音念读汉字为"训读"。

明治时期日本知识分子认为,国际上大多数国家都使用罗马字,使用汉字导致了日本落后于西方诸国,因而主张从日本文字中驱逐汉字,完成日语的完全表音化。明治四十五年(1912年),文字改良的派别众多,论调各异,提出了诸多改革方案,如英语代日语论、假名标记论、罗马字论、神代文字论等。1866年,汉字废止论的代表人物幕臣前岛密向在位的将军德川庆喜呈上《汉字废止之议(漢字御廃止之議)》,主张日本应该像西方诸国一般,采用简便的表音文字表记日语,废除汉字的使用。1885年,日本思想家福泽谕吉(1834—1901)在《时事新报》发表《脱亚论》一文,提出著名的"脱亚入欧论",倡导"全面西化",提出在寻求到最好的方法之前,减少使用汉字数量的主张。1905年日本文部省推出了限制汉字的政策,将小学四年级期间规定的习用汉字数目从1532字降至1200字。1946年日本政府公布的《当用汉字表》中收录汉字1850个。1981年,日本文部省颁布的《常用汉字表》有1945个汉字。

2. 汉字南传

越南与中国自古交往密切。传说神农、颛顼、尧、舜等曾南抚交趾。《尚书·尧典》记载："申命羲叔,宅南交。"南交,即交趾(交阯),为今越南北部红河流域。公元前214年,秦始皇设置桂林、南海、象郡三郡,其中象郡包括今越南的北部和中部地区。公元前208年,赵佗建立南越国,疆域包括今天的两广和越南北部、中部的大部分地区。公元前112年,汉武帝平定了南越国,设立了交趾、日南、九真三郡。因行政管理的需要,汉字传播到越南的京族聚居区,越南称汉字为"儒字"。

13世纪初,越南创制了一种类似汉字字体的文字——字喃(又称喃字)。自此,越南虽有了自己的民族文字,但汉字仍是越南书面文字的主流。传说越南陈朝人阮诠创造了字喃,并曾模仿韩愈作《驱鳄鱼诗》。这表明字喃在越南的陈朝(1225—1400)时已成熟。

字喃是利用汉字的字形而创制的记录越南语的文字。"喃"是汉字"南"字的越化字,越语读作"nom",含有通俗的意思。越南人最早把字喃视为本民族民间"土俗语"的文字,以区别于正统地位的汉字。"字喃"是对汉字的简单仿造,可看作汉字的一种孳乳,如周有光所说:"越南人民利用汉字作为表意或表音符号,书写了自己的越南语。现成汉字不够用或不合使用的场合,利用整个汉字或汉字偏旁作为部件,依照形声、会意、假借等方法,组成新的越南汉字。"[11]在越南的胡朝(1400—1407)、西山朝(1786—1802)两个短暂王朝,字喃曾被尝试用来取代汉字作为正式文字,但只形成了字喃与汉字并行的局面。由于使用字喃必得先懂汉字,故汉字仍被视为正统文字。

17世纪葡萄牙等西方国家的传教士开始在越南传授基督教,并用罗马字拼写越南语。由法国传教士亚历山大·德罗兹(Alexandre de Rhodes)为越南语设计的国语字被后来的法国殖民当局在学校广泛推广,但并未完全普及。19世纪末20世纪初,官方停止使用汉字,以拉丁化的越南文取代汉字与喃字。20世纪中后期,它逐渐取代了传统的儒字(汉字)和喃字,成为越南国家的官方文字。直至二战后,汉字的使用才完全终止,字喃也成为一种死文字。

综上所述,由于汉字先后传入越、朝、日三国,因此奠定了"汉字文化圈"的基础。

3. 简化字在新加坡、马来西亚的传播

新加坡、马来西亚是近代华人流徙海外的主要侨居国。根据2014年的统计数据,马来西亚、新加坡的华人华侨人数仅次于数量最多的印度尼西亚。马来西亚独立初期华人与华侨占总人口的40%以上,新加坡常住总人口570万中约74%为华人。尽管汉字和汉语在新加坡、马来西亚拥有人口数量的优势,但历史上地位并不高。汉字和汉语在这两国的使用,有赖于政府以及独立华文学校的推广。

1965年,新加坡退出马来西亚成立新加坡共和国,确立了"英语+母语"的双语教育政策,开始实行汉语和英语并行的教育制度,汉语成为官方语言之一。新加坡

使用简化字,是配合双语政策实施的一项改革。在推行汉字简化方案之前,新加坡的汉语应用呈现简化字、繁体字、异体字和自造简体字并存混用的状态。由于书写能力是汉语学习最大困难所在,以简化字取代繁体字可节省书写及学习的时间。1968年8月,新加坡教育部成立"汉字简化委员会",于1969年颁行《简体字表》,该表审订了502个简体字,又称《502简体字表》,但此表简体字并不全面,其中还有新加坡本地特有的简体字,如伩(信)、甾(留)、囪(窗)等。1974年3月,新加坡教育部颁布《简体字总表》,把简体字增加到2200多字;1976年5月发布了更加完善的《简体字总表》(修订本),删除了新加坡本土的简体字,以及中国没有简化而新加坡加以简化了的简体字;同年,新加坡教育部颁发《异体字表》和《新旧字形对照表》,删除不必要的异体字。自此,新加坡的简体字与中国内地通行的简化字走向一致。1979年由时任新加坡总理李光耀发起"讲华语运动",提出"多说华语、少说方言"的口号。经过40余年的推行,目前有超过七成的华人能说汉语。1980年和1983年,新加坡教育部又先后颁行《小学分级字表》和《中学华文字表》,两个表的字体都是根据简体字、新字形和规范字颁行的,新加坡由此进入全面使用规范字的时代。

1972年由华人社会创建的马来西亚简化汉字委员会成立,此时中国内地已经颁布和实行了简化字,为了使马来西亚华人能跟上潮流,以避免将来看不懂中国书籍,该委员会着手研究和编制马来西亚使用的简化字表。1974年马来西亚在东盟国家中率先与中国建交,成为两国关系的转折点。1981年2月经马来西亚有关当局的批准,该国简化汉字委员会首次出版了《简化汉字总表》,该表与中国内地《简化字总表》完全一致,标志着汉字在马来西亚的一个新里程碑。1982年马来西亚教育部推行《小学新课程纲要》,宣布从1983年起在马来西亚全国各华文小学教学汉语拼音和简化汉字,有关报纸认为"这是中华文化发展新趋向"[12]。

第二节　走向世界——汉字国际传播的现状

一、"汉语热"与汉字的海外传播

改革开放以来,随着中国经济的快速发展和国际交往的不断增加,汉语热和中国文化的国际传播,成为不可阻挡的潮流。法国汉学家汪德迈认为:"人类历史上有两种最强大的文化,一个是西洋文化,一个是中国文化。一直到工业革命,中国文化都比西洋文化进步,但之后被西洋文化超过。而一个很有意思的近况是,两者现在又差不多了,中国文化正在变得强大。"[13]汪德迈所言,可以从以下事实得到印证。

中文是联合国6种正式工作语言之一,自2010年起设立了"联合国中文日",时间为每年中国农历谷雨节气日,联合国每年有600多名各国雇员参加中文培训与学习。

自2004年全球首家孔子学院在韩国首尔设立至今,十余年来孔子学院和孔子课堂已遍及全球,成为传播汉字和汉语、促进中华文化走向世界的重要渠道。据国家汉办发布的最新数据,截至2018年,全球共建立548所孔子学院和1193个中小学孔子课堂,分布于全球154个国家和地区。

2005年联合国发表的《世界主要语种、分布和应用力调查报告》中,汉语排在第二位。据中国教育部统计,2018年共有来自196个国家和地区的492185名各类外国留学人员在中国31个省(区、市)的1004所高等院校学习汉语和中国文化。据国家汉办粗略估算,中国(含港澳台地区)之外,全球学习使用汉语的人数已超过1亿,其中包括6000多万海外华人华侨以及4000多万各国主流社会的学习和使用者。已有60多个国家与地区把中文纳入中小学考试或大学入学考试。

英国从政府到民间全方位推动汉语教学,包括颁布国家政令、英国教育部设立专职岗位、每年定期巡视汉语教学课程、培养本土汉语教师等。英国现有5200多所中小学开设汉语课,截至2020年全英学汉语人数达40余万人。法国政府十分重视汉语教学,法国教育部不断增设汉语教师的职位,还专门设置了汉语督学职务,以负责指导法国全国中小学的汉语工作。德国有30多所国立名牌大学都开设了中文专业。除了正规大学,德国还有上百所业余大学开设中文课程,70多所中学开设中文课。意大利注册汉语学员逾30000人,40多所大学设置汉语课程和专业。据俄罗斯卫星通讯社报道,在20世纪80年代后期俄罗斯研究中国的中心和大学只有12家,现已有170所大学教授汉语,约占高等院校的20%。数据显示,截至2019年,大约有80000俄罗斯人掌握汉语,大约5000人正在中学学习汉语[14]。

韩国是目前全世界汉语教学规模最大的国家之一。据不完全统计,韩国全国约5200万人口中,有超过1000万人在学习汉语和汉字,数量居全球首位;每年参加汉语水平考试(HSK)、中小学生汉语考试(YCT)等各类汉语考试人数达17万人次[15]。在非洲,各类从事经贸、旅游服务的汉语人才在非洲的需求越来越大。从埃及到南非,许多大学都纷纷开设了中文课,培养出来的学生供不应求。此外,墨西哥、巴西、阿根廷、秘鲁、智利、西班牙、葡萄牙等国已逐步将中国语言文化教学列入了大学课程甚至学位课程[16]。

近些年在欧美兴起了一股民间自发的"汉字文身热"。并不懂中文的文身者在身上刺上争奇斗艳的"方块字",也许不知道这些汉字意味着什么,但觉得方块文字充满神秘感。如英国球星贝克汉姆,身上纹有"生死有命,富贵在天"八个汉字。

据德国新闻电视台报道,汉字文身几乎受到每个德国文身师的青睐。但由于他们大多不懂中文,也闹出不少笑话。为此,德国政府近年来制定新政策,要求未来的文身师至少学习三年中文[17]。

应当说,国外汉字文身热现象不乏对中国文化的神秘、方块字的美感及所有人种对"异国情调"的追求等文化因素,但"中国制造"全球热销、中国商品家喻户晓等经济因素,也不能说与这一时尚毫无关系[18]。可见,汉字的命运,并非由汉字本身决定,而取决于国家力量的强弱。可以肯定地说,随着中国国际地位的不断提升,汉字这种世界上使用时间最长的古老文字,又将重新焕发活力,健步走向世界的每一个角落。

二、"汉字文化圈"的复苏

20世纪前,汉字一直是"汉字文化圈"的重要文化地基。即使在日本创制了自己的表音文字——平假名和片假名、朝鲜世宗大王颁布《训民正音》创制出"谚文"后,汉字的正统地位依然根深蒂固[19]。

近一个半世纪以来,由于西方文化的强力冲击、国家强弱的制约、民族主义的觉醒、心理上的文化偏执等多重因素的合力作用,传统东亚汉字文化圈有瓦解之势。明治维新前后,日本出现了要求废减汉字、实施文字改革的呼声。二战后日本成为战败国,汉字被作为战败的原因之一成为众矢之的,废止汉字论再次复活。1946年,《读卖新闻》发表题为《废止汉字》的社论,日本内阁于1946年公布了《当用汉字表》,将全部废除前可使用的汉字限定为1850个。汉字从道路标志及公共设施的标牌上消失,被替换为英语及罗马字。

朝鲜和韩国也都进行了文字改革,其重点是如何对待汉字。朝鲜自1946年开始限制汉字的使用,1949年彻底废除汉字,文字书写全部使用谚文字母。韩国在1948年颁布了《韩文专用法案》,禁止公开使用汉字,但汉字的使用一直没有完全停止,学校语文教育和国民文字书写,仍夹杂使用汉字。1968年,韩国总统朴正熙下令在公文中禁止使用汉字。1970年,全面取消课本中的汉字,推行原占据辅助地位的谚文,实行韩文专用政策。

朝鲜、韩国废除汉字后,暴露出了一些问题。废除汉字之后,韩国年轻人无法看懂古代典籍。因谚文属于表音文字,废除汉字后同音现象大为增加,容易造成歧义现象,产生误解。也正因此,为了避免混淆韩国人的身份证上的韩文名字,后需标明汉字。1972年汉字又被定为韩国初中的必修课,编入正规课程。1973年韩国中学教科书中汉字又被重新使用。

近几十年来,因中国经济的快速发展、国际地位的日益提升和文化影响的不断扩大,韩国、日本和越南开始重新认识和对待汉字,学术、教育界要求恢复汉字的呼声不断。日本女书法家南鹤溪认为:"汉字具有天生丽质和内在智慧",是"宝贵的生命","拥有三千年历史的古老文字,一定潜藏着诱人的魅力,不,是魔力。"[20]日本汉字教育振兴协会会长石井勋认为,记住汉字的民族会更聪明,因为汉字是锻炼心灵的工具。汉字造就了日语,"日本文部省限制汉字的举措,其实是葬送日本精神,因为没有了汉字,也就没有了日本精神"[21]。1978年日本工业标准协会公布了6355字的JISX 0208的汉字编码标准,几乎清除了"汉字繁琐论"的最后障碍。1981年,日本政府颁布《常用汉字表》,字数从1850个增至1945个。汉字的强大生命力,使得汉字废除论销声匿迹。日本文部省关于"你对汉字抱有怎样看法"的一项调查显示,

72.4%的人表示"汉字是书写日文必不可少的重要文字",有52.5%的人认为"应该踏踏实实学好汉字"。

20世纪80年代后,韩国支持汉语教育的人认为,汉字已成为韩语的一部分,不应该盲目"去汉字化"。旅居中国二十余年的韩国籍教授林惠彬认为,汉字的兴盛,不能只看经济利益或实用价值,而应注重发扬它的精神文化,毕竟汉字在语言表现力、思考能力上的"深谋远虑"高于韩文、日文,这应是中日韩三国学术界的共识。

1999年2月,时任韩国总统金大中签署总统令,批准在政府公文和道路牌中使用汉字。这个总统令的颁布,打破了韩国政府50多年来使用汉字的禁令。韩国教育部宣布,从2019年起韩国全国小学五到六年级教材,将标注汉字及其读音和释义。韩国的中小学已普遍开设汉语课,汉语考试已经被正式列为韩国外语高考科目。韩国教育部颁布的教育用"新订通用汉字"达1800余个,供日常生活用的"常用汉字"约为1300个。今天再去韩国已是另一番景象,汉字不再"隐身",而是跃然各处,从机场府院驿到外汇换率表指示牌,再到海东龙宫寺景点……纯汉字、韩汉并行字抬眼可见。时隔近50年,汉字在韩国复活。

综上所述,汉字在韩国"废又兴",在日本欲废却最终保留,日韩对于汉字的欲拒还迎,恰恰说明汉字存在有其深层含义。可以说,千年前东亚风靡汉字,如今汉字再度开始风靡,汉字回归不可阻挡,正如杨庆存所说:"汉字在日韩从来没有'废除还是复活'一说,他们骨子里就带有汉字基因,他们只是依附于汉字创造了自己的文字体系,从而扰乱了汉字之前普遍且唯一的状态。"[19]

三、汉字海外传播的推动力量

近年来海外传播的实际情况表明,汉字海外传播的现实推动力主要有以下几个方面。

(1)遍及全球的孔子学院和孔子课堂,已成为汉字走向世界的重要传播方式和渠道。孔子学院面向各国大中小学生、与中国有业务往来的个人或组织以及汉语汉字爱好者,拥有广泛的受众面。孔子学院通过举办诸如汉字文化系列讲座及体验活动、汉字演变图片展、汉字书法展、汉字书写大赛、汉字听写大赛、汉字拼图比赛、"字形画意"创意汉字活动、汉字与书法文化周、汉字主题月活动、社区书法课、汉字教学论坛等一系列内容丰富、形式多样的汉字教学活动,使世界上更多的人了解汉字的特点及其独特魅力,激发世界各国人民对汉字的兴趣,进而领悟中国文化绵延千年的智慧和强大的生命力。这些工作,对汉字的国际传播发挥了积极的作用。

(2)国外大学中文专业、中小学中文课程的大规模开设,成为汉字走向世界的桥梁。世界上100多个国家超过2500余所大学教授中文,越来越多的中小学开设汉语课程,各种社会培训机构不断增加,发展势头迅猛[22]。

相较于孔子学院,国外学校和教育机构具有本土传播的优势,是推动汉字海外传播的重要力量。世界各国有如此庞大数量的学校和教育机构开设中文专业、中文课程,无疑是汉字海外传播最为直接有效的渠道和方式之一。

(3)海外华人华侨,是汉字海外传播坚实的社会基础。据《华侨华人分布状况和发展趋势》课题的研究成果:20世纪初,全球华侨华人总数为400万～500万;20世纪50年代初,总数增加至1200万～1300万,其中约90%集中在东南亚;到2007—2008年,在全球4543万华侨华人中,东南亚华侨华人占比已降至73%左右,北美、欧洲、大洋洲和日本、韩国等地的华侨华人数量出现较快增长。中国文化具有强大的凝聚力和向心力,如此数量庞大的华人群体,构成了汉字海外传播得天独厚的社会基础。汉字因华人的使用,得以在异国存活和传播,具体表现在以下方面。

①华人社区汉字长期稳固地存在。在世界各地的唐人街,街名、路名、区名,以及用于商标、店名、厂名的汉字,具有广泛传播的可能性。唐人街的繁荣是汉字海外传播的有利条件,而书写美观、寓意美好的汉字招牌,又为唐人街增添了独特的文化气息,聚集了人气。可以说,唐人街就是高人气的汉字主题公园,体现了汉字海外传播的长效机制。

唐人街的汉字也因华人人口结构的改变而变化。20世纪90年代中国内地的移民,为海外华人社会带来了另一套同音同义但书写简便的汉字,为使用中文者提供了另一种书写方式,简化字伴随华人社区人口结构的变化得到普及并渐成发展趋势[23]。

②汉语报刊的传播力量。仅在1985年底,在亚洲、南北美洲、欧洲、非洲22个国家和地区,有汉语报纸103种,其中日报71种,日报期发行数合计在100万份以上。海外华文报纸分布地区之广,规模和影响之大,为各国非本地血统居民主办的新闻事业所仅见[24]。从20世纪以来,以华人群体为受众的汉语报刊,服务于当地华人华侨社区,维系着华人的母国文字和文化,也让汉字向世界更广阔的地域散播。

近20年间,随着华人社区人口结构的变化,汉字也出现了由繁到简的变化。20世纪90年代以前,台湾、香港地区的移民占绝大多数,华文报纸和店铺无一例外地使用繁体字。20世纪90年代之后,从中国内地来的移民越来越多,多数报纸转为使用简化字。例如,在美国华盛顿哥伦比亚特区,多数中文报纸已改用简化字。内地移民的逐渐增多和中国经济的发展,使简化字在北美的影响越来越大[23]。

③海外中文学校的薪火相传。华人华侨的寻根情结,是海外中文学校设立的文化心理基础,华裔始终是海外汉语教育最主要、最基本的学习群体。华人分布在全世界约120多个国家和地区,有华侨华人居住的地方,就有不同形式的中文教育。在汉语的国际推广中,华侨华人不但是汉语的学习者,还是汉语的传播者。从20世纪初开始,世界各国的华人社区开设了大量的中文学校,如泰国20世纪40年代,中文学校多达600余所。马来西亚是世界上有着完整汉语教育体系的国家,至今马来西亚华人是海外华人中汉语水平较高的一个群体。传统的中文学校是华人教育子女传承母语和母国文化的主要场所,也成为汉字得以海外传播的推动力量。

近些年来,华人社区的中文学校发生了不小的变化。就汉字教学而言,一个显著的变化是教授汉语拼音和简化字的中文学校迅速发展壮大,显示出华人社区文化教育的需求变化。在教学中,繁体字和简化字的分量发生了明显变化,"识繁书简"成为在海外推广学习中文的有效途径。由于祖国大陆强劲的经济实力,华人意识到学习简体字能为孩子未来发展创造更多机会,越来越多的台湾地区移民家长也让孩子学习简化字[23]。

随着越来越多的国家开始重视中文教育,中文教育得以更贴近所在国的主流教育体制。各类中文学校、教育培训机构大量成立,吸引了日益增多的汉语学习者。中文学校的大量涌现,对培养华裔的祖居国情感,承继中国文化有着极为重要的意义,也有利于增强中国的世界影响力。

(4)汉字文化圈的复苏,汉字有望成为这一区域的通用文字。日本汉字教育振兴协会会长石井勋认为:"没有一种文字像汉字那样有系统性和逻辑性,汉字是世界上唯一一种只需用眼睛看就能思考——即使口语不同也能理解的文字。将来,汉字可能成为全世界的通行文字之一。"[25]

汉字文化圈内各国历史上都长期以汉字作为官方文字,汉文笔谈是使用不同语言者间交流的重要手段。出使日本的黄遵宪与宫岛诚一郎笔谈时赋诗:"舌难传语笔能通,笔舌澜翻意未穷。不作佉卢蟹行字,一堂酬唱喜同风。"道出了汉字文化圈内独特的沟通交流方式。《宫岛文书》与最近在中国出版的《大河内文书》,是最为有名的笔谈记录。康有为、梁启超、孙中山等人与日本友人交流时常利用笔谈。在中国之外这些国家的相互交往之中,汉字也同样成为沟通的桥梁。从17世纪初到19世纪初,朝鲜王朝从"交邻以信"的国策出发,向日本派出了12次通信使团。在这200多年间,朝鲜通信使团成员与日本文人有过大量的"文会",进行了广泛的接触与交流,其沟通形式就是笔谈。由于当时朝日文人都能熟练使用汉字,他们能够以笔谈的方式进行对话及文化交流。这种情况也同样存在于近古越南与朝鲜的交流之中[26]。

东亚汉字文化圈在19世纪末随着中国力衰微而日渐式微,走向衰落和瓦解。日本、韩国、越南都受到西方文化的巨大影响,朝鲜与越南两国先后走上拼音文字的道路。虽然日语之中无法完全离开汉字,但二战后随着日本年轻人西化的加深,对于汉字的学习热情逐渐丧失,阅读汉字的能力无法与战前相比。20世纪后半期,东亚各国经济高速发展,先后走向现代化。国家的崛起,促使东亚各国重新认识东亚本土文化,恢复了对东亚价值观的信心。亨廷顿曾说:"亚洲人相信东亚保持经济的快速增长……他们把亚洲成功的原因归功于从根本上来讲是儒家文化的亚洲文化的优点——秩序、纪律、家庭责任感、勤奋工作、集体主义、节俭等。"[27]在这种文化观念和文化心理下,过去被压抑的东亚文化重新抬头,东亚汉字文化圈的复兴也成为一种可能。

在传统汉字文化圈内,近年来开始反思废弃汉字教育的做法。因为赓续以前本民族所有的文化成果,必须重新正确认识汉字文化的历史地位,就需要在某种程度上恢复汉字教育。汉字作为东亚文化的承载和传播工具,曾被认为是落后而应淘汰的文字,现在看来仍具有巨大的生命力,正在恢复过去在东亚文化圈中的重要地位[28]。

日本关于汉字的争论,一直延续到现在,争论的各种观点可概括为三类:全废汉字论、限制汉字论、拥护汉字论。上述石井勋的言论代表了近些年日益增多的拥护汉字者的观点。

韩国在1990年之后,主张恢复汉字的呼声逐渐高涨。1998年,韩国全国汉字教育推进总联合会成立,提出的主张是:①汉字是东亚的通用语;②韩语应该和日语一样使用汉字;③规定必须在小学进行汉字的义务教育。而韩字学会则认为"韩字是可以对世界夸耀的科学文字""汉字是特权阶层的反民主文字""没有韩国国民认为韩字专用不方便",而对汉字教育持反对态度。"韩汉之争"久未停战,2009年2月,韩国20名前总理共同签名上书青瓦台,呼吁李明博政府强化汉字教育,提议从小学开始正式开设汉字教育课程。

由于越南古典书籍全部用汉字和喃字纪录,在舍弃汉字、采用拼音文字后,也就否定了以前本民族所有的文化成果。越南经济的发展,也需要汉字文化。据统计,在越南的外资中汉字文化圈地区占到40%,中国是其重要的贸易伙伴。因此,越南有了将汉字、汉文(文言文)加入用高中文科选修科目的呼声。2009年,越南数十位学者联名上书越南教育部,建议实行小学和中学必修汉字的制度,并认为汉字教育应该重新得到重视。越南胡志明市国家大学语言学教授高春灏认为:"从语言学角度看,越南语使用罗马字表记并不合适,舍弃了汉字和喃字,是对文化的损失。"2005年7月,时任越南国家主席陈德良访问中国时表示:"我们认为拉丁文字有一定便利,但同时也越来越显示出不利的一面。19世纪前我们的文学,年轻一代越来越看不懂",并认为让越南年轻人学习汉字是一项非常重要的工作[29]。

汉字在文化圈中的地位变迁,见证了文化圈从形成发展、衰退削弱到复兴重建的过程。汉字文化圈的复兴必将为东亚区域奠定共同的文化根基,为中国与日本、韩国、越南等国的合作构建互通的文化平台。随着东亚文化圈的复兴重建,也许不远的将来,在汉字文化圈内汉字会成为通用文字。

(5)知名人士的影响力,扩大了汉字的传播范围。知名人士一般颇具人格魅力,具有较强的综合能力和较高的社会地位或被认同感,具有影响他人态度的能力,能够加快传播速度并扩大影响。在汉字海外传播中,知名人士的传播效果往往事半功倍。

①玛哈·扎克里·诗琳通,深受泰国人民尊敬和爱戴的泰国公主,在泰国享有很高的威望和影响力。2009年被评为"中国缘·十大国际友人",荣获中国教育部"中国语言文化友谊奖",2019年被授予"友谊勋章"。

倘要论及中泰两国建交40多年来的文化交流,诗琳通公主是一个绕不过去的人。"当我第一次踏访龙的国土时,就被她博大精深的文化所吸引,被她的美丽山川所感动,我想知道她的过去和未来,我要了解她的全部风貌。就是那个时候,我决心走遍中国。"[30]如其所言,从1981年26岁青春芳华时第一次踏访,至今40余次访问中国,诗琳通公主成为全世界访问中国次数最多的王室成员。诗琳通公主不遗余力地向泰国民众介绍和传播中国文化,极大地增进了泰国人民对中国文化的了解、认知和认同。在泰国汉语教育方面,诗琳通公主是积极的倡导者和推动者。诗琳通公主喜爱汉字,尤爱书法艺术,泰国华侨崇圣大学校名、曼谷唐人街崇圣牌楼"圣寿无疆"、唐人街众多商铺,以及孔子学院、华文报刊都能见到她的题词,她的汉字墨宝多得难以计数。这些都极大地感召了泰国民众,特别是青少年对汉字和书法的学习热情。

②前任联合国秘书长潘基文以中国书法为媒介,推动国际交流。在全球文化交流、文化互补的大背景下,中国书法这一人类审美领域的独特创造开始更多地在国际舞台上亮相。儿时学过汉语、受过中国书法熏陶的潘基文认为,用中国书法表达情感是非常有价值的事,曾多次将自己的书法作品赠送给他国政要和名人。2015年羊年春节,潘基文为春晚题写了"家和万事兴",以此为亿万中华儿女祈福。潘基文曾说:"来自不同的国家的人们被一个不属于他们自己的文化传统所深深吸引,我已经看到了有许多书法作品并非出自联合国中国、韩国或日本的工作人员之手,他们来自于其他不同的国家,来自欧洲、美洲或其他地方,书法为相互欣赏和相互理解建立了桥梁。"[31]书法,是汉字书写的艺术。潘基文的上述所为,客观上起到了汉字传播意见领袖的作用。就汉字海外传播而言,应该说是很有意义的事情。下面新华网报道的事实,便能说明一切:联合国掀起书法热,2015年就有300多人在学习书法。痴迷中国书法的联合国官员特伦斯说,每一个汉字都有上千年的历史,承载着厚重的中国文化,是全世界的瑰宝。

(6)汉学家、汉字爱好者的传播。在汉字的海外传播过程中,精通汉语的汉学家具有不容忽视的作用。为数众多的汉学家毕生倾情于中国文化,潜心于对中国的研究,从他们各自研究的领域向世界各国推介中国。他们既是中国文化的研究者,也是中国文化的传播者。从17世纪西班牙传教士瓦罗(Francisco Varo)、法国传教士马若瑟(Joseph de Prémare)等汉学家,到19世纪美国"汉学之父"卫三畏(Samuel Wells Williams),以及20世纪以来英国的史景迁(Jonathan D. Spence),美国的牟复礼(Frederick W. Mote)、费正清(John King Fairbank)、海陶玮(James R. Hightower)、贺凯(Charles O. Hucker)、毕汉思(Hans Bielenstein)、宇文所安(Stephen Owen)、慕容捷(Robert E. Murowchick)、司徒修(Hugh M. Stimson)、司徒琳(Lynn. A. Struve)、太史文(Stephen F. Teiser)、司马安(Anne B. Kinney)、司马虚(Michel Strickmann)、司马富(Smith Richard)、费诺罗萨(Earnest Fenollose),瑞典的高本汉(Bernhard Karlgren),加拿大的蒲立本(Edwin George Pulleyblank)、杜百胜(W. A. Dobson),法国的施舟人(Kristofer Schipper)、白乐桑(Joël Bellassen),德国的顾彬(Wolfgang Kubin)、施寒微(Helwig Schmidt-Glintzer)、顾安达(Andreas Guder)、司马涛

(Thomas Zimmer),印度的海孟德,日本的财前谦、师村妙石,韩国的河永三,澳大利亚的安东篱(Antonia Finnane)等,这些汉学家对中国文化的海外传播做出了突出的贡献。毕生致力于中华文化尤其是汉字文化圈研究的法国汉学家汪德迈说,他始终被中国文化的魅力感染,"它让我情不自禁地为它的传播而尽心尽力"[13]。可以说,汪德迈道出了许多汉学家的心声。

为汉字海外传播付出巨大精力并产生极大影响的汉字爱好者——理查德·西尔斯(Richard Sears,中文名斯睿德)尤其值得一提。出生于1950年的理查德·西尔斯,对汉字具有浓厚的兴趣。在他看来,在汉字世界里,一个字便是一个人,有不同的故事。现代汉字的繁复笔画,在这些故事的参照下,就会有意义。有很多汉字在几千年里形成了很多优美的姿态,汉字的演变像一个美丽的舞蹈,现代的人可以和古代的人在时间里面翩翩起舞。

这位美国人殚精竭虑,历经挫折,用了20年时间和毕生财力整理中国甲骨文、金文、小篆等字形,将这些字符一一扫描编码建立数据库,并创建汉字字源网(Chinese Etymology)。2002年,网站正式上线,供人免费查询使用,网友登录汉字字源网站(www.chineseetymology.org),输入汉字即可查看甲骨文、金文、小篆等字形,并了解它们在英语中的含义。理查德·西尔斯被中国和世界各地的网友称为"汉字叔叔"。语言学家许嘉璐这样评价:"他的功劳何在呢……对原本生疏的汉字钟情无限,让无数中国人苏醒。"[32][33]

第三节 汉字的美好未来

一、汉字:中国文化自信的基石

文化是任何一个民族生存和发展的根基,语言与文字是一个民族文化的基石。发端于甲骨文的中国文字体系历经数千年的演变而承续至今,书写了一部浩浩汤汤的中国文明史。汉字横贯了整部中国历史,成为中华文化的根和中国人的文化基因。

中国传统文化的所有魅力来源于汉字,没有汉字就没有中国文化。葛兆光认为,中国文化最突出的特点在于汉字的阅读、书写和通过汉字思维。汉字及相应的汉字思维,使中国文化保持着起初的象形性、原初性。在古代中国,汉字这种以象形为基础的文字历史上没有中断,延续到现在。它对我们的思维、阅读和书写,都有很大的影响[34]。

汉字是中华民族传统文化的载体,又是传统文化最精粹的一部分。汉字以其独有的适用性、时空包容性和文化积聚性,奠定了中华民族文化认同的基础与根本,在整合凝聚民族精神、维护民族尊严和身份上,做出了不可磨灭的巨大贡献。历史上,中国灿烂的文化通过汉字文献传播到世界,极大地推进了世界文明的进步。在21世纪经济全球化的今天,中国在重新认识世界,世界也在重新认识中国。推广汉语、汉字和传播中国文化,是当今中国的现实需要,也是世界各国文化交流的需要。

二、永恒的"汉字魔力"

汉字是世界上使用人口最多的文字之一,据有关调查,当今世界使用汉字的人数约占全球人口的26%[35]。回顾历史,展望未来,可以肯定地说,汉字将以更具开放性与生命力的姿态,向世界展现永恒的"汉字魔力",为世界上越来越多的人所接受,这是由于以下原因。

(1)已成功跨入信息时代的汉字,必将在未来发挥更加重要的作用。汉字注音式的拼音化和汉字电脑化的解决,为未来汉字永恒性奠定了基础。20世纪,汉字曾被认为难认、难写、难读,从而有了汉字拼音化的改革运动。《汉语拼音方案》的创制和推行,有利于各方言区人们学习汉字的标准读音。在世界掀起"汉语热"的潮流中,这套用现代拉丁字母组成的拼音字母,又被用来供各国人民学习汉字读音和汉语普通话,音译外国人名、地名和科学术语,以及中国的人名、地名,极大地促进了国际文化交流。

20世纪70年代,汉字能否进入信息时代曾是一个举世关注的科技难题。以汉字激光照排系统和五笔字型为代表的高效"形码"汉字输入技术突破了汉字难以进入计算机的"瓶颈"。科学研究和应用实践证明,汉字在信息处理及网络应用中的效能,一点儿也不落后于英文,甚至在输入速度和文字识别等方面,还超过了英文。毫无疑问,汉字是优秀文字,是在信息社会里完全可以与西方文字同步前行的文字[36]。现在,汉字可借助电脑进行各种政治、经济、文化的国际交流。这一切,为古老的汉字走向未来奠定了坚实的保障。

(2)国家的命运决定汉字的命运。汉字的命运,不是由汉字本身决定,而是由国家力量的强弱决定。汉字作为一个工具,使用人数的多寡与国家这个上层建筑一脉相承,"现在越来越多的人学习汉语,或者复兴汉字,根本原因还是中国强大了"[19]。

改革开放40余年来,中国经济持续保持中高速增长,国际地位和国际影响力显著提升。随着中国的国际影响力的提升,汉语作为一种重要商业语言的使用价值和潜在价值正在提升。许多国家对汉语的需求,已从汉学家在学术、教学领域的研究走到民间及政府层面。汉字既是工具,又是桥梁,只有认识汉字才能读懂中国,这是汉字必将走向世界的社会基础。正如李光耀在2007年所说:"在中国崛起的态势未明朗化之前,许多家长都埋怨子女花太多时间学习汉语,然而随着中国的国力日益强大,家长们都逐渐意识到如果子女没好好掌握两种语文,或对中国的文化和国情不甚了解,将错失很多机会。"[37]

汉字文化圈的兴衰历史,也足以印证这一点。古代中国之所以能创造出辉煌的文明成就,一方面因汉唐强盛的国力,是文化传播的重要保障;另一方面是由于汉字传播的汉文化典籍在思想文化上的先进性。近代国力衰落,于是日本自1868年明治维新开始转而学习西方,"废汉字、立新字"成了日本文化界的热门话题。21世纪以来的中国正走向复兴,韩国日渐恢复使用汉字,日本持续保留了汉字,新加坡则全面使用简化汉字。

(3)汉字具有独特魅力和强大生命力。适用性、时空包容性和文化积聚性,是汉字最为独特的属性。这是汉字具有强大生命力的内在特质,也是汉字具有神奇魅力的原因。

"汉字发展到表音文字只差一步,然而却转向了形声,采取增加意符形旁的方法来区别假借字,有意无意又强化了表意成分,停留在意音文字阶段。"[38]归根到底,汉字是"表意"的,表意汉字沉淀了丰富的历史文化信息,成为历史的活化石。汉字表意,汉字思维蕴涵着丰富的智慧。在世界文字之林中,汉字这一"东方魔块"闪烁着独特的智慧光芒。余光中曾这样感叹:"只要仓颉的灵感不灭,美丽的中文不老,那形象那磁石一般的向心力当必然长在。"[39]汉字历经世事沧桑走到今天,"那磁石一般的向心力"依然如故,那独特的魅力依旧令人着迷,这就是"汉字魔力"。这魔力,也必将使汉字与中华民族一道在未来拥有灿烂的前景[40]。

法国汉学家汪德迈曾预言:"从文化上看,一种与西方相媲美的文明将伴随着新汉字文化圈的出现屹立于世,它将在经济、科学技术等成就上与西方鼎足而立,但所依据的价值体系、社会意识、世界观念则独具特点,与300年来西方独尊地位所创造的神话相反,发达与西化之间并不存在完全的一致。"[6]152展望未来,汉字也将拥有更为广阔的发展空间。汉字是一条维系中华民族团结统一的纽带,也是一座中国文化与世界各民族文化交流的桥梁,它必将以其强大的生命力和巨大的辐射力,为人类社会的文明和进步做出更大的贡献。

汉字不仅是中国的,也是世界的。

参考文献

[1]李敏生.安子介论汉字是中华民族文化的根[J].汉字文化,1996(1):21-25.

[2]周有光.汉字文化圈[J].中国文化,1989(1):37-47.

[3]郑阿财.唐代汉字文化在丝绸之路的传播[J].浙江大学学报(人文社会科学版),2016,46(4):5-17.

[4]周有光.汉字文化圈的文字演变[J].民族语文,1989(1):39.

[5]西嶋定生.日本学者研究中国史论著选译:第二卷[M].北京:中华书局,1993:89.

[6]汪德迈.新汉文化圈[M].南昌:江西人民出版社,1993.

[7]川本皓嗣.川本皓嗣中国讲演录(北大学术讲演丛书)[M].北京:北京大学出版社,2010:140-143.

[8]王能宪.汉字与汉字文化圈——论汉字在东亚和东南亚的传播及汉字的未来[J].粤海风,2011(3):20-22.

[9] 井米兰. 韩国汉字及俗字研究综述[J]. 延边大学学报(社会科学版),2011,44(1):99-104.

[10] 徐丽丽,郑佳微. 东亚视阈下的文化接触与文化认同研究——以《千字文》的东传日本为中心[J]. 青年与社会,2019(22):287-288.

[11] 周有光. 越南文化的历史演变——汉字文化圈的文化演变之四[J]. 群言,2000(4):33-36.

[12] N. H.. 马来西亚将推广汉语拼音和简化汉字[J]. 文字改革,1982(3):29.

[13] 蒋肖斌. "法国大儒"汪德迈:比大部分中国人更懂甲骨文[N]. 中国青年报,2019-01-22(8).

[14] 白波. 俄专家:俄罗斯已是世界上学习汉语人数最多的国家之一[N]. 北京日报,2019-09-20.

[15] 柴如瑾,王忠耀. 汉语有多火?全球学习使用汉语人数已超1亿[N]. 光明日报,2017-10-23.

[16] 中华人民共和国教育部. 国外汉语教学情况简介[EB/OL]. [2015-06-07]. http://old.moe.gov.cn/publicfiles/business/htmlfiles/moe/moe_1017/200507/10584.html.

[17] 青木. 汉字文身潮兴起 德国文身师未来至少要学三年中文[N]. 环球时报,2018-08-03.

[18] 欧美兴起汉字文身热[EB/OL]. [2006-01-28]. http://culture.163.com.

[19] 吴雪. 汉字,在世界"复活"[J]. 新湘评论,2019(6):58-59.

[20] 叶文玲. 汉字:最美丽的表意文字[J]. 文化交流,2002(6):28-29.

[21] 石井勋,李雪娇. 汉字锤炼心灵(下)[J]. 汉字文化,2005(4):5-8.

[22] 翟帆. 海外学习汉语人数超过3000万[N]. 中国教育报,2006-07-21(1).

[23] 刘瑞常. 美国《侨报》:简体字横扫美国华人社区[EB/OL]. [2009-07-29]. http://www.china.com.cn/news/iphone/xml/2009-07/29/content_25888991.htm.

[24] 王士谷. 海外华文报纸现况[J]. 新闻战线,1986(12):43.

[25] 亓鑫铭. 泛亚论[M]. 沈阳:辽宁教育出版社,2000:125-126.

[26] 韩东. 十八世纪朝日文人的"文会"与"文战"——以笔谈唱和集资料为中心[J]. 北京社会科学,2017(6):51-66.

[27] 塞缪尔·亨廷顿. 文明的冲突与世界秩序的重建[M]. 周琪,刘绯,张立平,译. 北京:新华出版社,2002:108-109.

[28] 李铭娜,武振玉. 东亚文化圈的形成、衰退与重建——以汉字的地位变迁为视角[J]. 东北亚论坛,2011,20(5):117-122.

[29] 王能宪. 汉字与汉字文化圈[N]. 光明日报,2011-11-10.

[30] 刘歌,杨讴. 公主的心愿[N]. 人民日报,2004-02-27.

[31] 潘基文. 在2012年1月10日"企盼和平——联合国官员中国书法展"上的致辞

[EB/OL].[2015-11-13]. https://www.fmprc.gov.cn/ce/ceun/chn/czthd/t894801.htm.

[32] 刘星. "汉字叔叔"理查德·西尔斯让汉字讲故事[J]. 青年博览,2012(22):28-29.

[33] 王星. 理查德:"汉字叔叔"和他的汉字情缘[EB/OL].[2017-12-24]. http://news.china.com.cn/rollnews/news/live/2017-12/24/content_38983812.htm.

[34] 葛兆光. 什么才是"中国的"文化[J]. 决策探索(下半月),2015(9):24-27.

[35] 郭锦桴. 汉字的永恒性、丰富性、优美性——兼倡议建立全国性"汉字文化博物馆"[J]. 汉字文化,2008(1):7-18.

[36] 王永民,全根先. 汉字:文化自信的伟大基石[EB/OL].[2017-10-13]. http://www.rmlt.com.cn/2017/0922/496972.shtml.

[37] 周殊钦. 李光耀呼吁改善中文教学[N]. 人民日报(海外版),2007-08-14(6).

[38] 何九盈,胡双宝,张猛. 中国汉字文化大观[M]. 北京:北京大学出版社,2016:120.

[39] 余光中. 听听那冷雨[M]. 台北:纯文学出版社,1974.

[40] 黄国营. 中国汉字的开放性与生命力[J]. 人民论坛,2017(27):40-41.

附 录

简体字与繁体字对照表

　　本表收录中国文字改革委员会自1956年以来公布的四批简体字,共五百九十二个(可以用简化偏旁类推的除外)。以拼音字母为序排列(原繁体字拼音表与汉语拼音表附后)。

【A】

爱→愛　　碍→礙　　袄→襖　　肮→骯

【B】

罢→罷　　坝→壩　　摆→擺襬　　办→辦　　板→闆　　帮→幫　　宝→寶
报→報　　贝→貝　　备→備　　笔→筆　　币→幣　　毕→畢　　毙→斃
边→邊　　变→變　　标→標　　表→錶　　别→彆　　宾→賓　　卜→蔔
补→補　　布→佈

【C】

才→纔　　参→參　　惨→慘　　蚕→蠶　　灿→燦　　仓→倉　　层→層
产→產　　搀→攙　　谗→讒　　馋→饞　　缠→纏　　忏→懺　　尝→嘗
偿→償　　厂→廠　　长→長　　床→牀　　车→車　　彻→徹　　陈→陳
尘→塵　　衬→襯　　唇→脣　　称→稱　　惩→懲　　痴→癡　　迟→遲
齿→齒　　冲→衝　　虫→蟲　　丑→醜　　筹→籌　　处→處　　触→觸
出→齣　　础→礎　　刍→芻　　疮→瘡　　辞→辭　　从→從　　聪→聰
丛→叢　　窜→竄

【D】

达→達　　呆→獃　　带→帶　　担→擔　　胆→膽　　单→單　　当→當
档→檔　　党→黨　　导→導　　灯→燈　　邓→鄧　　敌→敵　　籴→糴
递→遞　　淀→澱　　点→點　　电→電　　垫→墊　　冬→鼕　　东→東
冻→凍　　栋→棟　　动→動　　斗→鬥　　独→獨　　断→斷　　对→對
队→隊　　吨→噸　　夺→奪　　堕→墮

【E】

恶→惡噁　尔→爾　　儿→兒

【F】

发→發髮　范→範　　矾→礬　　飞→飛　　奋→奮　　粪→糞　　坟→墳
风→風　　丰→豐　　凤→鳳　　妇→婦　　复→復複　麸→麩　　肤→膚

【G】

盖→蓋　　干→幹榦乾　赶→趕　　个→個　　巩→鞏　　沟→溝　　过→過
构→構　　购→購　　谷→穀　　顾→顧　　雇→僱　　刮→颳　　挂→掛
关→關　　观→觀　　冈→岡　　广→廣　　归→歸　　龟→龜　　柜→櫃
国→國

【H】

汉→漢	号→號	合→閤	轰→轟	哄→閧鬨	后→後	胡→鬍
护→護	壶→壺	沪→滬	画→畫	划→劃	华→華	怀→懷
坏→壞	欢→歡	环→環	还→還	回→迴	会→會	秽→穢
汇→匯彙	伙→夥	获→獲				

【J】

迹→跡蹟	几→幾	机→機	击→擊	际→際	剂→劑	济→濟
挤→擠	积→積	饥→飢	鸡→鷄雞	极→極	继→繼	家→傢
价→價	夹→夾	艰→艱	荐→薦	戋→戔	坚→堅	歼→殲
监→監	见→見	茧→繭	舰→艦	鉴→鑒鑑	拣→揀	硷→礆鹼
姜→薑	将→將	奖→奬	浆→漿	桨→槳	酱→醬	讲→講
胶→膠	借→藉	阶→階	节→節	疖→癤	秸→稭	杰→傑
尽→盡儘	紧→緊	仅→僅	进→進	烬→燼	惊→驚	竞→競
旧→舊	举→擧	剧→劇	据→據	巨→鉅	惧→懼	卷→捲
觉→覺						

【K】

开→開	克→剋	壳→殼	垦→墾	恳→懇	夸→誇	块→塊
矿→礦	亏→虧	昆→崑崐	捆→綑	困→睏	扩→擴	

【L】

腊→臘	蜡→蠟	来→來	兰→蘭	拦→攔	栏→欄	烂→爛
劳→勞	痨→癆	乐→樂	类→類	累→纍	垒→壘	泪→淚
厘→釐	里→裏	礼→禮	厉→厲	励→勵	离→離	历→曆歷
隶→隸	俩→倆	帘→簾	联→聯	恋→戀	怜→憐	炼→煉
练→練	粮→糧	两→兩	辆→輛	了→瞭	疗→療	辽→遼
猎→獵	临→臨	邻→鄰	灵→靈	龄→齡	岭→嶺	刘→劉
浏→瀏	龙→龍	楼→樓	娄→婁	录→錄	陆→陸	虏→虜
卤→鹵滷	卢→盧	庐→廬	泸→瀘	芦→蘆	炉→爐	乱→亂
仑→侖	罗→羅	屡→屢	虑→慮	滤→濾	驴→驢	

【M】

麻→蔴	马→馬	买→買	卖→賣	迈→邁	麦→麥	脉→脈
猫→貓	蛮→蠻	门→門	黾→黽	么→麽	霉→黴	蒙→濛矇懞
梦→夢	弥→彌瀰	面→麵	庙→廟	灭→滅	蔑→衊	亩→畝

【N】

难→難	鸟→鳥	恼→惱	脑→腦	拟→擬	酿→釀	聂→聶
镊→鑷	疟→瘧	宁→寧	农→農			

【O】

欧→歐

【P】
盘→盤 辟→闢 苹→蘋 凭→憑 朴→樸 仆→僕 扑→撲

【Q】
栖→棲 齐→齊 气→氣 弃→棄 启→啟 岂→豈 千→韆
迁→遷 佥→僉 签→簽籤 牵→牽 纤→縴 蔷→薔 墙→墻牆
枪→槍 乔→喬 侨→僑 桥→橋 窍→竅 窃→竊 亲→親
寝→寢 庆→慶 穷→窮 琼→瓊 秋→鞦 区→區 曲→麯
趋→趨 权→權 劝→勸 确→確

【R】
让→讓 扰→擾 热→熱 认→認 荣→榮

【S】
洒→灑 伞→傘 丧→喪 扫→掃 啬→嗇 涩→澀 杀→殺
晒→曬 伤→傷 舍→捨 摄→攝 沈→瀋 审→審 渗→滲
声→聲 升→陞昇 胜→勝 圣→聖 绳→繩 湿→濕 适→適
时→時 实→實 势→勢 师→師 兽→獸 属→屬 数→數
术→術 树→樹 书→書 帅→帥 双→雙 松→鬆 苏→蘇嚇
肃→肅 虽→雖 随→隨 岁→歲 孙→孫 笋→筍

【T】
它→牠 态→態 台→臺 檯→颱 摊→攤 滩→灘 瘫→癱
坛→壇罈 叹→嘆歎 汤→湯 誊→謄 体→體 条→條 椭→橢
粜→糶 铁→鐵 听→聽 厅→廳 头→頭 图→圖 涂→塗
团→團糰

【W】
袜→襪韈 洼→漥 万→萬 弯→彎 网→網 为→為爲
伪→偽僞 韦→韋 卫→衛 稳→穩 乌→烏 务→務 无→無
雾→霧

【X】
牺→犧 席→蓆 系→係繫 戏→戲 习→習 吓→嚇 虾→蝦
绣→繡 锈→銹 献→獻 咸→鹹 显→顯 宪→憲 县→縣
向→嚮 响→響 乡→鄉 协→協 写→寫 胁→脅 泻→瀉
亵→褻 衅→釁 兴→興 须→鬚 选→選 旋→鏇 悬→懸
学→學 寻→尋 逊→遜 凶→兇

【Y】
压→壓 亚→亞 哑→啞 艳→艷豔 严→嚴 岩→巖 盐→鹽
厌→厭 养→養 痒→癢 样→樣 阳→陽 尧→堯 钥→鑰
药→藥 页→頁 叶→葉 爷→爺 业→業 医→醫 异→異
义→義 仪→儀 艺→藝 亿→億 忆→憶 隐→隱 阴→陰

蝇→蠅　应→應　营→營　拥→擁　佣→傭　踊→踴　涌→湧
痈→癰　优→優　犹→猶　邮→郵　忧→憂　余→餘　鱼→魚
御→禦　吁→籲　郁→鬱　与→與　誉→譽　屿→嶼　渊→淵
远→遠　园→園　愿→願　跃→躍　岳→嶽　云→雲　运→運
韵→韻　酝→醞

【Z】
札→劄劉　扎→紥紮　杂→雜　灾→災　赃→贓髒　灶→竈　凿→鑿
枣→棗　斋→齋　战→戰　占→佔　毡→氈　赵→趙　这→這
折→摺　征→徵　症→癥　证→證　郑→鄭　只→衹隻　帜→幟
职→職　致→緻　制→製　执→執　滞→滯　质→質　种→種
众→眾　钟→鐘鍾　肿→腫　周→週　昼→晝　朱→誅　筑→築
烛→燭　注→註　专→專　庄→莊　壮→壯　装→裝　妆→妝
状→狀　桩→樁　准→準　浊→濁　总→總　纵→縱　钻→鑽

汉语拼音字母与注音字母、汉语拼音读音对照

字母	A	B	C	D	E	F	G
注音字母	ㄚ	ㄅㄝ	ㄘㄝ	ㄉㄝ	ㄜ	ㄝㄈ	ㄍㄝ
汉语拼音	a	bê	cê	dê	e	êf	gê
字母	H	I	J	K	L	M	N
注音字母	ㄏㄚ	ㄧ	ㄐㄧㄝ	ㄎㄝ	ㄝㄌ	ㄝㄇ	ㄋㄝ
汉语拼音	ha	yi	jiê	kê	êi	êm	nê
字母	O	P	Q		R	S	T
注音字母	ㄛ	ㄆㄝ	ㄑㄧㄡ		ㄚㄦ	ㄝㄙ	ㄊㄝ
汉语拼音	o	pê	qiu		ar	ês	tê
字母	U	V	W		X	Y	Z
注音字母	ㄨ	ㄪㄝ	ㄨㄚ		ㄒㄧ	ㄧㄚ	ㄗㄝ
汉语拼音	wu	vê	wa		xi	ya	zê

怎样查字典辞书

这里按查检字音和字义、查检词语典故、查检虚词和特殊词语三个方面，介绍一些学习古代汉语常用的词典、辞书以及虚词等方面的著作，主要是为了帮助初学者解决查检方法的问题，并非对这些工具书内容进行全面的评价。

一、查检字音和字义

目前汉语字典排列汉字的方法主要有三种：
(1)按音序排列，即按现行的汉字拼音字母次序排列，此前按照注音字母排列。
(2)按部首和笔划排列，即所谓的部首检字法。
(3)按号码排列，如通行的四角号码检定法。
以上三种排列法各有利弊。

《新华字典》是最常见的字典，收字 8500 个左右，收有一些古书上的常用字。释义用现代汉语，注音也准确。

《康熙字典》成书于清代康熙五十五年(1716 年)，共收字 47000 多个，一般字典上查不到的字，在《康熙字典》上都可以查到。该书按部首排列，共分 214 个部首，释字的体例是先注音，后释义，各义之下引古书为证。

注音的方法有反切法、直音法及叶(xié)音法。

反切法是用两个汉字合注一个汉字的音，上字取声母，下字取其韵母和声调，合成被注字音，如"毛，莫袍切"。

直音法是用同音字来注音，如"西，音栖"。直音法不如反切法科学，有时找不到同音的字，有时注音的字比被注的字还难认。

叶音法是一种应当否定的注音法，它认为为了押韵可以临时改变读音。

在释义方面，《康熙字典》所做的工作主要是罗列旧说、排列古注、分别义项、引例为证。

查检字音、字义除利用字典外，也可以利辞书、词典，如《汉代汉语词典》《辞源》《辞海》等。

二、查检词语和典故

古代汉语里有许多复音词，我国丰富悠久的文化又给我们留下了大量的成语典故。查检这些古代词语和典故，最常用的工具书是《辞源》《辞海》。两书编辑体例大致相同，都用部首排列法，和《康熙字典》一样分为 214 个部首。之后对《辞源》《辞海》进行修订，使这两部书各有分工，成为性质不同的工具书。《辞海》仍为综合性辞书，包括成语、典故、人名、地名以及各门学科的名词术语等；《辞源》成为阅读古籍用的工具书和古典文史研究工作者的参考书。

三、查检虚词和特殊词语

古代汉语的虚词比较复杂,专门讨论古汉语虚词的著作,影响较大的有三、四种,分别简介如下。

《助字辨略》,清刘淇著,完成于 1711 年,共收字 476 个。分类标准不一,名目繁多,内部体例也不严密。

《经传释词》,清王引之著,完成于 1819 年,收字 160 个。

《词诠》,近人杨树达编,出版于 1928 年,共收古汉语虚词 500 多个,按注音字母音序排列,附有部首目录。眉目清楚,系统性强,但语法用语比较陈旧,分类过于琐细。

另外,裴学海的《古书虚字集释》(1932 年出版)也影响较大。

"汉字全息资源应用系统"简介

国家语委重大项目成果——"汉字全息资源应用系统"于2019年1月12日上线。该项目由北京师范大学中国文字整理与规范研究中心、汉字研究与现代应用实验室负责实施。"汉字全息资源应用系统"在新型汉字理论的指导下,充分运用当前的数据库技术、信息挖掘技术、图形处理技术、可视化技术等现代化手段,对海量的汉字信息资源进行有机整合,测查和描述现代通用规范汉字及古籍印刷通用汉字的形、音、义、用、码五大维度,较为全面地呈现古今汉字的属性体系,从现实应用的角度构建一个科学、系统、高效、实用的汉字全息资源应用平台。

该系统可用于检索汉字的相关信息。系统数据资源涵盖了形、音、义、用、码等多方面的汉字属性信息,既可作为基础教育及汉语国际教育领域的教学平台,也可作为文字学及相关专业领域专家学者的科研平台,还可作为国内外汉字文化爱好者的学习平台。

系统结构分为深层结构和表层结构两级模式。在深层结构层面,考虑《说文解字》、古文字、繁体字、简化字、传承字之间的复杂关联关系;在表层结构层面,以常用字集、通用规范字集、古籍印刷字集等不同级别的字集作为呈现模块,解决了不同发展阶段汉字之间的对接问题。

系统包含4种字符集,共计81722字,其中主体字集是8105个规范汉字及其关联字形,提供了丰富的汉字多维属性资源,包括大量的图形信息和文本信息资源,涵盖了古今各个时期文字的形、音、义、用、码各个方面的重要信息。其中常用字集可以满足中小学生的一般需要,主要面向基础教育;通用规范字集可以满足中小学教师及一般汉字使用者的使用需要;古籍印刷字集面向具备一定古汉语知识、阅读一般古籍文献的用户;全字符集则可以满足汉字研究的专业人士需求,为专业研究提供支撑和支持。

可以通过网站访问汉字全息资源应用系统:https://qxk.bnu.edu.cn/。

"汉字全息资源应用系统"怎么用?

首页分为单字查询、综合检索、历代辞书、属性系联和帮助五部分,也可以进行注册/登录,注册用户和非注册用户的权限是不一样的。

数字化《说文解字》平台应用指南

数字化《说文解字》平台网址:szsw. bnu. edu. cn/swjz/

一、一站式的"检索"功能

平台共分六大区域:字头检索、全文检索、凡例索引、构形系联、古音系联和帮助,具备检索和系联两大功能。让我们先来看看检索功能。

1. 帮助

进入"帮助"区域,你将获得一份朴实而明晰的导览手册,准确详细地解说了各个区域的功能。

2. 字头检索

输入感兴趣的汉字,以"字"字为例,你将获得一份"字"的《说文解字》资料信息,主要包括古今读音、篆文字形、《说文解字》说解与相关书签。

点击"上一个"或"下一个"就可以逐个浏览《说文解字》。

3. 全文检索

输入任意长度的字符串,以"始"为例,选择检索的文本范围,所有包含该字符串的条目一览无遗。

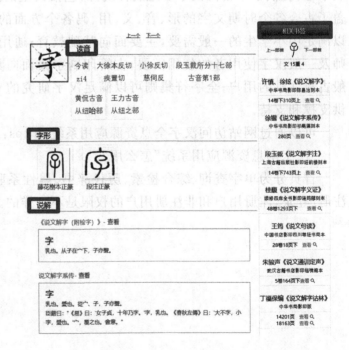

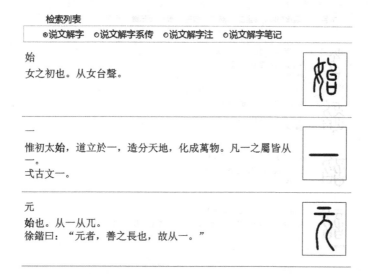

4. 凡例索引

《说文解字》中有一些程式化的说解用语，如"阙""凡某之属皆从某""一曰"等，它们究竟是什么意思呢？"凡例索引"就像一座楼梯，以树状图的形式分门别类地进行列举解说，带你一层层通关。

5. 构形系联

《说文解字》9353 个字头，哪些小篆拥有相同的某一构件呢？这些构件分别发挥怎样的功能呢？靠人工数，那可真是个巨大的工程。

别担心，只要输入某构件，如"召"，点击"全部"，平台就会自动系联出所有包含"召"这一构件的字头。

6. 古音系联

小篆属于先秦文字,其语音属于上古音系统。具体的读音现在很难确知,但它们之间的关系却是明了的。如输入"帮"与"鱼"部,《说文解字》中所有上古音属于"帮"纽"鱼"部的字,都将会聚、呈现。

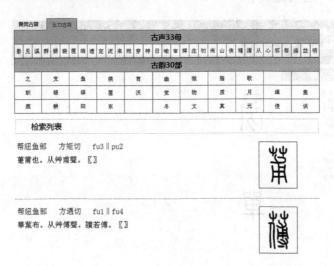

后　记

　　一点一横，都是有意味的形式；一撇一捺，都有咀嚼不尽的意味。汉字五千年，伴随中华民族穿越了厚重的历史；五千年汉字，正从容坦荡地走向世界。汉字与绵延五千年的中华文明一样，是人类文明史中不同寻常而又光彩夺目的奇葩。面对璀璨如满天星辰的汉字和博大精深的汉字文化，这本拙作必定是挂一漏万，捉襟见肘。因而，"方其搦翰，气倍辞前，暨乎篇成，半折心始"，《文心雕龙·神思》中的这句话，是书稿完成时最大的感受。

　　教学的实际需要，是编写这本教材的前提；诚然没有对汉字的深爱，也不会有这本书。让更多的人认识汉字，热爱汉字，为汉字和中国文化的传承和传播而抱薪、拥彗，是编写本书的初衷；使汉字和中国文化薪尽火传、宾客盈门，是编写本书的冀求。

　　刘嘉凝、杜倩参与了本书第九章、第十章、第十一章、第十二章的编写工作。

　　本书编写过程中参阅了大量的相关论著和文章，限于篇幅，恕不一一列出，在此谨表谢忱，同时向书中图片的拍摄者和提供者表示衷心的感谢。

　　由于学识水平所限，书中定当尚存错误和疏漏之处，恳请方家和读者不吝赐教。

张弓长

2021年2月